DIRE ET VOIR

LA PAROLE VISIBLE DU *SOPHISTE*

DU MÊME AUTEUR

La traversée de l'image, Paris, Desclée de Brouwer, 1994.

Du diaphane. Image, milieu, lumière dans la pensée antique et médiévale, Paris, Vrin, 1997.

Les architectures de l'image. Monastères de Moldavie, XIVe-XVIe siècles, Milan-Paris-Münich, Jaca Book, 1998.

Eikôn. *L'image dans le discours des trois Cappadociens*, Paris, PUF, 2010.

Images de soi dans l'Antiquité tardive, Paris, Vrin, 2012.

Du visible à l'intelligible. Lumière et ténèbres de l'Antiquité à la Renaissance, avec Ch. Trottmann, Paris, H. Champion, 2004.

Alain de Lille, le docteur universel, avec J.-L. Solère et A. Galonnier, Turnhout, Brepols, 2005.

Image et représentation dans la pensée antique et médiévale, numéro thématique de *Chôra*, 3-4, 2006.

BIBLIOTHEQUE D'HISTOIRE DE LA PHILOSOPHIE
NOUVELLE SERIE
Fondateur : HENRI GOUHIER Directeur : JEAN-FRANÇOIS COURTINE

DIRE ET VOIR

LA PAROLE VISIBLE DU *SOPHISTE*

par

Anca VASILIU

PARIS
LIBRAIRIE PHILOSOPHIQUE J. VRIN
6, place de la Sorbonne, V[e]

2012

Imprimé en France

ISSN 0249-7980
ISBN 978-2-7116-2154-5

www.vrin.fr

À toi,
voix du visible
parole du poète

Avant-propos

VUE D'ANGLE SUR L'ETRE ET L'IDENTITE

Avertissement a un lecteur inquiet

Une question s'inscrit dans le regard et rend tout d'un coup la pensée attentive au spectacle dont jouissent sans entrave les yeux. Comment se fait-il que l'on doive recourir aux mots pour distinguer réellement ce que nous regardons volontairement ou intentionnellement, alors que les mêmes mots butent et s'affaissent pauvrement lorsqu'il s'agit d'observer l'acquis silencieux du regard et d'en rendre compte, en aveugle, à autrui ? Le visible n'est-il pas d'emblée clair et évident, ne suffit-il pas comme preuve de vérité à l'égard d'un objet vu en l'absence des paroles et des discours ?

Au lecteur inquiet de savoir à l'avance ce qu'il aurait à gagner en parcourant ces pages, nous lui livrons un raccourci : ce livre cherche dans la lecture d'un texte particulier de la philosophie grecque classique réponse à l'étonnement suscité par ce manque de précision apparente de la part de l'expérience la plus commune et la plus souvent évoquée de toutes les expériences diurnes. Il s'adresse, par conséquent, à ceux qui voudraient apprendre à regarder le visible à la manière dont les Anciens en parlent, c'est-à-dire dans la patience d'une vision qui traverse la parole et s'enrichit de l'épaisseur des mots. Mais, si l'objet d'étude de ce travail est un texte historiquement déterminé, le *Sophiste* de Platon en l'occurrence, notons tout de suite que le regard au sujet duquel est formulée la question de départ, est, lui, un acte indéterminé historiquement. On pourrait définir ce regard, simplement, comme l'acte de recevoir de manière réfléchie le visible en tant que visible. Précisons donc, d'emblée, que cette définition basique du regard est *notre* définition, tout autant que la lecture du texte platonicien est *notre* lecture, sans autre but que de répondre à la question du regard et à la nécessité de définir le statut du visible pour la pensée. Certes, nous formulons sur le parcours des définitions antiques, platoniciennes, de la vue, du regard, de la vision, en somme : de l'acte autant que de son objet, le visible et l'image. Mais nous n'en faisons pas l'objet principal de la démarche. En outre, la lecture *suivie* du texte philosophique que nous proposons n'est pas une lecture entière : elle ne porte pas sur tout le dialogue de Platon mais principalement sur la première moitié, et plus particulièrement encore, sur la discussion autour du statut qu'il faudrait ou non accorder à l'image selon l'usage qu'en fait un sophiste dans son discours. La question à laquelle cette lecture platonicienne cherche à donner une réponse, a donc orienté le choix textuel et infléchi, inévitablement, le parcours proposé à travers ce texte.

Non-conformiste donc, puisqu'il juxtapose un texte ancien et une problématique actuelle, et marginal de surcroît, par rapport aux enjeux ontologiques et rhétoriques qui se posent dans le contexte du dialogue platonicien commenté, ce livre est né, à vrai dire, d'un double retranchement : thématique et formel. Thématiquement, nous nous sommes tenus, volontairement, à donner à la recherche d'un accès à la connaissance de l'identité d'un objet visuel, ainsi qu'à la possibilité de tenir un langage adéquat au visible comme condition pour la détermination du caractère vrai ou réel de l'objet, une tournure qui correspond au sujet abordé dans ce dialogue platonicien : définition de l'être et statut du langage face à l'ontologie. Aussi avons-nous laissé l'objet se définir sous l'espèce d'un étant déterminé comme existant, et l'accès à sa connaissance fondamentale se dessiner comme une médiation à l'égard de son identité, une médiation qui fait jouer simultanément la parole et l'image. On pourrait qualifier de méthode « médiévale » ce type de retranchement des questions propres derrière les enjeux d'un texte ancien. On aborde ainsi des questions qui vous concernent en faisant appel à la « leçon » des Anciens, mais dans un commentaire, non par une interprétation, au sens classique du terme. On se met en quelque sorte *sur les pas* du déjà éprouvé et on suit l'autorité comme on peut, tantôt de près tantôt de loin, tantôt comme si elle était immanente à l'œuvre analysée, tantôt en la prenant pour « divine », c'est-à-dire étrangère et surprenante. Car, sans donner l'impression que l'on connaît mieux que l'auteur ce qui se cache dans ses mots et ce que recèlent comme intentions significatives ses définitions et ses digressions, le commentaire suivi d'un texte est une manière de travailler en profondeur avec les profondeurs d'une pensée dont l'œuvre fait date et autorité en la matière. Une façon aussi de se soumettre au parcours d'un espace restreint jusqu'à ce qu'on ait trouvé le point d'inflexion subtile où la lecture du texte devient *votre* lecture. Si on choisit de se retrancher ainsi derrière un texte, ce n'est donc pas par timidité, ni par jeunesse feinte, mais par amour pour une certaine forme d'expression de la pensée. On travaille mieux avec et pour les autres, en l'occurrence avec les Anciens, qu'enfermé dans la suffisance inévitable des pensées que l'on risque de considérer naïvement comme propres.

Du point de vue formel, ce livre est devenu aussi celui qui se présente maintenant à la bienveillance de son lecteur, par une restructuration complète du projet de départ, et même de l'objet qu'il était devenu une fois que le projet avait été mené presque au terme. Il devait constituer la première partie d'un travail sur la définition de l'image dans le discours philosophique ancien. Il a d'ailleurs été conçu et écrit ainsi. Mais on n'en finit jamais avec un sujet pareil. À mesure que le temps imparti à la rédaction s'allongeait, notre désir de parfaire aidant tout autant que les aléas des avis et des projets éditoriaux, le texte s'allongeait aussi, au point qu'il était devenu impossible à la fin de tenir en un tout relié l'ensemble des trois parties prévues au départ. Lorsqu'il a fallu trancher et débiter par parties cet ensemble, fruit d'une recherche qui ne s'estimait toujours qu'à ses débuts, chacune des trois parties séparées de sa suite ou de son préambule, souffrait de cet isolement et ne paraissait pas pouvoir tenir à elle seule un discours justifié en tant que tel. Il a donc fallu recentrer le commentaire et la réflexion menée conjointement sur l'objet propre de chacune de ces parties. Une problématique unique au départ s'est donc convertie en trois questions complémentaires et autonomes en même temps.

1) Le visible, en tant que propre à l'existant, ouvre-t-il un accès à la connaissance essentielle, et par là, c'est-à-dire par l'image, s'ouvre-t-il au projet universel du langage ? Ou doit-on se résoudre à considérer le visible sous le signe réducteur du visuel, c'est-à-dire du multiple et de l'apparaître, forme spécifique de la négation de l'être – en termes platoniciens, sous le signe de la copie qui engendre le mensonge, le trompe-l'œil des ressemblances et des impressions équivalentes à des opinions ? C'est la question à laquelle tente de répondre le présent ouvrage, en prenant comme principal appui les définitions de l'image formulées par Platon dans le *Sophiste*, ainsi que le rôle particulier assigné au regard dans un passage descriptif bien connu de la *République*, passage qui suit, aux verbes près, la transformation de la vision obscure en contemplation naturelle des intelligibles. Dans le contexte des deux dialogues, les moyens logiques mis en œuvre pour chercher une définition, impossible en effet, de l'image, finissent par

déterminer un statut de médiateur à l'acte même de parler en rapport avec l'expérience immanente des facultés.

2) Le visible, en tant que manifestation et événement, contraint-il la réception sensible à créer son propre cheminement, dans un rapport quasi naturel de référence au principe, ou doit-on passer, obligatoirement, par le truchement des interprétations qui soumettent les données au régime des signes, et les subordonnent de ce fait au pouvoir dominant du langage comme seul « modèle » de pensée ? C'est la question abordée dans l'étude à venir à la suite du présent ouvrage, étude consacrée à l'analyse des fonctions spécifiques des mythes dans le *Phèdre* et dans le *Timée*.

3) Enfin, si le visible a une autonomie par rapport au langage, et si le langage lui-même possède une dimension visuelle native, ou naturelle, la relation de ressemblance qui détermine la visibilité comme condition existentielle de toute chose, peut constituer un argument ontologique de poids dans la connaissance essentielle, à condition de prendre la relation de ressemblance et la référence au modèle à son propre compte. Chaque récepteur de l'image devient alors lui-même une image de sa réception et est mû par une relation de ressemblance et par une référence propre à son agent d'engendrement qui est aussi son modèle. Cette situation, qui ne s'exprime plus comme une question mais comme une hypothèse du travail spéculatif, constitue l'objet d'un troisième volet de ce travail. À ce stade, il ne s'agit plus d'une étude fondée exclusivement sur les dialogues platoniciens, mais d'une mise en regard des textes platoniciens avec des œuvres philosophiques et des traités théologiques de l'époque des débats fondateurs du christianisme. L'image, sous l'espèce de l'icône, comme l'identité hypostatique et la relation, en tant que rapport ontologique de présence, y jouent un rôle fondamental.

DIRE-VOIR, VOIR-DIRE : LE LANGAGE SOPHISTIQUE DE L'ETRE

Il ne faut donc pas chercher ici un livre sur la critique de l'image chez Platon, ou une étude sur le *Sophiste* en particulier. Le lecteur sera déçu de ne pas retrouver les « thèses » sur le rejet du sensible au nom de sa nature multiple, bariolée et passagère, et sur le caractère mensonger des copies par rapport aux Formes immuables, à la connaissance desquelles seule l'intellection ouvre l'accès. Il sera déçu aussi si son but était de découvrir des positions nouvelles concernant les rapports de Platon à Parménide et à la pensée des « présocratiques », ou une interprétation critique et historique des cinq genres définis dans le *Sophiste*. Il ne trouvera même pas une classification des rejets de la rhétorique au profit de la philosophie, ou une analyse de la critique platonicienne des orateurs et un aperçu des usages philosophiques de la métaphore. Il aura à la place un portrait double, et réversible de surcroît, portrait de philosophe-sophiste *vs* sophiste-philosophe, qui n'est qu'une construction artificielle censée illustrer la structure de la démarche et la nature de l'objet abordé dans le dialogue connu sous le titre du *Sophiste*. Les pages qui suivent sont donc tout le contraire d'une analyse historique et philologique de type classique du dialogue platonicien. Elles proposent un travail sur les régimes de visibilité accessibles au langage, au discours philosophique, et plus exactement appropriés à la nature spéculative du logos grec (si l'on nous passe cette redondance volontaire) – un travail qui s'apparente à une mise en acte de la visibilité dans un discours, comme si l'analyse dans ce cas ne pouvait s'accomplir qu'en faisant le jeu même de son objet.

Rappelons la question à laquelle ces pages tentent de répondre avec les arguments de Platon : à défaut de pouvoir définir l'image, peut-on la dire, l'affirmer comme image de quelque chose, en la faisant ainsi apparaître dans et par le langage ? Les pages qui suivent invitent à réfléchir sur les différentes possibilités d'y répondre. Si la première impression est celle d'une formulation répétitive, presque redondante de cette question, la lecture attentive décèlera aisément qu'il s'agit d'un déplacement progressif du centre de gravité et de la perspective du questionnement. De même en ce qui concerne les réponses : elle apparaissent redondantes, car elles redéfinissent à chaque fois les termes utilisés et, avec ceux-ci, l'objet concerné. C'est une approche précautionneuse et une recherche dont l'objet se dérobe en permanence, puisqu'il n'est pas « un », déterminé dès le départ, mais une « chose » à contour variable, multiple, et qui prend toutes les formes qu'on voudrait lui donner sans jamais s'identifier à aucune de ses formes et sans jamais répondre exactement à aucune des définitions qu'on voudrait formuler à son égard. Travailler sur les moyens immédiats, et en particulier sur le langage, s'imposait, allait de soi devant une épreuve de cet ordre – seul espoir qu'en l'affinant, à force de rendre les mots dignes et proches de l'attention portée à la recherche d'un objet aussi difficile à discerner, le langage allait devenir lui-même transparent au point de saisir cette chose en l'épousant et en nous la livrant ainsi par ses soins.

Le résultat est une démarche non linéaire, semblable à une progression musicale de plusieurs voix. Une progression qui épouse la recherche en traduisant l'inquiétude bénéfique qui la nourrit, en exprimant cette *intranquillité* native de la pensée, pour emprunter ce dernier terme à Henri Michaux et à la traduction française du *Livro do desassossego* de Fernando Pessoa, moins le goût pour la dissolution et l'attrait du néant qui en proviennent aussi. Une telle démarche, cyclique, est évidemment tout le contraire d'une démonstration; tout le contraire aussi d'une exposition de certitudes, d'acquis qui permettrait de se reposer, la conscience tranquille et l'intellect rassasié et satisfait. Cette démarche, qui s'apparente plutôt à un commentaire par son approche réflexive et mobile, méditative et incessante des textes analysés, prend son modèle sur la *lectio* traditionnelle. La « leçon » de la lecture continue est censée apprendre à celui qui la pratique à réfléchir, à désépaissir continuellement sa propre pensée et à formuler de manière précise et juste ses questions en prenant appui sur la manière dont les « maîtres » de l'écriture ancienne ont abordé ces questions selon les modalités propres à la pensée de leur temps. C'est aussi une sorte d'approche historique et philologique, mais autrement que par la méthode généalogique, archéologique ou critique et contextuelle. Une approche historique et philologique *élective*, et non moins *spéculative*, dans laquelle la part belle est faite à la transmission qui a lieu par la pratique des mêmes moyens, par le rapport de proximité qu'on entretient avec l'acte même du langage. Car aborder une question, définir un objet de la pensée à l'aide des textes anciens, revient constamment au même point de départ : il faut entrer dans le travail d'écriture de son auteur de choix par un geste semblable en quelque sorte au sien, se mettre soi-même à ce travail, aussi modeste que soit l'acte par lequel on entreprend de rendre ainsi présente sa recherche à et pour autrui. Sinon, le texte lui-même n'est pas « parlant »; on peut, certes, apprendre les données qu'il transmet, voire l'apprendre comme on apprend un discours ou un poème par cœur, mais pas s'instruire en empruntant *son pas* et en pensant avec.

Dans le cas particulier de cette recherche, l'épreuve de la mise en acte du langage prenait de surcroît une place privilégiée et incontournable. L'objet lui-même le réclamait selon la situation spécifique à laquelle le discours est ici soumis. Il doit trouver le chemin juste par lequel l'expérience de la visibilité immanente des choses peut passer du manifesté pur au régime de l'expression, la voie exacte par laquelle le visuel entre en régime linguistique. Mais ce chemin a, comme tous les chemins, deux directions. *Voir et dire* : soumettre l'expérience visuelle à la pratique du langage. *Dire et voir* : faire du langage une image adéquate du sens donné. Le choix prend volontairement cette seconde direction, car elle correspond à la situation spécifique dans laquelle se trouve le rapport classique entre la parole et l'image, ou entre le langage et le monde sensible, visuel et visible. Pourquoi ? Parce que historiquement cela semble s'être passé ainsi. Aucun auteur ancien n'a cherché à décrire les données immanentes à la vue juste pour livrer la connaissance d'un objet et pour éveiller les capacités ou les plaisirs du regard; les données sensibles n'avaient pas acquis un statut propre qui pouvait les rendre partenaires véritables du logos dans l'intellection. Quand Homère décrit le bouclier d'Achille, au chant XVIII de l'*Iliade*, il nous fait voir un objet qui n'existe pas. On s'est donc d'abord « contenté » de *dire*, en désignant les choses existantes par des noms et par des affirmations prédicatives, jusqu'à ce moment où les sophistes s'en sont aperçus, ont saisi l'enjeu et le profit qui peuvent en être tirés, se sont emparés d'un écart dont seuls les « poètes » semblaient concernés, et l'ont utilisé à bon escient en inversant le rapport. Non pas dire ce que l'on ne peut jamais voir, mais faire voir comme existant ce qu'on dit être absolument.

Si *dire* le fruit de l'expérience sensible est impossible puisque cet acte serait considéré comme bavard et décevant pour un philosophe – un exercice de l'ordre d'une assertion oisive et toujours en retrait du vrai, car il n'offre pas la possibilité de construire sur ces bases une démonstration et donc une connaissance certaine de l'objet –, *dire en faisant voir* ce qu'indiquent les paroles bien choisies et la taxinomie des phrases bien tournées, relève, en revanche, d'un art promis à un long et fructueux héritage. Les « images » dénoncées dans le dialogue de Platon comme étant l'instrument spécifique de l'art du sophiste proviennent justement de là, de cette prise à contre-pied du rapport du sensible et du logos. Mais la discussion à ce sujet a lieu sur le fond d'une question d'un ordre tout différent : les moyens propres au sophiste sont définis dans la perspective de la question dite « ontologique ». Dire ce que l'on voit revient à faire voir ce que l'on dit comme existant, en excluant dorénavant la possibilité d'une négation absolue de l'être ; revient, en effet, à affirmer l'être de la chose en soumettant le langage au régime de ressemblance de l'*eikôn*, ce qui engage l'orateur à faire voir à son auditoire tout ce qu'il dit comme étant *vraisemblablement* ou *possiblement* vrai. Or, si cela est possible, si ce que l'on dit devient ainsi visible *comme par magie*, c'est bien parce que les paroles ont acquis avec le sophiste un sens particulier. Cela ne revient pas nécessairement à identifier chaque mot à ce qui *est absolument*, ni à ce qui pourrait être saisi dans certaines conditions favorables à l'expérience immédiate, visuelle, de la puissance existentielle des choses ; cela revient à considérer que les mots ont, à travers les discours, une consistance propre qui les rend à même de résister à la présence envahissante des choses. On comprend mieux de cette manière que le langage n'est pas considéré comme un médiateur mais comme un lieu de transformation. La médiation est *de facto* une transformation. Le langage *montre*, se fait image à sa manière, fait ressortir son objet d'analyse sans contrarier l'objet sensible, mais sans recourir pour autant, nécessairement, à des mimétismes fortuits et à des figures inventées ou choisies dans un traité de style ; en d'autres termes, sans prétendre être « littéraire » ou « rhétorique », en faisant par là le choix d'un genre particulier qui serait différent du genre visé – le genre « philosophique », en l'occurrence. À l'épreuve du visible le langage, philosophique donc, répond en mettant en avant sa propre présence et la compétence ou la performance de ses ressorts.

La parole visible et l'image

Faut-il se demander encore si notre lecteur a compris quel est l'objet véritable de cette recherche ? Travailler sur la dimension visible du langage pour comprendre les ressorts intimes, noétiques, qui permettent l'actualisation d'une contemplation naturelle, les moyens d'accès à une vue qui puisse percer les structures déterminantes du monde « réel », du « monde qui est tel qu'il est ». Et, partant de là, définir l'image, l'image non comme un domaine clos, un « cadre » défini par des structures de lecture de signes, de références et de régimes de visibilité, mais comme un champ ouvert, coextensif avec la perception, la pensée et l'expression, gouverné par le lien de la ressemblance et par la relation entre identité et altérité comme relation de complémentarité. Comment *dire* l'image, à défaut de pouvoir la définir ? Comment habite-t-elle la pensée, et plus particulièrement, le langage ? On ne peut savoir ce qu'elle est que si, et seulement si, on peut la dire, on peut l'exprimer, et l'apprivoiser de cette manière, grâce au logos. Mais pour cela il faut l'avoir vue *intensément et expressément*, il faut savoir regarder, avoir appris à regarder, avoir « vécu » ainsi l'image, l'avoir assumée en soi-même comme condition propre de l'existant, avoir effectué l'acte de l'expérience sensible qui permet à la faculté complexe du regard (à la fois sensoriel et noétique) d'intégrer l'image comme une dimension participative, comme on assume sa propre vie. Plus exactement, il faut arriver à savoir que l'image est intégrée à la vie et qu'on l'habite de la même manière qu'on habite le monde par la langue parlée.

Disons, car il nous faut à tout prix la définir dès le départ, que l'image est ici, pour nous, l'objet indéterminable qui correspond dans ses contours, son étendue et son existence ontologique à l'expérience de la contemplation naturelle, à l'expérience seconde, réflexive, de la réalité commune. Ici l'image est donc le miroir de la visibilité naturelle. Mais pour qu'il puisse y avoir un accès à cette visibilité immanente et à l'image qui en est l'expression, il est nécessaire de la situer en rapport avec le langage. Le langage est à la fois *l'étranger*, l'altérité de l'image, l'expression d'une distance prise et d'une différence assumée, et en même temps il constitue l'ouverture, la possibilité de la saisie à travers une fente qui limite le champ de la vision pour pouvoir exercer une analyse et offrir une possibilité de connaissance. Cette fente ne dessine pas pour autant un cadre, ne transforme pas tel ou tel « fragment » de visibilité en une image circonscrite et figée comme une nature morte, une « vanité ».

Est-ce que cela correspond à l'histoire de la pensée ancienne, et platonicienne plus exactement ? Y a-t-il, sur ce plan particulier, un rapport de la pensée platonicienne avec les présocratiques ou avec les mythes, ou bien avec la postérité immédiate, celle de l'Académie ou celle de la critique aristotélicienne ? Oui, sur au moins deux plans : dans le rapport de l'image au langage et dans la fonction accordée au regard. Le regard, tel qu'il traverse la lettre des textes de Platon, correspond en effet à un exercice qui relève encore des usages archaïques : domine encore le rapport de frontalité, l'affrontement du regard à la chose regardée ou l'affrontement des regards comme expression d'un combat virtuel, d'une opposition de contraires. Or le sophiste, celui que met en scène Platon, est celui qui se sert de cette situation « archaïque » et qui tente en même temps de la dépasser en proposant des alternatives : une *vue de biais*, une *vue d'angle de l'identité*, à la place d'une vue de face, et, simultanément, une *distance* efficace à la place de la proximité, une *distance* qui laisse la place au mouvement et qui définit de cette manière le lieu spécifique de la parole et de l'image, en en rendant ainsi l'espace *présent*. Ce dernier devient le lieu-réceptacle d'une présence feinte de l'objet, et devient en même temps presque *vivant* par cette mise en présence de l'image de l'objet avec son récepteur. Enfin, conséquence directe de cette sortie de la frontalité et de cette mise en place de la distance, apparaît dans le texte le *tiers* comme « point de vue critique » et comme « mise en perspective » des enjeux. C'est ce *tiers* fantomatique du philosophe qui permet en effet de sortir de la relation frontale entre celui qui parle et celui qui écoute (et répond) – un *tiers* à même de fixer les repères de son cheminement par un système de complémentarités et non à travers des paires d'oppositions qui s'excluent réciproquement.

Pris dans ce système, le sophiste du dialogue de Platon se sert de reflets, d'ombres et de miroirs, mais montre en même temps que le regard et le langage, comme moyens de la connaissance, ne se réduisent pas à ces opérations de dédoublement et d'opposition de contraires qui s'excluent entre eux. Certes, le « parler-visible » du sophiste comporte un danger bien connu : celui de tromper par des impressions et des opinions qui prendraient la place des savoirs certains et des acquis scientifiques. Mais il comporte aussi un avantage, qui ne lui est pas aussitôt reconnu : à savoir qu'il induit un regard éclairé par la possibilité de comprendre le lien entre les mots et les choses non comme un lien artificiel, imposé tel un code de signes, mais comme un lien propre à la pensée vive, un lien dont les lignes bougent en permanence, et qui se développe au gré de l'acte propre à chaque instant d'existence. C'est aussi une manière de déterminer l'image comme visibilité mise en acte et comme un lieu de la transitivité permanente – une manière de déterminer chaque chose existante en tant que chose saisie visuellement et référée à son principe de visibilité conditionnelle non-identique à son essence, mais non-contraire non plus à celle-ci.

Viser la transparence entre la condition de visibilité et la connaissance essentielle de chaque chose, sous la forme d'un échange déterminé par la possibilité de l'expression, d'un dire propre, irremplaçable, qui affine la pauvreté du geste indicatif et réduit en même temps la complexité indicible de l'image en la transposant sur le registre, infiniment riche, des inflexions et des contenus sémantiques propres au langage, traduit une recherche qui va aboutir après Platon d'une part à l'établissement des catégories, d'autre part à la lexicalisation des figures. Mais cette situation de charnière historique dans la relation entre théorie de la connaissance et théorie du langage permet aussi d'éclairer un phénomène survenu plus tard, et qui se réclame de cette problématique, et s'en réclame même à corps perdu, corps *textuel* bien sûr. Cette situation éclaire la compréhension théologique de l'image et de la vision. Elle sera par conséquent largement exploitée, bien que différemment, par les néoplatoniciens tout autant que par les chrétiens.

Il faut souligner, une dernière fois dans cet avant-propos, que la problématique ainsi définie appartient autant à Platon qu'à la lecture que nous pouvons faire *maintenant* du dialogue platonicien concerné, puisque nous y sommes rendus attentifs par l'actualité de ce type de question, de ce lien particulier entre la parole et l'image, et de la possibilité de traduire et de définir le visible par des mots qui puissent se situer sur le même registre, sensible et intellectif simultanément. Mais retenons aussi, comme également propre à cette étude, l'ouverture qui se dessine en filigrane et qui apparaît souvent dans les citations d'auteurs médiévaux au fil des notes de bas de page. La problématique abordée ici sous la bannière d'une analyse du langage visuel propre à la philosophie platonicienne, cette dimension visible spécifique à la parole et même à la méthode dialectique du sophiste mis en scène par Platon, a été ressentie comme particulièrement éclairante au moment du changement de paradigme, dans la pensée des philosophes chrétiens des premiers siècles – même si, à notre connaissance, aucun commentaire direct n'en fait explicitement mention. Elle ne pouvait que servir la recherche d'une position philosophiquement tenable et d'une expression abordable par la démarche logique, afin de pouvoir situer dans le « vécu », et spécifiquement dans le « vu », dans l'expérience sensible, une réalité d'ordre métaphysique.

Il est rare qu'un travail de recherche et de réflexion se fasse dans la solitude absolue. Ce livre, première étape d'un projet de recherche est, lui aussi, issu de plusieurs séminaires et de multiples rencontres, de discussions de parcours et de contraintes professionnelles diverses, souvent enrichissantes dans la perspective du long terme; il est le fruit des amitiés obstinées et confiantes, des critiques patientes, des rencontres heureuses et des séparations douloureuses; le résultat, aussi, d'un acharnement pour éclaircir soi-même sa pensée auprès de ses maîtres, tout autant qu'auprès de ses collègues et de ses plus jeunes auditeurs. Que tous ceux qui se reconnaissent dans mes propos reçoivent ici l'expression de ma gratitude, et comprennent que la discrétion est devenue de mise dans un contexte où la publicité dévoie l'affirmation des appartenances et transforme les noms en amis de circonstance et en adhésions à des mouvances de bon ton. Quant aux faiblesses et aux erreurs, nous pouvons du même coup les assumer : elles n'incombent à personne d'autre qu'à l'auteur.

Nous ne garderons pas, en revanche, le silence sur ceux qui ont permis la publication de ce livre : la Fondation de Montcheuil, et en particulier M. Jacques Houteville, ainsi que Mme Anne-Marie Arnaud, directrice des Éditions Vrin et M. Jean-François Courtine, directeur de la collection « Bibliothèque d'Histoire de la philosophie ». Marine Boré et Elsa Costantini ont mis à contribution leur patience et leur savoir faire pour réaliser l'objet que le lecteur tient dans ses mains. Mes remerciements vont à chacun en particulier.

Introduction

DANS L'ŒIL DE LA LANGUE

Statut de l'image et phenomenalisation du langage (premisses theoriques[1])

1) *Comment parler de ce qui se voit ?*

Dire exactement ce que l'on voit équivaut à vouloir se saisir de l'éclat soudain d'une pierre de lune sous l'incidence d'un rayon invisible de soleil. Comment parler de ce qui nous apparaît comme frappant à l'instant, et pourtant se révèle être indéterminable ? Quelque chose qui à la fois est dans l'expérience, et n'est pourtant pas exprimable réellement, tel l'effet fugace et sans cause apparente d'une ombre ou d'une tache de lumière colorée. Car tout en étant là, sous nos yeux, nous n'avons nullement la possibilité de saisir l'effet du visible, de le maîtriser, de le fixer par la parole dans une sorte de « réalité » qui soit toujours à notre disposition. Nous n'avons pas l'équivalent d'une « réalité » de l'expression qui soit aussi « vraie » ou « sûre », pour nous qui la formulons à l'égard de la chose visible concernée,

1. Ces prémisses théoriques et les dix points qui sont ici présentés trouveront leur développement et leurs illustrations dans les chapitres suivants. Les idées et les hypothèses esquissées ne sont pas développées dans cette introduction mais apparaissent simplement comme des effets d'annonce. Elles peuvent donner en outre l'impression d'être récurrentes, puisqu'on y revient par reprises successives, par tours et détours, en une démarche qui s'apparente à une spirale ou à une série de cercles concentriques. Cette démarche est volontaire : ces prémisses sont présentées ici sous la forme d'un tâtonnement théorique et d'une recherche de voie pour l'analyse, afin de familiariser le lecteur à la fois avec les questions qui seront posées aux textes platoniciens et avec le type de chemin proposé, chemin qui relève autant de la recherche philosophique que des procédés du commentaire et de l'interprétation propres à une démarche de type historique et philologique.

qu'elle doit être claire et évidente pour celui à qui, faute de pouvoir la soumettre à ses yeux, nous voulons la faire connaître en l'absence de l'effet qui relève de la chose elle-même. La mise en difficulté du langage, aussitôt ressentie dans la confrontation avec les choses, provient de l'accès piégé des mots à la visibilité; un accès piégé puisque le langage a, presque naturellement, sa propre visibilité. Faute de mieux, nous disons alors ce qui n'est pas exactement ce que nous voyons, puisque la parole n'arrive pas à saisir ce qui traverse le champ de notre vision. Nous parlons dans ce cas d'impressions produites, et nous exprimons des opinions à la place d'une formulation juste concernant la connaissance de l'objet de la vision présenté comme un étant vrai, sûr ou réel. Dans le meilleur des cas, nous parlons d'apparition spécifique et du caractère phénoménal d'un objet sensible ou d'un être physique saisis comme des existants et réduits à cette identité existentielle qui fait l'impasse sur la chose concernée.

Est-ce en raison du caractère fugitif de l'éclat soudain et sans raison apparente que prend le visible en tant que visible pur, comme dans l'exemple que nous avons à dessein choisi [1] ? Ou cette difficulté concerne-t-elle plus largement toute saisie de l'ordre du sensible? Est-ce une difficulté redevable au caractère d'inconsistance substantielle que l'on attribue couramment aux phénomènes? Ou bien l'un des paradoxes suscité par la recherche d'un rapport de transparence impossible du langage, rapport qui se traduit en une sorte de mimétisme ou de fidélité conventionnelle entre la sensation, qui ne soulève pas de doute, et son expression déterminée par un écart irréductible, relevant de la possibilité discursive propre à l'acte de penser?

Comment parler, selon les catégories anciennes, de ce qui est, puisque vue et regard peuvent le saisir, mais qui n'apparaît aux yeux des philosophes ni comme *vrai par la preuve des faits* ni comme *vrai par la raison de ses causes*? Comment déterminer par une parole propre et juste ce qui est, ou du moins semble être, sans constituer toutefois le résultat d'une démonstration prouvant la possibilité que cette chose « soit » par un acte

1. Il s'agit, pour l'anecdote, d'une allusion à l'éclat frémissant de la lune reflétée dans l'eau et des couleurs multiples qu'elle prend pendant les éclipses, images décrites par Plutarque, *De faciae lunae*, 922D-934C; cette dernière est à son tour une allusion à l'image platonicienne d'une éclipse de soleil regardée pour une meilleure vision dans l'eau (*Phédon*, 99d). Nous nous arrêtons ici sur cet exemple uniquement pour illustrer l'incidence de la saisie d'une image qui correspond à une réalité essentiellement fugace, sans entrer dans le contexte psychologique et cosmologique dans lequel cette image apparaît chez Plutarque (la lune comme demeure des âmes et comme lieu par excellence de la transition entre les hommes et les esprits, dieux ou démons).

d'existence identique à celui reçu/perçu dans l'expérience de l'immédiat? Cela semble aussi difficile à la démarche philosophique que de déterminer par les seuls moyens de la logique ce qui se voit tout simplement, ce qui frappe même le regard par le caractère saillant, brillant et clair de son identité, et s'impose aux yeux autant qu'à l'esprit comme une évidence : aussi immanente que singulière et unique, propre à telle chose (être ou objet) et à nulle autre pareille. Comment en parler sans contredire la possibilité même du langage et sans trahir en même temps ce que l'on voit en lui attribuant par défaut une désignation, un mot, un nom, une notion, et par là une forme d'universalité de fortune, censée cacher une impossibilité pour la pensée ou du moins une limite de l'expression par les seules vertus du logos? Sans affirmer, en d'autres termes, le « rien », la négation ontologique autant que logique d'une image de la chose issue de l'expérience directe, et contester en même temps, sur le même plan ontologique, ce que cette image semble montrer : à savoir que l'unicité de chaque chose se révèle dans sa phénoménalité et permet de saisir la condition de l'être; or celle-ci inclut, en sa possibilité même d'être reçue (perçue), à la fois la nécessité de cette manifestation et la négation conséquente d'une circonscription possible de la phénoménalité en tant qu'unicité de l'existant dans le champ du logos. Brutalement dit, on peut connaître pour de bon ce que l'on ne peut pas exprimer intégralement ni certifier par une vérité de paroles, puisque tout de l'expérience directe ne se réduit pas à l'universalité du concept et à la détermination de l'identité par le propre d'un nom ou d'un mot justement associé à la définition de l'objet en question. Or ce que l'on connaît ainsi, sans pouvoir l'exprimer *exactement* ni le transmettre *intégralement* par ce biais à autrui, constitue l'identité singulière et unique de celui qui connaît. On s'identifie à ce décalage et on se laisse en quelque sorte identifier par lui.

C'est dans ces termes et avec cette question posée au langage par l'apparente suffisance du visible que nous aborderons ici la « leçon » (ou la « lecture ») platonicienne de ce « rien » ontologique indéterminable désigné de manière apodictique comme « non-être »; désigné, en effet, comme une négation de l'être qui ne peut pas – selon Parménide – être là où la parole l'indique : ni dans le mot (ῥῆμα), tel un pur produit de l'acte de dire, du *legein*, ni en ce que la négation fait être par retrait et qui désigne ainsi, par défaut, la « chose » qui n'est pas le non-être, la « chose » qui apparaît comme un *non non-être* sans s'identifier toutefois à l'*être*, la chose qui se présente comme un double du non-être identifié à l'image de l'objet premier. L'artifice, le pis-aller d'une sorte de « représentation » par référence qui se substitue aussitôt à la condition d'image, à la visibilité foncière de toute chose immanente à la perception visuelle, est le fruit paradoxal de la naturalité même du phénomène. La conséquence immédiate en est la confusion habituelle entre l'image comme condition phénoménale de toute chose visible en tant qu'elle est perçue, et la représentation adéquate au fonctionnement de l'intellect et aux règles de la langue. Mais il y a plus que cette confusion qui rejette l'image dans le domaine de l'opinion ou l'enfouit sous les figures. Le résultat le plus inattendu de cette situation se retourne contre le phénomène lui-même, contre son caractère d'apparence à la fois instable, mouvant au gré des conditions physiques et toutefois inengendré, sans cause apparente et immémorial. Du moins le phénomène nous apparaît-il ainsi au départ, comme si, dans le trop-plein de l'évidence de toute chose existante dont nous faisons l'expérience directe, le phénomène s'auto-constituait, était ou devenait dans notre expérience le principe de sa propre réalité. Quant à l'artifice réducteur de la *représentation* (mentale et linguistique) – à son caractère conventionnel répond sans tarder, et répond dialectiquement de surcroît, *l'ouverture différée de la signification* attribuée à la chose ainsi désignée.

En effet, ce que la parole indique comme « signification » de chaque chose saisie dans son apparence n'est pas dans les mots mais se trouve le plus souvent sous nos yeux ; l'objet nous *parle* à partir de là, comme en écho aux mots qui le découvrent et le fixent en le désignant. Et si ce n'est pas toujours sous les yeux immédiatement, le langage le dévoile comme *ce* « quelque chose » dont la détermination peut être stabilisée par la signification qui provient de l'expression, alors même que ce « quelque chose » de visible se distingue de la signification – car un objet, quel qu'il soit, n'est jamais réductible de manière exclusive aux mots. La signification donnée à la chose va précisément là où le langage s'arrête une fois qu'il a saisi l'expression adéquate (nomination, définition) et indiqué le sens de la compréhension. Dire ou parler au sujet de… s'arrête comme acte sur le seuil de la possibilité de connaître; le discours laisse en effet travailler le sens à partir du moment où celui-ci a été entendu comme une identité assignée à ce qui a été saisi visuellement. Comme *un* τὶ qui désigne qu'un objet *est* tout simplement, sans définir et donc sans réduire la chose à une existence significative purement verbale, ce « quelque chose » (τὶς), apparaît comme « autre », comme une « étrangeté » par rapport au jeu des liaisons fortuites de sons et d'images censé(e)s dévoiler ce que cette chose est ou serait (un arbre, un homme, un dieu). Qu'elle soit *quelque* ou *un*…, toute chose *n'est* donc *pas déterminable comme identité* recouverte d'un nom propre, alors qu'elle *est*, qu'elle *existe*, empiriquement parlant, malgré son irréductibilité verbale [1]. À partir de là c'est le langage lui-même qui semble donner existence au monde parce qu'il lui donne une consistance sémantique dans ce que les choses sont, parce qu'elles le *sont*, tout autant que dans ce qu'elles *ne sont pas* – nous ouvrant ainsi les yeux sur les phénomènes dans leur apparition à mesure que par le langage s'exprime, linguistiquement, notre pensée sur le contenu. Aussi a-t-on pu dire, à juste titre d'ailleurs, que le langage constitue l'acte par excellence de la pensée. Mais il est tout autant vrai que le langage, qui ne se limite pas à exprimer la pensée puisqu'il l'épouse jusqu'à la constitution, instaure aussi la possibilité du regard et donne ainsi une extension à la pensée dans la mesure où, en ouvrant à la signification de toute chose, il nous révèle une certaine distance (éclairante ou déformante) de l'objet qui se manifeste à nos yeux et qui signifie quelque chose *dès lors* et *parce que* cet objet précède existentiellement notre prise en compte visuelle et linguistique. L'objet *est* tout simplement, avant qu'il ne soit nommé et défini selon telle identité verbale et telle signification qui induit la pensée. Cette possibilité ouverte par le langage, et en l'occurrence par la signification exprimée comme distance « phénoménologique » et non comme pur signe verbal, conditionne, en même temps que l'expression, la possibilité du lien, la possibilité de ce lien effectif, ontologique, qui demeure en nous et travaille là, en nous, après la clôture du discours.

Il est nécessaire de retenir que nous désignons ici par le terme d'*image* la condition de visibilité de tout objet en tant qu'il est perçu comme existant. Nous suivons ainsi l'une des définitions de l'image formulées par Platon dans le *Sophiste*, définition que nous analysons plus loin, et qui vise, comme il se doit, non ce qu'est une image (car la définition serait dans ce cas impossible) mais bien ce dont il peut y avoir une image digne de ce nom, une image appropriée à la connaissance de son objet. C'est avec *cette image* que le langage entre en confrontation, voire en concurrence. Pourquoi ? Parce que le langage produit, lui, non l'image de l'objet mais des représentations (ou des *eidôla*, si nous entendons parler un sophiste), des représentations spécifiques à des états de l'objet ; or ces représentations sont quasi autonomes par rapport à l'objet – une autonomie mesurée à la possibilité d'établir une vraisemblance et de la présenter comme une forme de ressemblance spécifique au langage. Ces représentations engendrent, par ailleurs, une visibilité propre qui ouvre l'accès à la signification. L'accès à la condi-

1. La recherche de la détermination de l'être, τὸ ὄν, se déroule sur le plan linguistique comme une discussion autour de la valeur de deux termes : τὶ et ἕν (*quelque* et *un*). Voir *Le Sophiste*, 237c-e (nous y reviendrons).

tion d'être d'un objet est ainsi assuré par une démarche qui prend en compte à la fois l'image, *cette image* à laquelle le langage n'a pas d'accès complet, et la signification qui constitue une ouverture *différée* à la connaissance de l'identité. L'expérience directe n'est pas seulement la condition d'une connaissance empirique, elle est déterminante pour saisir l'ouverture à la condition phénoménale de l'objet de la connaissance. Or le langage construit une démarche ontologiquement concurrentielle par rapport au phénomène, puisqu'il pose la question de l'être en termes d'accès unique par le logos, par l'affirmation existentielle séparée de l'accès à l'identité comme signification. À partir de là, le discours construit dialectiquement des « lieux de vérité » à l'égard de l'objet (l'accès à la condition essentielle, l'établissement des genres, la définition par les attributs, l'affirmation ou la négation existentielle) et détermine des modalités de référence et de ressemblance qui finissent par induire une hiérarchie à l'intérieur de l'objet lui-même, scindé entre ce qu'il est (et comme tel il demeure inaccessible) et le modèle à partir duquel il est tel que nous pouvons le saisir comme existant, le définir et finalement le connaître selon la signification que nous lui avons assigné. L'accès à l'identité devient ainsi un long parcours : un parcours apparenté à l'apprentissage de la connaissance nécessaire à la définition, et effectuant un détour par l'universel, détour imposé par les modalités d'application de la connaissance à l'art du langage, aux moyens jamais neutres de l'expression.

2) *Dire l'image pour la voir*

Revenons à la question initiale et à l'exemple particulier qui lui sert de marchepied : comment le langage se saisit-il de ce qui, en somme, s'oppose à toute forme de production et donc de représentation réitérable ? Par quel moyen retiendrait-il d'ailleurs quelque chose qui échappe, en outre, même à la détermination temporelle du saisissement perceptif, comme un éclat, une illumination soudaine, un trait distinctif qui apparaît à la limite du visible, tel un nuage qui traverse le regard d'un être se tenant silencieux devant vous ? Comment rend-il compte de quelque chose qui témoigne visiblement de son existence sans en retirer pour autant le statut d'un être propre autonome, ni même celui d'un pur objet de la perception sans identité définissable essentiellement, pareille à une impression fugace et pourtant reconnaissable immédiatement comme expression d'un être connu ou comme trait spécifique d'un objet ou d'un état précis ? Toute apparition est un « miracle » – l'*épiphanie* est un *thauma* pour référer au termes usuels dans le monde grec pour lequel cette affirmation est banale dans son contenu. Cependant, depuis Parménide, cette chose aussi certaine qu'indéterminable dans son apparition aurait trouvé son lieu d'être non dans le regard mais dans la parole elle-même, comme si elle ne pouvait pas résider ailleurs que dans le langage : ce n'est pas parce que nous « la » voyons mais parce que nous disons « la » voir qu'elle *est* proprement, qu'elle prend corps et existence à partir de notre affirmation. Mais de quelle sorte d'existence peut-elle se réclamer dans ce lieu d'accueil fortuné que lui offre le langage ? Elle endosse tout simplement la fonction de la négation, et pas n'importe laquelle, car l'apparition, transférée du regard au langage, devient le suppôt de la négation de l'être, de la négation ontologique. Le langage qui tente de la saisir doit choisir entre prendre l'ombre à son propre compte ou la projeter sur cet objet indéfinissable de la vision. Aussi l'appelons-nous depuis (le) « non-être » : ce n'est qu'une impression sans rapport essentiel avec l'être, semblable au reflet dans les miroirs ou dans les flaques d'eau.

Avec la négation (plus précisément avec l'absence de catégorie d'être permettant l'approche et une certaine maîtrise noétique de cette forme d'apparence singulière) vient aussi le refus logique de voir le visible contenu essentiellement en ce qui ne peut que *dire* le « non-être » de son apparence, ne peut que l'exprimer de manière purement relative – rien de plus, en fin de compte, que l'affirmation de ce « rien » d'une consistance purement verbale, voire mentale, propre aux facultés du *noûs* qui prennent la relève de la perception visuelle (imagination, mémoire, intellection). *Dire l'image* de ce qui nous apparaît sous les yeux ou dans la mémoire revient alors à *dire le « non-être » de l'être* : revient à faire dire à la langue que ce qui apparaît n'est pas la réalité de telle chose (être ou objet) visée, dès lors que le langage saisit une manifestation qui selon lui ne recouvre pas l'identité essentielle, mais qui permet en revanche au langage de manifester lui-même, de son côté, une autre forme phénoménale, une forme extérieure purement verbale, nécessaire pour saisir dans l'image de la chose la condition même de la perception. Comme rien de ce qui est ne se trouve *a priori* dans ce qui n'est pas, l'expression linguistique de l'apparition ne signifie alors que *ce* presque rien ontologique de l'image comme simple « indéterminable » que nous voyons et qui n'est pourtant pas l'identité réelle, vraie, de ce que nous voyons. L'image n'est pourtant pas *le* rien, la négation absolue de l'être, puisqu'il serait absurde, selon la leçon de Parménide, de réifier ainsi ce qui n'est pas[1].

1. D'où la justification nécessaire de l'emploi de l'article dans le dialogue sur le statut (ontologique ou verbal) du non-être : μὴ ὂν ou τὸ μὴ ὂν (*Le Sophiste*, 238e). Nous reviendrons

Dire l'image d'une chose reviendrait donc à tenter de résoudre un paradoxe double – celui du langage confronté au silence de l'évidence visuelle et celui de l'ontologie phénoménale confrontée au néant qui remplace ce qui serait radicalement ailleurs (la Forme unique n'est pas dans la multiplicité des formes sensibles) – paradoxe double qui reflue inévitablement sur le statut du langage. On exprimerait ainsi, comme par un *malgré lui*, la limite, la fin, le terminus de l'être à travers la négation de l'essence dans tout manifesté phénoménal et dans toute expression correspondante à celui-ci. Or cette négation ontologique, qui n'est théoriquement qu'un indice et un moyen *par défaut* intégrant le non-être comme possibilité, voire comme condition à la limite de l'être même, se voit au contraire projetée, aussitôt prononcée, sur le langage lui-même, considéré comme inefficace, voire mensonger, lorsqu'il se rapporte à l'expérience visuelle et tente de l'utiliser comme argument par image interposée.

Aussi la percée métaphysique tentée par l'usage de la négation, si tant est que la négation induit une connaissance par le dépassement des limites de l'expérience et de la démonstration logique, ne va-t-elle pas sans déterminer immédiatement, et donc sans mettre en cause d'emblée, la base linguistique qui la soutient. Qu'est-ce alors qu'un « être de parole(s) » : un son suspendu dans l'air ou un « objet linguistique », le « produit » discursif d'une fabrication d'objets en paroles ou d'un engendrement feint de formes sans âme ? « Connais-tu une phrase qui ait une âme ? (Οἶσθα οὖν τι ῥῆμα ψυχὴν ἔχον ?) » demande le sophiste Dionysodore à Socrate, dans l'*Euthydème* (287d), dialogue sur l'enseignement et l'usage de l'art de la réfutation[1]. « Est-il possible qu'une chose soit réalisée *telle qu'elle est dite* (πραχθῆναι ὡς λέγεται) », interroge rhétoriquement Socrate, en interpelant son principal interlocuteur dans la *République* (473a)[2]. Ou encore dans la *République* : peut-on décider quoi que ce soit, faire preuve de telle vertu ou exercer tel métier dans une cité située dans les phrases d'un discours et nulle part ailleurs sur terre (ἐν ... πόλει λέγεις, τῇ ἐν λόγοις κειμένῃ, ἐπεὶ γῆς γε οὐδαμοῦ οἶμαι αὐτὴν εἶναι)[3] ? Quelle serait, en d'autres termes, la valeur d'un argument exclusivement logique, fondé sur une démonstration verbale à partir d'un paradigme hypothétique, à partir de la mise en scène d'une construction purement mentale, vraisemblable ou

sur l'importance capitale de l'article dans ce contexte et sur la postérité à laquelle il a donné lieu (voir *infra*, à propos du *De li non-aliud* de Nicolas de Cues).

1. Édition et traduction L. Méridier, Paris, Les Belles Lettres, 1931.

2. Édition grecque E. Chambry, Paris, Les Belles Lettres, 1946, trad. fr. P. Pachet, Paris, Gallimard, 1993.

3. *Ibid.*, 592b.

probable mais jamais prouvée par un acte effectif[1], un acte de production ou d'engendrement ? L'être se réduit-il alors à un souffle concentré autour d'un noyau vide pour faire résonner le mot comme un chant au-delà de la sonorité distincte de ses consonnes et de ses voyelles ? Ou va-t-il se poser plus loin que le territoire sonore d'une voix ? Va-t-il se laisser tomber dans un inévitable champ sémantique où chaque mot, comme une semence, pourra nier sa finitude en engendrant une signification, voire de multiples significations selon le retour constant à un texte de base, à un *Urtext* immémorial ? De même, à vouloir dire l'image pour pouvoir la saisir à partir de là, la parole se voit finalement dépossédée à la fois de son territoire sonore et de sa logique sémantique de base (car tout mot comporte la saisie sonore d'une signification immédiate) pour être emportée par la puissance visible de l'image dans un autre territoire sensoriel et vers une autre logique. Voilà pourquoi *dire l'image* est un acte linguistique d'emblée associé à la possibilité de formuler et d'affirmer la négation ontologique, plus précisément lié à l'impossibilité de penser une chose donnée sans affirmer la double subsistance de la chose et de l'acte qui lui confère son existence par la nomination et par la connaissance réductrice, séparatrice de l'être, qui s'ensuit. Il va de soi que l'image n'est pas dans ce cas une forme d'apparence mensongère, sans aucun lien avec l'essence et avec la permanence subsistentielle de la chose dont elle est image, mais bien la possibilité même offerte pour connaître la chose dans son existence et donc dans sa vérité phénoménale, dans sa visibilité essentielle et conditionnelle sur laquelle s'ouvre (ou devrait s'ouvrir aussi) le langage.

3) *Le visible et le non-être*

C'est cette incidence à répétition et à double écho entre le phénomène de l'apparition visuelle et le langage tenu à en rendre compte en détournant l'attention du champ de la vision sensible et en ouvrant le regard sur la visibilité essentielle qui couve sous chaque éclat soudain, c'est bien cette dialectique du langage et de la phénoménalité du monde visible qui nous a incités à poursuivre ici la recherche d'une possible définition de l'image

1. La non-valeur démonstrative d'une hypothèse fondée sur une construction purement verbale est un *topos*. Pour exemple, elle est utilisée comme argument par Grégoire de Nazianze (*Discours théologique* IV, 112 C), en référence explicite à Platon. Voir pour la citation de Grégoire et pour la discussion sur ce point, et plus largement sur le platonisme des arguments utilisés par le Cappadocien contre les ariens, l'article de E. Narkevics, « *Skiagraphia* : Outlining the Conception of God », dans *Gregory of Nazianzus. Images and Reflections*, J. Børtnes et T. Hägg (eds.), Copenhagen, Univ. of Copenhagen, 2006 (p. 85, n. 10).

comme *condition de visibilité de tout étant lors de sa perception visuelle*. Comme *condition* et, plus profondément encore, comme *principe de visibilité* et donc de réalité, car, en travaillant sur l'origine de cette définition de l'image ancienne, origine située en marge de la définition du non-être, si ce n'est sous le signe même de celui-ci, c'est cette incidence entre le statut de la parole et celui de l'image comme condition et principe ontologique de l'être manifesté qui nous a poussés à chercher le lieu d'une rencontre possible entre l'acte premier (*voir*) et le sens donné à l'être par le pouvoir du logos (l'acte de *signifier*) – sachant que ce dernier convertit aussitôt tout acte en cause ou raison d'être de son objet, et qu'il conditionne pour cela l'effectivité de l'acte par la possibilité déterminante, mais cela dans l'*indifférence* à l'égard du phénomène, comme en aveugle devant l'apparition qui signifie (à sa manière) par elle-même.

On prend généralement pour acquis le dédain de Platon à l'égard des images et plus généralement du monde visuel, considéré comme spectacle des apparences. La démarche philosophique feint en cela d'ignorer la puissance du visible pour mieux s'en servir sans chercher à « voir » directement, sans tirer un profit spécifique de cette faculté et sans envisager pour cela, comme en réponse à la puissance perçue du visible, à exercer la puissance du regard pour saisir et juger les données visuelles dans leur amplitude, profondeur et détail. Défiance à l'égard du « miracle » épiphanique, en même temps que méfiance devant son pouvoir incontrôlable d'attraction ? Mise sous le signe de la négation ontologique, l'image est évacuée au titre de son statut de pure ressemblance, dont seule la relation avec le modèle trouve un intérêt aux yeux du philosophe. Quant au visible, il est, lui, par force identifié à la nature que l'image elle-même lui confère, à savoir d'être une copie de la Forme universelle et invisible, dont la connaissance ne peut intervenir que par un processus d'initiation intellectuelle. D'où la soumission de tout ce qui se manifeste aux possibilités d'expression du langage et à sa faculté de permettre ou non la connaissance, processus qui se retourne aussitôt sur la condition du langage lui-même en lui interdisant l'accès véritable à tout phénomène extra-territorial, irréductible au statut du logos.

4) *Faiblesse ontologique et puissance de l'image*

Une ambiguïté récurrente caractérise cependant la référence à l'image dans le discours platonicien. Un surcroît d'expression joint à un statut ontologique faible – un *tout* et un *presque rien* simultanément –, l'image semble en effet immédiate comme impact alors qu'elle ne l'est pas, et semble venir vers l'avant et se mettre en scène, s'exposer, alors que, de fait, elle cherche à dissimuler son objectité propre derrière celle de l'objet exposé. Bénéficiaire de deux identités simultanées, l'image n'en retient finalement aucune pour elle-même; elle ne peut, par conséquent, jouer sur aucune scène séparément, ni celle qui est devant les yeux ni celle dressée par les actes de la pensée et du langage, et n'a, en fin de compte, aucun lieu propre, ni dans les mots ni dans le regard. Pas plus que la parole, elle ne voudrait avoir d'être que par pure référence et en tant que pure transitivité pour jouer de manière concurrentielle avec le langage et avec les vertus du logos. Mais sa transitivité est trop puissante, puisqu'elle agit avec la force persuasive de l'expérience directe, sensorielle. Elle mène d'ailleurs souvent à la conversion plutôt qu'à la compréhension du vrai, parce que l'image agit par la force de l'évidence plutôt que par la démonstration d'une vérité du sens (d'une « vérité de raison »). De surcroît, grâce au pouvoir de cette transitivité dont elle est investie, l'image cherche à produire un changement radical sur le parcours : sur le bref chemin qui conduit à travers l'image vers l'objet existant, l'image se révèle être essentiellement le principe de la visibilité en soi de l'objet, avant de constituer une relation de ressemblance à l'égard d'un modèle supposé, selon le type de médiation instituée et selon le mode de production spécifique des ressemblances décrit dans la première partie du *Sophiste*[1].

Médiatrice, l'image est en même temps immédiate et radicale. Or c'est cette même transitivité *soudaine* de l'image, ainsi que sa radicalité à trancher entre ce qui est et ce qui n'est pas, qui agit aussi sur le pouvoir du langage, que celui-ci soit signifiant en soi ou seulement référentiel (disons « métaphorique ») par rapport à l'objet. L'image agit ainsi et, plus d'une fois, arrache effectivement à la parole le pouvoir absolu sur le sens de l'objet, en débordant par son propre pouvoir de visibilité et de présence la clôture souveraine d'une expression par le logos. Rappelons, en guise d'exemple s'il le faut, qu'un visage peint ou sculpté vu une fois permet de reconnaître aussitôt l'homme qui vient à une rencontre, et permet en outre de le voir essentiellement, c'est-à-dire comme visage dans sa singularité absolue. Mais cette situation, banale pour nous, n'est pas propre à la pensée grecque classique[2]. Il faut comprendre l'image et le visible autrement que par le regard auquel nous sommes habitués.

1. Les techniques mimétiques appelées *eikastiques* et *phantasmatiques*, décrites dans *Le Sophiste*, 235d *sq.* (nous les analysons plus loin).

2. Certes, nous savons, que le genre « portrait » n'était pas connu du temps de Platon. C'est probablement vrai. Mais, quoi qu'il en soit de l'invention du portrait, si nous faisons ici usage, en guise d'exemple, du visage peint ou sculpté ce n'est évidemment pas au titre du genre, mais pour insister ainsi sur la dimension première de visibilité que recouvre la défini-

Il faut saisir l'image comme une *puissance* avant de la prendre pour une expression de visibilité essentielle d'une chose ou d'un être existant, et de la « lire » ou de la comprendre comme telle. C'est sur cette puissance que se joue son concours avec la parole, car la plus pertinente des expressions linguistiques d'une identité ne vise pas la visibilité comme image d'un être ou d'une chose figurée, mais passe nécessairement par des signes (telle la cicatrice d'Ulysse, par exemple), ou alors par une description, et réclame néanmoins l'usage des règles du genre, ainsi que la connaissance du nom, pour s'assurer sans faillir de l'identité véritable de tel être ou vivant. Nous illustrons largement cet aspect plus loin, en analysant la scène sur laquelle débute le *Sophiste* : un être arrive, en « étranger », et la question de l'identité essentielle est aussitôt soulevée – est-il homme ou dieu ? philosophe, rhéteur ou sophiste ? – il faut que lui-même s'en explique puisqu'aucun nom et aucune preuve ne nous est donné(e) par ailleurs.

5) *Vérité de l'image*

Dans la plupart des réflexions philosophiques, aussi bien médiévales que modernes, en marge de la pensée antique au sujet de la possible rencontre entre la parole et l'image, c'est le néant ontologique de l'image comme pure apparence sans substance ni accès à la « vérité » de la chose réelle, qui fournit toujours le point de départ. La transitivité de l'image apparaît ensuite comme principe moteur de la relation de ressemblance hors des visées possibles du langage, tandis que la mise en place de la réflexivité dans la structure même du langage, réflexivité ou spécularité absente jusque-là du champ du logos, arrive à la fin et impose, comme un constat d'impuissance, de conclure sur l'incompatibilité première, de nature ou de structure, entre les deux moyens. Dès lors, l'image, qui semblait l'emporter sur le pouvoir d'expression du langage, se trouve démasquée : on ne la voit en vérité que si la parole en *dit* l'évidence, si elle la désigne, la montre, formule son expressivité figurale et dénonce ainsi, subrepticement, son omniprésence – véritable saturation visuelle, *seigneuriale* puisque intangible. Mais, si elle la dénonce, jamais la parole ne constitue une puissance concurrente à l'égard du pouvoir dominant de l'image tant que l'image garde sa puissance expressive de « vérité », c'est-à-dire son ouverture sur le visible comme forme d'encadrement ou de circonscription d'un lieu précis phénoménal ou d'une figure particulière réelle.

tion ancienne de l'image, définition qui provient d'une relation de complémentarité étroite, et concurrentielle, avec le statut du langage.

En revanche, l'instrumentalisation de l'image par un pouvoir quelconque (selon les nécessités d'une communication réduite aux signes de présence du pouvoir politique, par exemple) substitue à l'ouverture sur le visible de l'image une forme détournée de langage. Cet usage réducteur de l'image (propre au pouvoir politique, par exemple) s'appuie de fait sur les capacités de domination du langage, lui aussi réduit à l'impact d'une parole, d'un nom, d'une formule ou d'une devise. Or la possibilité d'un tel usage provient d'un rapport archaïque de proximité du logos avec les principes et les causes, voire de ce que l'on considère être son accès à l'universel grâce à sa participation structurale et exclusive au monde de l'intelligible. À partir de là l'image est rejetée comme une forme faible, opaque et vaine de connaissance : elle apparaît aux esprits éclairés comme une « approche éloignée », une sorte de transparence mitigée dont on n'est jamais sûr qu'elle rend l'identité véritable d'un objet. Ou alors, elle est considérée, plus habituellement, comme une distorsion de la vérité ou réalité de la chose dont la visibilité constitue le reflet dans la matière, quelque chose de semblable à ce que peut offrir un piètre miroir, juste capable par moment d'un éclat ou d'un reflet soudain, selon qu'il capte un rayon de passage ou un objet dissimulé au regard, situé dans un angle mort. Mais ce n'est, là encore, qu'un lustre de l'apparence, cachant tant bien que mal une distorsion à caractère ou but mensonger, une imitation de fortune propre à servir à la persuasion et non à la démonstration conduisant à la « vraie » connaissance des principes et des causes, connaissance réservée aux seules possibilités du logos.

Ibi veritas hic imago, dira un représentant illustre du « platonisme » médiéval[1]. La formule synthétise la rupture de plan ontologique ressentie dès que l'on cherche la maîtrise du monde visible dans/par un discours (autonome *a priori* par rapport à toute réalité empirique) et que l'on ressent par conséquent la nécessité de réduire cette séparation entre langage et image par des moyens qui ne font en effet qu'entériner cette rupture au profit de la domination du savoir par ceux-ci seuls qui manipulent le logos. Mais cette rupture, mise sous la responsabilité de Platon, n'est en réalité qu'une réduction de scholiaste et ne représente nullement le fond de la pensée antique classique, plus précisément de cette dialectique de la connaissance qui se déroule entre la possibilité effective de voir (compre-

1. Thierry de Chartres dans un commentaire sur le *De Trinitate* de Boèce. Voir *Commentaries on Boethius by Thierry of Chartres and his School*, N.M. Häring (ed.), Toronto, Pontifical Institute of Medieval Studies, 1971 (161, 34 pour l'occurrence citée). Nous y reviendrons.

nant la vue intellectuelle) et les conditions imposées par l'expression de ce que le regard peut réellement saisir. Or la philosophie platonicienne constitue justement l'une des premières réflexions critiques sur la relation parole-image mise en place par les « maîtres » du langage de la Grèce archaïque. Elle constitue peut-être bien la première réflexion sur l'autonomisation du langage, sur sa libération conditionnelle de l'image comme signe de sa libération du devoir d'efficacité et de vérité fondatrice d'être – si tant est que pour la pensée grecque d'Homère aux présocratiques la parole était une sorte de « réalité » immanente à l'être existant, une « réalité » constitutive du monde, et à ce titre, une parole « poïétique » et « figurale », étroitement conditionnée par un régime de réception sensible, visuelle en premier lieu, ou du moins visuelle tout autant qu'auditive, et donc participative.

6) *Parler en images; les limites du langage*

L'image *dans* et *à travers* le langage – voici donc une double contradiction qui se déclenche comme un mécanisme à ressort et produit une double détente : une contradiction à l'égard de la parole qui ne peut pas contenir l'image en raison d'un régime logico-noético-ontologique différent; une contradiction aussi à l'égard de l'être que l'image n'a ou n'est pas – pas plus, d'ailleurs, que la parole. Double contradiction du côté du langage, mais aussi double aliénation de la part de l'image. Il s'agit de faire exister l'image dans ce qui se présente comme son opposé, à savoir le langage, de la définir par ce qui est la différence même à son égard, et de réduire ainsi cette visibilité première (l'image n'est en fin de compte qu'une visibilité exacerbée, prête à couvrir l'ensemble du champ visuel et mental) à l'intelligible propre au seul domaine du logos. Il s'agit de déplacer, d'autre part, la compréhension de l'image en tant qu'équivalent du non-être, depuis un statut de *double* ontologique de fortune, de reflet, de trace, ou de ressemblance factice, vers le statut disconvenant que lui assigne par défaut le discours qui s'en sert : un discours équivoque ou tautologique, seul responsable de cette situation d'infériorité dévolue à l'image comme condition de visibilité parce qu'il nie l'accès à la « chose » en présence et qu'il condamne, comme le sophiste, l'image, tout en en faisant usage et en proposant une connaissance *vraie* des choses à travers leurs traces, leurs ombres, leurs reflets.

En somme, le *dire* « efficace » ancien – où la parole doit devenir acte et se confondre avec un geste qui produit, ne serait-ce que par imitation, quelque chose, comme l'identité d'un être ou d'un objet équivalent à la *vérité ontologique* de cet être ou de cet objet – se confronte pour la première fois chez les Sophistes avec le *dire* « efficace » d'une *vérité de la raison*, vérité de paroles sans acte producteur ni « objet » censé être ainsi produit, vérité ou réalité sous la bannière de laquelle tout peut être dorénavant connu, et tenu en outre pour « vrai », grâce à la réduction à un facteur commun, celui du logos. Cependant, cette « libération » conditionnelle du pouvoir du logos se fait au profit d'un usage particulier du *dire* et non par une recherche abstraite de l'universel : on associe l'image au langage, on tente de rivaliser avec son caractère d'évidence et on cherche à imiter par la parole son caractère saillant, brillant (*enargês*), « merveilleusement » soudain et surprenant – car, nous l'avons déjà dit, une apparition qui surgit ainsi produit stupeur et constitue pour le regard un « miracle » (*thauma*), c'est-à-dire à la fois un signe qui permet la reconnaissance, et l'apparence sensible (quasi « tangible ») du signifié révélé lui-même. Le langage tente en d'autres termes de transformer les mots en « paroles visibles », non par l'usage de figures spécifiques en premier lieu, comme les poètes et les rhéteurs, mais par l'emprunt d'une force de frappe, par une imitation subreptice de cette puissance sensorielle de vraisemblance, puissance qui est immanente aux images. Ce procédé typique des Sophistes est utilisé aussi par Platon, fréquemment, mais ce dernier tente de surcroît de l'analyser et de s'en distinguer, en spécifiant la nature et les raisons de son usage. Or, avec cette tentative qui autonomise en effet le discours de toute consécution immédiate de réalité sans toutefois le rendre gratuit, se produit en même temps une confrontation avec les limites du langage.

L'usage du logos non seulement n'est pas, en effet, un acte producteur de réalité, mais il n'est même pas un révélateur de visibilité aussi idoine à cette tâche que peut l'être une image naturelle, comme un reflet, ou une représentation artificielle, telle une figure peinte ou une statue. Or cette confrontation du langage avec le visuel sera désormais récurrente et exemplaire dans la réflexion platonicienne concernant les usages du logos. Elle engendrera la prise de conscience de deux autres limites du pouvoir du langage : l'expression de l'acte non dans son imminence mais dans son effectuation *en temps réel*, ainsi que l'expression de l'identité par un accès à sa détermination essentielle, détermination qui s'avérera impossible autrement que par les propriétés. D'où l'orientation du discours vers la maîtrise des différents modes du langage : récit (mythe emprunté ou créé *ad-hoc*), discours rapporté ou construit, dialogue entrecoupé d'exemples. Cette maîtrise des modes n'a pas un but « littéraire » ; elle doit être à même de saisir à l'œuvre les modalités existentielles de l'être (en acte ou en puissance, actif/passif), ainsi que l'ouverture immense du champ de la réflexion sur la connaissance de la substance par les attributs immanents de l'identité (l'être bon pour le Bien, l'objet beau pour la Beauté, etc.). D'où, aussi, la nécessité d'une circonscription de la négation ontologique comme une autre forme possible d'agencement du discours philosophique là où l'affirmation se heurte à une impossibilité radicale de connaissance, comme la transcendance de l'altérité, par exemple. L'image vient dans tous ces cas au secours du langage, ou du moins dénonce et éclaire par sa présence et par son expression visuelle certains écueils : le recours à une sorte de parole « magique », noms et figures tutélaires, faux-semblants comme les statues animées des dieux, ou récits d'actes invraisemblables éclairant l'existant à l'aide de créatures fabuleuses, mythologiques. L'image s'insinue, par ailleurs, dans certaines constructions logiques : dans l'usage de la preuve et du témoignage, par exemple, dont la force persuasive rachète la faiblesse démonstrative ; ou encore dans l'usage de l'équivocité en contrepoint du principe de non-contradiction, lequel tente d'évacuer au profit d'une vérité de sens l'ambiguïté foncière du réel phénoménal, ambiguïté amenée et entretenue par l'image dans le discours. Dans ce dernier cas, le plus novateur, peut-être, du temps de Platon, l'image prend la place de l'interprétation ; elle montre ainsi le chemin de l'adéquation d'un langage qui, sans se muer en une démonstration, ne recourrait pas non plus, nécessairement, à l'herméneutique des signes de présence et des figures « incarnant » par défaut les actes[1].

7) *Penser l'image : le langage adéquat*

Force est de constater que le discours « ontologique », celui qui cherche à définir l'accès à la connaissance des choses *comme elles sont* et *en tant qu'elles sont*, revient constamment à faire parler l'être en même temps que la négation de l'être par recours aux modalités de l'être, à la phénoménalité de l'apparaître et, en fin de compte, par un recours nécessaire à l'image. La simple lecture de la première partie du *Sophiste* montre qu'un discours sur l'être en vient obligatoirement à parler de l'image – passage obligé et récurrent du discours lorsqu'il parle de l'être, comme s'il fallait donner à voir ce qui ne peut pas se dire par absence de mot *juste* ou *adéquat*[2]. Comme si

1. Ce dernier aspect sera traité ultérieurement dans une analyse du « mythologème » qui figure dans l'ouverture du *Phèdre*, et qui soulève l'opposition de Socrate à l'interprétation. Dans le même cadre nous analysons le rapport entre image et récit, et remarquons la coïncidence surprenante entre la présence d'une image comme dimension visuelle interne au langage et l'usage particulier de certains temps spécifiques du passé (aoriste, plus-que-parfait) pour désigner l'effectuation accomplie d'une apparition ou l'acte même par lequel un être ou un objet est devenu visible et le demeure depuis.

2. Adéquation, ἐπιτήδειος ou mise en accord, σύμφωνος, c'est-à-dire ce qui convient le mieux pour que le langage puisse révéler une chose selon sa définition essentielle et exis-

l'image, ainsi interposée, devait prendre la relève pour déplacer la limite du langage depuis le plan lexical et logique vers le plan perceptif et noétique (osons dire *épinoétique* pour calquer le terme *epinoia* utilisé à ces fins précises par les Anciens, mais pas par Platon lui-même). Et comme si elle devait montrer de cette manière que ce qui ne peut pas se dire – et qui n'est pas à taire pour cette raison – serait, par rapport à ce contenu contradictoire pour le langage, analogue à ce qu'est l'image d'un objet par rapport à l'objet vrai, la visibilité foncière par rapport à l'identité essentielle de toute chose existante. Autrement dit, le silence à l'égard de ce qui relève d'une impossibilité à être nommé ou formulé serait l'équivalent ou l'analogue de l'image par rapport à l'identité d'un être ou d'un objet insaisissable dans son intégralité essentielle ou dans sa totalité. Ce recours à l'image, qui se construit comme une *analogie*, ouvrirait donc un accès possible *bien que singulier*, mesuré à la puissance de la ressemblance; un accès unique et néanmoins insuffisant car trouble, voire mensonger à la manière d'un trompe-l'œil; un accès qui ressemblerait plutôt à une impasse, dès lors qu'il se présente comme un piège mimétique nécessaire à la connaissance précisément pour apprendre à la pensée à s'en dessaisir, une fois que la condition principielle de visibilité de l'être a été admise en tant que fondement ontologique donné.

Parler ainsi, comme détournant subrepticement la tête de ce que nous serions en train de dire et de voir en même temps, pour éviter à la fois la contradiction et le fourvoiement, revient à *dire* l'être en renvoyant en réalité à son image comme témoin de sa visibilité fondamentale – parler en quelque sorte à sa place, sous l'espèce de l'ombre ou du reflet plus accessible que l'« original » –, et en considérant ainsi l'être sous l'espèce paradoxale du non-être comme une possibilité à la fois différente et complémentaire de l'être. Mais cela revient aussi à définir de cette manière la possibilité la plus juste et la plus adéquate de la rencontre de soi et de l'autre grâce à cette condition commune de visibilité qui assure à la fois l'apparition et le lien de la communication. Aussi la percée métaphysique, évoquée plus haut (p. 26) comme une possibilité offerte au langage plato-

tentielle, selon une détermination ontologique présente dans sa visibilité autant que cela est possible *à*, *dans* et *selon* cette condition spécifique de la chose. L'usage que nous faisons du terme d'adéquation ne met donc pas en relation directe la problématique que nous abordons ici avec l'usage technique du terme latin d'*adequatio* tel qu'il apparaît dans la philosophie médiévale (dans la formule *adequatio rei et intellectus*), notamment chez Guillaume d'Auxerre, Guillaume d'Auvergne et Thomas d'Aquin, où la question de l'*adequatio* relève (avec d'autres termes proches comme *convenientia* ou *aequalitas*) de la problématique aristotélicienne et augustinienne de la vérité logique.

nicien au cours de son heurt avec la négation d'un « non-être » contingent de type parménidien, oriente-t-elle le discours ontologique vers la prise en compte de la relation. Issu de la libération du logos de son devoir archaïque d'efficacité, le discours philosophique par excellence s'oriente vers la définition dialectique des genres et des catégories propre au langage – et en particulier vers celles de l'identité et de l'altérité qui permettent d'asseoir la connaissance de l'être dans et à travers la relation, sans que celle-ci soit nécessairement une relation d'opposition. Au contraire, elle est considérée plutôt comme une forme de complémentarité, voire de conjonction de corrélats.

C'est avec cette orientation du discours vers les catégories de l'être, et avec la définition conséquente de la philosophie comme ontologie, que la « théologie » des Anciens [1] en vient à changer à son tour de registre. Elle quitte le domaine de l'apparition, de la présence et de la révélation du divin, ainsi que les genres spécifiques du récit ou du poème, pour s'engager, et s'enfermer en quelque sorte, dans une « théologie de l'Un ». Les catégories transcendantales (le Bien, le Beau, l'Être) attirent vers elles le divin et l'extra-territorialisent en s'y identifiant comme attributs. Le mouvement, amorcé par le *Parménide* de Platon sera ainsi achevé, six siècles plus tard, par Plotin. Le rapport entre ontologie et théologie devient alors inextricable et jouera dans toute la philosophie médiévale et moderne le rôle majeur que nous connaissons. Nous n'aborderons pas ici cette vaste problématique ; nous la mentionnons seulement comme une extension de la problématique de l'image ontologique que nous analysons plus loin, et comme une mise en perspective de l'héritage fécond qu'elle a laissé dans l'histoire de la pensée.

8) *Le regard détourné*

Dire, en performant ou en produisant ainsi l'être existentiel d'une chose à travers une altérité à l'égard de cette même chose ? Prendre la mise en acte du langage à son propre compte pour penser *avec le langage* – comme si penser pouvait se faire à haute voix et se transmettre comme une expérience *en direct* du processus ? Et pourquoi faut-il pour cela détourner la tête de (tout) ce qui (nous) apparaît : être ou objet – pour essayer de parler en aveugle, en prenant ainsi des pures décisions *de tête* au lieu d'accomplir des actes réels ? Que signifie alors *dire* que l'on voit quelque chose, outre le fait

1. Il s'agit de ce que plus communément on appelle la « mythologie » : faits et gestes des dieux, transmis par les poèmes dits « archaïques », considérés sous l'espèce de la « théologie » à l'époque classique. Chez Platon les références, fort nombreuses, à Homère, Hésiode ou Pindare sont à situer dans cette perspective.

de désigner la nature existentielle de l'acte d'apparaître et de nommer ou d'énoncer ce que l'on voit en substituant aveuglément le nom et une définition de l'*eidos* à l'image comme condition immanente de visibilité de l'objet vu ? Ou alors, *dire* signifierait regarder sans saisir du même coup l'objet qui se présenterait droit devant les yeux mais un autre, son *modèle idéal*, qui *est*, lui, sans qu'il soit pour autant cet objet-là, à la portée exacte de la main ou à la bonne distance pour l'œil ? Ce sont là, formulés de manière elliptique, quelque uns des paradoxes auxquels s'expose la parole platonicienne lorsqu'elle cède, comme c'est souvent le cas, à « l'attrait de l'image », en faisant appel aux peintres, aux tailleurs de statues ou à des marionnettistes qui jouent avec les ombres et, par décrochement, avec l'écho des voix, ou encore en introduisant des mythes à la place des arguments dans le discours et en refusant de les interpréter à la manière des sophistes.

Double encore se montre le sens de ce détour : ne pas voir, voiler tout ce qui apparaît au profit d'une autre chose, celle que l'on veut faire apparaître comme « production » de choses ou de significations à travers le langage, dans l'intimité même de la parole inscrite ou proférée ; ou bien, se détourner justement pour voir, pour mieux voir ce qui est dans ce qui n'est pas visible directement – à savoir la face cachée du visible, le sens patent de ce qui apparaît comme une évidence à tel point visible, à telle point éclatante soudainement, qu'elle ne peut pas demeurer en permanence et disparaît derrière l'étendue plate d'une phénoménalité basique soumise à l'imprécision, purement visuelle comme toutes les apparences que nous avons à disposition sous les yeux (κατιδὼν φαντασθέντα)[1]. L'on ne peut voir, alors, qu'en nommant la chose vue de son nom juste et en reconnaissant de cette manière, par la médiation des mots, son identité : un homme, un arbre, une statue à peine dégrossie ou mal modelée, ou encore la possibilité de l'apparition lointaine d'un dieu[2]. Et en nommant ainsi la chose par un nom qui recouvre son identité, on « abrite » en quelque sorte le regard, on l'oriente, on l'aide à viser l'essentiel en le détournant pour cela de ce qu'il voit. On peut désormais se détourner de la lumière aveuglante de l'évidence phénoménale, ainsi que de la visibilité morne et égale de tout ce qui apparaît, en admettant la nécessité d'une médiation. Celle-ci n'est ni transparence pure ni obscurité épaisse empêchant tout passage, mais la mesure

1. Allusion au passage du *Philèbe* (38d) où la distance joue le rôle d'une mise en garde concernant les limites de la perception visuelle.

2. Nous faisons toujours allusion dans ce paragraphe au texte bien connu du *Philèbe*, 38d (voir note précédente). Mais nous pouvons également nous rappeler le début du *Sophiste*, avec les approximations concernant l'identité de l'Étranger dans la présentation faite par Théodore et le doute semé par Socrate. Voir *infra*, p. 112 *sq.*, pour ce dernier exemple.

exacte de qu'il est possible de connaître selon la « nature » et selon la « compatibilité » ou la « parenté » culturelle (*i.e.* philosophique) de celui qui cherche vérité, ou justesse, dans la connaissance possible du réel, connaissance qui ne s'identifie pas à l'expérience brute, directe, de ce qui se voit au bout des doigts[1].

9) *Qui parle ?*

Mais, si dire fait voir quelque chose en adressant à l'autre une parole qui signale cette chose-là précisément, le discours fait en même temps se montrer *en personne* celui qui parle ainsi. L'efficacité ancienne de la parole a changé de plan presque en même temps avec les Sophistes et avec Platon. Voici ce qui brouille davantage l'accès à la connaissance du vrai sens des mots, ou, au contraire, ce qui pourrait enfin démêler les fils discursifs pris dans les possibilités spéculaires sans cesse renouvelées de l'image – cette hydre à cent têtes (comme l'appelle Platon, sous couvert de l'Étranger[2]) qui hante la pensée « visionnaire » (lire, particulièrement visuelle) des Grecs. Indicatif et transitif à la fois, le langage met ainsi en relation non seulement le locuteur ou l'auteur avec son interlocuteur ou récepteur, mais situe aussi cette relation par rapport au principe de son existence et de la médiation dont le discours constitue le relais. En celui qui tient un discours, les paroles, qu'elles soient dites ou écrites, sont censées agir et se rendre en même temps à travers lui visibles pour celui qui les reçoit. Car se montrer *en personne* n'est pas une simple affaire de mise en scène : cette situation comprend pour les Anciens tous les risques que l'on assume en proférant des paroles censées encore être fondatrices et efficaces, même s'il s'agit dorénavant d'une fondation gnoséologique ou d'une efficacité de pure persuasion rhétorique. Aussi la voix de celui qui laisse ainsi parler les paroles à travers lui, peut-elle être autant sa propre voix renvoyée par un miroir invisible, si notre homme est un sophiste (aussi rusé que le sera plus tard Apulée[3]), que celle des Muses, si l'orateur est un poète, tel Homère, Pindare ou Hésiode.

1. Allusion évidente au regard détourné du démiurge du *Timée*, 28a-b, passage que nous analysons à la fin de cet ouvrage.

2. *Le Sophiste*, 240c.

3. Voir l'accusation du philosophe d'avoir sur soi un miroir, épisode de l'*Apologie* d'Apulée (chap. XIII-XVI), que nous interprétons comme une vaste métaphore de l'art rhétorique, de ses dangers et de ses enjeux comme expression piégée de l'engagement philosophique à l'époque du platonisme moyen. Voir A. Vasiliu, « *Habet speculum philosophus!* (Apulée, *Apologie*). Du miroir sophistique à l'image intérieure », dans *Miroir et Savoir. La transmission d'un thème platonicien des Alexandrins à la philosophie arabo-musulmane*,

On dirait alors que le reflet des paroles défile sur le visage des interlocuteurs comme en plein jour les dessins d'éclats et d'ombres sur la surface frémissante d'une eau dont la profondeur échappe à notre regard, telle la profondeur insondable de certains étangs mythologiques[1]. Se dessine ainsi l'expression unique (potentiellement unifiée) de celui qui parle et de celui qui l'entend : une identité entre objet et sujet issue de la projection de l'entendement comme manifestation (ou expression) des significations données. Mais il s'agit d'un reflet de réciprocité entre les deux plutôt que d'une identification véritable de l'un à l'autre, car se met ainsi en place une certaine relation de ressemblance, de nature visuelle, certes, telle une évidence (comme cette vérité apparente du réel dont nous faisons quotidiennement l'expérience), et non la connaissance de l'identité exacte d'un visage singulier et unique. Aussi l'expression de celui qui parle nous échappe-t-elle dans la plupart des cas, remplacée par la figure sans traits ni caractère d'une ombre sur la paroi de la caverne – ombre fuyante qu'un regard non-averti voudrait arrêter et s'approprier, la prenant pour l'apparition d'un être vrai puisque visible malgré la distance et l'obscurité imposées.

Ce reflet de réciprocité participe toutefois de la rencontre et révèle son caractère : une forme de vérité s'impose par la présence dans le face-à-face du dialogue, et d'ailleurs dans toute parole adressée directement. On entend, donc, celui qui parle pendant que celui-ci se reflète lui-même dans le regard de son interlocuteur, le regard vivant d'autrui. L'un se voit dans l'autre et se connaît ainsi, dans l'étincelle du regard intelligent de l'autre, plus qu'il ne s'entend lui-même proférer les paroles d'un discours[2]. Aussi donne-t-il à entendre le sens de la chose visée par son discours pour se faire oublier par celui qui se trouve en face de lui, au cours du dialogue, ou du moins pour se rendre plus discret dans le face-à-face virtuel, et nécessairement réflexif et possessif, qui a lieu à travers un texte écrit. Car pour Platon, discours de sophiste ou non, toute proposition formulée pourrait être porteuse d'une âme, même si elle-même n'est pas animée à proprement parler; elle serait, à vrai dire, porteuse de l'âme de l'orateur, outre de la

D. de Smet, M. Sebti, G. de Callataÿ (eds.), « Ancient and Medieval Philosophy », Louvain, Peeters, 2007, p. 49-78.

1. Le lecteur aura sans doute reconnu une allusion à l'analyse de ce thème du fond insondable de l'étang par S. Cavell, dans la lecture de l'œuvre de H.D. Thoreau, *The Senses of Walden* (1972), trad. fr. B. Rival et O. Berrada, Paris, Théâtre Typographique, 2007.

2. Rappelons-nous le dialogue explicite des regards entre Socrate et Alcibiade au cours d'un commentaire de l'injonction de Delphes, dans le texte qui porte le nom de ce dernier (*Alcibiade*, 132d *sq.*).

vérité du sens qui lui revient si elle est correctement agencée. De même, tout discours est une sorte de « vivant » à ce titre même, à savoir qu'il est vrai et réel dès lors qu'il est ou a été prononcé[1]. Le sens que le philosophe donne à l'objet de son discours distend alors la ressemblance et tente de désontologiser et de désubjectiviser ainsi le pouvoir référentiel instauré par une relation se voulant purement conceptuelle – mais tente seulement, car le philosophe ne croit guère à cette possibilité et ne l'espère même pas. Pour lui le concept est encore une expression de l'âme qui pense et vit simultanément.

10) *L'inextricable rapport*

Dans chaque discours sur la connaissance fondamentale des choses (le discours dit « ontologique ») l'art du logos – grammaire et logique – est ainsi constamment mis au défi par les facéties de l'image dans et hors du langage : tantôt figure conjecturale pour attirer vers elle le sens de ce qu'affirme la parole proférée, avec un pouvoir inhérent de fascination, tantôt reflet léger et puissant comme la lumière, qui atteste par son apparence (l'évidence première du sens littéral) l'existence de quelque chose qui passe comme un souffle à travers les mots en les entraînant vers la signification, et parfois même au-delà de l'horizon de celle-ci. Quelque chose traverse en effet les mots sans s'arrêter auprès d'aucun et sans figer ainsi le sens de ce qui apparaît comme évident par un nom unique, ou par une « formule » investie d'un « pouvoir magique ». Une saisie intellective sans fin cherche ainsi à définir cette ontologie *lunaire* de l'image (condition matérielle du visible) en jeu phénoménal constant avec la lumière intelligible du logos, et particulièrement lorsque ce dernier affirme, de manière *solaire*, l'être comme principe et vérité ultime de l'essence. L'image ne va pas sans le langage et ce dernier ne peut pas, lui non plus, s'en séparer. Ils forment donc une liaison hétérogène et inextricable, mais une liaison et non une unité essentielle. Leur saisie, qui ne peut en aucun cas défaire cette liaison, va de l'acquiescement à l'état instable, mais néanmoins ontologique, d'une réalité fondée sur la ressemblance (εἰκὼν ὄντως[2]), vers la détermination, sous le caractère mutant de la ressemblance elle-même, d'un rapport noétique stable. Ce dernier établit enfin la différence eidétique entre le même et l'autre en ouvrant ainsi l'accès à l'identité par la seule voie

1. Nous faisons référence à deux passages, *Euthydème* 287d et *Phèdre* 264c, sur lesquels nous reviendrons ici même et dans un travail ultérieur.

2. *Le Sophiste*, 240b ; nous reviendrons amplement sur le statut de cette « réalité d'image » ou « réalité de ressemblance », en contrepoint de la « réalité du non-être ».

possible, celle de l'altérité. Mais, dans ce passage depuis l'image comme objet de l'acte visuel (d'une *poiesis* du voir) vers la saisie par le langage du sens intelligible de l'être comme fondement, essence ou vérité ultime de l'existant au-delà de ce qui apparaît, l'incidence est encore double : une découverte de soi à travers la découverte de l'autre implique nécessairement l'existence d'un troisième terme qui permet l'actualisation de la relation, comme la présence en puissance du modèle permet à l'œuvre d'advenir à son achèvement. La relation parole–image n'est donc pas fondée sur une dialectique de l'opposition, ne se résorbe donc pas dans une recherche de l'exclusion irrévocable qui fait suite à une tentative ratée d'identification, mais fonde, à travers l'inévitable équivocité du langage face au visible, le chemin de la signification comme médiation inévitable, chemin qui se poursuit et s'allonge en se renouvelant en permanence.

IMAGE ET PAROLE : PRECISION PONCTUELLE ET TELEOLOGIQUE CONCERNANT LEUR RAPPORT

Pouvoir dire l'image suppose donc, du moins chez Platon, pouvoir connaître la définition de l'être – connaissance inhérente à la possibilité d'exprimer le visible de manière adéquate. Le lexique même de l'image signale un rapport à l'être autant par la voie de la perception de l'être existant dans sa condition de visibilité immanente, que par la voie du langage qui rend visible en donnant à voir le sens de ce conditionnement de l'existant et en indiquant en même temps, par le choix lexical et par la forme de conjugaison des verbes du « voir », les possibilités d'une vision éclairée, d'un regard intelligent, capable de distinguer et de saisir la « vérité » de l'être dans l'expérience même de cette visibilité immanente du monde existant. Un regard capable en même temps de se tourner sur lui-même et de faire la part des choses entre le vu et le voyant. Mais comment cela est-il possible, si l'on admet en même temps que l'image est sublunaire, multiple, mensongère et vaine, qu'elle déborde par le caractère surprenant de son apparition tout rapport de causalité, et qu'elle échappe par son ambiguïté à la maîtrise logique puisqu'elle agit hors la loi du genre, en transgressant le principe même de non-contradiction et en affirmant bel et bien la négation comme irréductible à l'alternative : néant de l'être ou du mot? Les sophistes, qui connaissent les possibilités *thaumastiques* de l'image et s'en servent comme de leur principal instrument, sont en même temps les premiers détracteurs de l'image. Il est impossible, affirment-ils, de capter à l'intérieur d'un discours ce caméléon, cette créature polytropique, surprenante de mille façons, cet artifice « à mille ruses », semblable à la production homérique d'un type d'homme (Ulysse, pour ne pas le nommer) plus étonnant que les dieux puisqu'il sait utiliser à merveille la *mekhanê* divine des faux-semblants; puisqu'il sait manipuler un dispositif capable par la mimêsis d'innombrables prodiges et de tout autant de mises en crise du langage face justement à la question de la « vérité » d'une pensée d'avant le langage, et qu'il maîtrise de surcroît ce mécanisme avec une liberté souveraine, une liberté double, d'acte et de parole, qui lui permet de ruser même avec les dieux.

Or, que l'image puisse être dite ou non, et révélée ainsi, ou dérobée au regard grâce à une parole juste, l'inévitable rapport qu'elle entretient avec l'être induit une définition de l'être qui doit prendre en compte les données du regard et qui revient par conséquent à l'image aussi, en la définissant immanquablement : qu'elle soit naturelle, comme l'ombre ou le reflet, ou qu'elle soit artificielle comme une statue ou une figure peinte. Quoi qu'il en soit, l'image est alors prise en compte comme un état ou une forme complémentaire de l'être, quelque chose de structurellement et de conditionnellement propre à l'être, c'est-à-dire conditionnant la visibilité de l'être de l'intérieur et nous permettant d'avoir, grâce à ce conditionnement, la possibilité de saisir ce dernier en sa réalité immanente comme « être vrai » et non comme un « être dégradé », malgré l'impossibilité logique de le voir ainsi, *en image*, et d'affirmer cela convenablement (selon le paradoxe parménidien de la connaissance essentielle et de la négation ontologique). Et si la définition de l'être suppose un accès premier du langage et non de l'image à l'être comme évidence existentielle, cette définition de l'être, ou du moins la recherche d'une telle définition, mène alors d'emblée le penseur devant le constat d'un infléchissement de la pensée et d'une double impuissance. Impuissance des moyens, autant du *dire* que du *voir* véritablement l'être comme tel, moyens qui apparaissent comme insuffisants, et en même temps, impuissance de cette structure portante de la pensée déterminée comme structure linguistique, et qui apparaît comme une structure faible, obligée qu'elle est de recourir plutôt au paradoxe qu'à la maîtrise logique (avérée impossible) des fuites en image, auxquelles se prêtent les paroles d'un langage tourné vers l'affirmation exclusive d'une étantité réduite aux expressions factices de l'existant phénoménal.

Dans ce contexte, face aux dérives de la parole sophistique tout autant que face à l'héritage de la parole homérique, la référence aux Formes immuables semble au philosophe, Platon en l'occurrence, le seul repère possible sur le chemin vers la terre ferme d'un langage véritablement philosophique, le seul accès à la connaissance qui soit à l'abri de la multiplicité mouvante qu'engendre le visible. À moins que le philosophe ne laisse à la fin quelque chose en suspens, qu'il ne formule un infléchissement des positions tranchées affirmées dans la *République*, et qu'il n'acquiesce à l'atteinte d'une identité indéterminable mais nécessairement possible et donc vraie par sa puissance – tentative ultime qui esquisse, peut-être, le dessin d'un nouveau chemin à partir de ce qui semblait se clore (avec le *Parménide* et le *Théétète*) sur une aporie : la clôture du sensible sur lui-même, dans une « participation », en acte impossible, à des Formes transcendantes.

Aussi Platon ne pousse-t-il pas le raisonnement jusqu'au dualisme : il laisse, nous semble-t-il, la porte ouverte à une articulation de la connaissance autant à partir de la perception sensible, principalement visuelle, que par les moyens du langage, par la vertu propre à celui-ci, à savoir la possibilité d'une démarche intellective participante à ce qui serait une approche véritable des réalités intelligibles. Mais il se garde de transformer la distinction en une opposition. Ce sont ses successeurs, Aristote d'un côté, les platoniciens de l'Académie de l'autre (Xénocrate, l'auteur de l'*Epinomis* [Philippe d'Oponte ?], et leurs successeurs tardifs, médio- et néo-platoniciens, de Numénius et Plutarque à Plotin et Porphyre) qui tranchent ce qui demeurait (volontairement ?) dans l'ambiguïté des textes platoniciens. Pour se définir eux-mêmes en se distinguant de l'autre « école », comme c'est le cas du Stagirite, ou pour établir une « doctrine » et l'enseigner, en ce qui concerne les successeurs qui se réclament de la lignée de l'Académie, ils vont, les uns comme les autres, entériner l'opposition sensible-intelligible et chercher des intermédiaires qu'ils sauront situer de façon hiérarchique, en établissant par là même une hiérarchie cosmique spatiale, processionnelle, et une connaissance spécialisée, spécifique à chacune des étapes. C'est à ces derniers, et non à la philosophie des dialogues de Platon lui-même, qu'incombe donc la responsabilité d'un bannissement de l'image et avec celle-ci du monde sensible tout entier. Il nous a semblé pour cette raison nécessaire de retourner aux sources, c'est-à-dire à Platon, pour saisir une possible définition de l'image à l'égard de la connaissance qu'elle peut procurer de l'être ; une image qui soit située du même bord que le langage, soumise comme lui au vrai et au faux, mais exempte de ce dualisme sensible-intelligible qui la relègue en bas de l'échelle et en opposition avec le monde de Formes[1] ; une image qui ne soit pas réduite à l'expérience

1. Nous reviendrons sur le modèle de la connaissance platonicienne présentée sous la forme bien connue de la ligne divisée, à la fin du livre VI de la *République*. Remarquons seulement que, s'il est possible de voir une opposition générique entre la première et la quatrième division de la ligne, entre l'approche de l'expression sensible, imagée (*eikos*), des choses et la contemplation par la *noêsis* des formes intelligibles, Platon ne laisse à aucun

visuelle du conjecturel et du périssable, mais qui se définit comme l'expression d'une visibilité principielle et structurale, non opposée mais complémentaire au caractère invisible de Formes, considérées comme invisibles parce qu'intelligibles, mais non en tant qu'elles seraient « pures » de tout rapport avec un corps (singulier, particulier, perdu dans le multiple) ou avec la matière soumise au devenir perpétuel.

C'est à partir de cette relation entre l'image et la parole qu'il sera possible d'approcher, ultérieurement, la définition de la notion d'image *iconique* – à condition de situer l'*eikôn* dans la problématique qui lui est propre, à savoir celle d'un complémentaire indispensable à la connaissance à travers les catégories du langage, et non dans l'opposition entre le visible, interdit d'accès à la transcendance de l'être, et l'intelligible donné à une contemplation négative, abstraite de tout ce qui toucherait à la contingence, selon la conception d'un « platonisme » devenu l'expression banale d'une polarité radicalisée par les héritiers tardifs de l'Académie (néo-pythagoriciens et gnostiques en particulier). Pour les théologiens du IVe siècle cappadocien, qui sont parmi les premiers à statuer l'image comme modalité fondamentale dans la connaissance des « personnes » de la Trinité, cette « image iconique », l'*eikôn*, n'est pas une auto-révélation du divin adaptée par réduction au monde phénoménal (pour ne pas dire au monde tout court),

moment se dessiner une relation hiérarchique entre les parties. La division (ou la distinction) n'engendre pas nécessairement une procession. Platon, en subtil géomètre, conçoit l'inégalité des segments comme une condition pour la construction du rapport analogique, voire pour la construction d'une symétrie complexe, à même d'engendrer l'hamonie, mais n'établit pas à partir de l'analogie une procession linéaire des étapes de la connaissance. Le rapport entre les segments est autant fondé sur la relation de contiguïté, que sur des relations de symétrie et d'inclusion de la médiation exercée par l'une ou l'autre des étapes situées entre deux autres étapes séparées. L'analogie suppose une complémentarité des segments, du moins selon l'explication qui en est donnée. Plus loin, lorsque Platon reprend la présentation du processus de la connaissance dans le « tableau » (*eikôn*) de la caverne (livre VII), l'*anabase* et la *katabase* du « prisonnier » ne représentent pas un parcours de niveaux ontologiques situés hiérarchiquement, mais sont censées décrire les étapes de l'apprentissage (par l'art de la démonstration et par l'acquisition de la science des causes) et de l'achèvement de la connaissance à travers l'art de l'application pratique des expressions de la pensée (en somme, la dialectique comme *anabase* et la rhétorique comme *katabase*). Remarquons aussi que dans les deux cas, l'analogie décrite par les segments inégaux de la ligne, et la comparaison décrite comme une sortie et un retour à la caverne, la démarche s'effectue dans les deux sens et qu'elle décrit un périple (*periagogê*) de type circulaire. Voir l'article de J. Vuillemin, « La section de la ligne de la *République* (VI, 509d26-28) », sur la question de l'inégalité des parties et leurs relations de contiguïté, de transfert et d'ouverture dans le modèle de la ligne divisée, dans *Mathématiques et philosophie de l'Antiquité à l'Âge classique*, R. Rashed (dir.), Paris, Éditions CNRS, 1991, p. 1-20, en particulier la conclusion, p. 19-20.

mais bien ce qui donne sens à ce dernier à partir d'une reconnaissance esthétique de l'évidence intellectuelle, une reconnaissance dans la visibilité comme telle, comme condition structurelle d'un monde phénoménal non séparé de son principe et de son paradigme formel. Cette approche ouvre ainsi, à nouveau, et peut-être pour la première fois après Platon, une possibilité de connaissance essentielle propre au sensible, dans la condition même du particulier, du relatif et du fini, condition qui répond en effet à la dimension cosmologique présente structurellement dans chaque identité individuelle.

Nous n'aborderons pas la définition de cette image, l'icône, dans le travail présent, consacré à une définition globale de l'image dans son rapport au langage et à la connaissance de l'être selon Platon. Mais nous avouons l'avoir comme horizon, comme tête de perspective de notre analyse aussi bien dans la recherche consacrée au vocabulaire platonicien de l'image que dans la relation complexe entre le visible et le logos. L'icône, telle que nous l'entendons, pourrait devenir ainsi une résolution possible de la contradiction à laquelle est soumis le langage face à la question troublante du non-être : une alternative face à la négation ontologique suscitée par ce piètre et pourtant incontournable accès à la réalité des choses par les mots, autant que face à l'impossibilité de définir un statut absolu de l'être comme principe universel des choses hors de la/sa révélation dans la phénoménalité de l'existant en tant que nature immanente à la condition de possibilité réservée au contingent. L'icône en tout cas n'a pas affaire aux catégories transcendantales et aux intelligibles. Si elle relève du mode « théologique », elle illustre cette appartenance au genre spécifique, et la signifie en même temps, tout autant que les mythes pour Platon ; c'est-à-dire qu'elle est technique, révélatrice et transitive à la fois, permettant ainsi de retourner (remonter) aux sources, ou au paradigme. Vue sous cet angle, elle constitue le point d'inférence qui achève l'expérience directe, esthétique, en lui révélant la signification non dans l'objet mais dans le sujet récepteur, sujet d'un acte accompli.

L'icône, envisagée ici à partir de l'usage fait dans le discours platonicien, n'est donc pas cet objet investi de « pouvoirs magiques », dont se serviront les Byzantins comme d'un redoutable instrument du pouvoir – encore qu'il s'agit bien de ce qui a constitué l'argument philosophique ou théologique majeur de son choix pour une telle utilisation. Pour nous icône (*eikôn*), ou image iconique, désigne ici, pour être précis en dépit d'un anachronisme de plus, *la condition de possibilité conjecturale*, hic et nunc, *du visible en tant qu'ouvert à une saisie de la vérité ou immanence de l'être sous l'hypostase de l'existant*, c'est-à-dire en tant que ce dernier est à la fois *manifesté*, *singulier* et *entier* comme toute, et chaque, identité vivante ;

existant envers lequel, en raison même de cette définition, l'accès est conditionné par la vraisemblance typologique de cette image, *eikôn*, et de ce que nous appellerons aussi, dans le contexte chrétien, la « ressemblance hypostatique », en reprenant à notre compte la notion d'« union hypostatique » désignant la relation *perichorétique* inter-trinitaire. En ceci l'*eikôn* se distingue de l'*eidôlon* qui constitue l'objet fini d'une expérience visuelle non relayée par la vision rationnelle, intellective, et nécessairement par le langage. Grâce à l'*eikôn*, ainsi définie, nous désignons, et stipulons implicitement comme principe de l'être, l'unité de l'essence et de la relation, ou de l'identité de l'être avec l'acte. Cette unité se manifeste sous des modes différents selon le corps, l'âme ou l'intellect, sans que procession s'ensuive nécessairement. L'accès à la connaissance de l'existant est donc conditionné par une rencontre visuelle de l'aspect (du visage et de la présence d'un individu, *prosôpon*) tout autant que par une saisie noétique de la visibilité foncière déterminante de la substance indivise non-personnelle qui le soutient (*ousia*). Précisons, enfin, que cette visibilité foncière est hors champ si l'on se réfère à la faculté visuelle uniquement, ce qui lui vaut d'être le plus souvent considérée comme le caractère « invisible » de la nature et de la substance ou essence des choses, caractère dont la seule expression ou révélation possible reste dans ce cas le logos, en l'occurrence un logos proféré.

Quant au statut anthropologique de l'icône chrétienne et à son instrumentalisation économique et politique à Byzance – en somme la définition théologique de l'icône sous l'espèce d'une sorte de « preuve archétypale » de la révélation, ainsi que sous l'aspect d'un instrument « liturgique » du pouvoir – nous n'aborderons pas ici l'objet lui-même de cette manière. Nous ne pouvons pas, en effet, aborder de manière frontale l'icône en tant qu'objet controversé du culte, dans le contexte d'une analyse de textes philosophiques. La définition et le statut de cet objet restent pour l'instant comme en suspens. Référent tacite dans notre recherche, le statut particulier de l'icône, ses usages théologiques et liturgiques spécifiques à Byzance et son rejet en Occident (le monde latin rejette l'icône, comme possibilité d'accès à la connaissance directe, au profit des reliques) – tout ceci constitue en effet une autre histoire, et réclame par conséquent d'autres mises à l'épreuve textuelles, peut-être même un autre type de commentaire ou un autre mode de penser avec les textes qui s'y réfèrent.

CHAPITRE PREMIER

L'ETRE, L'IMAGE ET LE SOPHISTE

ἀλλ' ὁ ταῦτα λέγων, ... οὐ τὰ ὄντα λέγει
Platon, *Euthydème* (284b)[1]

Selon le philosophe mis en scène par Platon, le sophiste est faux ou mauvais *philosophe* car il bâtit son discours sur les données de l'opinion, non sur celles de la raison. Or, à la différence de cette dernière, l'opinion identifie arbitrairement *réalité* et *apparence* des choses en occultant pour ce faire, mais peut-être à l'insu de celui qui s'en sert, la distance naturelle entre les choses et les mots, en même temps que le caractère conventionnel des significations, censées pourtant produire, ou faire semblant de produire, la *vérité* à l'égard des choses désignées. En d'autres termes, l'opinion laisse le discours s'enclaver dans un inévitable bourbier de sons (pour employer une métaphore platonico-aristotélicienne), lesquels s'entendent sans distinction dès lors que les mots articulés ne défendent rien qui ne soit aussitôt retourné contre eux par d'autres mots qui les prennent à revers et démentent, par changement constant de référent, toute signification une fois acquise. Ainsi, tout est vrai et tout est faux simultanément, selon la critique adressée par Aristote à Protagoras[2]. Car les affirmations proférées par un sophiste ne sont suivies en effet ni d'actes ni d'objets ni de la clarté recherchée entre qui est et ce qui n'est pas véritablement, c'est-à-dire universellement. Ce sont des mots qui ne sont suivis que par d'autres mots, comme par leur propre ombre ou écho, telle une langue qui se construirait en miroir d'elle-même en même temps que de toutes les choses existantes.

1. Voir *infra*, p. 48-49, n. 3, traduction du passage complet et références.
2. *Métaphysique*, livre Γ, au début du chap. 5, 1009a10 *sq*.

Or une langue et une pensée qui se construisent ainsi, sur des opinions, ne peuvent qu'engendrer à leur tour des opinions et des imitations d'opinions, en faisant l'objet d'une *tekhnè* dangereuse que Platon appelle, non sans s'excuser pour le néologisme, de la « doxomimétique » (μετὰ δόξης μίμησιν δοξομιμητικὴν προσείπωμεν)[1].

À la sérénité voulue par le langage philosophique, censé pouvoir s'extraire du foisonnement bigarré de la multiplicité des apparences pour atteindre les choses elles-mêmes, dans elles-mêmes et selon elles-mêmes grâce aux vertus du logos qui les situe en leur lieu propre (ἀλλ' αὐτὸν καθ' αὑτὸν ἐν τῇ αὑτοῦ χώρᾳ)[2], répondent les discours construits sur des opinions – discours qui font autant de bruits inefficaces que la mer qui obéit aveuglement aux vents mais reste comme entité indifférente à la direction des vagues qui la secouent. L'opinion cherche, autrement dit, à donner aux choses la réalité (factice ?) d'une signification qu'elle tient pour vraie et qu'elle impose comme évidente, sans pour autant dévoiler le lien qui assure l'équivalence entre une réalité immanente des choses et une vérité propre au discours, une vérité appartenant au langage qui définit l'identité de chaque chose en l'enfermant ainsi dans la clôture spéciale, univoque, des mots. Le vocabulaire propre au langage du sophiste, bâti non sans « art » mais, hélas, sur le terrain vague de l'opinion, serait donc composé d'esquisses et de copies plus ou moins ressemblantes à l'égard des choses désignées : des ombres projetées, des simulacres, des figures qui apparaissent et disparaissent, des reflets, des fantasmes et, sous certaines conditions, même des fictions troublantes, créées de toutes pièces à l'instar de vrais prodiges. On appelle habituellement tout ceci les *images des choses* – *images* que le sophiste met à la place des choses elles-mêmes lorsqu'il les transpose dans des mots. Comme toutes les images, celles-ci montrent des évidences mais ne peuvent fournir aucun argument de poids en leur faveur.

Toutefois, le sophiste ne cherche pas à définir l'objet de son discours selon la signification attribuée d'emblée aux termes qui le désignent. Il vise dans sa prise de parole la détermination d'un principe d'existence propre de cet objet *dans le langage*, non la saisie de la réalité immanente de l'objet à travers les mots qui le signifient[3]. Il n'est donc pas soumis à l'opinion mais,

1. *Le Sophiste*, 267d-e (désormais *Soph.* pour les références à ce dialogue). Voir *infra*, p. 49-50, n. 1, pour les références bibliographiques des éditions et études utilisées.

2. Il s'agit d'une expression platonicienne récurrente ; ici *République*, 516b5.

3. Rappelons, en tant qu'exemple « classique » de la critique platonicienne, ce passage d'*Euthydème* (284a-b) qui résume la position controversée du sophiste à l'égard de la *vérité* du langage par rapport à la *réalité* des choses existantes : « Mais dire ce qui est et les choses qui

tout au contraire du fonctionnement de celle-ci, il distingue soigneusement la réalité objective des choses et la réalité auditive des mots, et tente de donner raison à chacune de ces réalités, à l'une en tant que *présence*, à l'autre sous couvert d'une irréfutable *évidence*. Aussi le sophiste prétend-il connaître, et même savoir présenter (voire enseigner), ce principe d'existence des choses dans les mots, puisque son propos cherche justement les modalités de la connaissance par *réduction au langage*. Mais son discours est nécessairement différent de celui qu'un vrai ou bon philosophe serait censé tenir, si tant est que ce dernier parle de choses soit visibles soit intelligibles existantes par elles-mêmes, et dont il dévoile les définitions, les causes et les significations ou les desseins qui les accomplissent. Aussi la confusion entre le « bon » et le « mauvais » philosophe – le dernier cherchant à ramener l'objet aux exigences de l'expression, le premier essayant de trouver l'expression adéquate à l'objet – porte-t-elle tort à l'un, le « faussaire de la réalité » des choses, et bénéfice à l'autre, « maître de la vérité » du monde immanent, si du moins la distinction entre un sophiste et un philosophe n'est pas posée d'emblée et la différence de leurs démarches respectives admise par celui qui les entend. La nature de cette différence à l'égard de l'objet du discours tient à l'usage que l'on fait de la possibilité des paroles à faire voir ce dont il est question par image ou par enchaînement démonstratif d'arguments, donc soit par un dispositif révélateur d'évidences décentrées du logos, soit par un dispositif logique clôturé par le pouvoir de signification assigné au langage seul.

C'est sur la nature de cette différence que nous allons essayer ici de réfléchir, prenant appui sur la première partie du dialogue appelé du nom même du *Sophiste*, dialogue entre le jeune et brillant Théétète, disciple d'un Socrate muet pour une fois, et un « étranger » qui doit révéler l'identité de son métier – philosophe ? sophiste ? politicien ? ou piètre réfutateur ? – à travers l'exercice de sa discipline spécifique : la maîtrise de l'art du discours[1].

sont, c'est dire la vérité (Ἀλλὰ μὴν ὅ γε τὸ ὂν λέγων καὶ τὰ ὄντα τἀληθῆ λέγει) ; par conséquent, Dionysodore, s'il dit ce qui est, dit la vérité (εἴπερ λέγει τὰ ὄντα, λέγει τἀληθῆ) et ne profère contre toi aucun mensonge (καὶ οὐδὲν κατὰ σοῦ ψεύδεται). Oui, répondit Ctésippe, mais qui parle ainsi, Euthydème, ne dit pas ce qui est (ἀλλ' ὁ ταῦτα λέγων, … οὐ τὰ ὄντα λέγει) ». Nous citons la traduction de L. Méridier, Paris, Les Belles Lettres, 1931.

1. L'analyse de la première partie du *Sophiste* que nous proposons dans les pages suivantes, constitue le point de départ d'une recherche qui vise à établir les instruments lexicaux et les fondements théoriques sur lesquels se sont construits le statut et les fonctions assignés à l'image en rapport avec le logos dans les développements ultérieurs, surtout dans la première pensée chrétienne, nourrie à l'« école platonicienne » et tenue en même temps à

Autrement formulé, de quoi le sophiste (nous) parle-t-il en réalité lorsqu'à la différence d'un philosophe il tient un discours sur un objet dont il pose d'emblée la thèse que cet objet ou être, quel qu'il soit, est différent de lui, de son identité propre, de son existence autant que de son acte en cours, celui de *parler sur*... ? Est-ce la connaissance de l'altérité radicale de l'objet

affirmer sa rupture à la fois avec le « paganisme » et avec la « philosophie ». Pour le texte du *Sophiste* nous utilisons l'édition établie par A. Diès, Paris, Les Belles Lettres, 1963, ainsi que les traductions de celui-ci; de N.-L. Cordero, Paris, GF-Flammarion, 1993; et de B. Cassin, *Parménide. Sur la nature de l'étant. La langue de l'être ?* Paris, Seuil, 1998, p. 268-277, pour une séquence du dialogue concernant la définition du non-être (236e-239b et 258a-e), dont un passage constitue aussi l'objet de notre analyse dans ce contexte. Nous signalons chaque fois que nous proposons des variantes de traduction ou des gloses en marges de ces traductions. La bibliographie de ce dialogue, comme celle concernant la question plus large de l'image chez Platon et dans le platonisme des Pères et de la philosophie médiévale, étant gigantesque, nous avons choisi de réduire au minimum les références bibliographiques dans les notes, afin d'offrir une approche autant que faire se peut fluide de notre lecture de ce texte. Nous tenons toutefois à citer quelques ouvrages parmi ceux qui ont nourri le plus intensément notre réflexion : S. Rosen, *Plato's* Sophist. *The Drama of Original and Image*, Yale, Yale UP, 1983; L.M. De Rijk, *Plato's Sophist. A Philosophical Commentary*, Amsterdam-Oxford-New York, North-Holland Publishing Company, 1986; P. Aubenque et M. Narcy (éds.), *Études sur le* Sophiste *de Platon*, Naples, Bibliopolis, 1991; B. Cassin (éd.), *Le plaisir de parler. Études de sophistique comparée*, Paris, Minuit, 1986, *Positions de la sophistique* (Colloque de Cerisy), Paris, Vrin, 1986; Cl. Imbert, *Pour une histoire de la logique. Un héritage platonicien*, Paris, PUF, 1999; N. Notomi, *The Unity of Plato's* Sophist. *Between the Sophist and the Philosopher*, Cambridge, Cambridge UP, 1999; M. Dixsaut, *Platon et la question de la pensée. Études platoniciennes I*, Paris, Vrin, 2000, *Métamorphoses de la dialectique dans les dialogues de Platon*, Paris, Vrin, 2001 ; et comme point de départ pour la question controversée de la *mimêsis* platonicienne, les thèses, que nous ne suivons pas toujours, de J.-P. Vernant, *Religions, histoires, raisons*, Paris, Maspero, 1979, chap. « Images et Apparence dans la théorie platonicienne de la "Mimêsis" », p. 105-137. Bien que nous ayons aussi accompagné cette réflexion et ce commentaire de la lecture du cours de Heidegger sur le *Sophiste* (cours de Marbourg, 1924-1925, I. Schüssler (éd.), Francfort am Main, Vittoris Klostermann, GmbH, 1992, trad. fr. J.-F. Courtine et P. David, Paris, Gallimard, 2001), celui-ci n'a pas constitué pour nous une source de référence constante. Précisons enfin qu'une toute première rédaction de ce texte a fait l'objet d'une conférence présentée au *Collège international de philosophie* en octobre 2000 et a été publiée sous le titre « Dire l'image ou la parole visible chez Platon (sur le *Sophiste*, 216a-241e) », *Dionysius*, vol. XIX, 2001 (p. 75-112). Par la suite, une autre partie de ce travail a été publiée, dans une version antérieure à celle ici présentée, sous le titre « Racines platoniciennes pour une philosophie de l'image », *χώρα, Revue d'études anciennes et médiévales de philosophie, théologie et sciences*, 3-4, 2006 (p. 23-45). Le livre que nous présentons ici était fini lorsque nous avons pris connaissance de l'ouvrage de D. Ambuel, *Image and Paradigme in Plato's* Sophist, Las Vegas-Zürich-Athens, Parmenides, 2007 ; par conséquent, nous n'avons pas pu tenir compte de cette analyse thématique de l'image dans le *Sophiste* sur le parcours de notre propre travail consacré à l'analyse du vocabulaire et du rôle de l'image dans ce discours philosophique platonicien.

qui l'intéresse dans son discours, ou plutôt son incidence sur l'identité du langage qui exprime ainsi sa pensée, sachant que le reflet de cette altérité de l'objet cherche à coïncider avec une identité tout aussi insaisissable mais qui se manifeste, elle, à travers la parole proférée et les significations données aux choses ainsi désignées? Encore autrement dit, est-ce la chose elle-même ou bien la signification que le sophiste en donne (outre le profit qu'il peut éventuellement en tirer) qui occupe son esprit et exprime sa pensée à travers les possibilités du langage? À la différence des autres dialogues platoniciens qui mettent en scène des modèles de raisonnement, un discours ou des paroles de sophiste auquel répond, de manière critique le plus souvent, Platon sous la voix d'un Socrate *philosophe* par excellence, le *Sophiste* est non seulement un dialogue non-socratique, chronologiquement parlant, mais aussi un dialogue qui analyse et cherche à définir les moyens mêmes de la « sophistique », en dégageant l'usage des moyens propres du langage de l'usage des images et des figures, usage considéré comme spécifique à l'art du sophiste.

UN PROBLEME DE CHOIX DE MOTS, OU DE DEONTOLOGIE A L'EGARD DE LA PAROLE?

Présenté comme spécialisé dans la fabrication d'images « convenables » des choses, le lexique du sophiste induit en effet l'un des risques majeurs de l'exercice intellectuel : il laisse à bon escient s'installer une rupture entre ce qui est dit, signifié en paroles, et ce qui est vu, entendu et montré grâce à l'acte du langage mais hors du territoire linguistique. Le langage du sophiste ne fait pas acte de communication directe. Il fait plus et il fait moins, car le sophiste joue sur la distance, s'acharne sur les équivocités de sens des mots, glisse allégrement sur les expressions ambiguës, et présente comme un tout organique, presque naturel, un discours qui indique un chemin, mais qui ne transmet ni un savoir certain ni vraiment la « paix des dieux », une « certitude » satisfaisante à l'égard des choses contingentes qui entoure son public[1]. Il utilise pour cela tantôt le faux-semblant des vraisemblances d'un récit, tantôt le mensonge ontologique

1. Il y a, certes, une conséquence éthique, et non seulement logique, de ce trouble semé par le discours du sophiste, mais comme cette dimension éthique de l'usage du langage ne constitue pas l'objet de notre recherche, la responsabilité morale de la liberté (παρρησία) prise par le sophiste à l'égard de la parole, liberté contestée par l'usage du faux-semblant et du mensonge, n'entre pas comme argument dans la critique que nous proposons dans ce contexte.

des images qui remplacent par des imitations la référence nécessaire à la présence immanente des objets réels, mais dépasse en même temps les alternatives au nom d'une liberté de la parole qu'il s'octroie lui-même. En même temps ce lexique opère, ou prétend opérer en usant de manière adéquate du même moyen, une « ouverture ontologique » : il engage à une mise en question radicale du rapport entre sensation (ouïe, vue), connaissance par la pensée et expression propre de l'objet qui est au centre de ce processus d'intellection et de transmission. Il ouvre à cette fin une brèche nécessaire (et la seule possible, d'ailleurs) pour saisir et définir dans le langage lui-même la distinction fondamentale pour l'acte de penser, à savoir la séparation fondatrice entre être et non-être, qui décide autant du statut de l'apparaître que de celui de l'expression linguistique. En d'autres termes, il signale par et selon l'expression choisie la distinction entre d'une part ce qui se montre et, selon le sophiste, peut par conséquent aussi se dire, ou encore (nous) apparaît parce que la parole (nous) l'indique tout en (nous) présentant de la sorte l'identité du mot et de la chose désignée comme une (et la seule) identité vraie, et d'autre part ce qui est sans nécessité prédicative ou apparitionnelle, ce qui constitue le principe même de la chose subsistante et évidente dans l'identité propre de son altérité, identité avec soi qui est, en son unicité, essentiellement irréductible au logos.

À terme, l'« ouverture ontologique » du langage manipulé par celui que nous désignons comme « le sophiste » met ainsi en cause la possibilité même qu'il y ait une « ouverture » de la pensée sur ce qui n'est ni fruit immanent de l'expérience ni production factice par les mots. Aussi réduit-il l'enjeu de la métaphysique à une démarche purement conceptuelle, à mesure que le dit « sophiste » déplace toute signification vers la seule possibilité de connaissance réservée à la prédication, réservée aux principes et aux moyens propres d'un *legein*, d'un *dire le logos lui-même* qui ne « performe » plus que son propre acte – enfermé qu'il est dans la logique exclusive de la prédication des principes universels ou des raisons comme étant les significations mêmes des choses en tant qu'elles sont abstraites de leur identité existentielle, singulière, physique. Cette forme de prédication des causes, des principes ou des raisons réduit en fin de compte la signification, et donc la connaissance tout court, au pouvoir exclusif du langage, sans se préoccuper par ailleurs de la possibilité d'une indétermination foncière, voire d'une limite inhérente à toute forme d'expression à l'égard de l'être vivant ou d'un objet. Or, d'emblée, la distinction stipulée entre être et non-être – sujet du dialogue platonicien appelé du nom commun du *sophiste* et comportant un interlocuteur sans nom et sans identité professionnelle déterminable par un objet spécifique de production – opère une rupture de niveau entre l'acte de *parler* des choses qui sont et des choses qui ne sont pas, et l'acte de *connaître* les choses en tant qu'elles sont selon leur principe de réalité essentielle, afin de les faire connaître ainsi à autrui. Dans ce cas, ce qui ne peut pas se dire selon son principe de réalité essentielle risque, purement et simplement, de ne pas exister dès lors que, in-définissable ou in-prononçable, ce qui ne peut pas se dire ne peut pas non plus être connu soit parce qu'il est transcendant à toute forme d'immanence, soit, au contraire, parce qu'il est irréductible à une définition par le biais d'un principe essentiel.

Mais ce décalage scinde à son tour l'unité propre du langage en montrant que son usage comporte en effet deux directions opposées, selon que l'acte de parler est orienté vers l'acquisition d'un pouvoir d'affirmation de tout objet « réel » tel qu'il est parce qu'il se montre *ainsi*, c'est-à-dire sans donner au départ la possibilité de savoir ce qu'est *réellement* chaque objet qui (nous) apparaît, ou vers l'exercice d'un pouvoir de transmission de cet acquis à l'égard de tout récepteur, un pouvoir d'expression qui fait fi de la possibilité de définir essentiellement ou phénoménalement l'objet de la transmission. Tel Janus, le manipulateur du logos doit par conséquent à la fois regarder, saisir et définir son objet en stipulant la *réalité* incontestable de celui-ci, et en même temps le montrer, *i.e.* mettre en avant la possibilité de saisir cette réalité comme une *présence* à l'intention de son interlocuteur, quitte à inventer les moyens et même la possibilité de cette mise en présence de l'objet de son discours. Pour que tout aille dans le bon sens, celui qui tient le discours doit prendre soin d'intégrer ainsi son récepteur, de le prendre avec lui, de l'associer à son maniement de la parole, en s'accordant avec lui sur la signification des mots et sur le lien établi entre la taxinomie discursive et l'expérience immanente des choses en question. L'univocité des termes et des discours est alors à ce double titre mise sous le signe d'un idéal du langage en même temps que d'une tâche à accomplir à chaque fois que prise de parole il y a. Mais cette univocité ne peut pas être toutefois visée si l'on n'admet pas qu'il reste, simultanément, une marge de manœuvre sur laquelle le jeu de l'ambiguïté peut soit enrichir la compréhension soit tromper l'écoute en occultant la difficulté, voire l'impossibilité de dire ou de définir telle chose ou situation, tel être ou objet. Il faut en tout cas oublier dorénavant, avec la « leçon du sophiste », que le langage affirme l'existant réel de toute chose lorsqu'il parle de cette chose comme d'une « vérité » tout en ne la voyant pas, ou du moins lorsqu'il s'y réfère en communiquant d'un locuteur à un répondant quelque référence formelle que ce soit à l'égard de la réalité ontologique de celle-ci. Autrement dit, rien n'*est d'emblée* parce que l'on peut en parler, mais *est* en revanche lorsque la référence désigne le principe de visibilité qui révèle, lui, la chose-dite comme existante pour autrui.

Une rupture a donc été mise à jour dans le langage – une rupture que l'on peut situer plus généralement entre l'ontologie fondamentale et l'ontologie formelle : un écart qui va grandissant, semble-t-il, dans l'histoire de la philosophie[1], et qui engage une certaine contestation du choix métaphysique. Cette rupture, dont témoigne à merveille la controversée réflexion platonicienne sur l'image comme produit d'un art et sur le statut complémentaire de la parole sophistique, équivaut en effet à un plaidoyer pour la définition d'une distinction propre à l'affirmation essentielle sur laquelle porte tout discours *philosophique* dans les dialogues de Platon : à savoir qu'il faut chercher la détermination de chaque chose à partir d'un état de non-déterminé initial, qui n'est autre que son principe d'origine. Mais cette affirmation est-elle, pour autant qu'elle confirme la possibilité de déterminer un indéterminable (l'être du non-être, par exemple), à la recherche d'une détermination toujours située à la limite de l'indéterminable par essence ou par nature, et pousse-t-elle toujours le langage à se confronter, *philosophiquement*, à cette limite ? Dans quel sens s'enchaîne le processus selon lequel un certain discours quitterait ainsi le droit chemin du « vrai » et des seuls instruments de la logique propres à la connaissance, mais n'en serait pas moins cohérent pour autant, ainsi que parfaitement adapté à son objet – un objet non-avoué, peut-être, dans/par le discours lui-même ? Est-ce en effet le langage lui-même qui détient les moyens pour décider s'il est possible ou non de connaître le fait d'être en tant que principe d'objectité *sui-generis* de la chose existante, voire qui engendre, en quelque sorte, cette connaissance comme étant l'objet *par excellence* de la pensée ? Ou bien est-ce cet « objet » même, en tant que substrat essentiel de la chose existante (l'être essentiel non encore défini, et peut-être fondamentalement indéfinissable) qui s'impose (et s'expose ainsi) aux facultés sensibles et à la pensée ? Et qui fait donc naître dans l'esprit la nécessité de trouver une définition, ainsi que la nécessité d'opérer à cette fin une distinction à partir de ce qui s'y oppose, à partir du non-être pour ne pas le nommer, à partir du « rien » même de la parole, à partir d'une pure inconsistance ontologique comme celle dont participe aussi le langage ?

Si la visée du discours philosophique, et finalement de toute mise en acte de la parole, est de connaître l'identité d'une chose en distinguant le sens universel de ce qui est parce qu'*il est*, du sens particulier de ce qui *se*

1. L. Couloubaritsis, « Ontologies et hénologies contemporaines », dans *Y a-t-il une histoire de la métaphysique ?*, Paris, PUF, 2005, p. 302-341.

manifeste et est saisi comme tel par l'expérience sensorielle, cette visée « essentialiste » de l'identité serait alors responsable d'une dialectique de l'exclusion (dialectique des contraires, exclusion de l'équivocité ou de l'ambiguïté), en même temps qu'elle deviendrait, sans en avoir eu l'intention au départ, fondatrice du principe logique de non-contradiction qui inscrit et définit toute communication sous le signe du logos. En somme, si l'expression doit définir l'être en le séparant de manière inaugurale du non-être, la possibilité même du langage se trouve alors engagée, voire mise en cause autant que la pertinence de la perception à l'égard de la science. D'où, peut-être, la nécessité de déplacer la question dite « ontologique » depuis le domaine de la physique (ou de la cosmologie), où il s'agit de formuler de manière précise la définition de l'objet, vers celui de la sophistique ou de la rhétorique, comme « arts » d'un langage adossé à l'expérience, domaine où la connaissance vient d'une adéquation entre ce qui est perçu, ce qui peut être exprimé et ce qui est finalement reçu. Ce déplacement, qui n'engage pas d'emblée la persuasion, oblige néanmoins le philosophe à une prise en compte de la structure même du langage, et met nécessairement en relation les moyens logiques avec celui qui tient *en personne* le discours, qui est engagé et qui parle en son nom propre à un autre considéré, *ipso facto*, comme le récepteur d'une communication, d'une transmission, ou plus particulièrement d'une formation ou d'un apprentissage.

Quoi qu'il en soit, la définition de *l'être*, « objet » si particulier pour un débat, impose une confrontation avec les limites du langage, du moins celles qui apparaissent dans le discours du philosophe, car elle suppose immédiatement une définition corollaire, celle de son contraire, or celui-ci, le *non-être*, plonge langage et pensée dans une difficulté radicale à l'égard d'eux-mêmes. Il se trouve, néanmoins, qu'à travers l'écart creusé par cette difficulté – par la nécessité de produire une définition de contraires qui mettent en jeu le statut même du langage et sa puissance de décider unilatéralement sur le sens des mots – s'insinue, puis déferle par moments, dans le discours de l'Étranger (du dialogue platonicien déjà évoqué) une multiplicité d'expressions et d'envisagements possibles, autant techniques que théoriques, de l'image, alors que le philosophe (mais est-ce bien le point de vue de Platon ?) ne semblait pas viser au départ la définition de celle-ci. La distinction tranchée entre le vrai et le faux, la mise en opposition par le langage de la vérité et du mensonge, à travers la complémentarité des définitions de l'être et du non-être, engendre subrepticement une définition *sine qua non* de l'image, ou du moins suscite une explicitation de la position philosophique à son égard. Et, plus important encore, à travers l'aporie que ne tardera pas à soulever l'image, celle d'une nécessaire équivocité du sens, ainsi que du jeu inévitable des ressemblances et de l'ambiguïté, c'est tout le contenu de la théorie dite « ontologique » du langage qui est ainsi visé par le philosophe chargé de la mise en question de l'image en tant qu'instrument privilégié du sophiste. En particulier, ce sont la place et la nature de la parole et du langage par rapport au statut « ontologique » du réel et du monde visible, immanent, qui sont visées et qui doivent du même coup répondre à cette mise en question de l'image et à cette recherche d'une définition juste pour elle.

La raison pourrait d'ailleurs en être simple : les Sophistes opèrent l'un des tournants les plus importants de la pensée grecque, et peut-être de toute l'histoire de la philosophie, celui qui consiste à libérer le langage de son devoir « fondateur » du réel et à autonomiser par conséquent la signification en en faisant un problème propre du langage et non une affaire de cosmologie et de théologie, réservée à des personnages publics et à des fonctions spécifiques (oracles, juges, poètes)[1]. Cette « révolution » qui libère, une première fois, la parole de son statut d'acte « efficace » à valeur magique, ouvre cependant les portes à une prédication qui risque de glisser dans l'aléatoire de l'opinion et dans la perte de la distinction opératoire des différents plans de référence de la signification, perte conséquente à des processus d'imitation qui caractérisent la « production » de connaissances purement linguistiques. D'autant plus que la parole ne perd pas en même temps sa valeur de « Vérité » révélée, donc de médiatrice par excellence des principes fondateurs, voire divins, ainsi que son rôle de gage de la connaissance du réel qui l'oblige encore à une totale absence de gratuité, et qui la fait agir en toute circonstance avec la puissance d'un acte fort : nomination ou affirmation/négation, ou encore démonstration et monstration implicite d'un savoir. Mais en même temps cette ouverture de la réflexion sur le langage, ainsi que ce dialogue dorénavant possible avec le sens, l'énoncé et la référence, découvre les limites de la parole, du discours et de l'acte même de l'expression, du *dire*, de la profération du logos. C'est dans ce contexte qu'apparaît une première limite des possibilités du langage : cet horizon – qui détermine une immanence du langage – concerne la possibilité même d'expression du visible, et en l'occurrence de l'image.

Le dialogue platonicien appelé du nom commun du *sophiste* tourne presque dès le départ autour de cette limite du langage face à l'apparition. Il souligne d'emblée l'inadéquation du logos dans la maîtrise du phénomène

1. C'est la thèse bien connue soutenue par M. Détienne dans *Les Maîtres de la Vérité dans la Grèce archaïque* (1967), nouvelle édition avec étude introductive « Retour sur la bouche de la *Vérité* » (p. 7-35), Paris, Livre de Poche, 2006.

visible et son impossibilité à arrêter une définition de l'image qui puisse couvrir l'ensemble du processus, depuis la réception visuelle jusqu'au mécanisme producteur de la ressemblance (la divine *mekhanè*, la *ruse géniale* des dieux) et au statut d'altérité qui incombe à une représentation. Or le choix de l'image comme une première pierre d'achoppement du langage face à la négation ontologique, en même temps qu'un premier heurt face aux limites de l'expression à l'égard d'une apparition, n'est pas, on s'en doutait, un choix innocent. La valeur « magique » de la « parole efficace », de cette « parole de Vérité » de la pensée archaïque, d'Homère aux auteurs appelés « présocratiques », jouait justement sur la possibilité d'une révélation, d'une apparition, d'une vision fixée dans le langage grâce à une relation étroite, presque une identification des paroles avec des images – images choisies selon des critères et des modalités de mise en scène de la visibilité. C'est là-dessus qu'il fallait donc intervenir, si tant est que Platon ait effectivement esquissé dans le *Sophiste* l'une des premières réflexions critiques sur la valeur autonome du langage, et plus largement sur la relation possible de détermination entre ontologie et logique, relation au sein de laquelle l'image joue le rôle du pivot central.

Aussi, entre le « blanc » et le « noir », entre toutes les sortes d'oppositions que soulève justement l'usage de l'image non comme simple *figure* mais comme *argument* dans un discours, philosophique en l'occurrence, la parole semble devoir se faire en quelque sorte elle-même *image* pour dépasser les contradictions et se frayer son chemin, en montrant, en décidant et en persuadant son récepteur de la pertinence de sa voie à l'égard de la « vérité » recherchée comme évidence sémantique pour son objet. À en chercher une définition, le discours philosophique oblige ainsi la parole à endosser l'habit de voile de l'image. « Formuler quelque chose comme nu, dépouillé de tout ce qui a l'être, serait en effet impossible (αὐτὸ λέγειν, ὥσπερ γυμνὸν καὶ ἀπηρημωμένον ἀπὸ τῶν ὄντων ἁπάντον, ἀδύνατον) »[1], soutient d'ailleurs l'Étranger, lorsqu'il s'agit justement de montrer la limite d'un langage faisant abstraction de lui-même pour pouvoir déterminer la négation ontologique comme une possibilité de l'être. L'image, à son tour, ne tarde pas à projeter sur la parole ses propriétés en mettant en cause la voie de celle-ci – un échange finalement révélateur, peut-être, d'une radicale parenté entre les deux. Devant l'affrontement des opposés suscité par l'image, la parole se voit en outre obligée à changer de tactique discursive : elle doit donc plus que signifier, elle doit faire montre

1. *Soph.*, 237d.

de sa vérité (véracité) et agir, ou plus précisément, mettre en acte ce qu'elle dit. Pour cela elle doit prendre parti pour ou contre des « vérités vraies » ou de « fausses évidences », et non seulement dénoncer dialectiquement l'écart, en laissant croire qu'elle est impartiale comme si elle venait du dehors, exempte de toute connivence avec ce qu'elle dit et signifie lorsqu'elle se fait entendre dans un discours. C'est donc là-dessus qu'opèrent à la fois la « révolution » des Sophistes et l'analyse critique de Platon : sur cet important changement de cap concernant le statut d'acte que recouvre la parole dans la pensée grecque – acte de *dire*, de *signifier* et de *montrer* en même temps *ce qui est* dans *ce qui (nous) apparaît*.

L'AUTO-REVELATION

Analysons cette tactique discursive propre au sophiste, et finalement propre à tout acte de communication, à travers les moyens et la critique de celui-ci mis en place dans le dialogue platonicien. L'approche de l'objet visé commence – paradoxe ou simple pointe d'ironie – par un recul, c'est-à-dire par la nécessaire, dit-on, mise en place d'une distance. Simple manifestation de bon sens ou calcul ? Choix délibéré d'un point de vue *extérieur* au « spectacle » ou condition inévitable pour la mise en scène de l'objet visé par le processus de la connaissance ? Il s'agit, en effet, d'un éloignement spatio-temporel devenu aussitôt un éloignement qualitatif, et comportant à ce titre plusieurs significations à l'égard de celui qui installe ainsi son enquête ou son projet qualifié comme « pédagogique » ou « propédeutique ». Cette distance donne lieu à une certaine forme de connaissance de l'objet visé et permet d'engager la discussion (en l'occurrence celle entre Théétète et l'Étranger d'Élée) sur le caractère de « vérité » (véracité) ou de « fausseté » qu'apporterait ce type de connaissance au long d'un processus que l'on pourrait considérer comme une sorte d'approche « esthétique » (ou plutôt « aisthétique ») de l'objet, car partant du saisissement de celui-ci par la vue et d'une première connaissance de son identité ou réalité déterminée par l'image *montrée* comme une sorte d'*évidence* (condition de visibilité) de celui-ci[1].

1. Nous utilisons le terme d'« esthétique » en faisant appel au sens étymologique du mot et non aux significations qu'il prendra avec la philosophie classique allemande ; il ne s'agit donc pas d'un jugement de valeur et d'une approche de la « beauté » d'une image, mais bien d'une analyse de la connaissance partant des facultés sensorielles (de la vue, en premier lieu)

Ce processus commence donc par le regard extérieur, mais en soumettant celui-ci, sciemment, à un exercice de l'illusion, en l'entraînant aussitôt dans un acte de projection-réception d'une image non-dévoilée d'emblée en tant qu'image. En d'autres termes, il commence en provoquant une mise en cause de l'efficacité immédiate du visuel, en jetant le doute sur ce que nous appelons avec nos termes l'*évidence* de toute chose visible (son auto-révélation), et en considérant que celle-ci comporte quasi obligatoirement un piège : la visibilité d'un objet serait d'emblée un trompe-l'œil de l'objet qui s'offrirait comme une copie, un reflet ou une ombre à la place de l'objet-vrai, une copie qui serait même suffisante aux regards curieux des néophytes, avides, certes, de posséder la connaissance de l'objet vu, mais pas encore éduqués à orienter leur vision, à avoir véritablement un *regard* sur l'objet visible et à se mettre ainsi dans la disposition de recevoir en eux la projection de la *vraie* connaissance enfermée dans la « boîte formelle » de l'objet lui-même[1]. Mais cet objet, ou son double (ombre, reflet), s'offrirait-il sans égards à la vue ? Non, car ni l'objet lui-même ni son image ni même une représentation de fortune ne s'offrent d'emblée et sans égards à la vue, bien qu'ils soient l'un comme les autres par principe visibles. L'on offrirait, plutôt, aux regards « neufs » ou jeunes, l'imitation d'un objet pour habituer l'esprit au jeu périlleux du visible, à la nécessité d'opérer la distinction et de définir la différence. Par ailleurs, « offrir » n'est pas ici l'expression d'un « don » mais désigne la mise en acte d'un artifice, d'une *mekhanè*, d'une technique de l'apprentissage, d'une propédeutique de l'ensemble des facultés[2].

et visant la détermination du statut accordé à l'image d'une chose (sans nécessité qu'elle soit devenue œuvre d'art, peinture ou sculpture). Il s'agit en outre d'une définition de l'image qui comporte la condition de visibilité propre à tout existant, image qui exige donc un rapport déterminé à l'être. C'est ce que R. Mortley appelait, dans le contexte de la philosophie de Plotin, « l'onto-image », « The Face and the Image in Plotinus », *The Journal of Neoplatonic Studies*, VI, 2, 1998, p. 3-21.

1. Il y a, dans le *Sophiste*, plusieurs références à l'opposition et au chiasme entre la vue plus aiguë des jeunes dont l'esprit est encore non-dégrossi et la vue plus émoussée des vieux mais qui ont en revanche l'esprit pénétrant (par exemple en 232e : ὀξύτερον οἱ νέοι πρὸς αὐτὸ βλέπιοτε ἡμεῖς δὲ ἀμβλύτερον), références qui devraient être comprises comme des quasi citations, ou du moins des allusions, à l'analyse de la vue obscurcie et de la vue éclairée dans l'épisode de la caverne dans la *République* VII. Les parallélismes entre le *Sophiste* et la *République* sont d'ailleurs nombreux. Nous reviendrons sur l'éducation du regard mise en parallèle avec la pédagogie du langage approprié à la connaissance. Voir *infra*, p. 337 *sq.*, le chapitre « Le trajet du regard ».

2. Ailleurs cette technique d'apprentissage est appelée, ironiquement certes, une « initiation aux mystères sophistiques » (τῶν ἱερῶν … τῶν σοφιστικῶν), initiation qui commence

L'objet est donc montré depuis une certaine distance pour pouvoir être envisagé, désigné et défini comme à partir d'une copie. C'est dans le jeu du mode indicatif entre les deux premiers actes – *montrer* et *désigner* – que la connaissance *médiane* de l'objet par la copie prend, ou devrait prendre tout naturellement, naissance. Et tout irait ainsi de ce pas univoque, propre à une logique de type binaire, sans recours nécessaire à un artiste doué à même de faire une bonne copie de l'objet, si le dialogue platonicien ne jetait pas tout d'un coup dans la discussion, *à la manière du sophiste*, un objet d'exception, comme pour démontrer que cette *mekhanè* de la non-contradiction qui consiste à montrer de loin puis à nommer et à définir ce qui en a été saisi n'est pas aussi simple et claire que la visibilité, offerte comme une *évidence* apparitionnelle de l'objet, pouvait au départ le laisser entendre; que le processus engagé par la présentation d'une image de l'objet ne pouvait pas se métamorphoser aussitôt en un discours adéquat sur cet objet; que ce processus logique de mise en relation de la parole avec une image comportait en effet des astuces dignes d'Homère et de son héros favori, et qu'il fallait donc se contenter de poursuivre au long d'une impitoyable chasse ou d'un interminable retour au point de départ quelque chose qui tout en se montrant nous échappe et nous échappera tout au long du trajet poursuivi afin de saisir cette chose – telle la vision d'une île dont on ne sait pas si c'est une *illusion* ou bien *la vision de l'île elle-même* tant que l'on est encore en pleine mer; qu'il fallait donc accepter, sur le compte d'une image « artificielle », *i.e.* partant d'une visibilité factice de la chose désignée, de poursuivre un long détour, et d'acquiescer, de surcroît, à la possibilité que cette chose puisse nous échapper jusqu'à la fin du dialogue, en nous laissant dépités, en nous abandonnant à l'idée qu'en voyant quelque chose on ne saisit finalement qu'une illusion, une suite de mots plus ou moins « justes », censés occulter la réalité miroitante d'une projection, voire d'un désir de savoir focalisé sur cet objet, dans une fuite en avant constatée mais impossible à arrêter.

L'objet choisi se définit ainsi entre *l'homme* que l'on voit venir à la réunion des philosophes, un homme dont par ailleurs on ne connaît rien car il vient de l'extérieur (de la Cité), et *l'être* au rang duquel l'homme appartient de toute évidence selon qu'il est désigné par l'appellation d'un lieu et

avec « l'apprentissage de l'emploi juste des mots » (περὶ ὀνομάτων ὀρθότητος μαθεῖν δεῖ), voir *Euthydème*, 277e. Mais elle sera aussi comparée à un jeu avec les mots et les notions (τῶν μαθημάτων παιδιά ἐστιν), aussi bien dans le dialogue que nous venons de citer (*Euthydème*, 378b), que dans la définition de la mimétique, l'art propre du sophiste (*Soph.*, 234a-b). Nous reviendrons sur cette dernière occurrence.

d'un genre spécifique : c'est un homme venant d'Élée, peut-être bien un philosophe, un sophiste, ou un politicien..., bref, un *être situé* et *déterminé*, c'est-à-dire plus qu'un existant ou qu'un vivant abstrait dont on entendrait quelqu'un parler, mais un *être* dont, malgré sa détermination catégoriale, on ne connaît pas l'identité singulière et irremplaçable comme on ne connaît pas son nom propre[1]. Bien qu'il n'ait pas de détermination propre, unique et indivisible de son essence et de sa subsistance – bien que nous n'ayons pas de connaissance précise le concernant, connaissance de son « caractère » unique (ou empreinte personnelle, appelée plus tard « hypostase » : réalité propre, unique et originale du vivant)[2] – cet homme constitue néanmoins d'emblée un *non non-être*. On devrait en conséquence pouvoir le connaître et le définir selon son identité, si tant est que nous soyons capables de le saisir avec justesse à travers son apparition dans notre champ visuel, puis en faisant confiance à son discours, en considérant ce dernier comme distinctement « vrai » autant à l'égard de sa propre identité qu'à l'égard du sujet abordé, et cela malgré l'attestation quasi immédiate d'un usage de faux-semblants et de maintes illusions mises en place par son maniement particulier du langage. En reconnaissant, en d'autres termes, une technique et des figures qui ne tarderont pas à être avérées comme autant de moyens pour saisir l'équivocité implicite du langage et sa nature commune avec le phénomène de l'apparition, avec ce que nous appelons ici l'auto-révélation de l'évidence propre au visible – accès « archaïque » grec qui permettait de préserver l'immanence de la connaissance sans réduction

1. Notons, par contraste avec la question soulevée en ce début de texte, que plus loin dans le dialogue, après la définition du mouvement et du repos, et avant d'arriver à la détermination des autres trois genres suprêmes et à l'universalité des formes, on revient à l'exemple générique « homme » (*Soph.*, 251a *sq.*). Il doit illustrer la difficulté du rapport un-multiple dans la prédication, à savoir dans l'attribution d'un seul nom à plusieurs choses et de multiples dénominations à un seul objet du discours, comme dans le cas de l'homme qui se voit attribuer un nombre illimité de qualifications. Or dans ce contexte on a manifestement perdu de vue la nécessité de définir l'identité en tant que telle. Depuis un long moment c'est l'Étranger qui mène le dialogue. Son ironie à l'égard des « élèves » plus ou moins jeunes des « sophistes » (*Soph.*, 251c) est censée montrer que les principes de la méthode dialectique sont fixés en connexion avec le statut du langage. L'Étranger, en tant que « bon » philosophe, fait alors appel, conjointement, à la nécessité de la division des genres et à la nécessité de séparer la profération des attributs de la connaissance de l'être. La partie « phénoménologique » du dialogue a basculé en recherche logique, en étude des moyens propres au langage pour définir l'être comme objet de la connaissance.

2. À moins que dans ce cas précis son « nom propre » soit justement celui qui lui est ici par force attribué – *Étranger*/ΞΕΝΟΣ –, comme pour signifier que tout nom propre désigne l'étrangeté absolue et irremplaçable de l'être singulier. Mais ceci n'est sans doute pas une pensée qui puisse se justifier, historiquement parlant, dans le contexte platonicien.

du monde à l'unicité du particulier, au contingent et au principe de la nécessité.

Aussi le schéma proposé à la place d'un « vrai » objet, ce dessin en de très gros traits qu'un sophiste exhibe à l'intention de son jeune auditoire, correspond-il, en effet, aux moyens propres de la perception visuelle lorsque celle-ci est confrontée à une apparition lointaine ou à une monstration éloignée, dans le flou et le *pars pro toto* engendrés par cette distance instituée d'emblée. Mais l'usage à des fins pédagogiques de l'éloignement, l'instrumentalisation à son propre compte de cette distance séparant certains esprits, « encore jeunes », de l'objet visé sur le chemin de la connaissance est aussitôt condamné par Platon – c'est l'une des « méthodes » incriminées du sophiste[1] –, même si le philosophe lui-même, le « vrai » (?), n'hésite pas à en user au détour d'une démonstration. Aussi les effets de la distance sont-ils évoqués en d'autres contextes dans les dialogues platoniciens, sans recours critique obligatoire, comme dans le *Philèbe*, par exemple, lorsqu'en distinguant à peine une silhouette lointaine on la prend – sans savoir avant de s'approcher si c'est un homme véritable ou l'apparition d'un « vrai dieu » – pour la statue taillée par un berger[2]. Cette distance serait ainsi, d'emblée, celle qui donne à voir quelque chose tout en mettant en place, avec la présentation avant tout d'une *image* de l'objet, un certain nombre de « défauts » nécessaires à la constitution de la vision et ouvrant à terme sur un certain type, non négligeable, certes, mais « dangereux », de connaissance. L'image ainsi installée devancerait donc par « imitation » l'objet lui-même, sans l'occulter toutefois. Elle nous donnerait à voir un « schéma » du caractère visible de cet objet, une composition faite à partir des traits les plus expressifs, les plus saillants, une image à la fois *fausse* de l'objet et *vraie* de l'apparition visuelle de celui-ci.

Autrement dit, sans permettre d'envisager l'anamorphose subreptice introduite par la « perspective » qui fait voir dans un premier temps l'image de la chose en déjouant les défaillances des sens, cette distance donne elle-même lieu à un dépassement du simple flou, dissipe en quelque sorte le brouillard (d'une vue émoussée), endigue l'incertitude d'une impression, et, sans passer en même temps, obligatoirement, par une réification de la chose-vue (comme dans le cas de la statue que l'on vient d'évoquer), elle offre au bout du parcours une re-constitution *claire*, un dessin *visible* ou le tracé d'une inscription *lisible*, voire une invention purement intellectuelle

1. *Soph.*, 234b.
2. *Philèbe* 38c-e.

ou fictionnelle de cette chose (comme dans la φανταστικὴ τέχνη[1]). Il s'agit donc d'une projection ou d'une ré-invention considérée comme l'« évidence » même de la chose, en un mot, son « caractère » ou son « aspect » distinctif extérieur : une *image* « bonne à voir », *telle une peinture* (dit le texte), conçue et montrée, mise en avant à ce seul dessein[2], celui d'être vue, même si c'est l'objet lui-même qui de fait s'auto-révèle de cette manière et que l'« image » qu'il propose n'a pas d'existence propre en dehors de cette projection « visionnaire » de l'ordre de l'expérience sensible autant que d'un *phantasma*. Bref, il s'agit d'un simulacre, d'un trompe-l'œil expressif obtenu par un double processus d'« abstraction » et d'« invention », c'est-à-dire par une « séparation » et par une « production », processus commun avec la création et qui opère dans ce cas à partir d'une « réalité » à peine devinée, comme à partir d'une « matière » informe, non-dégrossie encore. Le résultat est certes un « simulacre », une « imitation », mais qui nous permet déjà de distinguer l'objet lui-même de son apparition dans notre champ visuel, en d'autres termes, d'opérer la distinction entre la *réalité essentielle* et la *réalité phénoménale* d'une chose, entre son existence-en-soi et sa présence-à/pour-nous.

Cette distance joue donc un double rôle : elle permet d'une part de constituer et de nommer « image » la visibilité ontique de la chose, son *apparaître véritable* ou sa *réalité iconique* (son εἰκὼν ὄντως), son épiphanie, la révélation de sa nature réelle en sa présence comme telle. Elle distingue donc le niveau fondamental du niveau formel de l'ontologie et tente d'unifier l'être et sa révélation par la racine d'un sens commun, par l'unité invariable de l'existant, outre le rapport au paradigme dont Platon ne parle pas dans ce contexte (c'est le sujet des Formes abordé dans le *Parménide*). D'autre part, la saisie à travers cette distance permet d'envisager la possibilité que l'image quitte l'enclos exclusif de la mimêsis ou de la vraisemblance (de son état de pur produit de l'εἰκαστικὴ τέχνη, de produit « symétrique » à la vérité[3]), enclos dans lequel l'avait enfermé son instrumentalisation par les *arts* (*i.e.* les *techniques de la mimétique, de*

1. *Soph.*, 236b-c. Nous l'analysons plus loin.

2. *Soph.*, 234b. Le texte associe explicitement *distance* (πόρρωθεν) et *monstration* (ἐπιδεικνύς) des traits inscrits sur un support (τὰ γεγραμμένα) qui constituent l'image ou plutôt la projection pédagogique élaborée par le sophiste. Le même terme, ou presque (ἀπόδειξις), est utilisé dans le contexte de la *République* (472d) lorsqu'il s'agit de comparer la démonstration verbale et la peinture qui montre, ou « expose » littéralement, un modèle de perfection. Nous reviendrons sur cette dernière occurrence.

3. Technique définie dans le paragraphe précédant celui de la « technique phantastique », *Soph.*, 235d-e. Nous l'analysons également plus loin.

l'illusion). L'image sortirait dans ce dernier cas de son asservissement, de ce qui sera explicitement chez Plotin sa domination par l'exercice d'une *poiêsis narcissique* (comme celle d'un démiurge s'auto-contemplant dans sa création), acte où elle ne peut que jouer ce jeu du mensonge et de la fiction qui lui est imparti et imputé en même temps, à partir de sa séparation logique de la présence visible, phénoménale de toute chose existante. Cette distance, sans doute nécessaire à la vue, éloigne de fait la « vraie » connaissance, la met *à-distance* tout en fournissant, à l'instant même de cet éloignement, l'aperçu d'une connaissance qui, n'étant pas entièrement fausse, n'est tout de même pas la « vraie » connaissance : elle n'est, en effet, qu'une « méthode » appropriée aux esprits « jeunes »; elle donne à voir, certes, met-en-vue l'horizon de la connaissance, dirige l'esprit vers..., mais oublie (volontairement? mauvaise foi du sophiste? ou impossibilité logique?) d'envisager aussi sa propre « ruse », de déjouer en quelque sorte les détours de la démonstration, et de livrer ainsi la clef de son dépassement et de l'accès au « vrai » savoir. – Si tant est que ce dernier existe et qu'il soit accessible à quelqu'un!

Ainsi la distance cacherait, selon Platon, ses propres limites en les attribuant aux défaillances de la perception, de la même manière que le texte dissimule derrière *sa lettre* le plan sur lequel se situe le discours. L'ambiguïté du *logos-legein*, entre le sens direct (de l'énoncé) et la connotation (des raisons d'être et de la définition, qui ouvre la porte à la multiplication des références et à l'interprétation), joue le même jeu d'équivocité que la distance à l'égard de la vue. Or, en dissimulant l'éloignement par des techniques de transparence et de perspective, en cachant aussi les conséquences d'anamorphose, voire de mensonge à l'égard des limites du regard, la distance installe non seulement la possibilité d'une occultation, mais aussi l'illusion d'une dé-limitation de la connaissance, la possibilité d'une vue « claire » face à une « évidence » idoine à la saisie immédiate, même si celle-ci ne s'empare de fait que d'une imitation, donc d'une « réalité » formellement vraie, et juste à l'égard de la faculté mise en route, mais essentiellement trompeuse pour la connaissance qui viserait une science « vraie » de l'objet. L'image, ainsi mise en place par un discours avec lequel elle partage une nature et un destin communs, est conçue pour être elle-même vue et non seulement pour donner à voir l'apparition de l'objet visé dans notre champ de visibilité. La soumission de l'image à l'objet qu'elle montre (le passage de la *monstration* à la *représentation* sera encore une autre affaire) n'est jamais totale, l'image *se* montrant autant que l'objet qui occupe son plan ou son faux-semblant d'espace illusoire. La distance instaure donc une image de l'objet et l'image à son tour répond à la nécessité de rapprochement par l'introduction d'un écart supplémentaire : il s'agit d'un espacement nécessaire au déploiement des éléments de visibilité (traits, volumes, proportions, couleurs – que Platon évoque à juste titre dans la définition des techniques[1]), une distance « scénographique » qui participe cette fois-ci de la nature même de l'image autant que de la mise en scène de l'objet ainsi présenté. Aussi toute distance engendre-t-elle une autre distance, comme toute monstration engendre une auto-révélation (dans ce cas, celle du sophiste lui-même), pour répondre au principe de réflexivité propre à la conception du visible et donc à la réception visuelle spécifique des Grecs[2].

Toute la construction (et la raison d'être) du sophiste tient si nous admettons le rôle équivoque de cet écart ou de cette distance et de cette épaisseur *imaginale* qui engendre, par l'usage ambigu de l'image, à la fois clarté de vue et une certaine distorsion du « vrai », écart ou espacement avec points de vue multiples que le sophiste lui-même appelle lieu a-topique du langage ou aporie. C'est comme une sorte de construction catoptrique (et kaléidoscopique, d'ailleurs), architecture d'un instrument complexe, articulant *dans* et *par la langue* miroirs et lentilles qui tantôt rapprochent et tantôt éloignent, éclairent notre accès et simplifient en même temps l'objet recherché, jusqu'à en produire une pure projection signalétique : l'abstraction significative (*i.e.* signifiante) de l'objet, la mise en place de son rôle de pur porteur de son sens. Cependant, l'usage de l'image, condamnée par le « vrai » philosophe, ne fait que jouer à cache-cache avec les lois du discours et les principes du genre logique. L'image a simplement bon dos dans l'histoire. Si elle illustre un processus, il ne lui incombe pas pour autant la responsabilité entière des fuites du langage et des limites du discours eu égard au sujet visé dans ce dialogue, et, par conséquent, elle n'a pas à endosser toutes les peines requises dans le procès intenté au *Maître*, à Parménide. C'est pour cela d'ailleurs, que, pour une fois, elle ne prête pas le

1. Loc. cit., *supra*, p. 63-64.

2. Platon met souvent l'accent sur cet aspect ambivalent, actif-passif, entre voir et être vu ou se rendre visible à ce/celui que l'on voit, *horân-horâsthai* (*Alcibiade*, 133a, *République*, 507c-d, *Théétète*, 154a, etc.). Pour les aspects optiques de la question, voir les travaux de G. Simon – principalement *Le regard, l'être et l'apparence*, Paris, Seuil, 1988 –, et pour les enjeux littéraires et l'analyse des exemples mythologiques concernant l'usage de ce principe ainsi que du reflet spéculaire, les travaux de J.-P. Vernant et de F. Frontisi-Ducroux, plus particulièrement *Dans l'œil du miroir*, Paris, Odile Jacob, 1997. Pour des questions de vocabulaire spécifique du visible et de la réception visuelle, voir l'ample étude de L. Paquet, *Platon. La médiation du regard*, Leiden, Brill, 1973, ainsi que nos propres analyses dans un chapitre spécial consacré au vocabulaire de la vue et du regard, *infra*, p. 302 *sq*.

flanc à l'exclusion de l'enclos de la philosophie. Pour une fois qui nous semble la « bonne », vu que le destin réservé à l'image par les penseurs chrétiens de la fin de l'Antiquité et du premier temps de Byzance prend appui précisément sur cette « image » : relais du logos (qui du coup peut s'auto-révéler), et garante en même temps d'un accès par ce logos au « vrai » sens de l'être hypostasié (l'existant), par-delà la logique du sens et la relation instituée d'une part avec les catégories de l'entendement, de l'autre avec la réception-perception d'un auditoire. Ou encore en d'autres termes : il s'agit de mettre en avant l'adéquation ou la conformité à l'objet, en même temps que l'usage *économique* des moyens de l'entendement, en somme un « dispositif » en adéquation avec la nature de l'acte de la connaissance immanent à la condition propre de son objet. La recherche ne vise donc pas la vérité *absolue*, *unique* et *axiale* de l'objet, vérité réservé au paradigme, mais la réalité de l'être à même de répondre à la capacité sémantique du logos, en somme : une vérité d'image.

Par ailleurs, la mise en place d'une certaine distance permet aussi de distinguer les différents types d'image cités, et nous oblige à en tenir compte lorsqu'au fil du dialogue nous passons d'un régime de visibilité à un autre. Nous avons en effet affaire, dans un premier temps de l'approche, à l'illusion visuelle mimétique à laquelle appartient l'évocation d'une statue par exemple, ou le saisissement d'une apparition en trois dimensions, d'une *apparition animée* considérée d'emblée comme étant celle d'un homme ou d'un dieu. L'altérité est ainsi conçue au départ comme un *étant étranger* par rapport à soi, un *étant étranger* dont on perçoit en premier lieu la visibilité en tant que signe de présence muette, comme on perçoit les traits qui composent la « face » épiphanique de toute chose visible entrée dans notre champ visuel. Ce n'est que dans un temps second que nous passons du régime de l'illusion mimétique – de ce qui ressemble à quelque chose sans que l'on sache quoi que ce soit à son égard, ni même si cette chose est réellement ou non –, à un régime de visibilité séparé du corps initial de l'objet visible, régime qui permet l'analyse et qui ouvre la possibilité de la connaissance. Apparaît alors une construction bidimensionnelle, comme la vision d'une *projection naturelle*, telle une image-reflet, ou encore une image-écrite (tracée), de type graphique, ou une image-ombre, de type pictural – des images à chaque fois exemptes de la matière propre au corps de l'objet présenté, et donc des images que l'on peut s'approprier visuellement à partir d'un support étranger (un miroir, un mur, une surface d'eau), des images qui peuvent en fin de compte non seulement signaler la présence d'une chose dans sa visibilité propre, mais aussi révéler une signification. Ces images n'appartiennent pourtant ni à la chose visible en soi, ni à ceux qui la reçoivent comme visibilité et comme identité signifiante de l'objet ainsi révélé. Elles sont en quelque sorte autonomes, du moins tant qu'elles jouent le rôle de médiatrices de la connaissance – médiatrices concurrentes des paroles, car c'est bien elles qui sont, en outre, à même d'établir une relation avec le langage.

Qu'il s'agisse donc de la réception en tant qu'image de la face d'un être animé ou de la simple vue d'un reflet sur l'eau ou d'une ombre sur un mur, il faut d'ores et déjà retenir que, dans tous les types d'image évoqués dans la première partie du *Sophiste*[1], le caractère imitatif de l'image entre d'une manière particulière en interaction avec la pensée et suscite une relation complexe de réciprocité entre l'expérience et l'expression. Sont concernés par cette relation autant le récepteur de l'apparition visuelle que celui qui propose la circonscription linguistique de l'image, la possibilité de sa maîtrise par le langage, par le choix d'une parole adéquate à la désigner ou à la décrire et à la montrer. Mais de cette même relation et de cette même réciprocité résulte aussi le glissement, toujours potentiel, dans la fascination. Le sophiste est à cet égard le maître du jeu : il suscite cet attrait auroral mais primaire pour l'aspect visuel comme « face » unique de l'immanent (des vivants et des choses inanimées), et utilise à bon escient cet attrait « meurtrier » pour la connaissance (comparé à l'attrait pour le pouvoir des charmeurs de serpents[2]), tant que le regard du néophyte ne découvre pas lui-même dans la visibilité apparente des choses la sagesse muette d'une image pure et simple, qui correspond à la projection de son propre désir de voir ainsi exprimé.

L'INSAISISSABLE VISIBLE ET LA BONNE IMAGE

L'analyse des moyens du discours mis à contribution pour définir l'indéfinissable initial, l'identité de l'homme qui vient, par exemple, analyse que nous proposons plus loin, part du déploiement lexical à travers lequel cet homme qui vient, l'Étranger en l'occurrence, tente lui-même de nommer et donc de circonscrire par/dans la langue l'« image ontique » – ce qui sera par la suite considéré comme l'instrument favori du sophiste.

1. Plus particulièrement *Soph.*, 233a-241e. C'est la partie consacrée à la détermination de l'art unique du sophiste, art qui lui permet de se situer au centre de tous les savoirs. C'est là-dessus que s'arrêtera plus particulièrement notre analyse dans les chapitres suivants.

2. Voir des occurrences de cette comparaison dans *Euthydème* (289e-290a) ou dans la *République* (358b).

L'homme se dissimule ainsi, en même temps qu'il se révèle à travers son discours : il se chasse lui-même et organise sa fuite par le déploiement d'un seul et unique acte, celui d'une parole qui cherche tout au long du dialogue à affirmer son statut approprié, inévitablement abstractif, mais dans une adéquation de fond avec la nature de l'objet visé et nommé. L'écart ontique en même temps que le rapprochement formel jouent de leur va-et-vient, ainsi que de la recherche des convergences, des points de retournement et des conversions possibles selon les définitions formulées dans les questions de l'un et les réponses de l'autre, philosophe et sophiste, « même » et « différent » (du moins accepté comme tel), « identité » (par l'évidence) et « langage » (par détour), chacun prenant le dessus à tour de rôle. Mais dès l'abord le rapport annoncé (et dénoncé) entre l'image et la parole s'avère ici conflictuel, comme si l'une était d'emblée exclusive de l'autre. Le rapport demeurera d'ailleurs ainsi jusqu'à la fin du dialogue, mis sous le signe d'une impossibilité de la rencontre parfaite, voire sous le signe d'une inadéquation ou d'une inappropriation foncière du discours à l'égard du visible : l'image glisse, fugace et furtive comme des reflets sur l'eau, des traits à peine saisis par la rétine, et le langage n'arrive pas à la contenir ; ou bien elle se laisse définir, s'adapte même à la définition (elle est tantôt *ceci*, tantôt *cela*) au point de méduser l'attention du lecteur, mais échappe au discours aussitôt que l'on croit pouvoir arrêter la « chasse » de cette intruse.

Une première distinction est ici nécessaire. Le « parler en images de tout » (εἴδωλα λεγόμενα περὶ πάντων)[1] du sophiste se dédouane de toute connivence avec la *tekhnè* d'un littérateur, d'un rhéteur ou d'un peintre au nom d'une définition *positive* de l'image, qui remplace la définition *négative* de l'image-copie d'un « original ». On discerne dans cette définition positive de l'image l'objet visuel par excellence, capable d'ouvrir la possibilité de saisir la condition visible de tout être immanent, et on lui accorde à ce titre les faveurs du philosophe qui cherche à définir le statut de l'être en tant qu'être, à la suite d'une démarche qui commence par établir la distinction entre plusieurs sortes d'images. La « bonne image », nécessaire à la *communication* (et qui sort d'ailleurs victorieuse de l'épreuve du dialogue), qu'elle soit appelée « image naturelle » ou « image ontique », ne recouvre pas seulement, de manière purement opératoire, une défaillance dans le processus de la connaissance, mais se trouve du même coup hissée au même rang que l'instrument par excellence de la démarche, le *logos* en train de se dire, surpris dans l'acte même d'énoncer (*legein*) la définition de

1. *Soph.*, 234c.

son objet. L'image devient dès lors cette évidence mise sur le même plan que le discours, pendant que celui-ci se laisse entendre au long de son exercice comme acte de parole signifiante. Or cette image, *autre* que l'être ou l'objet initial, et néanmoins *même* que ce qui se montre à travers son «dire» propre, par son «énoncé visible», n'est pas moins une image, à proprement parler, n'est même rien d'autre qu'une «simple» image, toujours pareille à elle-même et toujours différente de son objet de référence. Comment la distinguer alors d'une imitation, d'une représentation ou d'une conjecture fondée sur une métaphore, ou du simple détour d'un mythe, d'un exemple, d'une parabole, ou encore d'une statue sans vie, d'un mur habité par des ombres ou maculé de couleurs, bref d'une pure illusion censée faire plaisir ou émerveiller et produire la fascination ou la stupeur? L'une des tâches du dialogue sera de définir justement cette distinction. En d'autres termes, l'objet de l'enquête qui commence avec l'apparition de l'Étranger au début du texte sera effectivement l'image qui est au centre de la démarche du sophiste, mais précisément la «bonne image», qui est comme une sorte d'âme, de reflet de la puissance vive du savoir – image qu'il ne faut surtout pas bannir avec le renvoi des poètes de la Cité, image qui non seulement peut se dire, bien que de manière spécifique, mais fait dire à la parole quelque chose de plus sur ce que cette dernière désigne, nomme, définit et signifie par ses propres moyens, à savoir quelque chose concernant la visibilité ontologique du monde et le caractère distinctif de son immanence[1].

Cette image, la «bonne» image, a en outre comme particularité de ne pas pouvoir se dire autrement qu'à travers une sorte de dédoublement à l'intérieur même de la langue, un dédoublement qui reprend, calque la nature même de l'image, sa nature double et sa réflexivité foncière. Or, mise ainsi à l'épreuve, la fiabilité en apparence supérieure de l'image

1. Nous trouvons chez Cl. Imbert, *Pour une histoire de la logique*..., *op. cit.*, p. 11, cette définition de l'image qui exprime de façon synthétique et claire la perspective de notre propre analyse des fonctions de l'image dans le discours platonicien : « Le critère de la bonne image est d'être une épiphanie physique qui donne en même temps que son contenu les dimensions de son raisonnement ». Ou encore : « Image dans l'eau, image intelligible d'un phénomène sensible qui désormais talonnera, tout au long des dialogues platoniciens la *skiagraphia*, comme son contraire : elle est la bonne image, révélatrice des causalités, jouant sa bonne foi et son naturalisme contre la reproduction d'un sensible par un sensible. [...] Elle se place, comme l'éclipse, à la suture des choses humaines et des choses divines. [...] Image à laquelle Platon n'aura de cesse de substituer une économie discursive, précisément celle de la dialectique sur laquelle le *Sophiste* dira le dernier mot, élaborant cette image fiable dans une économie prédicative », *op. cit.*, p. 66-67. Voir aussi plus loin, dans le même ouvrage, l'usage des « bonnes images » dans le *Phédon* et le *Sophiste*, *op. cit.*, p. 82-83.

infléchit le discours et oriente vers ses propres lois l'économie prédicative. Le moyen le plus adéquat d'exprimer ce « fait » de l'image serait peut-être de définir, ou au moins de signaler la redondance qui se manifeste dans ce dialogue sous la forme d'une négation de la négation (du genre : *l'être est un non non-être*) – en un mot, en dénonçant l'astuce, la *mekhanè* d'une sorte de miroir factice placé dans un interstice choisi de la langue (comme en 240b, par exemple, passage que nous analysons plus loin). Se produit ainsi une brèche réfléchissante dans le corps même de la phrase, un écart dans lequel vient s'installer, par effet de re-doublement, l'écho des mots, la résonance effective de leur nature double, de leur nature à la fois sensitive et intellective auto-référentielle, faisant s'entendre la voix qui parle ou qui se tait, cette voix intime d'un texte qui « nous parle ». Faisant s'entendre en même temps la résonance de la nature signifiante, référentielle des mots, en donnant corps ainsi à la présence d'un signe qui réfère à la chose ou à l'être signifié, bref, en rendant visible ou tangible la valeur sémantique et dénominative extrinsèque d'un langage qui s'efface lui-même une fois réduit à une lecture épistémique, par définition muette. C'est le moyen par excellence *du sophiste* : l'équivocité, le moyen imitatif du jeu qui sort de la logique unilatérale du principe et qui finit par donner un/le sens à ce qui est exprimé, ou du moins devrait être exprimé en intégrant la cohérence de l'ensemble des données, malgré les contradictions apparentes, voire flagrantes lorsque les « illusions » verbales et figuratives semblent enfin dévoilées. C'est, autrement dit, le moyen qui permet d'indiquer la nature du langage en même temps que son acte propre, celui de sortir de l'imitation par l'acte de signifier puis d'interpréter, ce qui ne présage pas pour autant d'une signification unique et irremplaçable de l'énoncé. Et ce moyen est, de surcroît, un moyen spécifique à la nature de cette « divine invention » de la langue, nature double qui révèle la parenté profonde entre la parole et l'image, peut-être bien leur racine commune dans un instrument-maître au service unique de la pensée qui agit et se découvre elle-même à mesure que prend forme l'expression du sens donné à son objet.

Le recours ardu et néanmoins révélateur à l'« être du non-être » vient à la suite logique de cette mise en lumière, par personne et méthode du sophiste interposées, afin de démontrer cette parenté avec l'« image ontique » et de définir le rapport du langage à l'être, ainsi que son rôle indicatif à l'égard de son acte même d'existence. D'où l'engagement, dans un second temps du discours, dans la définition du « mouvement » et du « temps », notions étrangères de prime abord à l'image, impropres en apparence à en définir la nature, mais propres en revanche à l'affirmation contenue dans le verbe existentiel et donc structurellement adéquates à l'acte et au discours sur les « genres » de l'être, selon les différents modes qui mettent l'accent sur l'exercice, sur l'acte lui-même du *legein* et sur l'*agir* du sens « vrai » des mots, ainsi que sur ce qui est dit (*legesthai*) à travers cet acte concernant la manière de dire ou de laisser s'exprimer un sens. Certes, le modèle de la réflexivité de l'image, qui ne peut pas être écarté de la nature humaine, l'emporte à la fin dans la multiplication par dédoublement des genres de production. Le discours, même celui des sages et des philosophes, sera désormais contraint à tenir compte de cet écho qui apporte, ne serait-ce qu'en sourdine, tantôt le sens premier des mots et tantôt l'écho de ce que les paroles ne disent pas mais font entendre par référence, par un transfert de sens sur un autre plan, non-immanent au langage mais immanent à son impact, à sa réception. D'où, encore, le conflit interne – qui lui ne sera jamais résolu – de Platon avec Homère, entendons : le conflit avec l'utilisation mythologique et diachronique du langage. On pourrait rappeler, dans le même ordre d'idées, le rapport au mythe dans le *Phèdre*, le dialogue qui porte justement sur les usages, bons et mauvais, du discours au sujet de l'amour – amour-désir d'un vivant particulier, amour-désir des lettres comme accès à l'amour universel, et enfin amour-désir des dieux, de l'altérité radicale, transcendante. Il s'agit là d'un acquiescement et d'un rejet alternatif de l'interprétation (au début du *Phèdre*) ; puis d'un acquiescement et d'un rejet alternatif d'une partie de la mémoire comme une dernière forme subtile de puissance du côté de la vie (la faculté noétique de la mémoire), qui serait remplacée par une forme de possession du côté de la mort (l'écriture comme forme figée, sens arrêté des mots), la mémoire constituant justement l'un des « hauts lieux » de la rencontre de l'image et de la parole. Et on peut déduire de là, sans doute un peu hâtivement, une réflexion critique et une indécision foncière de la part de Platon, entre la valeur « performative » fondatrice des mythes dans le langage archaïque, et le rôle nouveau que les Sophistes accordent au langage, celui de communiquer par-dessus les mots, de transmettre l'impondérable légèreté d'une signification mouvante, adaptée et nécessairement partiale, voire mimétique et mensongère si besoin est, telle une image ou une écriture sur les eaux[1].

Aussi la définition de toute image, soit « bonne » soit « trompeuse », et dans ce cas mauvaise pour la connaissance, ne peut-elle pas porter sur un seul, unique objet. Il n'y a d'ailleurs pas d'objet-image, à proprement

1. *Cf.* la fin du *Phèdre*. Nous proposons une lecture de ces aspects abordés dans le *Phèdre* dans un ouvrage ultérieur, consacré toujours à la relation entre parole et image, non du point de vue de l'ontologie mais sous le signe du mythe et de l'interprétation dans le discours philosophique.

parler, mais seulement des *refuges* passagers à l'abri de différents objets-support qui sont autant de réceptacles d'image visuelle, qu'il s'agisse du signifié ou du signifiant, de l'objet représenté ou de ce qui reçoit comme un *hupokeimenon* une représentation étrangère à la nature du support, une « forme » qui s'impose néanmoins à celui-ci et le détermine, en lui étant immanente en quelque sorte. La définition de l'image, difficile épreuve pour le logos, doit pour cette raison s'appliquer de préférence à circonscrire la nature d'une relation spécifique entre les différents objets concernés (objets-visés et objets-réceptacle). Il s'agit d'une relation de puissance (δύναμις) qui naît avec la présence active d'une certaine forme de lumière, d'une certaine clarté nécessaire à la vision, et qui aboutit avec l'apparition (ou la constitution) effective de l'image, du visible dans son évidence auto-révélatrice qui déborde la clôture du langage sur lui-même. Le processus suit ainsi la courbe de l'inférence introduite dans le discours par cette apparition, toujours inattendue, de l'image.

Nous sommes en effet surpris et débordés par l'image qui apparaît, alors même que nous sommes censés la chercher et la définir, afin de l'évacuer plus facilement du trajet de la connaissance et d'écarter les éventuelles nuisances « littéraires » de son usage par la parole du philosophe. Mais la définition de l'image s'arc-boute sur elle-même et s'accroche en même temps à la trame de la langue, s'installant ainsi – récit ou parabole, formule mémorable ou mot à réfléchir – au beau milieu du discours, au point qu'il devient impossible de la contourner. Elle s'apparente, en effet, à une définition en cercle *quasi* fermé : il s'agit, certes, de la mise en place d'une relation de ressemblance, mais c'est une ressemblance plus complexe que celle, dénoncée naïvement et sans doute hâtivement par Théétète, entre la copie et son modèle[1]. C'est une relation de puissance déterminée au fond par l'alternative *action-passion* (εἰς τὸ ποιεῖν ... εἰς τὸ παθεῖν)[2], ou encore

1. Dans un passage de la *Lettre VII* (342b-344d) Platon esquisse une synthèse de sa théorie gnoséologique fondée sur le rapport modèle-copie. En prenant l'exemple de la connaissance du cercle, il énumère les étapes successives de l'approche du « vrai » cercle, en plaçant l'image (l'*eidôlon*) du cercle au-delà du nom propre (*onoma*) et de la raison déterminante de la figure en question (le *logos*, *i.e.* la définition géométrique dans ce cas). L'image constitue en effet le point clef où la connaissance bascule depuis l'usage des moyens extérieurs vers la partie interne au sujet connaissant, celle de l'appropriation intime de l'objet du processus cognitif. Là se déroule, grâce au passage par l'image, la découverte de la ressemblance et de la parenté (ὁμοιότητι καὶ συγγενείᾳ), conditions *sine qua non* de la saisie véritable de l'objet selon la forme unique et vraie dont il provient. Nous reviendrons sur ce passage éclairant de la *Lettre VII*.

2. *Soph.*, 247e.

par l'alternative *production-devenir* dans d'autres contextes platoniciens, une relation qui ouvre l'entendement vers…, détermine en même temps la nature de cette ouverture, et instaure donc un rapport dialectique intime entre le sujet connaissant, engagé dans l'acte, et l'objet de la connaissance. En même temps cette relation détermine un certain mimétisme à l'égard du langage, lequel tente de transposer cette dialectique de la relation en un discours, tout en laissant aussi la place au jeu du regard et de l'image qui dépasse le seul pouvoir d'expression du langage par l'acte unique de signifier.

Cette inadéquation subreptice glissée entre l'image-vue et le cheminement de la parole produit ainsi une ouverture dans le cercle de la ressemblance, ressemblance qui resterait sinon fermée sur son rapport unilatéral au modèle. L'inadéquation conditionne en même temps la connaissance advenue à travers ce décalage, la « révélation » apparue dans cette brèche qui brise le cercle à tendance tautologique de la ressemblance, et plus particulièrement le mécanisme de déchéance ontologique propre à la *mimêsis*. Or qu'est-ce que cette apparition « révélatrice » sur le plan phénoménal et sur le plan logique du discours ? 1) Elle est une forme « révélatrice » du fait que l'image est en effet porteuse d'un double sens : le sien propre et celui de la chose représentée, et qu'au-delà d'un aspect formel (l'*eidôlon*) de l'objet présenté, elle constitue une véritable « épiphanie » du sens et de la nature profonde de la visibilité de chaque chose visible en soi, dont elle est image au sens *iconique* du terme. 2) Elle est une « révélation » également du fait que l'image n'est pas seulement un premier degré de la connaissance, celui d'un savoir de type schématique et signalétique, mais aussi l'un de ses aboutissements, l'expression de la fin, une « révélation » du visible comme manifestation de la plénitude de l'être en même temps que phénoménalité de sa présence immanente à l'expérience. 3) Une « révélation », enfin, à la fois de l'épaisseur sémantique et des limites dont le langage rend sciemment compte lorsqu'il utilise à ses propres fins l'astuce et le détour de l'image pour appréhender son objet, même lorsque celui-ci demeure essentiellement insaisissable dans sa visibilité, indéterminable dans sa distance ontologique, et enfin universel, transcendant.

Bref, l'image se *présente-devant*, (nous) *apparaît* et du coup *fait apparaître* quelque chose y compris dans la langue qui nomme et définit, à travers la « chose » qu'elle fait apparaître, l'objet initial. Son but ultime serait, par conséquent, de produire une « illumination » soudaine, comme lorsque l'interlocuteur de Socrate ou de l'Étranger dit, au terme d'une démonstration, « oui, je vois », ou bien : « maintenant c'est clair ». Cette *évidence soudaine* n'est, du moins pour Platon, ni le fruit de l'intuition ni le produit d'une démonstration réussie, mais leur aboutissement en une sorte d'expérience dialectique intrinsèque à la recherche des Formes[1]. Elle constitue, autrement dit, la communication possible (et sans doute unique) d'une vision intellective des Formes, les seules qui, possédant selon Platon la clarté par nature, constituent la puissance et l'évidence ultime des choses du monde et peuvent, par conséquent, engendrer cette clarté ou vision saisissante, évidente (ἐναργής), dans celui qui les recherche par la voie philosophique, de la même manière que l'on acquiert la vision des dieux par l'initiation aux Mystères. L'image n'est dans ce cas rien d'autre que ce que voudrait être la parole elle-même : une *parole* s'actualisant comme *visible* à mesure qu'elle reste *active* dans l'ouïe ou dans la vision interne, autant qu'elle demeure *active* aussi à travers son sens ultime, c'est-à-dire comme un moyen qui ouvre l'accès à la clarté de l'entendement sans se réduire au résultat recherché, sans « incarner » lui-même la clarté de la vision, ce qui le réduirait à la production d'une piètre idole. Car il va de soi que cette clarté de la vision est en dehors du champ sensible en même temps que du champ sémantique, champs auxquels appartiennent en fin de compte *et* l'image *et* la parole si on se limitait à les considérer comme de simples moyens de communication.

L'image, cette image à mi-chemin entre représentation et énonciation, serait donc un « être-objet » de pure mise en relation, une articulation subtile d'*eidos* et de *logos* engendrant une espèce « bâtarde », et, dans ce sens, donnant jour à un non-être ou à une pure altérité, à un « étranger », à quelque chose surgi(e) d'un « ailleurs ». Pourtant, dès que la relation instituée *par* l'image et *à travers* elle est fixée (figée ?) – comme dans une graphie censée fixer dans/par des traits la mémoire (voir encore le mythe évoqué dans le *Phèdre*) – nous n'avons plus affaire à l'image dans son exercice de passeur de la réalité iconique (réalité *eikonique*, vraisemblance de la visibilité) d'un sens qui échappe tout autant à la représentation qu'à la prédication, mais à des tableaux « de vérité », en somme à des représentations, à des idoles (*eidôla*), à des produits (*erga*) que l'on peut s'approprier, posséder, copier, mimer ou détruire. En un mot, nous avons désormais affaire à des œuvres accomplies, soumises au règne technique de la *mimêsis*, des œuvres qui aussitôt créées deviennent les tombeaux d'une lettre morte, une fois que les images et les discours sont vus, lus ou entendus,

1. C'est aussi la thèse défendue par L. Brisson dans « L'intelligible comme source ultime d'évidence chez Platon », dans *Dire l'évidence. Philosophie et rhétoriques antiques*, C. Lévy et L. Pernot (éds.), Paris, L'Harmattan, 1997, p. 95-111. Nous voyons à l'œuvre cette expérience plus particulièrement dans le *Phèdre*.

dès lors que la parole vivante est devenue passive au sein d'une matière quelconque, portrait peint ou écriture, fût-elle descriptive ou démonstrative.

De même, toute relation de ressemblance n'instaure pas une « vraie » ou une « bonne » image. Il faut qu'elle mette en place un rapport de finitude, qu'elle vise à éveiller la conscience au sujet d'une limite inhérente à l'accomplissement de l'acte auquel elle se réfère. Il est donc nécessaire de discerner les genres de relations spécifiques. Aussi avons-nous affaire soit à des mouvements de déplacement, de référence transversale, de transfert ou de décalage signalé entre plusieurs plans successifs : *pros* (*ti*) [*ad aliquid*], *ana*, *kata*, *meta*, *apo*, *eis*. Il s'agit dans ce cas de tous les types de transfert, genre duquel bénéficient les figures littéraires ou rhétoriques, comme la métaphore, la métonymie etc., et par extension l'analogie, s'il est nécessaire de construire un rapport comparatif à plusieurs termes. Soit à quelque chose de différent par rapport au mouvement de type *cinétique* et *vectoriel* de la première sorte de relation : il s'agit alors de transformations internes, de transitions, de mutations ou de conversions subies, parfois réversibles, plus souvent irréversibles, faisant tourner, pivoter sur eux-mêmes l'objet et son image. Naissent ainsi des rapports exprimés par des conjonctions telles *hoion*, *peri*, *dia*, *epi*, ou encore *meta*, exprimant une relation de nature « intime », à la fois mimétique puisqu'il n'y a pas de détachement, et plus que mimétique parce que l'on cherche à percer la similitude par la signification. Il s'agit dans ce cas d'une relation d'auto-référence, comme depuis soi-même à l'égard de soi-même, une relation qui ne se ferme pas sur l'identité du référent tant qu'elle engendre dans sa continuité un mouvement, un déplacement, et suppose avant cela l'effectuation d'un acte de détour et de retour, une rotation complète et une transformation interne au terme de cette révolution ; en grec : une *periagôgè*, une sorte d'*epistrephein*, ou encore une *metabolè* ou une *metabasis* – car le sens large de *meta*, à la fois spatial et qualitatif, permet son usage dans les deux catégories de mouvement, le transfert physique d'une part, le changement portant sur la nature, d'autre part, ce qui revient à une transformation quasi structurelle dans ce dernier cas.

À terme cette relation, qui implique de fait un processus, installe l'impression d'une fausse équivalence qui permettrait, sans frais et sans danger, de substituer l'image à l'objet. Mais pour ne pas aller jusqu'au terme destructeur de ce « clonage », jusqu'à l'ouverture du multiple sur l'abîme d'un mauvais infini (la sérialité des « mêmes »), on pourrait prendre comme exemple pour illustrer ce processus appelé « conversion », avec ou sans effet de réversibilité, le cas d'un milieu qui serait à la fois réactif à la nécessité de la ressemblance et transparent dans la référence, tel « le diaphane », cas évoqué par Platon mais défini seulement par Aristote comme une condition propre à la manifestation du visible et à la perception visuelle[1]. Il s'agit de saisir à travers cet exemple la situation spécifique dans laquelle se trouve un milieu où l'agent (la lumière, en l'occurrence), étant essentiellement incorporel, ne peut pas « venir » de l'extérieur mais advient par une sorte de « passion » intime de l'actant lui-même, par une sorte de « pathos » transformateur subi par l'intermédiaire, par une mutation (conversion) interne, réversible dans ce cas, et qui révèle sa signification à la manière dont l'air subit l'illumination à l'aube par une sorte d'adéquation ou d'adaptation intime de sa part à la lumière du jour[2]. La description structurelle de ce processus prendrait la forme d'une série d'emboîtements successifs des lieux contenus et des lieux contenants. Ou bien, pour illustrer encore différemment ce dernier cas – celui de la transformation advenue par une sorte de réciprocité naturelle des complémentaires, comme dans un mouvement en chiasme – on penserait à la liaison des termes opposés dans des paires insécables, du genre *génération-corruption*, ou à la boucle du mouvement produit dans le lieu atopique, indiscernable, du retournement biunivoque entre l'aller et le retour d'une boucle, d'un détour, d'un voyage qui arrive à son terme et rebrousse chemin. Quoi qu'il en soit de ces exemples, sur lesquels nous ne voulons pas nous attarder davantage, retenons pour l'heure que c'est ici, dans l'intimité de ces particules qui signalent le mouvement ou le basculement, que le langage a en effet la possibilité de trouver une place naturelle face à l'image, car il fonctionne dans la structure de la phrase et dans le choix des figures du discours selon des règles semblables aux expressions par lesquelles il définit les différents actes du regard[3] : visée, déplacement et transferts pour métaphore et métonymie d'une part, rythme de successions et conversions internes (replis, redondances, sonorités en écho) d'autre part, pour nombre de figures différentes de style.

1. Voir notre analyse dans *Du diaphane*, Paris, Vrin, 1997, plus particulièrement le chapitre « Le point indiscernable ».

2. Nous sommes loin de la figure de l'« aurore au doigts de rose » (figure mnémotechnique ou sorte d'éthopée ?) récurrente chez Homère et les auteurs archaïques, mais nous pouvons remarquer toutefois que l'évocation des « doigts » réfère en quelque sorte à une action transformatrice, à la mise en acte d'un processus démiurgique, et que cette action démiurgique est révélatrice de la visibilité immanente qui apparaît ainsi dans le texte comme elle vient au monde avec le lever du jour.

3. Voir l'analyse des expressions grecques de la vision et du regard (verbes spécifiques et particules de direction), et plus spécialement leur usage platonicien, dans les livres de L. Paquet, G. Simon et F. Frontisi-Ducroux, *op. cit.*

Du diaphane à la parole-image

Il s'agit donc pour nous de comprendre ici un mécanisme paradigmatique de la communication en effectuant, *a posteriori*, le passage depuis la définition de ce qui fait voir, en l'occurrence de la lumière et du milieu ou de l'intervalle approprié à la vision (de ce qu'Aristote appelle le « diaphane » dans *De l'âme*) vers la possibilité de désigner de manière juste et adéquate ce qu'on voit à proprement parler lorsqu'on affirme et donc pense qu'on voit quelque chose, et qu'on pense, en outre, que cette chose devrait pouvoir être communiquée en paroles à autrui. Passage à double sortie, mouvement à double détente : que voit-on de fait dans cette transparence distante et intouchable de l'air ? Mais aussi, que pouvons-nous *dire* ou *écrire* de ce qu'il nous semble voir, et quel accès ouvrons-nous par là à l'entendement ? Voit-on quelque chose qui « vient » totalement du dehors, ou bien est-ce nous-même que nous voyons en tant que projection de notre propre pensée sur un plan extérieur ? Celui-ci serait alors surdéterminé par le fait d'enfermer la visibilité dans une parole ou un discours, et donc dans l'ipséité inévitable d'un sujet se reconnaissant immanquablement à travers son langage, comme dans une sorte de surimpression de sa part sur son récepteur, surimpression qui rend ainsi à chaque fois *original* le même plan ou le même réceptacle de l'image, et qui transforme du coup toute chose visible en un quasi-miroir de/pour celui qui la regarde.

La question du *voir* et du *dire*, le fondement dialectique de ce qui serait la « connaissance naturelle », occupe un moment le dialogue de Socrate avec Théétète dans le texte qui porte le nom de ce dernier[1]. Mais le débat tourne court, car il ne concerne pas dans ce contexte la seule prédicabilité de la sensation, mais vise plus particulièrement le rapport de substitution qui peut avoir lieu dans certains cas entre la réception sensible et la science (αἴσθησις-ἐπιστήμη)[2]. Il vise plus exactement à déterminer l'apport cognitif spécifique de la sensation, et à démontrer la nécessité d'éviter la confusion entre celui-ci et la vraie science. Or, tant qu'elle ne s'engage pas sur la voie du « subjectivisme » au sens moderne du terme, la mise en question du langage par le visible et par l'image reste donc un champ ouvert au débat, autant sur le plan réflexif de l'expression que sur le plan épistémologique.

1. *Théétète*, 153d-154a.

2. *Ibid.*, 151e : ΘΕΑΙ. ... οὐκ ἄλλο τί ἐστιν ἐπιστήμη ἢ αἴσθησις. ΣΩ. ... Αἴσθησις, φῄς, ἐπιστήμη.

Avant de définir, avec Aristote, l'objet du visible par l'intermédiaire d'une première analyse des conditions de possibilité de sa réception sensible et intellective, à travers la perception et la noétique, la définition du visible et de l'image est donc, éminemment, une question de langage, une question *posée* au langage, voire une mise à l'épreuve de celui-ci. Et c'est d'ailleurs une épreuve de taille, car elle inaugure le débat métaphysique sur le statut de l'universel. Platon repose d'ailleurs la question de l'adaptation logique nécessaire à l'expression du sensible (et du visible en particulier), et propose des réponses visant plusieurs types de contexte et de situation.

Si notre science est, ne serait-ce qu'en partie, déterminée par la sensation qui permet la rencontre de l'objet de notre science, et si l'accès à la chose « réelle » nous est offert à la mesure même de la nomination, de la définition et, en somme, de la description que nous pouvons ainsi donner de la chose, du moins dans un premier temps, que voit-on de fait, et que pouvons-nous discerner alors, à partir de ce qu'en voyant nous essayons de soumettre aussitôt aux règles établies de notre langage et aux figures conventionnelles de la communication ? Autrement dit, quels sont les moyens qui permettent à Platon de distinguer – moyennant regard adressé à tel ou tel objet et « opacité » nécessaire, résistance de la langue mise à contribution pour y inscrire ou circonscrire une présence – l'apparition-d'une-chose de la surface-frontale-de-son-image sur laquelle butent le regard autant que les mots ? Quels sont les moyens qui nous permettent à nous aussi, dans le sillage de la pensée platonicienne saisie au fil et à la lettre des textes, de distinguer le phénomène d'une part, dans son surgissement, son immédiateté comme événement et dans la « diaphanéité » de son acte, et d'autre part, la possibilité de perception intime de ce qui le produit et détermine sa configuration stable, son fond d'invisibilité originelle, son principe préalable à notre regard et déterminant en même temps pour ce regard ? Quels seraient donc les moyens spécifiques, tels qu'ils sont mis à l'œuvre dans les dialogues platoniciens tardifs, afin de ne pas confondre ce que l'on voit avec le fait que l'objet en question nous apparaît sans s'identifier totalement et sans s'épuiser dans cette présence-*là* vue, dans une intellection esthétique préalable à la mise en paroles, et dont témoigne aussitôt notre expression, y compris à travers son impuissance à couvrir l'intégralité du phénomène et de son origine ? Et partant, comment saisir cette différence à l'intérieur même du mécanisme de la double face du voile phénoménal qui, tout en n'ayant qu'un seul plan de référence, celui sur lequel repose notre regard, d'un côté révèle et de l'autre cache ce qui s'y manifeste, dans un jeu perpétuel de miroirs avec la langue, selon des lois propres et apparemment communes au regard et à l'art du discours ?

S'agit-il, en marge de ces textes, de lois, de principes, ou de simples affinités d'expression, mais qui méritent, peut-être, qu'on les approche et que l'on tente de les comprendre? Et, en fin de compte, n'est-ce bien pas à l'héritage de ce platonisme aussi « scolaire » [1] que profondément assimilé à travers l'hellénisme dominant des intellectuels de tout bord de la fin de l'Antiquité[2], plutôt qu'à la pensée plus radicale de Plotin, déterminée par

1. Nous empruntons l'expression « platonisme scolaire » à J. Pépin qui l'utilise à plusieurs reprises dans *Théologie cosmique et théologie chrétienne*, Paris, PUF, 1964, p. 27, 31, 38, 39, 506, 508 pour désigner l'enseignement des thèmes de la pensée de Platon et d'un certain « platonisme aristotélisé » par les doxographes à partir de l'époque dite du « moyen platonisme ». C'est à lui que nous devons aussi le choix de chercher plutôt du côté de ce « platonisme scolaire » que du côté de Plotin les sources d'inspiration pour la première configuration théologique et philosophique d'une pensée de l'image dans le IVe siècle chrétien.

2. Bien qu'il soit tardif et très scolaire, le témoignage anonyme du VIe siècle, connu sous le titre *Prolégomènes à la philosophie de Platon*, attribué par certains historiographes à Olympiodore et dû plus probablement à un disciple de ce dernier, donne un aperçu de la postérité des doctrines platoniciennes perçues comme l'accès à l'enseignement philosophique par excellence. Pour nous, dans ce contexte, ce recueil de « notes » est important aussi parce qu'il constitue un ultime écho direct de l'étrange héritage qui sera réservé au *Sophiste*. Commenté par Jamblique, Proclus et Olympiodore, le dialogue platonicien sur l'être et le non-être est perçu d'une part dans une continuité avec les thèses du *Parménide*, et d'autre part en quasi superposition avec le mythe du *Politique*, à travers lequel la figure du sophiste devient celle du démiurge du monde sublunaire, équivalent de Zeus créateur d'un monde sous le signe de l'image. Un sophiste démiurge apparaît dans les scholies de Jamblique, comme une contre-figure du démiurge du *Timée*. Le commentaire subtil de Jamblique rachète la vision critique habituelle d'un orateur obscur, dissimulé dans l'aporie du non-être, vision présente encore dans les « manuels » médioplatoniciens (voir par exemple chez Alcinoos, *Enseignement des doctrines de Platon*, J. Whittaker (éd.), Paris, Les Belles Lettres, 1990, chap. XXXV), mais fait en échange dériver la procession de la division, ce qui change du tout au tout la vision platonicienne du rapport de l'image au logos, ainsi que la signification de la ressemblance dans la détermination de l'être et du non-être. « En effet, le philosophe est un sophiste en tant qu'il imite à la fois le Démiurge céleste et le Démiurge du devenir. Et l'art de la division – διαιρετική – imite la procession des êtres à partir de l'Un, comme le Démiurge du devenir imite le Démiurge céleste, c'est pourquoi il est aussi un sophiste », *Jamblichi Chalcidiensis in Platonis Dialogos commentariorum fragmenta*, J.M. Dillon (ed.), Leiden, Brill, 1973, cité par A. Charles-Saget, *op. cit.*, plus loin. Une lecture « théologique » du *Sophiste* semble avoir été aussi celle de Proclus. Mais de ses commentaires du *Sophiste* nous n'avons que des allusions dans le commentaire du *Parménide* et des témoignages indirects. Voir *Prolégomènes à la philosophie de Platon*, L.G. Westering (ed.), trad. fr. et intro. J. Trouillard et A.-Ph. Segonds, Paris, Les Belles Lettres, 2003[2], p. LXIX-LXX, p. 32 (21, 2) et 69-70 (pour les notes); A. Charles-Saget, « Lire Proclus, lecteur du *Sophiste* », dans *Études sur le Sophiste de Platon*, *op. cit.*, p. 477-494, p. 488 pour la citation, étude suivie de la liste des citations du *Sophiste* dans les œuvres de Proclus, par C. Guérard, p. 497-508; A. Charles-Saget, « Un esempio di ermeneutica neoplatonica: il Sofista-Demiurgo », dans *Questioni Neoplatonici*, F. Romano et A. Tiné (dir.), Catania, Università di Catania, 1988, p. 29-44;

l'obsession du retour à l'Un, et donc par une vision intellectualiste du monde qui découle du dédain à l'égard de toute forme de manifestation sensible, que l'on doit en outre une (re)valorisation de l'image et de sa relation d'intimité ou de parenté avec la parole et avec les usages rhétoriques du discours?

Cette revalorisation relève, en effet, d'un processus à contre-courant à la fois de la définition critique de l'image en tant qu'œuvre (artefact) et de la définition sophistique du langage. Il s'agit d'un processus combien subtil, mais qui, peut-être, fut celui qui permit aux auteurs chrétiens d'appuyer là-dessus l'une de leurs inventions cruciales en matière de réflexion philosophico-théologique : l'invention de l'icône – instauration d'une forme d'auto-révélation du visible comme répondant théologique de la *révélation* sous la modalité du « logos incarné », en opposition avec une métaphysique de l'être comme unique répondant à la question de la définition impossible, celle d'un indéterminable radical. Que cet appui théorique fût trouvé à la suite d'une recherche consciente d'arguments en faveur de cet objet nouveau de médiation, ou que les choses soient arrivées à ce résultat par d'autres chemins, il nous est impossible de trancher dans l'état actuel des recherches. Mais les faits sont néanmoins là. L'*eikôn* comme objet qui recueille une forme ontologique dégradée puisqu'elle n'est qu'une copie de son modèle, devient l'icône par laquelle l'accès à son prototype est ouvert et validé comme accès véritable à sa connaissance essentielle. Si tant est que l'icône soit véritablement une « invention » philosophique et non une simple récupération stratégique (voire économique) du pouvoir envoûtant, séducteur et persuasif des images artificielles, une récupération qu'auraient opérée sciemment les théologiens du christianisme au profit du seul pouvoir séculier, convoité par une institution naissante, césaro-ecclésiastique, et déjà rompue à l'exercice de sa puissance à l'heure même de sa naissance avec le changement d'un signe sur la bannière de l'Empire. Si tant est, autrement dit, que l'icône soit propre à l'acte de l'esprit avant d'être un instrument de manipulation du désir, du *pathos*, assujetti à l'attrait pour la domination (pouvoir et possession), attrait qui clôt la communication et qui soumet immanquablement l'esprit à la loi et à la puissance du plus fort.

C. Steel, « Le *Sophiste* comme texte théologique dans l'interprétation de Proclus », dans *Proclus et la théologie platonicienne*, Actes du colloque de Louvain en l'honneur de H.D. Saffrey et L.G. Westering, A.-Ph. Segonds et C. Steel (éds.), Leuven, Leuven UP, 2000, p. 51-64.

INTERMEZZO

DE L'INCOMMUNICABILITE DES SPHERES ? LE LIEU COMMUN DE LA PAROLE ET DE L'IMAGE

LE VOL

Je vois quelque chose et j'essaie aussitôt d'en faire part[1]. L'inconfort d'une légère dissonance se fait jour entre le cheminement de mon regard et celui du souffle, du rythme et de la qualité du son que j'imprime et confie aux paroles, et qui accompagnent le choix sémantique des mots par un mouvement implicite, presque naturellement déictique, mouvement vectoriel qu'induisent les verbes : je *vois, regardez, scrutez* donc l'horizon, il m'*apparaît*, c'*est visible* à l'œil nu, il suffit de *se laisser surprendre*… S'exprime là une sorte de parenté trahie par un métissage impossible, une volonté de transparence heurtée à l'imperceptible trouble généré par la dissemblance des moyens mis en œuvre par la vue et par la langue. Le choix lexical n'est d'ailleurs pas seul responsable de l'inefficacité de la transmission déictique immédiate du phénomène visuel, du décalage et de l'expressivité plutôt opaque du discours qui cherche à rendre un témoignage. Quant à la faculté de regarder, bien particulière à chacun, elle n'est pas non plus l'unique déterminant; la possibilité de voir est certes un facteur d'unité, mais ne présage en rien de la composition plus ou moins réussie par laquelle je tente de décrire ce que je vois. L'instrument commun à ma faculté sensible et à mon désir de l'exprimer serait l'image : celle que je vois, puis

1. J'utilise volontairement la première personne au singulier dans ce chapitre conçu comme un *intermezzo* entre la partie introductive de cette recherche, consacrée à une réflexion théorique sur le problème posé, et le début effectif de l'analyse des textes et des arguments en provenance de l'histoire des idées philosophiques.

celle que je brosse de la chose vue et fais entendre par la signification des mots choisis. Mais voir d'un objet son image *seule*, son aspect ou son apparence formelle, reçue par mes yeux comme reflétée sur la surface d'une onde, produit déjà une entorse par rapport à l'objet réel (à moins qu'il s'agisse d'un regard posé sur une œuvre ou sur un miroir, ce qui introduit d'emblée un second degré de réalité). Produire de surcroît une image par son propre discours, ou encore proposer son discours comme une « image » de l'objet, cela engage à son tour une nouvelle voie d'écart, s'achemine sur un nouveau détour par rapport au chemin supposé conduisant tout droit vers l'objet désiré, cet objet surgi comme de nulle part à ma rencontre. Pourtant, c'est bien ce qui se passe. La proximité offerte par le regard m'invite, me conduit, m'oblige à suivre la boucle d'un large détour. Un flot ne se jette dans la mer qu'en embrassant d'abord, aussi largement que possible, la terre qu'il traverse[1].

Je vois donc quelque chose qui arrête mon cheminement. Avant de pouvoir le nommer, je perçois une forme, des traits, une ou plusieurs couleurs, et trouve aussitôt les mots qui leur correspondent. Je suis la seule à voir cette chose, dans le bain limpide de visibilité, lieu sans contour et nécessairement solitaire pour l'heure, condition inhérente de celui qui regarde où qu'il soit à quelque moment de la journée. Je me tiens devant comme si, sans le vouloir, je devais dissimuler ce que je suis – je me

1. Qu'il me soit permis de citer ici quelques passages de l'étude de M. Dixsaut sur la critique platonicienne de Parménide dans le *Sophiste*, parce qu'ils décrivent une forme d'approche conceptuelle, appelée errance et exploration, semblable à la démarche menée dans cette étude : « En ce qu'elle participe d'une stratégie socratique face à cette image positive du savoir qu'est la *sophia* des doctes, l'errance constitue le moyen même d'éviter l'erreur, de sortir de l'état d'ignorance, d'ἀμαθία. Elle peut, certes, désigner aussi l'égarement de l'âme dans le sensible, le changement, le désordre. Mais, même alors, elle n'est pas identique à l'erreur puisque le sensible n'égare pas toujours. Enfin, quand c'est dans l'intelligible qu'on divague, errer ne signifie pas davantage se tromper, mais explorer. Cela n'équivaut pas à prendre le chemin qui, par indécision, revient sur ses pas, la voie des mortels de Parménide; cela signifie prendre *tous* les chemins *possibles* et prendre le temps de les prendre. Diachronique, dioptique, le logos selon Platon ne peut discerner et comprendre le vrai que si, dans son mouvement même, il le rencontre. La sûreté du discernement intelligent est le fruit de l'errance, car elle ne préjuge pas du bon chemin et ne juge des chemins qu'après les avoir parcourus. L'économie de la voie droite n'est pas le plus sûr moyen de se tromper, mais elle constitue le plus sûr moyen de ne jamais acquérir l'intelligence, même si par hasard on tombe sur le vrai » … « Ce qu'il fallait donc établir contre Parménide, c'est que l'errance est la seule véritable route vers la compréhension de quelque vérité que ce soit. Mais le logos ne peut errer, explorer, chercher et trouver que s'il n'est pas inclus dans l'être, tout en ne lui étant pas extérieur. Parménide n'envisage, entre l'être et le dire, que cette double relation : dedans ou dehors », *Platon et la question de la pensée. Études platoniciennes I*, *op. cit.*, p. 185 et 188.

l'imagine – la seule à voir dans ce lieu naturel ou dans ce tableau, par exemple, sur le mur d'une exposition, ou encore dans tel reflet sur la surface d'une eau, et j'essaie, en tâtonnant à la recherche des mots adéquats, de définir, ou au moins de montrer de mon index, dans l'air, en pensant faire apparaître ainsi à l'égard des autres ce que je vois, ou plutôt ce qui m'apparaît lorsque je regarde tel être ou tel objet, alors même que je l'occulte du fait de mon dire en m'interposant avec le « doigt pointé » de mon discours entre lui et le public, l'auditoire, les passants. Certes, je ne suis pas la seule à l'avoir vu ; on n'est jamais le premier dans ce domaine. Pourtant le défi de le dire reste toujours le même et entier : comment connaît-on quelque chose qui *est*, qui *est* là-devant parce qu'on le voit en pleine lumière, mais ne peut se dire ni se montrer à autrui que partiellement, tout en demeurant *là*, devant nous, exposé au regard comme nu, ou presque – un *être* surgissant à tout moment au coin de la rue ou à l'horizon, à l'orée d'une forêt, et s'imposant visuellement malgré lui, sans pour autant se dévoiler proprement, ni se donner entièrement ?

Je vois, par exemple, un oiseau. Je reconnais sans difficulté un martin-pêcheur : il crève les yeux avec l'éclair turquoise de ses plumes. L'éclat de son aile m'aveugle un instant. Mais, ayant reconnu l'oiseau, je ne vois plus sa forme découpée dans le vol. De la vitesse pure de son mouvement, je n'arrive à exprimer, par l'image que je brosse de lui, ni son mouvement vif, ni la souplesse de son absence d'épaisseur, et encore moins l'impression reçue, celle d'une consistance d'étoile filante[1]. Mes mots esquissent des images qui sont dans le meilleur des cas faites d'une série de métaphores emboîtées, bancales car toujours partielles, et empâtées, de surcroît, dans la sonorité diffuse de la langue, pareilles à des « anamorphoses » choisies dans un registre de figures du langage et des mythes déjà usées par d'innombrables emplois[2]. Rien de ce qui est bien propre à cet oiseau ne

1. Le lecteur aurait reconnu, lui, l'allusion au proverbe grec « poursuivre ce qui vole », cité plusieurs fois par Platon (*Euthydème*, 291b, *Euthyphron*, 4a) et par Aristote (*Métaphysique*, livre Γ, 1009b33-39), ce dernier le retournant ironiquement contre son Maître. Il s'agit d'une métaphore de la poursuite rationnelle impossible. Mais il s'agit aussi, en arrière plan, d'une allusion mythologique à la mobilité aérienne attribuée aux âmes que l'on surprend ainsi dans leur envol, oiseaux ou fantômes (*eidôla*) signalant d'un petit cri (τρίζω, *Iliade*, XXIII, 101) l'abandon de la demeure temporaire d'un corps.

2. Le martin-pêcheur, *alcedo atthis*, oiseau qui vit au bord des eaux douces, rappelle par une quasi homonymie la figure mythologique d'Alcyon, bien qu'il ne soit identique ni par la couleur ni par le topos biologique à l'hirondelle de mer (ἀλκυὼν πολυπενθής) à laquelle on identifie habituellement l'oiseau mythique annonçant par son chant plaintif l'apaisement des vents et des tourmentes.

passe dans les mots, et je suppose qu'il en serait de même si je prenais à la place de la parole un pinceau et des couleurs ou des encres de Chine. Rien que des sons et des traits, autant que si je l'avais rencontré appelé de ce nom dans un texte et non au bord de l'eau. Pourtant, parce qu'il m'est apparu l'oiseau vit désormais en moi sa vie de martin-pêcheur croisée à l'instant de ma propre vie, et ce n'est pas par manque d'attention pour le moment vécu (manque de prise de conscience, distraction de la seconde), ni par défaut de technique poétique ou picturale que le martin-pêcheur s'en va avant que je n'aie eu le temps de fixer pour autrui son image – car je rejette d'emblée l'idée que je puisse me transformer en miroir et offrir de ce que je vois le reflet inverse, un produit purement illusoire comme une impression en négatif, une imitation d'oiseau, un simulacre, une « photo », fût-elle parfaite, presque meilleure que l'insaisissable original. Non, ce que je vois restera toujours muet, enfermé dans son apparition même, tandis que ce que je dis, ce que j'exprime ou ce que je montre d'un doigt générique, m'appartient autant que m'appartiennent la voix, la main qui décrit dans l'air le trajet d'un vol, cette « image » qui se construit à partir de moi et de rien, à partir de l'absence que je ressens, absence survenue aussitôt le vol de l'oiseau achevé hors de mon champ visuel.

Demeure ainsi de tout ce que j'ai vu quelque chose d'invisible, d'enfoui dans sa singularité inexprimable, finie, suffisante à elle-même. Or l'image produite par ma description inscrit sa quasi-visibilité, son simulacre d'oiseau, à la charnière de ce fond d'invisibilité à partir duquel l'oiseau avait surgi des épaisseurs de son éloignement, venant vers moi sans que je puisse m'en saisir entièrement, et vers lequel il s'est aussitôt dirigé, disparaissant dans le ciel comme derrière le voile presque opaque d'une construction abstraite, construction presque sans rapport avec l'oiseau réel dès lors que je tente, l'ayant vu, de faire part de mon saisissement à autrui. Sa plus grande véracité serait pour cette raison la trace qui demeure inscrite sur fond d'invisibilité : cette part de non-vu que nous acceptons et suppléons tant bien que mal, contraints par l'aveu de ce qui manque inévitablement à la saisie du visible, cette face cachée qui sous-tend l'abstraction, qui nourrit même le caractère abstrait de toute traduction ou transposition, et qui permet le transfert dans un récepteur. Cette part de non-vu reste à travers l'image la seule part à témoigner avec rigueur du caractère inexprimable de la chose offerte à l'œil et épuisée, en apparence, par ce don de visibilité, ineffable autant qu'irréductible à la pensée et au logos.

Un oiseau fut ainsi saisi par mon regard au même moment que l'oiseau lui-même recevait au passage mon regard, échange muet de visibilités, croisement dans la distance propice à son vol et à mon regard, pendant que l'oiseau se dérobait instantanément à toute autre emprise, et que moi-même je reprenais mon chemin au bord de l'étang. Et quand bien même l'œil resterait prisonnier, accroché au bleu des ailes ou se détacherait de tout élément immanent, le regard a eu pour lui, espace d'une seconde de silence, un aplomb sur la chose-vue sans recours nécessaire aux paroles, agissant ainsi avec une sorte d'assurance qui n'a trait ni à l'évidence de la raison ni à la clarté du jour nécessaire à la vision. C'est dire qu'un pouvoir « secret », étendu aussi sur cette part d'invisible, est encore donné au regard, dans la mesure où l'œil, saisissant dans son acte même la chose qu'il est en train de voir, échappe au demeurant aux limites imposées par la nécessité de fixation et par le recours à l'imitation inhérente. Le regard détient ainsi un pouvoir qui assure la réalité de la chose qu'il a saisie, alors que le langage déréalise cette chose pour en obtenir connaissance et expression. Pour dire tout ceci à l'envers, le caractère réel d'une chose ne peut être surpris que de manière tangente à sa description comme chose existante. La singularité, l'unicité de la chose, ainsi que sa visibilité inépuisable par les mots, demeurent ainsi inscrites dans le regard. L'existence comme telle de la chose ne peut être connue qu'à partir de cette inscription qui la certifie, comme une trace, et le savoir universel ne sera qu'une architecture abstraite de concepts s'il rejette l'expérience de cette inscription, de cette trace, comme fondement de la connaissance de l'être.

Comment le regard s'assure-t-il du caractère réel de la chose vue sans recours au *logos* qui exprime la pensée de la réception ? Aucun genre propre au langage n'est-il à même de court-circuiter la magnificence et l'asservissement (narcissique) du regard à l'immanence et au transitoire du spectacle du monde ? Dans le *Phèdre* Socrate esquisse, à l'intention des rhéteurs (Phèdre et Lysias, en l'occurrence), une réponse salvatrice du discours. Il entend sortir ainsi le langage de l'enclos d'un métier réservé à la pratique de formes figées, de l'enclos des orateurs et des réfutateurs, ainsi que du clos mythologique mis sous la tutelle d'Homère (Platon entendra en faire autant, avec d'autres moyens, à l'encontre du poème de Parménide dans le *Sophiste*), grâce à un commerce plus franc avec les Muses, en d'autres termes, grâce à l'acceptation d'une distance qui pourrait sauver le rapport avec l'auditeur ou le lecteur du danger d'un rapport de force subrepticement installé : un certain envoûtement, voire un risque de narcissisme mortifère, un pouvoir de séduction et de possession qui, au nom même du « vrai », ne peut que mal tourner. La parole adressée, autant que le discours au sujet de…, doivent respecter la puissance de l'objet de demeurer libre et de garder sa part d'autonomie qui correspond à la nécessité de celui qui parle de garder sa propre liberté à l'égard de cet objet. Mais il faut admettre, pour cela, qu'il y aurait dans le regard lui-même un pouvoir natif de compréhension, une logique immanente à la nature du phénomène, semblable à la constitution, aussi fidèle qu'inexorable, du reflet sur et dans l'eau. Il y aurait dans ce cas un accès propre à l'image captée de manière fugace mais plus précise que toute autre transposition en peinture ou métaphore. Mais il faudrait accepter alors l'ouverture soudaine de la perception et de l'intellection à une image subreptice à toute apparition, comme *volée* au passage lumineux de l'oiseau pêcheur. Et admettre par là l'existence d'une parenté profonde, comme souterraine, entre la réflexivité essentielle du regard [1] et la possibilité d'un repli sur soi de la part de la langue elle-même, y compris sur le parcours d'une démonstration, lorsqu'on chemine avec celle-ci au long et en vue de ses propres limites. Alors même qu'elle semble constamment trahie, cette racine commune du regard et de la langue, s'opposant à une relation de simple renvoi de complémentaires (modèle-copie/s), serait le garant d'un autre « secret » que celui accordé unilatéralement au regard ou à l'écriture comme « pouvoir » d'envoûtement des sens : un « secret » de la non-différence foncière entre les sphères de la vue et de la voix, une sorte de lieu commun propre au phénomène, dont la clef, si elle n'était pas perdue ou trop usée, permettrait de saisir et de dépasser dans l'éclair du moment l'incommunicabilité foncière de leurs sphères sensibles respectives.

Un écart s'est ainsi creusé dans l'espace d'une seconde de silence. Une unité insaisissable et immaîtrisable de temps a installé sa trace dans cet écart ouvert lorsque l'œil avait saisi en un éclair sa « proie », la moisson de visibilité de son objet choisi, mais la langue, elle, n'avait pas encore trouvé le mot qui épingle l'objet devenu visible dans le catalogue de sa connaissance du réel. Pourrait-on dire alors que la parole, lorsqu'elle nomme une chose vue, « bégaie » par rapport à la réalité de cette chose comme l'écho dans une vallée tortueuse, qu'elle balbutie à l'instar des enfants qui entendent mais n'ont pas encore appris le langage, ou encore comme le vieil homme qui, nous dit Calliclès dans le *Gorgias* (485b-c), n'arrête plus de « philosopher » tout en ayant perdu le fil de ses paroles? Ou bien, à l'encontre des sophistes, affirmer que la parole accepte de contredire sans

1. J'appelle ici « réflexivité naturelle ou essentielle du regard », en relation avec le vocabulaire grec du regard analysé plus loin, la qualité spécifique de l'objet du regard : qualité miroitante qui me permet de savoir que ce que je regarde est là parce que je le regarde et non seulement parce qu'il est par principe visible, mais que tout en étant là, à la portée de mon regard, et me renvoyant son « image » en même temps que le témoignage muet de ma propre existence, il ne m'appartient pas, pas plus que le reflet, l'ombre, l'image naturelle de mon propre être ne m'appartiennent, au point que je ne peux ni les briser ni les saisir effectivement.

cesse le monde entier, et qu'elle accepte même de se servir d'une lyre mal accordée, en prenant le chemin de la dissonance, pourvu que l'orateur (Socrate, en l'occurrence) arrive, tout en demeurant en accord avec soi-même malgré les errances, au Vrai [1] ? Pourrait-on dire, en d'autres termes, que la parole tremble comme la voix dans son impuissance à recouvrir et à « imiter » la réalité intacte, une « vérité » que lui découvrirait en revanche le regard, se déplaçant par conséquent à la recherche d'un angle propice à la captation de la vue, à la recherche d'un décalage avantageux pour l'expression, de la même manière que nous avons pris l'habitude de regarder un bâton droit et entier plongé dans l'eau pour pouvoir saisir dans son image brisée à la fois le caractère illusoire du produit objectif de la perception, l'image reconstituée d'un bâton entier, et de surcroît la réalité d'un phénomène purement optique comme celui du miroir, vision entière quoique évanescente d'un reflet ? Le « voyage du rayon » dans l'air (pour parler de la vision à la manière des Anciens), ou son « égarement » à travers tout milieu propre à la transmission, infléchit-il la connaissance sensible de la chose ? Ou bien est-ce la vision même, ou la saisie acoustique du nom de la chose qui casse l'intégrité, font bégayer, font boiter, aplatissent et diminuent en quelque sorte l'objet dans l'acte ultérieur à la perception ? Aristote parle, lui, d'un enlèvement de la matière – c'est à propos de l'*eidos* de la pierre, ou du *phantasma* qui est dans l'âme comme une sensation… πλὴν ἄνευ ὕλης [2] –, enlèvement qui oblige l'entendement à y remédier, à restituer, voire à inventer l'épaisseur d'une réalité intacte, mais en même temps d'une réalité *autre* que celle propre à la nature de la chose, une paradoxale « réalité abstraite », qui n'est qu'une construction « plus vraie que nature », plus réelle que le « réel ».

Prise en tenaille entre l'impossibilité pour nous de la *dire* d'emblée totalement, et la limite inhérente à l'entendement de ce que peu ou prou elle arrive à exprimer, l'image de la chose que je vois garde, malgré tout, un contact silencieux avec la nature de cette chose. Il ne s'agit pas d'un rapport de vraisemblance ou de ressemblance (comme dans le cas d'un portrait, par exemple, ou d'une peinture considérée comme « réaliste » ou « naturaliste »), ni d'un rapport d'homonymie (comme lorsque j'appelle du même nom l'oiseau vu aux abords d'un étang et le dessin qui m'aide à le reconnaître dans une encyclopédie), mais d'une relation de nature profonde qui tisse inextricablement la chose à son image, une sorte de parenté matérielle (matricielle ou corporelle ?) qui les relie, et à laquelle le *dire* qui tente

1. Cf. *Gorgias*, 482b-c.
2. *De l'âme*, 424a18, 432a8-10, 13-14.

d'accompagner cette image à peine surgie du cône d'ombre de la chose « réelle » n'a point d'accès, quoi qu'il fasse comme tour et détour morphologique et syntaxique. C'est dire ici que l'*image*, outre la ressemblance formelle, semble avoir une emprise sur la « réalité », semble contenir un « savoir » de la chose que le langage ne peut pas toujours circonscrire dans l'enclos de ses règles, et que les richesses sémantiques n'ont pas de quoi s'offrir par moment l'éclat d'une parure de sons qui puisse rivaliser en cliquetis avec le rire de la lumière qui brille dans mes yeux lorsqu'ils saisissent l'éclair d'un plumage bleu-d'oiseau.

Plus clairement (et sans ironie cette fois-ci), se distinguent dans l'image-vue, qu'il s'agisse d'un reflet naturel ou d'une figuration picturale de la chose visible [1], un pouvoir d'expression plus grand et une science plus étendue de la chose ainsi perçue, bref une puissance qui semble faire défaut au langage soit par décalage (forme de retardement), soit par une sorte de rivalité de celui-ci avec la nature phénoménale de la chose, rivalité qui ne se manifeste pas ni dans la donation perceptive de l'image ni dans la saisie de la visibilité phénoménale de la chose qui m'est apparue. C'est comme si le langage avait quelque chose de bien spécifique, et, en l'occurrence, avait quelque chose de spécifiquement rationnel dans sa configuration qui ferait écran à une appréhension fidèle de la nature de toute chose ontologiquement différente de lui, alors que l'image-vue, tout en étant elle aussi différente (bien qu'autrement), partagerait avec la chose dont elle est l'image un lot ou un sort commun qui l'aide à en « savoir » plus, mais dont il nous reste encore à déterminer la teneur et l'accès spécifique. Ontologie et logique de l'apparition (du visible) seraient alors communes à la chose et à son image par une sorte de parenté *phénoménale*, ainsi que par une ressemblance qui échapperaient fondamentalement au nom de la chose et à son *logos*, à sa définition rationnelle et discursive, lesquels ne seraient là que pour définir la chose en l'inventant de fait à nouveau dans et pour la pensée.

Pourtant, en disant plus et mieux que la parole, l'image demeure encore muette au sujet de la chose qui l'a engendrée dans mon regard. Je vois, mais ce que je vois, je le traduis et réduis aussitôt en paroles écrites ou proférées, et de ce fait je réduis l'« irrationalité » de ma perception à une emprise « géométrique » et « lexicale » de la chose vue, sachant en même temps que

1. Seuls les cas de l'image *phantasme* (représentation mentale, φάντασμα) et du concept (ἔννοια, ἐπίνοια) sans référent réellement existant, sont différents de l'image-vue dont j'essaie de décrire la relation avec le langage. Mais je laisse de côté pour l'instant ces cas, parce que l'attention est concentrée ici sur la question du sensible en articulation avec l'institution du logos.

cette emprise constitue un sérieux appauvrissement dans la connaissance, le résultat d'un acte appelé justement « réduction ». Je n'ai pourtant pas d'alternative – à moins que… l'image que je vois ne devienne, par une contorsion semblable à celle produite volontairement avec le bâton regardé dans l'eau, une forme fixée comme visibilité pour ouvrir une porte, offrir une caution et laisser tacitement venir à l'entendement un *bruissement d'ailleurs*. Ce que je ne peux pas nommer se laisserait ainsi « entrevoir », mais à condition de garder une certaine forme de silence, c'est-à-dire d'accepter l'impossibilité radicale de toute définition et donc de tout exercice de possession ou domination du regard par la parole. Ce que l'on « entrevoit » ainsi ne peut pas être « capturé », mais demande en revanche que l'on se tienne à sa disposition, en acceptant son emprise par effraction temporelle, ainsi que sa puissance sans réserve et son surprenant envol.

Cette expression – *bruissement d'ailleurs* – est ambiguë. Chargée d'oppositions réunies comme dans un oxymore, elle nécessite, me semble-t-il, quelques éclaircissements sur le sens des mots et sur les raisons que je me donne pour son emploi. Elle juxtapose à dessein proximité et éloignement, autant dans la perception du quasi imperceptible, que dans l'impression d'étrangeté projetée sur ce qui est ainsi perçu. L'éloignement suggéré pourrait en effet rappeler le lieu commun d'une fenêtre pour le regard d'un rêveur : l'ouverture vers un paysage où l'horizon serait une limite perméable du monde, une limite lointaine mais immanente, engageant l'aspiration vers elle justement parce qu'elle laisserait filtrer sons et signes étrangers aux langues connues, habituelles. La proximité de la réception suggérerait en revanche la sonorité diffuse et multiple de la perception *subjective* qui viendrait prendre au travers de l'image la place d'une impossible objectivité des sens, voire d'un « défaut » de leur construction. Mais ce n'est ni pour l'un ni pour l'autre de ces points de vue – disons celui du myope obsédé par la subjectivité, ou celui du presbyte que taraude la recherche d'un « transcendant immanent », et plus communément la recherche de l'universel – une traduction fidèle de mon propos et une justification suffisante du choix. Sans déployer aucun jeu sur les figures de style, ni chercher des raisons à l'inefficacité métaphysique d'une connaissance réduite à la part congrue des sensations, inadaptées en effet à saisir les signes d'une altérité ou d'un ailleurs, cette expression – *bruissement d'ailleurs* – ne fait pour l'instant que témoigner d'un constat issu de l'expérience. Il traduit pour moi en termes de sonorité sans mots distincts une réalité propre à l'image. À savoir : le fait que l'image constitue dans son immanence même une bien *étrange chose*, parce qu'en la voyant je vois de fait plus que ce qui m'est donné à voir par l'entremise des yeux ; et qu'en voyant *plus* mon regard me permet avant tout de comprendre ce qui n'est pas seulement visible, ou encore, ce qui n'appartient pas en propre à la visibilité de l'objet mais à son principe ou à sa condition même d'existence; et qu'en voyant ainsi, prend acte en moi l'image de la chose que je vois à partir de ce qui est propre au monde visuel, mais également à partir de ce qui se trouve en dehors de ses « cadres » visibles, à partir d'un dépassement que je suppose réel parce qu'il me vient à l'esprit à partir de ce que je vois. Qu'il y a donc à la fois, et sans s'exclure mutuellement, un champ de visibilité et un hors champ, une *étrangeté*, et que je saisis toujours les deux en même temps – *je ne sais pas comment* – avec cette même certitude de ne pas me tromper comme lorsque l'esprit se trouve devant l'évidence d'une idée ou d'un principe et la main peut en même temps toucher quelque chose de tangible, ceci me prouvant cela, avant de me laisser me heurter, inefficacement, aux limites du langage que j'emploie pour décrire mon expérience aux abords du phénomène.

Disons pour l'instant, en guise d'illustration, qu'une sorte de bourdonnement accompagnerait l'image comme un halo, pareil aux stridulations des cigales qui accompagnent par moment le dialogue de Phèdre et de Socrate, lorsque les Muses semblent en accord avec les paroles du philosophe, autant qu'avec le choix du lieu pour tenir des discours[1]. Bourdonnement, stridulation, bruissement – comme le dédoublement feint de l'écho, le reflet du visage dans les yeux, ou l'illumination soudaine de l'air sous l'impact d'un imperceptible sourire – ce sont des suggestions de nomination qui confèrent à la réception sensible, autant qu'au sens volontairement imprécis de ces mots, une épaisseur aussi transparente que réelle, comme si la langue empruntait à l'être, outre les significations intelligibles des *logoi*, la «chair» et le halo de visibilité d'une présence corporelle propre, quasi indépendante de la volonté signifiante de celui qui parle, et s'écoute parler aussi.

L'ŒUVRE

Sur ce terrain conceptuel encore vague, un aspect me semble ressortir tout de même avec quelque certitude, et, d'ailleurs, non sans une certaine audace : la distinction, jusqu'ici bien présente, entre tout objet visuel et une image peinte (ou tout autre objet résultant d'une démarche artistique) ne

1. Cf. *Phèdre*, le dialogue sous le platane, au bord de l'Ilissos.

tient qu'une place secondaire au regard de ce qui vient d'être dit. L'on peut, certes avec bonheur, employer à profusion, comme le font d'ailleurs Platon ou Aristote, la métaphore de la peinture et l'exemple de la statue en marbre ou en bronze, ou invoquer l'expérience de la scénographie et le rôle du masque, ou encore définir la notion de ressemblance en faisant appel au dessin en creux d'un cachet imprimé dans la cire, mais cela ne change pas le contenu principal du discours et n'infléchit en rien la démarche. Je veux préciser par cette remarque qu'un peintre ou un sculpteur de l'Antiquité ne travaille pas en fait avec ce que j'ai appelé ici, de manière presque générique, « l'image ». Ils ont, pour leur part, affaire aux couleurs et aux matières, aux traits et aux mélanges des teintes, à des matières corruptibles, changeantes, et à leurs interactions, donc à des *facteurs* et à des *dispositifs de visibilité* immanente, ainsi qu'au temps et à l'espace comme conditions pour la mise en scène de la visibilité de leur œuvre, à distance, dans l'éloignement propice à l'impression du public. Ils ont, eux aussi, comme les artistes de tous les temps, affaire aux traits corporels, aux facéties de la mémoire et à la réduction de la relation à un jeu dramatique de caractères, qui leur permettent de construire un « double » du monde sous le mode iconographique, c'est-à-dire un *tableau*, une *représentation*, un *moulage*, une *installation* de plusieurs œuvres dans un lieu qui devient un espace architectural. Or, qu'elle soit figure peinte ou statue, l'œuvre n'a pas accès au mouvement et ne se propose pas de rendre compte de la nature profonde, existentielle, de la chose qu'elle représente, car non seulement elle est exempte de vie, et donc de son expression immédiate qui est le mouvement, mais elle s'en écarte le plus possible et fait de cet écart sa raison d'être et sa principale force d'impact.

Ne pas être en concurrence avec la vie de son modèle représente le principal pouvoir de persuasion d'une œuvre picturale ou sculpturale, car l'œuvre cherche à avoir *sa vie* d'œuvre, une vie propre par le sens qu'elle engendre et non une vie de substitut, factice comme la vie mécanique d'un automate. C'est ce pouvoir d'avoir une vie propre et d'essaimer en engendrant un sens dans chacun de ses récepteurs, qui se porte garant de sa puissance d'attrait irrésistible, et qui explique aussi la possibilité d'un rejet tout aussi puissant, comme si l'œuvre était essentiellement une image de la mort. L'attrait et le rejet simultané pour cette *vie mortifère* de l'image dans une œuvre engendrent de ce point de vue un regard de Méduse en direction de l'esprit, et donnent lieu à une réplique tout aussi violente, à une cassure de l'idole là où détrôner seulement sa gloire s'avère insuffisant pour retrouver la liberté de penser en dehors de toute forme de fascination. Pour cette raison il est quasiment impossible de séparer dans l'œuvre antique l'image de l'idole : ce qui relève de l'*eidôlon* et ce qui est de l'ordre d'une *eikôn*, ce qui est une présentation et conjointement un énoncé de visibilité (une apparition, une épiphanie, une révélation de la condition même de l'être) et ce qui fait passer par des astuces de conjecture et de ressemblance une réalité bancale, un corps beau mais dépourvu d'âme, une nature paradoxale car in-animée. *Impossible* de les séparer : j'entends par là l'impossibilité de les séparer autrement que par un recours à la parole et aux vertus discursives du langage et de l'art de connaître par distinctions et par usages de catégories propres à l'entendement.

L'œuvre déjoue en effet le désir du regard de saisir la chose représentée ou signifiée comme un objet adapté d'emblée à la faculté visuelle. Elle propose une visibilité à elle, surprenante, nouvelle, quasiment libre de tout référent parce qu'elle part du principe que c'est une visibilité inventée et travaillée par le peintre ou par le sculpteur à partir d'un support différent de celui du modèle visé. L'image (*notre* « image »), en revanche, s'apparente et participe pleinement de la vie ontique, existentielle, et déjà existante. Mieux encore, elle appartient, à proprement parler, à celle-ci. Pour le regard antique tout objet s'appréhende en tant qu'« image » selon le double conditionnement de la visibilité de chaque chose : un être ou un objet est visible s'il *est réellement*, au sens ontologique de l'expression, et s'il est saisi ainsi par le regard d'un récepteur *vivant*, dans l'exercice de toutes ses facultés. *Notre* « image », qui ne se confond donc pas avec le produit spécifique des peintres et des sculpteurs, ni ne représente leur domaine privilégié en dépit de l'exercice ardu de la vision qui est propre à ces derniers, correspond à ce qu'est le visible pour le regard antique. L'image de notre propos s'avérera en outre, nous le verrons plus loin, l'apanage du *philosophe* en premier; du moins l'apanage de celui qui, parmi les philosophes, assume pour les besoins de sa cause de faire *aussi* métier de sophiste, voire de littérateur, de conteur de savoirs anciens et modernes en vue d'engendrer une sagesse dans celui qui l'écoute, et d'être ainsi un libérateur du langage des contraintes matérielles et formelles de l'expression qui empêchent la pensée d'accéder à l'identité de l'être, de l'être subsistant dans chaque étant, et d'en formuler la définition juste. J'entends philosophe et sophiste, mais non rhéteur, défenseur de causes et homme du métier qui instrumentalise le langage; j'entends, en d'autres termes, un accoucheur de l'esprit dans des êtres devenus ainsi capables de savoir vivre, de savoir parler et de savoir se conduire en hommes libres de la Cité. Cette même image est aussi l'apanage du *géomètre* (voire du mathématicien) et, en somme, l'apanage d'un *démiurge*, d'un fabricateur universel du monde vivant (y compris un fabricateur de dieux), un ouvrier qui détermine à la fois la réalité immanente de l'objet et son caractère chiffré ou sa nature intelligible, selon le principe d'une relation structurelle entre ce qui est et ce à partir de quoi un objet est tel qu'il est, autrement dit, en rapport avec un paradigme qui se révèle par et dans l'identité de chaque objet particulier.

L'œuvre mise à l'écart, nous avons donc affaire à deux images distinctes et complémentaires : à l'image qui viendrait comme projetée par la réalité existentielle de l'objet à la rencontre du regard (c'est l'image naturelle ou ontique, l'apparition phénoménale de l'existant); et, quasi simultanément, à une image créée, une image engendrée par la langue, instrument qui tente de traduire l'expérience muette de la vue, de saisir l'expression visible et de révéler par le bruissement intelligible des paroles l'identité de ce qui a été saisi. Les deux images tendent à se rencontrer et à devenir ensemble, conjointement, une image animée, ontique, « saturée »[1], ressemblante au réel au point d'en prendre la place et de permettre à son récepteur de se saisir ainsi lui-même, puisque c'est lui, et chaque être en particulier, qui produit son propre environnement visuel. Le peintre, lui, ne fait que perpétrer ou inventer une pratique qui instrumentalise l'image ontique et qui s'exerce en rapport avec le visible et l'apparaître des choses, pratique dont il est certes le meilleur technicien, mais qui ne lui confère pas pour autant la maîtrise de tout le phénomène du visible et du visuel[2]. Un peintre ou un sculpteur n'est par conséquent jamais le souverain de l'image, en possession d'elle, mais il est plutôt son sujet et son habitacle en puissance, autant qu'un narrateur est habité par son histoire et la vit même, ou qu'un aède se fait caisse résonante des paroles que les Muses, invoquées à la rencontre, chantent à travers lui.

1. Pour reprendre un terme que J.-L. Marion a défini dans plusieurs de ses ouvrages comme un concept opératoire de la phénoménologie du visible et de la révélation. Il faut ici reconnaître que la philosophie du visible et du révélé, de J.-L. Marion, a non seulement fixé une terminologie que nous utilisons, mais a nourri en bonne partie les réflexions de ce chapitre. Voir les références aux ouvrages dans la bibliographie, *infra*, p. 365.

2. Considérer que l'on puisse avoir en tant que peintre une quelconque emprise sur des « images » qui (re)produisent, fidèles ou non, la présence des choses « réelles », me semble perdre de vue la nature même de l'image, la confondre avec des reflets, l'identifier à des simulacres et réifier par conséquent des impressions ou des opinions à la place de l'objet « réel » de la connaissance – faute imputée, nous allons le voir, au sophiste. C'est, par ailleurs, perdre de vue aussi l'enseignement subtil qu'apporte l'œil d'un artisan, lequel sait mieux que tout autre adhérer à la surface colorée des choses, distinguer les différentes sources de lumière (externes et internes à l'objet) et étendre son regard vers l'horizon en nous apprenant, aux travers des astuces correctives de la distance, de la forme des objets et de leurs ombres, les possibilités infinies d'un déchiffrement « esthétique » du monde physique, que ce dernier nous apparaisse à l'œil nu ou se (re)constitue à l'aide d'instruments qui prolongent la puissance du regard.

Loin de moi donc, l'intention de diminuer le travail de l'artiste. Bien au contraire. Mais il est nécessaire de définir son champ, ses visées et son vocabulaire, en précisant d'emblée que l'artiste, du moins celui du temps de Platon et d'Aristote, n'est pas un créateur d'images mais un producteur d'œuvres, dont la valeur se mesure à la capacité de celles-ci de se définir comme signes, traces, empreintes, vecteurs ou porteurs (réceptacles) d'images *sui generis*. En outre, si l'artisan est habité par des images qu'il extériorise, qu'il met au monde en les extrayant du cône d'ombre de leur existence en puissance, et s'il voit aussi mieux que personne, si son regard perce plus efficacement les voiles qui (nous) cachent dans l'apparition d'une chose sa vraie identité formelle et sa nature profonde, il ne révèle pas pour autant dans son œuvre l'*image* de son objet réel ou imaginaire mais plutôt le *signe* de son existence, *signe* ou *réalité abstraite* qu'il a fait(e) sien(ne), qu'il s'est approprié et qu'il a projeté aussitôt sur le bois ou dans le bronze, dans la pierre ou dans le morceau de glaise. Il signifie, en d'autres termes, le fait que cet objet, cette chose, cet homme, cet arbre ou cet oiseau, portent chacun dans sa forme la possibilité d'une multiplicité de perceptions visuelles, dont l'œuvre de l'artiste fait sien le faisceau le plus proche ou le plus éloigné à l'égard de la ressemblance immédiate. Et, à travers cet acte d'appropriation, il signifie que cette « forme » qu'il présente, ne s'épuisant jamais dans le saisissement sensible, permet à chaque fois un accès spécifique à l'objet ou à l'être dont elle n'est que l'aspect, la face visible de son existence. Cela n'est certes pas peu, n'est sans doute pas un pis-aller, mais c'est une voie qui nous mène vers un but différent de celui proposé à notre chemin.

Par ailleurs, cet artiste producteur d'œuvres ne travaille pas non plus, à quelques exceptions près, l'extériorité ou l'altérité de la langue qui convient pour parler de ce que sont ses « images », ni de ce que les œuvres qu'il produit ont comme emprise sur les choses immanentes et comme « savoir » propre de ce dont elles sont des copies ou des projections différées. Telles les figures et les formes dont il se sert dans l'exercice de son métier, les « images » sont pour lui un domaine particulier à l'intérieur d'un champ plus vaste qui est celui de la visibilité donnée comme principe et condition au monde. Or l'image du philosophe n'est justement pas l'objet propre mais bien le *sujet* de cette visibilité-donnée. Co-extensive avec la chose-vue, l'image ne s'épuise jamais au sein de celle-ci, car elle n'est pas l'« objet propre du visible » (comme la couleur qui constitue la surface visible des choses pour Aristote), n'est pas déterminable par un contour ou par une surface délimitée au-delà de laquelle l'image céderait la place à une autre forme d'existence et de réception. C'est plutôt l'inverse : l'image est celle qui ouvre l'enclos de la visibilité, qui agit en révélatrice de celui-ci et qui desserre son étau, en permettant ainsi une compréhension plus complète de chaque chose à partir de sa condition principielle et déterminante de visibilité. Elle comprend *toutes* les possibilités de l'entendement de la chose visée, non seulement celles que nous recevons en voyant sa forme ou sa figure. Pour cette raison elle peut être définie en tant que seuil abstrait, lieu de rencontre où la visibilité croise (et se laisse ainsi profondément déterminer par) ce qui n'est pas visible non par un défaut de la vision, mais par une impossibilité radicale, ontologique, de visibilité, et il s'ensuit, de réalité et d'existence. Et c'est bien de cela que tente de rendre compte la parole du philosophe en cherchant à poursuivre l'image sur ce chemin.

Autrement dit, l'image est, avant tout, chose intellectuelle et intelligible (*una cosa mentale*), participant à la phénoménalité originelle de l'étant, liée par conséquent non à la visibilité extérieure des choses mais à leur apparition ou à leur révélation comme choses. Elle provient, en tout cas, de cette surprenante révélation phénoménale, avant d'être sujet(te) à caution du sensible et produit des sensations, des perceptions en tous genres, lesquelles peuvent fournir à partir de l'expérience un simulacre de connaissance, des impressions et des opinions présentées comme des données du monde visuel. En outre, parce que l'image partage avec le langage une nature foncièrement abstraite et qu'elle est comme lui – bien qu'elle soit autrement constituée – « chose » et moyen de l'entendement, elle entre en conflit avec le langage aussitôt que celui-ci tente de la circonscrire et de la dominer intellectuellement, en lui imposant ses raisons et ses lois. Mais alors, comment fait-elle pour partager avec le logos ce lot ontologique commun grâce auquel se fait l'accès des deux à la nature de toute chose qui pénètre leur champ? Et comment « sait »-elle, l'image, avant et parfois mieux que la parole, définir dans sa nature même la chose qui *m'*apparaît et dont elle n'est à mes yeux rien d'autre qu'image, évidence d'avant la raison, c'est-à-dire témoin d'une double apparition (la sienne et celle de la chose), outre la pure ressemblance formelle de l'objet regardé ?

L'ALTERITE

Si l'image n'a pas – à en croire un certain platonisme scolaire – d'accès à l'être et donc au « vrai », n'a pas de nature propre, n'est que simulacre, vision fuyante et pure ressemblance sans contenu effectif, si elle n'a pas plus d'être que le rien d'un reflet, la part de non-être de l'être, si elle n'est que vacuité, néant, illusion creuse, *phasma*, comment se fait-il qu'elle puisse procurer toutefois un accès à la nature ontologique de la chose inscrite en elle, comme l'affirme et le répète Platon? Comment se fait-il qu'elle soit un accès à la chose manifestée et révélée justement par le creux ressemblant d'une image, telle la trace imprimée dans la cire ou dans le sable? Et comment se fait-il que cet accès s'ouvre de manière si percutante pour l'œil et pour l'esprit que la présence même de la chose rejaillit à partir de son saisissement dans ce « corps étranger » qui reçoit (comme une impression, mais disons de manière réfléchissante, presque catoptrique[1]) l'image de la chose, et arrive ainsi à donner jusqu'à une « sorte d'être », une « réalité » à l'image elle-même (εἰκὼν ὄντως[2]), en tant que celle-ci s'offre justement comme lieu de la ressemblance de cette chose, alors qu'on la croyait coupée, séparée de fait, et essentiellement autonomisée ainsi, par rapport à la chose? Et, de surcroît, comment se fait-il que l'image puisse ouvrir un accès *unique*, qu'elle puisse constituer un mode propre, spécifique, de dire et de montrer la réalité de la chose comme du dehors de celle-ci, de son essence et de sa phénoménalité, en « délocalisant » sa présence, en prenant en compte justement la possibilité de son dévoilement « ailleurs »[3], et en montrant ainsi les limites de cet acte de « monstration phénoménale » mieux que n'en témoigne l'expression verbale, la simple désignation de son apparition dans/par les mots, dans/par son appellation à travers le nom idoine? – *Voici* un oiseau/*Ceci* est un oiseau. *Son nom* est *martin-pêcheur*.

Est-ce tout simplement un accès ouvert à travers l'inconsistance de son propre « corps » d'image, une faille qui ouvre son chemin à travers la massivité du visible, une fente qui laisserait entendre que le monde serait aussi « ailleurs », et « autrement » que ce qui nous intègre en nous le dévoilant à la fois *du dedans et du dehors*? Et dans l'entrebâillement de cette faille une porte ne se laisse-t-elle pas soupçonner, une ouverture vers un autre mode d'apparaître de la chose, une manifestation moins inappropriée

1. En entendant l'effet catoptrique à la manière des Anciens, c'est-à-dire comme une présence fantomatique dans le miroir. Nous reviendrons là-dessus.

2. *Soph.*, 240b.

3. Ce sera aussi le cas, difficile autant que paradoxal, qui sera évoqué par les théologiens chrétiens à propos du statut du Fils à l'égard de la Trinité, statut défini par la relation et défendu par l'argument d'une « icône de l'hypostase » : une « ressemblance substantielle » ou « essentielle » de la « personne », de son caractère visible unique et singulier comme propriété essentielle, non-différente de la substance et de la nature de l'être existant – en l'occurrence, icône possible de l'étantité *entière* de la *personne* du Christ révélée sur un autre support que le corps même de celui-ci. C'est ainsi que l'icône entre, comme un argument de poids philosophique et non seulement scripturaire, dans les premiers débats théologiques chrétiens contre l'arianisme. Nous reviendrons ultérieurement sur ce sujet; que le lecteur veuille bien pardonner un raccourci historique qui paraît vertigineux dans ce contexte classique.

à la nature de la chose que la forme ou la figure qui se montre et dont témoigne, par son éloignement, par sa distance même, une copie, un simulacre, cette « réalité seconde » à l'égard de l'essence indéterminée et inaccessible de cette chose, mais « réalité » tout de même, et encore indubitablement proche de la nature et de l'essence de cette chose première ? L'image comprise alors comme une brèche et, par son altérité à l'égard de l'essence de la chose, comme une paradoxale libération de l'emprise phénoménale autant que de la massivité d'une présence d'objet physique[1] ? Une tentative pour briser par là même la limite de la connaissance et son désir unique de « vrai » ? Mais un accès ouvert par qui ou par quoi, et vers qui, vers où, vers quoi ? Et surtout à travers quelle limite : imposée ou intérieure, barrière ontologique ou simple défaillance des sens ou de l'esprit ?

À terme, l'image ne (me) semble en effet adéquate qu'à s'affronter à un « dieu » qu'elle se fabrique elle-même, un dieu constitué de toutes les couleurs et de toutes les matières façonnées dont le regard peut disposer en habitant visuellement le monde. Confrontée au principe d'un *étranger absolu* à l'égard de l'immanent, à l'idée d'une *altérité radicale* que l'image se donnerait comme possibilité de révéler à travers un effet glissant de ressemblance et par une réalité différée, comme par transfert de support, l'image justifie ainsi sa véritable emprise sur les regards habitués à ne voir que les aspects des choses existantes, et habitués aussi à la rejeter en raison même de son pouvoir manqué, de son incapacité à s'y identifier pour de bon. C'est donc à cette seule condition près – celle de fabriquer des « dieux » – qu'elle peut se tenir à distance et se définir comme distincte du monde visuel immédiat, alors que de fait elle dissimule ainsi une dépendance radicale : son immanence irréductible à l'égard du visible et du visuel. Elle cache, en effet, ce lien indéfectible qui l'oblige à suivre jusqu'au dernier recoin *sa* « créature », *son* « dieu », cette altérité radicale, ce paradigme formel de chaque chose qui la hante comme un modèle perpé-

1. En effet, nous nous situons avec ces considérations dans la perspective d'une certaine lecture autant néoplatonicienne que byzantine de Platon, et plus particulièrement ici, nous nous rapprochons des commentaires de Proclus à *La République* et au *Parménide*. Voir *infra*, p. 279-280, n. 2, la citation et le commentaire de quelques passages de la XIIe dissertation du *Commentaire sur la République* de Proclus, trad. fr. A.J. Festugière, *Diss. XII*, 290, 9-14 et 23-30, t. II, Paris, Vrin, 1970, p. 98-99. Voir aussi, pour les proximités concernant une certaine « réalité » de l'image (*eikôn*), ses usages mathématiques et son rôle dans la connaissance selon Proclus, l'ouvrage de S.E. Gersh, ΚΙΝΗΣΙΣ ΑΚΙΝΗΤΟΣ, *A Study of Spiritual Motion in the Philosophy of Proclus*, Leiden, Brill, 1973, surtout p. 84-90, avec des citations des *Éléments de théologie* et des commentaires au *Parménide*, au *Timée* et aux *Éléments d'Euclide*.

tuel, inégalable et immaîtrisable puisqu'il est en changement sans discontinu. L'image se montre – on la voit comme une mise en avant de chaque chose présente dans la lumière du jour –, mais elle dissimule en même temps la *forme* absolue et instantanée qu'elle suit à la trace, pareille à une ombre portée, *forme* dont elle indique en même temps la position, le mouvement, l'heure solaire, le moindre frémissement dans la lumière, dans le caractère phénoménal, donné, du monde immanent. D'où, pour l'image, sa propre étrangeté foncière, son mimétisme toujours manqué, nécessairement imparfait, et en même temps sa force déifiante, ainsi que son rapport conflictuel avec la langue, laquelle, n'endossant pas le même type d'altérité vis-à-vis du principe de réalité de son objet, dresse des figures propres et formule des concepts et des jugements qui l'éloignent de la présence ontologique livrée par l'évidence de l'image. La langue n'arrive qu'à signifier mais non à dominer la chose visible. Elle n'arrive qu'à nommer et à définir la forme d'un objet en rapport avec ses causes et avec ses fonctions. D'où, le désir propre du regard de court-circuiter le nom d'une chose en lui substituant une image. Et, plus paradoxal encore, la tâche que l'image se voit assigner le plus souvent, celle de constituer une « fenêtre », une percée, une ouverture, une rupture même qui laisserait voir ce que l'image ne peut, elle non plus, qu'*indiquer*, *montrer*, ou faire semblant de *représenter*.

Quoi qu'il en soit – et aussi contradictoire que cela puisse paraître au départ –, faire *dans* et *à travers le langage* le choix de parler de l'image consiste à s'engager sur le chemin le plus ardu d'une démarche dont le genre le plus proche serait celui d'un discours *théologique*. Pourquoi le choix de l'image, à l'horizon d'une réflexion sur le langage et son pouvoir de communication, engagerait-il le discours sur une voie qui le conduit à la théologie ? Ne commettons-nous pas là un abus concernant les conditions d'accès de l'image, et donc du manifesté irréductible, aux principes logiques qui gouvernent le discours ? L'image a toujours été (et pour cause !) une/la pierre d'achoppement sur la « voie » qui cherche au long de sa distance à approcher l'horizon sur la ligne duquel la connaissance de quoi que ce soit comme « objet connaissable » bascule et se heurte à ses limites.

L'image, telle que nous la concevons, n'est donc pas une donnée objective. Elle est une pure possibilité de l'être dont la manifestation en tant que chose existante traduit la visibilité essentielle : sans réserves et sans raisons patentes de cet acte. Elle s'apparente, autant par son caractère de possibilité à l'égard d'un modèle, que par sa nature épiphanique par définition, aux phénomènes de type religieux, aux apparitions d'êtres et de choses surprenantes, à l'égard desquelles l'image peut jouer justement le rôle d'un moyen corollaire de révélation, outre celui de témoignage ou de preuve. D'autre part, l'image, parce que visible et nécessairement transparente à l'égard de son objet – même si, bien entendu, elle dissimule en même temps qu'elle dévoile cet objet –, nous apparaît comme une frontière de l'expression et comme une preuve que ce qui se voit de manière à habiter le regard est essentiellement irréductible aux catégories de la logique. Mieux encore, l'image est une sorte de mise à l'épreuve du langage, un exercice qui révèle l'incompatibilité structurelle dans la confrontation d'un discours avec une évidence métalinguistique. La démonstration que produirait une image se confond avec sa monstration, tandis que son argument, sa cause ou sa raison, se réduit au seul témoignage de son apparition. Mais cette limite logique comporte en revanche une « vertu philosophique » propre à l'image : l'image déréifie la visibilité des choses comme condition *a priori* de leur connaissance. Elle opère ainsi une réduction essentielle de la phénoménalité du monde, mais non en renvoyant l'apparence aux choses elles-mêmes, car il n'y a pas de puissance visive en soi, mais en appelant à la visibilité des choses comme révélatrice d'une condition de présence. Cette réduction équivaut en outre à un processus subtil de réflexivité qui permet de prendre conscience de la visibilité commune de celui qui la regarde et du monde phénoménal regardé, en même temps que de l'inconditionnelle liberté de ce qui demeure invisible malgré son existence – j'entends ce qui demeure invisible indépendamment de la position et de l'étendue du champ visuel, sans rapport donc avec les conditions propres aux facultés sensitives spécifiques. Aussi cette « vertu philosophique » de l'image permet-elle d'élargir le champ des possibilités de la connaissance. Elle nous permet, dans notre cas, de comprendre l'usage si particulier de la vision dans le discours philosophique grec. Cependant elle comporte aussi un risque : celui d'identifier l'image à la représentation, et de transformer alors tout ce qui apparaît en jeu de symboles ou en langage de signes, comme si voir consistait finalement à transformer, par la représentation, la présence des choses en une sorte de « nature morte », voire en un étalage d'« animaux empaillés »[1].

Sur ce modèle de « mise en demeure » ou de « mise en négation » de l'immanence de la chose à travers son image que nous-mêmes nous fabriquons et que nous projetons-attribuons à la chose donnée, l'image, qui,

1. J'emprunte cette métaphore à O. Mandelstam, « De la nature du verbe » (1922), dans *De la poésie*, trad. fr. Mayelasveta, Paris, Gallimard, 1990, p. 69-92. J'avoue par cet emprunt, qui n'a rien de fortuit, une certaine proximité de pensée de la langue qui m'apparaît avec force malgré la différence des moyens mis à l'œuvre ; malgré aussi la différence du but recherché.

j'insiste, n'est pas une représentation, s'autonomise et engendre un nouveau processus. Elle détermine la distinction entre d'une part l'apparition (le surgissement, l'épiphanie, voire la révélation), la « donation » sensible, l'évidence surprenante (θαῦμα) qui est la sienne, et de l'autre, l'incommunicabilité, radicale en son essence, l'incirconscriptibilité de son absence ontique dans l'enclos des mots, et donc son exclusion inhérente, son renvoi dans l'ordre du « non-être » ou au rang d'une sorte de « dieu » écarté, extérieur au monde, une altérité-*déité*, une altérité *transcendante* que l'image elle-même (se) fabrique comme statut propre à partir de son objet rendu « intouchable » dans la distance nécessaire à sa saisie – distance nécessaire à toute perception d'une chose à travers son image. En un mot, l'image devient l'inexprimable même, l'indicible, l'ineffable de ce à qui ou à quoi l'on attribue faute de mieux la qualité d'« étranger » ou le « genre divin » eu égard à sa séparation fondamentale, séparation ou abstraction qui s'exprime ainsi par défaut, malgré la monstration qu'en donne l'image, et peut-être même à cause de celle-ci. À force d'opposer sa présence et sa visibilité fondamentale à la métaphysique exprimée par la puissance abstractive du langage, l'image finit par prendre la place du transcendant et risque ainsi de produire, par opposition au logos, le pire ennui de l'esprit : la confusion avec l'idole. Ce risque n'est toutefois pas le plus sûr, ni, d'ailleurs, le seul choix ou la seule alternative possible.

C'est là, à ce point délicat (et paradoxal), qu'il faut se rappeler, en guise de parabole à l'égard de cette position ambiguë de l'image, ce mot d'Euripide – θεὸς γὰρ καὶ τὸ γιγνώσκειν φίλους/*reconnaître ce qu'on aime, c'est éprouver la présence d'un dieu*[1] – et se dire, dans son sillage, que si cet amour est l'expression d'une amitié véritable (*philia*), qui engendre le désir absolu de connaître l'identité de l'être aimé, il convient alors d'éprouver cette amitié aussi, et surtout, en présence de cet être. Il convient de le lui témoigner en regardant comme un ami potentiel et comme un dieu en puissance l'homme rencontré *en étranger* au détour du chemin. Car l'image que nous en percevons permet la prise en compte de la distance nécessaire, de la distance *juste* pour connaître un être autrement que par l'appropriation, autrement que par la possession qui identifie nécessairement l'être à un objet et l'image au désir de cet objet. L'image ouvre ainsi un accès à l'identité *en présence*, mais un accès qui préserve intactes toutes les possibilités, y compris celles qu'un homme soit un dieu ou un brigand, ou encore qu'un dieu ne soit qu'un être mortel, bien que ce dernier puisse

1. Euripide, *Hélène*, v. 560, Paris, Les Belles Lettres, 1961, trad. fr. M. Delcourt-Curvers, Paris, Gallimard, 1962.

néanmoins participer de la nature d'un être divin. Le regard habitué discerne par ce biais ce que l'image recèle en elle-même de *divin* à partir de l'apparence même de cet être en puissance aimable, et comprend alors que l'image, étant fondamentalement une ouverture, dévoile sans violer l'identité énigmatique de l'altérité, là où les mots se sont tus, faute de mieux.

Telle que nous la concevons, l'image apparaît donc comme ce qui assure l'accès premier et unique à l'altérité comme altérité absolue; elle serait donc la seule à nous dire et à signifier quelque chose à son égard. D'où son rôle incontournable autant en théologie qu'en philosophie, entre phénoménologie, d'une part, et sophistique, ou art du langage, de l'autre. Mais on pourrait encore appeler ce dernier : art de la puissance visive non-pétrifiante, en même temps que de l'effectivité discursive du logos.

Le lieu commun

Trouver donc le lieu commun de la parole et de l'image en situant ce lieu dans la perspective d'une double impossibilité, d'une impuissance commune, d'un heurt devant l'abstraction du non-lieu, d'un endroit où seuls silence et respiration demeurent et font trace, lieu où il ne reste que le souffle pour se faire entendre devant l'apparition muette d'une image semblable à l'apparition du martin-pêcheur dans mon texte, trouver donc, et explorer autant que possible, ce lieu – voici l'orgueilleux pari de la réflexion que je propose ici au lecteur, pari combien de fois formulé déjà, et perdu d'ailleurs presque autant de fois. Ne serait-ce pas une tentative de sortir ainsi de l'attrait métaphysique qui engage la réflexion aussitôt que le langage se trouve confronté à des limites d'expression? Comment le souffle de la parole proférée peut-il témoigner encore, à travers son rythme haletant ou paisible et à travers son écho, de ce que l'image atteint comme « vérité » sensible-intelligible de la chose dont elle est image, et plus encore, sinon, rien d'autre qu'image impossible à décrire sans l'inventer à nouveau, sous une autre étoile? L'image est certes une *voie* qui mène immanquablement vers un sens qu'elle porte et qui la porte en même temps. Mais elle incarne aussi une *présence* et donne visage à une *voix* qui porte (voire confère), de manière concomitante, le sens. Car l'image ne s'adresse pas à la vue uniquement, mais permet aussi de sortir d'elle, de la dépasser, et instaure à travers l'acte du regard le règne de la visibilité pure, celle qui embrasse toutes les formes du sensible en leur interdisant le désir absolu de possession, ce désir qui hante, selon les Grecs, tout particulièrement la faculté visuelle. Elle met ainsi en place avec le regard une acuité plus particulière de l'ouïe, fait en quelque sorte « entendre des voix » derrière les mots inscrits, et permet la constitution d'un entendement de l'image adéquat au langage, aux paroles, à leur sonorité, au timbre et à son *incarnation* ou *personnification* dans un souffle, dans le vivant. Aussi fait-elle, avec ce travail dans l'intimité du discours, un premier pas dans cette démarche *quasi impossible*, un premier acte qui met en place le rapport conflictuel, mais amoureux aussi, qui lie l'image à une parole en train de la chercher et de convoiter une impossible soumission de celle-ci, à la place d'une rencontre fusionnelle ou d'un simple partage des rôles.

Mais y a-t-il une véritable fusion possible dans ce lieu ultime de la rencontre, sachant qu'il ne s'agit pas de paralyser le logos par l'imposition d'une vision « picturale » du monde ? Ou bien l'image se tient-elle plutôt en arrière et demeure-t-elle en dehors, étrangère plus que la parole à l'égard de ce lieu impossible, s'arrêtant sur le seuil et se montrant libre, en quelque sorte, et libérée ainsi de toute imposition ou de la nécessité d'un témoignage fortuit, brèche ouverte et traversée déjà par tous les vents qui tentent d'emporter le sens donné à voir, avant que l'esprit, mû par un désir ultime de logique interne à la connaissance, n'ait enjambé la dernière semblance de l'image en laissant scories et oripeaux formels loin derrière elle ? À moins que la lumière, elle aussi, la lumière qui anime le regard d'un frisson, du soupçon qu'il s'agisse d'une rencontre *hors pair*, cette lumière qui brille dans les yeux quand ceux-ci rencontrent l'image unique de mon oiseau bleu, et quand le regard, vivifié, saisit ainsi cette image dans son invisibilité ou abstraction même, en somme comme image du Beau [1], soit elle-même, en tant qu'image et rien d'autre, l'équivalent silencieux de la respiration devenue muette avec le dernier mot encore audible, une manifestation différente du souffle mais participant autant que lui à/de la réception du vivant dans la radicalité de ses racines, dans la manifestation ou l'effectivité de son origine.

Ce qui semblait, en tout état de cause, se dessiner jusqu'ici comme une double problématique – à savoir : d'une part l'accès de l'image à la nature de la chose dont elle est image et, d'autre part, le rapport de la parole à l'image, parole qui, nommant l'image, prend obligatoirement part à la nature de la chose telle que celle-ci est circonscrite par et dans l'image – s'avère ainsi être une seule et même problématique. Voyons maintenant comment elle se dégage à partir des textes anciens.

1. Voir dans le deuxième discours de Socrate à Phèdre le rôle du regard dans l'accès de la connaissance à l'âme et à la divine beauté de l'être aimé (*Phèdre*, 250d-251b); nous y reviendrons, mais dans le contexte d'un autre travail.

CHAPITRE II

APPARAITRE, FAIRE APPARAITRE, PARLER EN IMAGES, MENTIR

(ΕΙΔΩΛΑ ΛΕΓΟΜΕΝΑ ΠΕΡΙ ΠΑΝΤΩΝ)

UNE APORIE : LE SOPHISTE COMME IMAGE DU LANGAGE

σοφὸς καὶ δεινός ἐστιν ἀνήρ
… ὥσπερ δεινὸς ἀκοντιστής
Platon, *Protagoras* (341a, 342e)[1]

Essayons maintenant d'aborder avec un regard «jeune» le dialogue platonicien consacré d'une part à la définition de l'être et de l'autre, à la

1. […] «quand je te loue, toi ou tout autre, en disant "Protagoras est un terrible savant" [est un homme à la fois σοφὸς et δεινός, sage et redoutable], il me demande si je n'ai pas honte d'appeler terrible ce qui est bon (τἀγατὰ δεινὰ καλῶν)», *Protagoras*, 341a; «au cours de l'entretien, il [le Lacédémonien] lance à l'improviste un mot frappant, bref et plein de sens [bien tourné] (ἐνέβαλεν ῥῆμα ἄξιον λόγου βραχὺ καὶ συνεστραμμένον), *comme un habile archer…*», *ibid.*, 342e, nous soulignons). Sous couvert d'un long commentaire de deux vers de Simonide, Socrate esquisse le portrait circonstancié du sophiste et surtout propose une analyse du langage sous l'aspect spécifique de l'usage sophistique, malgré la référence au poète. Nous n'analyserons pas dans ce qui suit ce dialogue platonicien, puisque nous nous intéressons plus particulièrement à la fonction de l'image dans le discours philosophique, mais nous le tenons bien évidemment en arrière plan de la réflexion, comme un acquis à partir duquel nous formulons ici, à travers une analyse textuelle du *Sophiste*, des considérations sur le langage et sur le rôle dévolu par Platon aux sophistes. Il va de soi que le choix du dialogue tardif consacré au «combat», récurrent chez Platon, avec les sophistes est motivé par la présence dans la première partie de ce dialogue d'une réflexion critique explicite consacrée à la définition de l'image et au rôle de celle-ci dans le discours et dans la théorie de la connaissance de l'être. Pour la citation de *Protagoras* nous avons utilisé l'édition établie et la traduction (que nous «glosons» ponctuellement) de A. Croiset, Paris, Les Belles Lettres, 1948[2].

chasse du sophiste[1]. Qu'est-ce en effet que le sophiste? Une sorte de « maître » en savoirs et en utilisation des mots, qui enseigne, attelé à la tâche d'offrir tout ce qu'il possède intellectuellement. Il se définit plutôt par retranchement : ni rhéteur, maître en discours, ni philosophe, sage et savant. La recherche d'une définition du sophiste se construit en miroir avec un portrait générique de philosophe. Il faudrait donc connaître « le philosophe », celui que l'on appelle le « vrai » ou le « bon ». Qu'est-ce alors que le philosophe? Une sorte de *dieu* qui apparaît, un homme de passage, qui arrive *en étranger* à une assemblée et qui se montre *divin*, hors du commun par son savoir et par son art d'exprimer une pensée perçue comme juste par ceux qui l'écoutent. C'est un *autre*, quelqu'un qui vient d'ailleurs, garde sa différence et ses réserves, et s'en va aussitôt le discours ou le dialogue fini, en ayant laissé toutefois une « trace » : une parole transcrite par un admirateur ou un disciple, la mémoire d'un geste ou d'un fait, et parfois de quoi nourrir plusieurs récits. Une double pratique, du langage et du savoir, constitue le travail propre du premier : dire ce qu'il sait éclaire les autres et apporte au sophiste sa pitance. La monstrance régit en revanche l'existence du second – la « monstrance », c'est-à-dire une mise en scène de son existence en tant que *présence* pour les autres et *figure* d'un pouvoir qui transcende toutefois, et toujours, cette apparence, un pouvoir ressenti

1. Il s'agit, certes, du *Sophiste*. Nous limiterons notre analyse textuelle à la première partie de ce dialogue tardif platonicien, allant jusqu'au bout de la démonstration consacrée à la découverte du moyen spécifique à l'art du sophiste, l'usage de l'image dans le discours. Rappelons, par ailleurs, qu'à partir de Jamblique, vraisemblablement, ce dialogue est perçu par la postérité platonicienne de l'Antiquité tardive comme un texte consacré à la définition du sophiste πολυκέφαλος (*Soph.* 240c) et non comme un dialogue sur la défintion de l'être par les cinq genres et par la méthode de la division. Le traitement logique et métaphysique des catégories de l'être est réservé par l'enseignement philosophique tardif et par les commentateurs néoplatoniciens au *Parménide*, tandis que le *Sophiste* est situé, avec certaines parties de la *République* (livres VII et X), du *Timée* et du *Politique*, dans le domaine de la connaissance du monde immanent et du monde des Formes par l'intermédiaire des images, des mythes et des discours. Pour les commentateurs néoplatoniciens, le *Sophiste* se situe ainsi à cheval entre le domaine de la physique et celui de la théologie, et la figure du sophiste, « fabricateur » du monde immanent par les images de ses discours, est d'une part associée avec le mythe du *Politique* et d'autre part mise en parallèle avec celle du démiurge du *Timée*. C'est du moins la lecture de Jamblique, reprise partiellement par Proclus et par Olympiodore. Voir L.G. Westering, J. Trouillard et A.-Ph. Segonds, « Introduction » aux *Prolégomènes à la philosophie de Platon*, *op. cit.*, p. LXV-LXXIV sur la division des dialogues platoniciens dans l'enseignement philosophique des dernières écoles et sur la perception des thèmes qui y sont abordés, p. 30-32 pour le texte concernant la « déconstruction » des dialogues platoniciens et la polémique sur le « vrai » sujet du *Sophiste*, et p. 68-70 pour les notes au texte édité; voir aussi les études de A. Charles-Saget et de C. Steel, *op. cit.*, sur les traces des commentaires du *Sophiste* chez Jamblique et Proclus.

comme tel, alors qu'il n'a aucun objet véritable à proprement parler : le pouvoir de se constituer en maître (caché, révélé) d'une « vérité » ou d'une « sagesse », outre le pouvoir que lui confère le savoir acquis de toutes les sciences. Au premier abord l'attitude qui incombe à ce dernier serait plus simple, ou plus tranchée, plus claire que celle du « sophiste », car il suffit au « philosophe » de choisir : apparaître de quelque façon, brillante de préférence, au milieu de ses disciples, ou ne pas se montrer du tout, demeurer l'obscur même dans les ténèbres de l'inconnaissance, figure « classique » d'un dieu, d'un étranger ou d'un sage, lointain et caché par définition, enfermant un « secret » même lorsqu'il daigne apparaître dans les parages et parler dans l'agora. Mais, qu'il se montre ou qu'il demeure invisible, le silence sur sa nature profonde et sur sa vie couvre de son voile ambigu tout ce que l'on voudrait savoir. De sa part nul discours ne vient percer le « secret », éclairer les tenants et les aboutissants de sa présence, son ascendant, son héritage, les lieux de son passage; il garde une connaissance jalouse de lui-même, car l'objet véritable lui appartient : c'est *son identité*, unique et singulière. Il ne s'explique guère à cet égard – la singularité, pour lui, ne se partage pas. En revanche, sans en faire le déploiement de son identité particulière, il peut témoigner au sujet des applications de sa science, de la pratique et du rôle de connaisseur, rôle qui lui apporte visiblement un certain prestige dans la Cité à laquelle il appartient. Son exercice n'est pas dans la transmission mais dans la puissance sans faille de son être, ainsi que dans la mise en acte de cette puissance comme telle. Le reste – médiation, témoignage, enseignement – tout va pour lui de soi, mais c'est plutôt l'affaire des autres[1].

Pour le sophiste, au contraire, celui dont il semble qu'il faut à tout prix se méfier – ce « faux » détenteur d'un savoir universel, outre la sagesse, ce savant sage et versé qui sait comment prodiguer une « vérité » pour que son intérêt, certain à ses yeux, s'identifie à un intérêt véritablement public –, pour ce « philosophe » du franc-parler apparent, prêt à enseigner à ciel ouvert, il s'agit de distinguer ce qui apparaît de ce qui n'apparaît pas, ce qui est véritablement de ce qui ne l'est pas, et de rendre visible ceci aux dépens de cela. Il s'agit pour lui de savoir ainsi voir ce qu'il est possible de voir en laissant de côté le reste. De déployer aussi le contenu de chaque parole proférée en arguments et de construire une démonstration à l'égard de sa nature, de sa forme et de son but ; ou encore, de reconnaître à chaque instant

1. Esquisse d'un portrait générique de « philosophe », en contrepoint de la figure emblématique de Socrate, telle qu'elle se dessine dans les dialogues de Platon. Elle n'a de véritable intérêt que pour la suite de l'analyse, par contraste feint avec la figure du sophiste.

la distinction fondamentale, ontologique, et de la mettre en évidence comme *vérité ultime*, en livrant ainsi à son auditoire les fondements et l'étendue de cette connaissance, et en occultant le mieux possible autant les limites que les moyens de cette posture. Le pouvoir, s'il y en a un à saisir dans ce domaine, n'est pas celui d'une puissance occulte attachée à ce savoir prodigué comme « sagesse » du monde, mais proviendrait de la jouissance que peut lui apporter dans l'instant le spectacle de sa propre connaissance et de sa propre présence mise en acte par son enseignement et par son art du discours. Il séduit, certes, mais se laisse séduire en même temps par son art. Seulement, il ne faut pas l'interroger sur le « comment », il ne faut pas chercher à connaître sa « méthode », ni essayer de le « toucher », métaphoriquement parlant, pour savoir à partir de quoi son être même peut bien nourrir une telle force de déploiement de la pensée et de l'art de l'expression. Sa connaissance est un *savoir universel* et sa vérité une *vérité* de pure présence, livrée *hic et nunc*. Il faudrait, à l'égard du sophiste, avoir la sagesse de s'en tenir là – attitude difficile si l'on n'est pas soi-même peu ou prou sophiste, et « sage », de surcroît, à son propre égard.

Sans doute le sophiste triche-t-il devant son public et à l'égard du « vrai savoir » – celui qu'il est de toute façon préférable de taire selon l'opinion d'un « vrai » philosophe. Le sophiste sait, lui, distinguer trois types de lit, par exemple, mais n'en construit jamais aucun, car pour dormir ou pour manger (à la mode antique, bien sûr) il suffit de faire appel aux artisans spécialisés, tandis que pour la Forme, l'Archétype du lit, nul n'a l'idée stupide, ni le moindre besoin d'ailleurs, de tenter sa « construction » réelle [1]. Il prétend, parce qu'il vit *dans* le monde et que son regard peut l'embrasser entièrement, connaître le *tout* (πάντα), avoir accès à la connaissance de la totalité du monde puisqu'il peut en parler. Mais en réalité il n'en touche pas l'essence ou le centre (en tout cas pas plus qu'un peintre qui se mettrait à dessiner ce « tout » du monde sous la modalité d'une carte cosmographique), car il embrasse le monde en y restant, et le contient en se laissant contenir, envahir même jusqu'à la saturation. En un mot, le sophiste appartient sans distance au monde dont il prétend embrasser la totalité dans son expression, et ne conteste pas, d'ailleurs, le caractère immanent de son savoir au nom d'une connaissance qu'il classerait, par principe, comme cosmologique ou comme métaphysique (« transcendante »), en alternant des disciplines, des langages et des techniques de savoir spécifiques. Il ne prétend pas détenir une clef universelle, à même d'ouvrir de l'extérieur

1. Nous citons bien évidemment l'exemple choisi dans la *République*, 596b-598a, en le mettant à dessein sur le compte du sophiste.

toutes les portes que personne ici-bas n'a fermées. S'il se sert du langage, il prétend avoir, grâce à celui-ci, un pouvoir de production, de production feinte bien entendu, un pouvoir d'expression mais non un pouvoir de domination. Or cette immanence productive constitue, selon l'Étranger du dialogue platonicien qui nous intéresse ici[1], justement ce qui empêche le sophiste de connaître la « vérité » des choses dont il parle, malgré la science, et même une certaine forme de « sagesse » qu'il détient par imitation à l'égard des choses réelles du monde immanent. Mais que peut-il en effet voir et savoir de ce *tout-du-monde*, alors qu'il vit au plus près, aveuglé par cette proximité, séduit par elle et séducteur en retour, mais sans jamais prendre ses distances, sans perspective pour pouvoir mesurer une « totalité » et pour décrire son pourtour, heurter ses limites, s'y confronter ?

Est-ce là, dans cette trop lâche et trop ambiguë proximité avec le monde, et dans l'inconsistance d'un savoir qui s'expose comme étant issu d'une distance feinte, une distance de paroles, un si grand péché devant les dieux ? Oui, si le sophiste ment sur les principes de son savoir – mais il se garde bien, *notre sophiste platonicien*, de parler de « principes » à l'égard de son art. La discussion censée le définir demeure, en effet, attachée aux mots et à la formulation des catégories et des genres comme moyens. Non, alors, car le « jeu de passe-passe », le glissement d'un plan à l'autre, la tricherie verbale du sophiste, son savoir de pacotille et sa besace remplie de « figures » et de « mots d'esprit » fournissant le matériel « spectaculaire » de son discours, paraissent répondre, semble-t-il, à l'alternative imposée par l'autre, par le philosophe *divin*, par cet « étranger » aux hommes et aux divinités de la Cité, lequel, sous l'identité dissimulée de l'Étranger, vient participer à la chasse et induire un jugement par contumace du sophiste, en prétendant connaître ses moyens et pouvoir le débusquer en le suivant à la trace.

Néanmoins, s'il est vrai que ce serait le « vrai » philosophe qui oblige en quelque sorte le « faux » philosophe à agir comme il agit et à s'inscrire ainsi en faux vis-à-vis du « vrai savoir » ou de la « vraie philosophie », les raisons du sophiste ne sont pas pour autant rendues apparentes. Autrement dit, le sophiste est accusé de ne déclarer à aucun moment qu'il est conscient des limites de son entreprise, de ne jamais dévoiler ses ruses tant qu'il est devant son auditoire dans l'exercice de son « mandat » de sophiste, précisément. C'est là son tort, et c'est aussi, d'ailleurs, la seule chose qui ne soit pas manifeste chez celui-ci : sa raison profonde de faire ce qu'il fait et de dire ce qu'il dit, *tel* qu'il le dit et pas autrement. Mais pourquoi agit-il ainsi,

1. Le lecteur aura compris qu'il s'agit toujours du *Sophiste*.

cachant la seule chose qui pourrait le sauver une fois rendue à la lumière, c'est-à-dire en dissimulant *sa* « vérité », qui est celle d'un « acteur » de la connaissance, et sa raison profonde – à savoir que son agissement n'est en quelque sorte que par défaut ? N'a-t-il pas la conscience de son rôle d'entremetteur, de sa place d'intermédiaire qui devrait l'aider à s'effacer aux yeux de son auditoire à mesure qu'il se découvre, au lieu de s'imposer et de cacher ainsi son véritable jeu de rôle ? Ou a-t-il à sa disposition d'autres moyens d'entremetteur, plus honnêtes, qu'il hésite à mettre en œuvre ? Ou bien est-il piégé par sa propre « grandeur », ainsi que par ses propres illusions d'un savoir universel, illusions si bien tissées qu'à la fin il devient lui-même, comme les compagnons d'Ulysse, ou comme Narcisse, leur victime ? Ou sait-il, soupçonne-t-il alors, que son chemin est le seul ouvert à la multitude, et que le « faux-semblant », le caractère feint de ses paroles qui sonnent vides aux oreilles de l'expert en réfutations et en science universelle des choses, mais qui donnent quelque chose à voir aux « autres », constitue peut-être une forme de voie *par défaut*, une *via negationis* des « simples », des « pauvres d'esprit », à l'écart de la voie réservée aux « athlètes » de l'esprit. À ceci l'on peut rétorquer vite que le mensonge a toujours bonne mine et mille raisons d'être mis à la place des choses vraies, ou que les illusions, les figures schématiques et les ruses multicolores gagnent toujours le cœur d'un auditoire, alors que le « vrai », tranché comme le jour de la nuit par rapport au « faux », a toutes les chances d'éloigner les esprits « jeunes », les Grecs en l'occurrence, épris de jeux, de spectacles, de joutes oratoires et de performances sportives sur la place publique ou dans les lieux appropriés.

Entre le « vrai » et le « faux » philosophe il y aurait donc, selon le *Sophiste*, l'opposition entre manifester ou ne pas manifester sa présence, son engagement et son savoir, dire tout en parlant (vrai ou faux) ou taire et montrer (*se* montrer, du même coup), indiquer, décrypter et éclaircir le sens des mots, ou encore voiler la nudité sémantique des paroles en les rehaussant de références visuelles comme on rehaussait autrefois de couleurs une gravure, pour mieux faire saisir ce qui ne passe pas tout droit à travers les traits des signes comme à travers le sens précis de chaque mot seul. Mais en vérité il ne s'agit pas d'une opposition entre les deux voies : universaliste et particulière – cette dernière cherchant l'identité immaîtrisable et inutile de l'accidentel. Ce que l'un (le « vrai » philosophe, disons Socrate, aux yeux de Platon) effectue sur le plan de la mise en scène de sa propre personne, en attestant en outre de la vérité de son message par le témoignage de son existence individuelle, l'autre (le sophiste, disons un Gorgias ou un Lysias) l'effectue sur le plan de l'enseignement, par la mise en scène de son savoir brillant mais déconnecté, en quelque sorte, des principes, et autosuffisant. En effet, l'articulation des différents jeux d'apparences et de moyens de transmission est ici rendue à tel point structurelle qu'il devient vite impossible de départager les rôles. Le trop-plein de l'un tourne à l'aveuglement de l'auditoire, alors que la pauvreté de signes de l'autre instaure un vide de signification à la place de l'universel recherché. À partir de là le dialogue semble s'empêtrer pour un bon moment, en prenant l'exemple le plus difficile qui soit pour illustrer les moyens du sophiste, à savoir les apories du non-être : miroitements à l'infini, du côté de la tromperie du sophiste, manipulateur des images et plus largement de toutes les expériences mises à disposition par le monde sensible, pour lequel le « néant » n'est qu'un rien « relatif à… » ; opacité massive de l'*ineffable*, de l'*inexprimable*, de l'*imprononçable*, de l'*impensable*[1], du côté du philosophe « vrai », acculé par la négation aux seuls moyens du logos et jouant de ses limites pour trouver l'argument d'une négation absolue comme seul accès aux principes.

Or c'est ici que l'image est appelée pour venir en aide au raisonnement. L'image, en effet, ne se laisse pas évacuer du champ du langage tant que celui-ci reste dans le périmètre d'une « philosophie de l'être », tant qu'il cherche, en d'autres termes, à définir une « ontologie fondamentale » par les moyens propres du logos. Avec son jeu de clarté et d'ambiguïté à la fois, avec ces facéties qui exaspèrent l'esprit en révélant en lui, comme une limite, son irrésistible attrait à l'égard du sensible en même temps que son incapacité à choisir entre rejet de l'apparence et usage licite du visible, retrait par prudence et recours qui assume les dangers, l'image prend à contre-pied le langage et tente de répondre aux apories en faisant fi des barrières logiques. C'est d'ailleurs sur une contradiction de termes que bute la démonstration de l'Étranger dès qu'il essaie de définir la nature de la « production fictive » imputée au sophiste. Les partenaires de la joute verbale se servent néanmoins à profusion de l'argument de l'image : tantôt en la mettant en cause, tantôt, sous couvert d'incrimination, prenant parti pour son usage philosophique, comme si, mieux que des artisans producteurs d'objets, tous les philosophes pouvaient en parlant reproduire par des simulacres linguistiques la réalité des choses, dès lors qu'ils affirment, à l'instar des sophistes, que les choses ne peuvent être définies dans l'identité de leur réalité d'*étants vrais* ou

1. Ce sont les termes mêmes utilisés par l'Étranger dans le *Sophiste* (ἄφθεγκτα, ἄρρητα, ἄλογα, ἀδιανόητα, 241a) pour désigner l'incapacité du discours à se constituer comme vrai ou faux lorsqu'il aborde l'opposition « être/non-être ». Nous y reviendrons.

d'*existants* que par des *ficta*, par des simulacres mi-parole mi-image, par des vraisemblances de leur réalité ontologique, intangible et inconnaissable autrement. À la lumière d'un tel discours le recours à des faux-semblants, à des analogies, à des métaphores et même à des surprenantes dissemblances, paraît inévitable; mais ce recours fait endosser à l'image le mauvais rôle.

Finalement, ce serait en tant qu'expédient d'une résolution stratégique (et peut-être d'un ultime espoir à l'égard du langage) qu'interviennent les images dans le discours philosophique du *sophiste* : ce pis-aller des dessins ou des reflets dans un miroir, cette protection de l'aveuglement par le détour de la vue directe en un miroitement de l'objet dans un autre support que son support naturel, comme dans le cas de l'éclipse que l'on saisit mieux dans l'eau que sur le bleu du ciel[1], ou comme dans le cas de la « capture » du regard dans le reflet d'un bouclier qui assure la liberté de l'acte, emporte la victoire sur la fascination mortifère, et consacre pour la mémoire l'exploit de Persée sur la Gorgone, la déesse imparfaite. Il s'agit, en un mot, de prendre en compte la « scénographie » spécifique, nécessaire au discours en tant qu'acte philosophique tout autant qu'elle est nécessaire à la mise en scène de l'écriture théâtrale – un support pour les apparences *eikoniques* (ressemblantes à des réalités sensibles) ou pour des projections *phantasques* (des pures *phantasmata*, *i.e.* des représentations mentales). C'est bien la manière dont le sophiste expose, projetées sur l'écran menu de sa propre présence mise en scène pour les besoins de la profession, ses opinions à la place d'une « vraie science » qui semble lui faire défaut, ou qui, tout simplement, ne l'intéresse pas pour ce qu'elle serait en elle-même, séparée de la vie active de ses concitoyens. Seulement, cette scénographie qui transforme l'ordre des grandeurs et renverse les points de vue, est si complexe souvent, et si attrayante parfois, qu'elle finit par prendre toute la place dans la pensée et occulter finalement l'acte autant que l'objet de la recherche. Appelée à la rescousse du logos, l'image dénonce cette mise en scène du discours et aide en même temps à la ré-adhésion de l'acte au plan sensible dont la pensée l'avait séparée. Une seule condition et toutefois nécessaire : définir l'image pour qu'elle ne fascine pas davantage et qu'elle ne déclenche donc pas un nouveau cycle d'écarts, d'errances et de retours.

1. *Phédon*, 99d.

L'ETRANGER : UN DIEU OU UN PHILOSOPHE ?

Ainsi, au tout début du dialogue (*Sophiste*, 216a-b), l'image s'insinue, discrète pour l'instant, mais combien perverse dans cette discrétion qui, aux yeux de Socrate, rend d'ores et déjà ambiguë la présence d'une certaine visibilité « anodine » dans la rencontre avec un étranger dont les apparences ne peuvent pas, par définition, dévoiler l'identité. Mais l'image en tout cas n'est pas, pour l'instant, nommée comme telle. Elle ne l'est, en effet, qu'aussitôt que la distinction des genres est introduite dans le débat préliminaire à la suite du doute inaugural formulé par Socrate. L'image apparaît alors dans l'ambiguïté entre un dieu et un homme divin (*i.e.* un philosophe), à travers l'opposition entre πλαστῶς et ὄντως, opposition entre « apparence » et « réalité » qui surgit dès que le dialogue « descend » dans la langue, dès qu'il pénètre dans les catégories nécessaires pour que le langage puisse servir à la connaissance et à l'entendement là où une rencontre immanente risque de porter à confusion[1]. Cette opposition, apparence-réalité, déclinée du côté de l'évidence sensible sous plusieurs noms, reviendra inlassablement dans le texte. L'image s'invite au dialogue à travers cette fente-là, en se glissant, furtivement, sur la crête du visible et du connaissable, du *vu* et du *pensé* – une frontière qui devrait *a priori* séparer net un homme d'un dieu aux regards des êtres sensés. L'image n'apparaît donc pas avec la rencontre directe entre les personnages du texte, mais surgit aussitôt que le nœud problématique du dialogue est dévoilé aux lecteurs[2].

1. *Soph.* 216c : οἱ μὴ πλαστῶς ἀλλ' ὄντως φιλόσοφοι (« ceux-là qui ont non point façon, mais réalité de philosophes »).

2. L'idée de considérer le début du dialogue, avec sa mise en scène et les personnages, comme partie intégrante du texte philosophique et comme une illustration des théories qui y seront développées, est une vieille idée d'école platonicienne, un *topos* en tous cas de l'enseignement à l'Académie. Nous la trouvons suggérée chez Diogène Laërce dans les propos sur la forme littéraire et sur la classification par genres des dialogues (III, 48-52, *Vies et doctrines des philosophes illustres*, trad. fr. M.-O. Goulet-Cazé (dir.), Paris, Pochotèque, 1999, p. 426-428) ; mais cette idée est bien plus clairement exposée dans les *Prolégomènes à la philosophie de Platon*, chap. VIII, 20, 1-22, *op. cit.* : « Maintenant il nous faut rechercher [...] comment est mis en scène l'entretien des personnages dans le dialogue. Il faut donc savoir que Platon amène l'entretien (1) ou bien au moyen des personnages eux-mêmes [...] (2) ou bien au moyen d'intermédiaires qui ont entendu les personnages discuter [...] (3) ou bien au moyen de gens qui ont été instruits par les auditeurs de Socrate (4) ou bien au moyen d'autres gens qui ont été instruits par des auditeurs de seconde main. [...] Et en cela encore Platon imite évidemment l'ordre des êtres (τῶν ὄντων τάξιν μιμούμενος φαίνεται). Celui-ci en effet ne procède pas au-delà du troisième degré, puisque tous les êtres sans exception sont saisis ou bien par l'intellect (νοητά) ou bien par le discursus (διανοητά) (ce sont des images des intelligibles

Amené à la « sage réunion » par Théodore, l'Étranger d'Élée se fait appeler « dieu » par Socrate (οὐ ξένον ἀλλά τινα θεὸν), mais *indirectement*. C'est un dieu, mais dans le miroir d'Homère (κατὰ τὸν Ὁμήρου λόγον λέληθας), lire : selon le procédé de révélation et de dissemblance introduit par le langage littéraire (par Homère, en l'occurrence) lorsqu'il dit que des dieux accompagnent les êtres qui respectent la justice, mais des *dieux déguisés*, des *étrangers*, ou encore, des *dieux inconnus*, les *dieux des étrangers*[1], bref, de parfaits *inconnus*. La référence au poème homérique, même si elle n'est pas littérale, sert, comme très souvent dans les dialogues de Platon, de point d'articulation, de bascule opératoire pour désigner les procédés à venir sur le plan littéraire, ainsi que les éventuelles clefs herméneutiques du texte. Que se passe-t-il en fait ? Un inconnu arrive : c'est un hôte, un étranger, quelqu'un dont on ne sait rien dans la Cité, sauf qu'il est originaire d'Élée, qu'il fait partie de l'« école » de Parménide et de Zénon, et qu'il est, ou plutôt devrait être – car il n'y a justement aucune évidence de l'identité, et donc aucune certitude indépendante de l'origine –, un vrai philosophe (μάλα δὲ ἄνδρα φιλόσοφον). Pourtant, cela ne suffit pas à Socrate. Les lois de l'hospitalité veulent qu'on le traite avec toute la

– εἰκόνες εἰσὶν τῶν νοητῶν) ou bien par la sensation (αἰσθητά) (ce sont des images des objets du discursus – εἰκόνες εἰσὶν τῶν διανοητῶν), ou bien sont des images des sensibles (comme les œuvres des peintres – εἰκόνες εἰσὶν τῶν αἰσθητῶν … οἷαι εἰσιν αἱ ὑπὸ τῶν γραφέων γινόμεναι). Et il n'y a rien au-delà, de sorte que nous avons, là encore, quatre [plans]. Les personnages correspondent (ἀναλογεῖ) aux intelligibles ; aux objets du discursus correspondent les auditeurs des personnages, car les auditeurs sont, pour ainsi dire, les images des personnages (εἰκόνες εἰσὶν τῶν προσώπων), tout comme les objets du discursus sont les images des intelligibles ; aux sensibles, enfin, correspondent les auditeurs d'auditeurs ». Outre le schéma analogique qui rappelle les étapes de la théorie de la connaissance telles qu'elles sont exposées dans le livre VI de la *République* grâce à l'exemple de la ligne divisée, outre la dérivation spécifiquement néoplatonicienne, tardive, d'une procession à partir de la distinction dialectique, nous retiendrons de ce passage « scolaire », une attention particulière accordée au choix du lieu du débat philosophique et à la disposition scénographique qui est récurrente chez Platon, même si elle ne présente pas toujours un agencement aussi élaboré que dans certains dialogues. Nous reviendrons dans un autre travail, consacré au début du *Phèdre*, sur les significations de ces scénographies platoniciennes du lieu où la pensée s'expose.

1. Voir la note de N. Cordero, dans la traduction du dialogue, *op. cit.*, p. 213, n. 8, où est citée la référence aux texte de l'*Odyssée* (XVII, 484-487 : « … si jamais c'était un dieu du ciel…/Car les dieux, sous l'aspect d'un homme d'autres lieux,/prenant toutes les formes, font parfois le tour des villes/pour sonder la violence ou la vertu des hommes », trad. fr. Ph. Jaccottet, Paris, La Découverte, 2000[2], p. 287, et non celle citée par Cordero). Voir aussi, pour les mêmes références homériques, mais en rapport avec un fragment du poème de Parménide, B. Cassin, *Sur la nature ou sur l'étant. La langue de l'être ?*, *op. cit.*, « Glossaire », p. 186-187.

déférence requise : ce serait, par conséquent, un « dieu », du moins traitons-le ainsi.

L'ambiguïté de la situation glisse aussitôt son grain d'ironie : un « vrai » dieu serait-il aussi visiblement disposé à venir dialoguer avec les philosophes de la Cité, ou s'agit-il plutôt d'un « faux » dieu, d'une sorte de « maître » errant, un séducteur de passage, dangereux en puissance – quelqu'un capable de se présenter pour ce qu'il n'est pas, à même de soulever en outre l'enthousiasme, mais qui pour l'heure se cache, de fait, derrière ce masque ou sous ce casque d'étranger en visite pour une raison qui reste à déchiffrer ? Faut-il, autrement dit, se fier aux apparences et croire d'emblée que ce que l'on voit et entend nous livre ce qui est réellement, ou rester sur ses gardes et formuler des doutes, en étant persuadé que l'être recèle son essence et sa totalité, et qu'il ne présente en réalité que la modalité qui lui est propre pour se manifester ? Faut-il, par exemple, chercher dans l'expérience du monde sensible les signes d'une possibilité honnête d'accéder à l'invisible en soi d'un « incorporel » (dieu, *daimon*, esprit), ou vaut-il mieux douter de l'expérience au départ et se laisser convaincre par une démonstration comme si on assistait au dévoilement progressif de l'identité vraie, telle qu'elle pourrait se révéler à condition de suivre jusqu'au bout le récit des actes et aller au terme de son cheminement ? Aussi le Poète, Homère en l'occurrence, est-il cité pour dénoncer ce double jeu qui consiste à faire voir ce qui ne peut pas être réellement, ni *a fortiori* être vu (comme un dieu pleinement dieu dans un homme pleinement homme, par exemple), et à dénoncer en même temps le lieu d'une supercherie possible si on ne croyait pas ses yeux mais se fiait à ce que déclarent à cet égard, au premier degré, les mots, puisque c'est bien eux qui font voir au demeurant ce qui n'est pas. Or Athéné, la déesse aux yeux pers, dit bien au fils de Tydée, Diomède, qui, transpercé par une flèche, veut retourner sur le champ de bataille, qu'elle lui donne la force des membres et met la fougue dans sa poitrine pour lui permettre de lutter encore, mais qu'elle écarte aussi de ses yeux le nuage qui jusque là les recouvrait, afin qu'il sache désormais distinguer un dieu d'un homme (ἀχλὺν δ' αὖ τοι ἀπ' ὀφθαλμῶν ἕλον, ἣ πρὶν ἐπῆεν/ὄφρ' εὖ γινώσκοις ἠμὲν θεὸν ἠδὲ καὶ ἄνδρα·), car peine perdue serait de combattre contre un dieu alors qu'il faut dans la hâte se venger de l'homme qui l'a blessé[1].

1. *Iliade*, V, 120-130 (127-128 pour les vers cités : « J'écarte aussi de tes yeux le nuage qui jusqu'ici les recouvrait. Tu sauras de la sorte distinguer un dieu d'un homme »), éd. et trad. fr. P. Mazon, Paris, Les Belles Lettres, 1949. La question inaugurale du *Sophiste* sur la distinction entre un homme et un dieu, question par laquelle Socrate entre dans la scène du dialogue pour se retirer aussitôt et laisser parler l'Étranger et Théétète, pourrait faire allusion

Si un dieu le veut, les yeux peuvent alors distinguer l'indiscernable. Mais si un dieu ne le veut pas expressément, et si l'homme n'est pas acculé par malheur au seuil de sa vie, il vaut mieux douter et chercher par les mots un signe, une image ou un autre moyen d'éclairer l'identité de celui qui apparaît ou de ce qui vient à la rencontre du regard. Le langage, bien utilisé, devrait pouvoir servir aussi à cela. Disons, dans ce cas précis, que ce « dieu » n'est peut-être qu'un « être divin ». Socrate engage ainsi avec Théodore un premier jeu verbal sur θεὸς-θεῖος. Ce « genre moyen », mi-dieu mi-humain, n'est certes guère plus facile à voir ou à discerner (διακρίνειν), mais a du moins l'allure d'une possibilité ouverte à la discussion, alors qu'un philosophe pleinement philosophe, surtout s'il provient vraiment de l'entourage de Parménide, ne devrait être pour Platon qu'un homme : un homme *sage* le cas échéant, mais certainement pas un dieu ; un homme en tout cas facile à repérer comme tel et à qualifier de la sorte. On peut par la suite, si l'on y tient, le qualifier d'homme *divin*, parce qu'il a, en tant que philosophe, la connaissance des choses intelligibles et la capacité d'accéder aux principes[1]. Cela devrait être indubitablement ainsi, même si aucun fait ou acte ne valide d'emblée cette compréhension. Mais l'identité véritable de l'homme qui arrive à l'assemblée ne se révèle ni par ce qui se voit en plein jour ni par ce qu'affirme celui qui l'amène, Théodore, avec l'air serein et confiant de celui qui sait de qui et de quoi il est question (« c'est un philosophe qui connaît la mesure plus que les disciples de l'art de la controverse »[2]). Un chose demeure certaine : sur son identité véritable on n'en saura guère plus, même lorsque l'« étranger » se mettra lui-même à parler pour répondre à la question de Socrate. La réponse ne portera d'ailleurs pas sur lui, sur son identité, mais sur la manière dont il est

aussi à ce passage de l'*Iliade* et non seulement au passage de l'*Odyssée* évoqué par A. Diès et N. Cordero (voir *supra*, p. 112, note).

1. Rappelons-nous dans le même registre (que l'on peut sans erreur qualifier ici d'ironie socratique), la fin de *Ion* (542b) où le poète est appelé « être divin et non connaisseur dans l'art de l'éloge d'Homère » (θεῖον εἶναι καὶ μὴ τεχνικὸν περὶ Ὁμήρου ἐπαινέτην). Or cet « être divin », *interprète de l'interprète des Muses* (ἑρμηνέων ἑρμηνῆς, 535a), est divin par médiation, ayant ainsi un lien avec les dieux, alors que la *tekhnè* du poète lui manque autant que les *tekhnai* de production ou les *tekhnai* de la gouvernance manquent au sophiste qui en parle. Le sophiste n'est pas nommé explicitement dans ce dialogue, mais l'allusion nous semble transparente. Ici le sophiste, dans l'ombre de Ion, s'oppose au poète qui est « inspiré » (Homère, Hésiode, Archiloque etc.), comme dans la *République* il s'oppose au politicien qui a l'art de la gouvernance, et dans le *Sophiste* il s'oppose au philosophe, « divin » lui aussi, parce qu'il a la connaissance des principes divins qui président à la connaissance du monde immanent.

2. *Soph.*, 216b.

possible (ou non) de connaître l'identité de quelqu'un, actuel et présent, dans sa singularité et son unicité d'individu.

Le point de départ propose ainsi une alternative : celui qui sait ne parle pas, tandis que celui qui parle, et qui mène jusqu'au bout le jeu du dialogue, cherche à définir une identité qu'il ne peut pas définir dès lors que cette identité est (ou pourrait être) la sienne, donc en acte tant qu'il est encore en vie. Pour l'auteur du dialogue c'est Homère qui saurait mieux que personne comment s'y prendre devant un « nœud » pareil. Le génie de ce dernier est bien ici invoqué pour cette raison. Car lorsqu'il y a *apparition*, disons quand une figure inconnue ou un être inclassable par avance apparaît dans les parages, la parole, non toute parole, non la parole du dialogue, par exemple, mais celle de la réflexion, celle qui épouse et traduit au plus près la pensée, la langue d'une sorte de « dialectique naturelle » en l'occurrence, se met aussitôt en crise : elle cherche et, bien sûr, ne trouve pas d'emblée une formulation réellement adéquate ni une définition juste de ce qui apparaît. – Le philosophe, hélas, n'a pas de Muse pour prendre la relève. Il n'a, pour le mieux, qu'un *daimon* pour l'arrêter. – Aussi l'esprit (*noûs*), confronté d'une part à la vision, d'autre part aux limites de l'expression, cherche-t-il alors ce que cette apparition soudaine cache sous ses oripeaux visibles. Il cherche, en d'autres termes, ce qu'elle n'est pas, ce que la vision d'une chose dissimule, ou pourrait dissimuler, cherche dans le non-être de l'apparence ce que la chose signifie en se montrant. Pour la langue toute apparition engendre en effet un écart, et réclame conséquemment une compréhension au second degré. La pensée cherche donc à distinguer des complémentaires ou des opposés là où il n'y a peut-être rien à trouver, là où il peut n'y avoir que des *eidola* et des *phantasmata* projetés par le langage lui-même, par ses sonorités bien rythmées et par des figures choisies avec l'art qui convient. Or Homère, père d'Ulysse, sait, lui, comment agir quand quelque chose lui apparaît : il répond par le même moyen, et, au lieu de chercher comment montrer directement, fait plutôt apparaître à autrui quelque chose de son propre cru, une *image* qui n'a d'être qu'à travers ses propres mots mais qui engendre cependant une visibilité, met donc en place l'accès adéquat à la réception.

Le trouble semé par les apparences dans la langue et dans la pensée, trouble d'un décalage entre la voix et le rendu-visible, trouble qui, il va de soi, ne devrait pas concerner le domaine des « vrais » philosophes, constitue en revanche le domaine et le pouvoir des poètes. Il fait aussi, plus largement, le prestige des « autorités » (*auctoritates*...), ceux dont le « dit » est devenu une « référence », un repère stable au-delà de son contenu, à la manière dont les actes du passé apparaissent comme immuables aux yeux de la multitude et leur témoignage vaut pour des récits mythologiques (en l'occurrence, pour l'expression des « vérités » théologiques). Ce trouble entre le dit et ce qui apparaît d'un coup à travers la langue constitue, de surcroît, le moyen préférentiel de ceux qui cherchent à obtenir par le maniement du verbe le pouvoir sur un auditoire : un pouvoir de conteur, de rhéteur ou de chef politique, par exemple. Il constitue, en somme, le moyen de ceux qui mettent en évidence leur « sagesse » et leur « art », de ceux qui savent choisir et agencer des paroles ensorcelantes – ces « ruses » attribuées le plus souvent aux poètes, lesquels engendrent des phantasmes et des sons redondants, ou presque (θεὸς-θεῖος, et il y en aura bien d'autres), et des mots bâtards; bâtards, car ils font voir tout en s'adressant à l'ouïe, en portant donc à l'entendement des figures visibles indiquées à travers les sons : des mots qui s'extériorisent, font signe, bougent, clignent de l'œil, vivent et meurent, bref, des figures et des formes conçues à l'adresse de ceux qui ne se satisfont pas de prendre les discours pour de simples enchaînements de démonstrations recomposables à souhait à partir de traits ou de sons considérés comme « universels », « anonymes » et « transparents » comme des signes et des concepts.

Socrate insiste d'ailleurs, en retardant le début du vrai dialogue, sur le jeu des apparences dans lequel il est difficile de discerner ce qui définit la « réalité du vrai existant » (ὤν) de ce qui, à proprement parler, n'*est* tout simplement *pas*, c'est-à-dire de la « non-réalité d'une contrefaçon » (πλαστός), surtout à l'égard d'un philosophe, d'un sophiste ou d'un politicien : difficile de distinguer donc ὄντως de πλαστῶς [φιλόσοφοι], ce dernier terme (si bien rendu par « plàsmuire » en roumain) désignant apparence façonnée, silhouette modelée, figure feinte, irréelle, voire fantôme. Pour Socrate, la distinction entre ce qui *est réellement* et ce qui n'est qu'à la faveur du fait qu'*il* (nous) *apparaît* – sans que ce dernier soit réellement quelque chose parce que précisément il apparaît – serait une distinction comparable par sa difficulté avec celle qui consiste à définir le « genre divin » (τὸ τοῦ θεοῦ) en opposition avec ce qui serait un genre « autre » ou « différent ». Mais s'agit-il, dans cette ellipse du texte, du genre humain comme opposé au genre divin, ou bien d'un simulacre du divin opposé ici à un *vrai* dieu ? Cette distinction serait en outre ardue à établir non en raison de la trop fidèle imitation de l'un à l'égard de l'autre, ou bien en raison d'un régime identique de visibilité entre le réel et son simulacre apparaissant, mais parce qu'une trop grande diversité de réceptions des différentes manifestations, qui sont autant de projections ou de représentations, viendrait brouiller la compréhension de ce « réel » ou de cet « existant » dans ce qui constitue son *apparence spectaculaire*, son apparence (πλαστῶς) qui se laisse voir afin d'être saisie par tous[1].

À ce jeu troublant des apparences, Socrate oppose, en ayant l'air de vouloir passer outre, son désir de connaître l'identité (le τὶ, la *quiddité*) et le nom (ὄνομα) de ce philosophe-sophiste-politique, fût-il un étranger ou un dieu (τί ταῦθ' οἱ περὶ τὸν ἐκεῖ τόπον ἡγοῦντο καὶ ὠνόμαζον)[2]. Il ne s'agit donc pas de n'importe quelle identité, ni même, obligatoirement, de la « vraie », mais seulement de celle accordée au philosophe, sophiste ou politicien par les personnes originaires du même endroit, ainsi que de son nom, celui même par lequel notre homme, philosophe, sophiste ou politicien se fait encore appeler *chez lui*, par les gens de son « pays ».

Voici donc des questions prêtes à ouvrir le débat. Mais comment, en un si bref délai, Socrate en vient-il à soupçonner une « contrefaçon » dans l'advenue même de l'Étranger, et à jeter ainsi la balle enflammée de son doute dans le jeu ? Saurait-il, lui, par avance, quelque chose qui concernerait cet inconnu et que les autres personnages présents à la réunion ignorent ? Quelque chose qui, peut-être, concernerait aussi Socrate lui-même, ou que Socrate produit lui-même et insinue comme supposition pour semer à dessein la confusion ? Deux indices – que Platon nous fournit subrepticement dans ce début du texte – ont suffi pour générer la provocation qui sert d'alibi et de tremplin au dialogue. D'une part, l'« étrangeté » de l'Étranger d'Élée, condition potentiellement dangereuse dans la mesure où elle ne permet pas de savoir quelque chose de sûr à son propos, comme, par exemple, ce que pensent les « siens » à son égard. Cette condition révèle par ailleurs, en creux, que le simple fait de rencontrer un homme inconnu, disons un *étranger*, de le voir ou de l'écouter, ne nous donne aucune garantie concernant son identité réelle et aucune certitude quant à la véracité de son discours[3] ; que pour un Grec de la Cité il n'y a donc derrière cette présence « nouvelle » aucune autorité pour le couvrir ou au contraire protéger la Cité

1. Voir le passage 216c-d.

2. *Ibid.*, 217a. Le même scénario a lieu au début du *Gorgias*, lorsque Socrate demande à Polos de lui fournir non les qualités de la technique du rhéteur, mais bien le *quid* (τις) de celui-ci et le nom (ὄνομα) par lequel il convient d'appeler Gorgias (448e).

3. Pour une analyse très fine, à la fois philosophique et anthropologique, de la condition de l'étranger dans la pensée platonicienne, voir l'étude de H. Joly, « Platon et la question des étrangers », dans *Études platoniciennes. La question des étrangers*, Paris, Vrin, 1992, p. 11-95. L'auteur considère que l'étranger anonyme du *Sophiste* est un substitut manifeste de Socrate et que la condition d'étrangeté de ce personnage central du dialogue sur l'être constitue une manière de désigner l'altérité « comme condition générique à toute pensée et à tout discours vrai ou faux », autrement dit, une manière de montrer à l'œuvre « qu'il n'est pas possible de penser le Même sans l'Autre », *op. cit.*, p. 13.

d'une éventuelle nuisance, d'un mensonge, d'un cheval de Troie par exemple, qui troublerait l'accès à la condition de « vérité » ; que l'inconnu peut donc se présenter comme « blanc » ou comme « noir » à sa guise, et que l'on est réduit à le prendre au mot, n'ayant aucune référence à son égard permettant une distance et un jugement critique ; qu'il est donc, en un mot, *libre* d'agir à l'égard de son identité comme à l'égard de ce qu'il profère[1], sans que la réflexion sur sa pure et simple altérité puisse suffire à la Cité pour le situer d'emblée dans une catégorie aussi ouverte que sûre (et évidente) pour la pensée. Apparaît, d'autre part, le soupçon (l'attente ou l'espoir ?) qu'un dieu puisse néanmoins se cacher sous le masque de cet étranger. Platon poserait ainsi, en d'autres termes, l'alternative d'une situation qui serait exactement celle requise pour qu'un dieu s'approche à l'insu de tout le monde et mette à l'épreuve les « meilleurs » parmi les hommes. Et si c'était effectivement un dieu, cet étranger, une apparition du ciel invisible ? Et si c'était effectivement un dieu, alors que rien n'en témoigne au demeurant, autant se laisser ne serait-ce que rhétoriquement une porte de secours, avant de mettre en doute par la dialectique toute possibilité qu'un dieu puisse se cacher derrière la présence d'un réfutateur, fût-il divin ou seulement éléate, et avant en tout cas de risquer une offense au ciel pour avoir douté de cette possibilité et mis à la place d'un vrai dieu un homme, ou encore un piètre simulacre, un acteur de foire ou une statue animée, un automate ou une idole. Une sorte de négation de la connaissance de toute vérité ou réalité immanente est d'ores et déjà à l'œuvre, frayant son chemin dans les esprits avant même que le dialogue ne se soit engagé sur les versants opposés de l'être et du non-être.

LA CHASSE A L'IMAGE, SOPHISTE CONTRE SOPHISTE

La chasse peut désormais commencer. On désigne par le terme de « chasse » ce qui serait ici plutôt le procès par contumace du sophiste,

1. Poussé à ses ultimes conséquences, le rapide raisonnement de Socrate désignerait une inversion des « pouvoirs » entre l'étranger et ceux qui l'accueillent. En d'autres termes, cette « liberté » apparente de l'étranger implique nécessairement la perte de liberté de celui qui le reçoit et l'écoute, car ce dernier ne peut agir que selon ce que dit ou montre l'étranger, sans aucun autre critère extrinsèque de jugement. Mais insister sur ces considérations nous éloignerait du chemin que nous nous sommes proposé ici, au plus près de la lettre du texte platonicien. Voir à ce sujet les analyses d'Henry Joly sur l'ambiguïté du statut de l'étranger dans ce dialogue, *op. cit.*

procès prenant la chasse comme modèle structurel du genre[1]. Il s'agit de « traquer » un être que tout le monde connaît, ou pense connaître, mais qui reste néanmoins indéterminable, voire impossible à définir autrement que par ses effets ou ses traces. Aussi serait-ce – le sophiste par rapport au philosophe et au politique – un être qui se dérobe sous les arcanes d'un « métier » qui n'en est pas un, ou plutôt quelqu'un qui n'exerce pas un métier utile à la Cité, mais bien le contraire, un métier inutile et dangereux. Qui plus est, le sophiste n'est peut-être même pas un homme véritable avec lequel on peut envisager un dialogue, mais un être polytrope, d'emblée différent par nature de tous les autres hommes. Bref, c'est un être dont « la chasse », choisie comme modalité théorique de le définir, signale d'emblée la différence, peut-être même la dangerosité virtuelle, outre le caractère foncièrement indéterminable de l'être comme tel.

Véritable « bête noire » pour ceux qui sont censés le définir, le sophiste, trompeur des jeunes disciples et plus largement des gens honnêtes de la Cité désireux de s'instruire, auxquels il livrerait des « opinions » à la place d'un « vrai savoir », le sophiste donc ne se défend pas ici lui-même, car il n'est pas « acteur » mais seulement « sujet » du dialogue. La méfiance à l'égard de toute confusion serait-elle à ce point nécessaire dans ce contexte, que Platon s'est interdit toute parole directe ou citée d'un sophiste ? Pourtant il avait déjà mis en scène ailleurs des *paroles de sophiste*, en inventant et en intégrant des « discours » du genre à son propre texte (*Gorgias*, *Euthydème*, *Protagoras*, *Phèdre*). Ou alors le but serait-il ici tout simplement différent ? L'animal chassé n'est-il pas caché sous l'identité non-révélée du chasseur lui-même, l'Étranger ? Quoi qu'il en soit, le sophiste, *absent* du dialogue, est néanmoins *présent* en tant que sujet de la discussion. Il demeure donc le support invisible de l'entretien, alors que la raison de la rencontre autour de Socrate semblait avoir été une autre au départ. En outre, le sophiste, qui ne parle pas de lui-même puisqu'il n'est pas censé être du jeu, fait parler sur son compte deux protagonistes, qui tantôt lui prêtent leurs voix et tantôt sont obligés de se définir eux-mêmes par contraste, pour se défendre de toute confusion possible et de toute ressemblance accidentelle, le cas échéant. Pour attraper leur « proie » les deux « chasseurs » brossent alors, trait sur trait, le portrait-robot du sophiste. Ils engendrent ainsi une créature

1. Le sophiste est ici le « chasseur » chassé. Il est en effet qualifié plus loin comme « chasseur » (*Soph.*, 231d), un « chasseur intéressé de jeunes gens riches » ; en même temps la recherche d'une définition du sophiste est elle-même qualifiée à plusieurs reprises de « chasse ». La philosophie, en particulier celle au sujet de l'être, comme *ars venandi* ? Nous reviendrons dans le chapitre récapitulatif final sur cette « forme » donnée au dialogue sous le signe de la chasse.

à la fois réelle et conceptuelle, vraie et possible, espiègle et phantasmatique, bref un véritable « être de paroles » tantôt en décalage flagrant tantôt en surimpression par rapport au philosophe qu'un supposé sophiste voudrait mimer. À l'aide d'une dissemblance de traits et de moyens entre le sophiste et le « vrai philosophe », le philosophe lui-même se trouve ainsi croqué. Le modèle de ce dernier est, certes, Socrate, mais comme celui-ci ne parle pratiquement pas, le rôle de montrer ce « modèle » revient ici aux partenaires du dialogue, et surtout à l'Étranger d'Élée qui mène, coup sur coup, le dialogue et la chasse.

Par ailleurs, le sophiste, bien qu'invisible, est le seul à ne pas changer de place au cours du dialogue, car il tient sur la scène le rôle constant de l'ennemi ou de l'accusé absent, et donc de l'être qui ne peut pas se défendre lui-même puisqu'il n'est pas présent. Le jeune Théétète doit chercher en effet les raisons pour accuser le sophiste, et l'Étranger devient alors l'avocat de la défense – mais un « avocat du diable », avançant pas à pas argument et contre-argument. Nous n'allons pas suivre ici tout son cheminement, mais nous arrêter seulement à quelques-uns des carrefours où l'Étranger détourne de sa voie Théétète, celui qui parle de fait avec l'Étranger à la place de Socrate [1].

Le sophiste, animal à géométrie variable, bariolé, prenant la forme et les couleurs diverses de son environnement (τὸ ποικίλον εἶναι τοῦτο τὸ θηρίον, 226a), un caméléon dira-t-on, genre extrêmement glissant (ὀλισθηρότατον γὰρ τὸ γένος, 231a), propre à ce qui relève du domaine de la mimêsis et de toutes les sortes de ressemblances, sophiste auquel plusieurs définitions ont déjà été trouvées sans qu'aucune soit parfaite, agit à l'égard de ses « victimes », en l'occurrence à l'égard de son auditoire, par un appel constant aux arts de l'illusion. Autrement dit, il fait, autant de sa présence que de son acte, cause commune avec l'ordre des aspects et de l'apparence. C'est là son jeu, son agissement qui ressemble à un jeu de rets,

1. Il n'est d'ailleurs point innocent, nous semble-t-il, que Théétète invoque au début de son dialogue avec l'Étranger l'aide que pourrait lui fournir par moments Socrate, non pas le Maître mais un *autre Socrate*, homonyme du premier (*Soph.*, 218b) – comme s'il fallait faire encore un clin d'œil au lecteur pour qu'il comprenne le jeu de rôles et de masques, ce jeu d'apparences et de miroirs dans lequel s'inscrit ce texte. Quoi qu'il en soit, cette mise en scène et ce jeu de masques et de postures semble avoir été imposés par le thème abordé dans ce dialogue : le « langage de l'être » (pour paraphraser B. Cassin à propos du poème de Parménide), autrement dit, les avatars du langage à la recherche d'une définition de l'être à la limite, et comme en regard, de la parole et de l'image, de l'expression et de la visibilité essentielle visée dans la recherche de l'identité. Aucun chemin droit ne peut en effet relier la vocation universelle de la langue et l'expression singulière du sensible, qui frappe la vue de plein fouet mais ne trouve pas directement les mots adéquats.

et son domaine de préférence. Essayons donc de définir son art pour espérer l'attraper enfin. À moins que ce ne soit alors l'inverse qui se produise : que nous tombions nous-mêmes dans le piège de cet espiègle artisan des illusions, de ce savant manipulateur de phantasmes par discours et par images interposés.

Évidemment, ce sont les images qui servent en première instance à l'art du sophiste. Mais débusquer l'usage de celles-ci n'est pas une mince affaire, car non seulement il ne suffit pas de stipuler le caractère illicite de leur usage dans le langage d'un philosophe, ni même de nommer en tant que telles les différentes images (leur typologie n'arrive nommément qu'assez tard dans le dialogue), encore faut-il savoir de quoi précisément celles-ci se rendent coupables à l'égard de la bonne ou véritable connaissance des choses, des objets, des êtres. Le sophiste, en effet, selon l'Étranger, tiendrait son prestige de savant devant son auditoire non pas d'un simple maniement du langage de la dialectique (affirmation et réfutation – λέγειν/ ἀντιλέγειν), mais bien de la production (ποιεῖν) et de l'action pratique (δρᾶν) de/sur l'ensemble des choses (συνάπαντα) à travers l'exercice du *logos*. – Eἴ τις φαίη μὴ λέγειν μηδ' ἀντιλέγειν, ἀλλὰ ποιεῖν καὶ δρᾶν μιᾷ τέχνῃ συνάπαντα ἐπίστασθαι πράγματα.[1] – Le sophiste parle à son public, mais, en parlant et en livrant ainsi son « faux » savoir, son « opinion » sur le tout-du-monde, ce n'est pas son langage qui est mis en cause, ni sa capacité de construire un discours selon les règles de l'art, mais sa prétention à pouvoir « produire » objectivement (ποιεῖν καὶ δρᾶν) les choses de ce monde qu'il évoque[2], nomme, montre et semble connaître ainsi, à la fois en bon rhétoricien, maîtrisant le sens exact des mots, et en bon dialecticien, apte à distinguer avec précision les oppositions de contraires entre ce qu'est chaque chose et ce qu'elle n'est pas. Mieux encore, il est capable de distinguer entre ce que *semble* être chaque chose et ce qu'elle *semble* ne pas être. Par conséquent, le fait de savoir *dire* ou *contredire* n'est mis en cause que si, et seulement si, ce savoir prétend ainsi « produire » quelque chose en provenance directe de l'objet du discours, prétend donc détenir une forme de pouvoir sur la chose par parole interposée, et affirme en outre livrer la « vérité » sur l'existence de toute chose

1. « Celui [le sophiste] qui affirmerait qu'il sait, non point dire ni contredire, mais produire et faire, par un art unique, toutes choses absolument… », *Soph.*, 233d.

2. Sur ce vocabulaire platonicien de la production des choses par les mots, voir L. Brisson, « Le discours comme univers et l'univers comme discours. Platon et ses interprètes néo-platoniciens », dans *Le texte et ses représentations*, Paris, Éditions de l'ENS, 1987, p. 121-128 ; il s'agit d'une brève étude lexicale et d'une mise en parallèle conséquente de l'acte du démiurge du *Timée* et de la démiurgie en paroles et images du *Sophiste*.

parce que ce savoir se considère comme un « art » véritable, un « art » qui non seulement s'apprend, mais qui constitue de surcroît une *tekhnè* au même titre que toutes les autres *technai* productrices de la multitude des choses existantes.

C'est donc la juxtaposition entre une *tekhnè* de la parole, cette *tekhnè* unique du sophiste, et la production de choses (*erga*) existantes, voire l'engendrement de vivants (*zôa*), qui soulève une difficulté insurmontable parce qu'elle situe le sophiste en concurrence directe avec l'artisan-démiurge ou avec la *phusis*. Cette difficulté est suggérée aussitôt, quoique timidement, par la question chétive et décentrée de Théétète : πῶς πάντα εἶπες ; « qu'entends-tu par toutes choses ? » (233e). Cependant, la question du jeune disciple ne vise pas le mot juste qui doit être élucidé, car elle déplace l'attention depuis l'acte vers le produit de celui-ci. Nous reviendrons sur la réplique que suscite de la part de l'Étranger la question de Théétète, mais arrêtons-nous un instant sur la nature de la difficulté qui se fait jour à cet endroit : à quoi ce vocabulaire de la production, associé ici à la puissance du logos, pourrait-il bien faire allusion ?

Vérité, réalité, totalité des choses

Pour Platon le terme de « vérité » est réservé en exclusivité à la prédication de l'être, aux possibilités du discours et à l'usage des catégories appropriées ; il n'est pas employé pour définir la « réalité » des choses elles-mêmes en rapport direct avec leur principe d'existence. *Vérité* et *réalité* ne sont donc pas synonymes. Or, selon le paradoxe parménidien, l'être ni ne se dit ni ne se montre (de) lui-même. En d'autres termes, l'être constituerait l'irréductible même par rapport au logos et à toute forme de phénoménalité. Si l'être a une réalité, celle-ci échappe à la fois à la pertinence de l'expression « vraie », purement linguistique (à la nomination conventionnelle), et à la dialectique d'un savoir acquis par une *tekhnè* démonstrative du phénomène. *A fortiori* échappe-t-elle à un philosophe qui réduit l'ontologie à une linéarité d'arguments logiques et qui fait de ce discours son « art ».

La distinction entre *vérité* et *réalité* des choses se fait donc jour au sujet de l'être – sur la crête étroite de la définition de l'être en tant qu'être distinct de l'existant réel, immanent à la perception mais irréductible au langage. Seul l'être peut se dire, et est vrai par conséquent, tandis que la réalité des choses existantes échappe au langage et semble du coup étrangère à la vérité. Nous comprenons, alors, que pour Platon le langage est à la fois *plus* qu'une production d'objets au sens artisanal du terme, et en même temps *moins* qu'une production d'objets réels, procédant d'une réalité existante et constituée à travers un geste « poiétique », factuel. Le langage touche à l'universel des formes, donc dépasse la production d'objets singuliers, mais en même temps il ne peut constituer qu'une réalité mensongère, car, s'il est producteur, voire « performatif » dans ce sens, il n'est toutefois pas le/un déterminant ontologique de ce qu'il produit, n'a pas la valeur du geste fondateur et irréversible d'un démiurge. S'il doit *produire* quelque chose, le discours produit la « vérité » linguistique de l'objet, non l'objet lui-même; mais cette « production » comme telle est mensongère, puisqu'il s'agit de créer par le discours la projection d'une *vérité d'image* à l'égard de toute chose.

C'est donc bien cette *poiêsis* littérale *de toutes les choses* qui, n'ayant d'accès à la « réalité » ou la « vérité existentielle » ni par un rapprochement des Formes en soi, ni par l'exécution pratique d'objets, ni à travers un engendrement réel de l'existant (du vivant), constitue à la fois le prestige et le malheur de notre « homme » : démiurge de la parole, démiurge-sophiste, maître de la situation tant qu'il perce le silence suffisant de l'évidence, tant qu'il arrache les choses à l'oubli quotidien de leurs principes et qu'il manipule charme et violence des apparences en les brossant à autrui, mais finalement piètre menteur sur le plan de la production ou de l'engendrement d'autre chose que d'un ou du sens qu'il accorde aux objets de ses discours. Cette *poiêsis* de choses en paroles plus vraies que réelles reprend ici une définition du discours que Platon avait déjà utilisée dans d'autres dialogues à l'égard du langage des sophistes, voire des philosophes politiciens[1].

Toutefois, bizarrement, cette *tekhnè* « miraculeuse » du sophiste ne surprend pas d'emblée Théétète. Encore une fois, nous n'avons pas affaire à une mise en cause de la dialectique et de la validité logique des arguments, mais à une contestation de la méthode qui, procédant comme la dialectique par affirmations et réfutations, produirait finalement une identification

1. Notons une fois de plus un rapprochement entre le *Sophiste* et la *République*, avec ce passage (472d-473a) où la comparaison entre la production picturale et la production linguistique sert à définir la nature de la vérité à laquelle ont accès ceux qui dessinent ou ceux qui font des discours sur le même sujet, le plus beau modèle d'homme, par exemple. « Est-il possible d'exécuter une chose telle qu'on la décrit (πραχθῆναι ὡς λέγεται)? N'est-il pas dans la nature des choses que l'exécution approche [*litt.* touche] moins du vrai que le discours (ἢ φύσιν ἔχει πρᾶξιν λέξεως ἧττον ἀληθείας ἐφάπτεσθαι)? » (trad. E. Chambry). Cette supériorité de la vérité du discours par rapport à la réalité de la chose deviendra un lieu commun de la sophistique tardive et des *ekphraseis* d'œuvres d'art. On peut également se rappeler la critique platonicienne à l'égard des sophistes sur ce point précis du rapport entre vérité du langage et production des choses dans l'*Euthydème* : « Voyons, quand les orateurs parlent devant le peuple, n'agissent-ils point? – Bien certainement ils agissent, dit-il. – Si donc ils agissent, ils font aussi? – Oui. – Ainsi donc parler, c'est à la fois agir et faire (Τὸ λέγειν ἄρα πράττειν τε καὶ ποιεῖν ἐστιν)? », 284b-c (trad. L. Méridier).

entre *réalité* et *vérité* des choses, autrement dit, une réduction de l'ontologie aux moyens de dévoilement mis en œuvre par une théorie de la connaissance déconnectée de l'objet réel. Or « la puissance surprenante et fascinante de la sophistique (τῆς σοφιστικῆς δυνάμεως θαῦμα) »[1] qui est ici dénoncée, ne vise pas seulement la prétention du « faux » philosophe à accéder à la vérité des choses par un dépassement de la dialectique et de la connaissance par démonstration. Cette puissance vise beaucoup plus loin, nous semble-t-il, que cet effet sophistique bien connu, manifesté comme une clarté aussi soudaine que trompeuse : la science du langage que détient le sophiste accède à la raison des choses et semble ainsi produire à nouveau chaque chose dans l'esprit de ceux qui entendent le discours; mais ce n'est que le *sens*, la *signification* qui est ainsi produite, donc révélée, et non l'identité des choses elles-mêmes dont l'accès n'est ouvert que par une autre voie, une voie que le sophiste a entrevue et qu'il suggère comme possibilité sans s'y engager véritablement. Si les sophistes apparaissent comme les plus sages (σοφώτατοι) parmi les hommes instruits[2], la raison en est bien simple : ils ouvrent l'accès à la signification des choses en les donnant à voir grâce à leur technique unique (μιᾷ τέχνῃ)[3]. Bien que celle-ci ne soit faite que de mots, cette technique réussit l'exploit de l'universalité, donc la réduction de la diversité du multiple à l'unicité non par un appel aux Formes, mais par les seules vertus du langage – un langage bien particulier. Le danger vient ensuite de la confusion entre *réalité*, *vérité* et *identité* de chaque chose particulière : le sophiste laisse volontairement planer le flou pour ne pas être obligé de contester son propre art et de définir les limites de l'expression.

Théétète, intelligent mais jeune encore dans l'art philosophique, achoppe, lui, sur un autre aspect de la technique sophistique, et cet aspect, complémentaire, semble détourner pour un instant l'attention du droit chemin de la démonstration de l'Étranger : c'est le *tout*, cet ensemble des choses (πάντα) que Théétète ne sait pas définir, et qui incite l'Étranger à lui fournir une énumération, à recourir à un détour par la *quantité* (233e-234a), alors que c'est l'accès à l'*universalité* de la nomination et de l'affirmation

1. *Soph.*, 233a : « Qu'est-ce donc qui peut donner à la sophistique cette prestigieuse puissance ? » demande, *rhétoriquement*, l'Étranger à Théétète, en ouverture du passage déterminant pour la contestation méthodologique, et plus largement pour définir les limites du langage philosophique. Ailleurs Platon (sous couvert de Socrate) parle de véritables « mystères sophistiques » (*Euthydème*, 277e) et classe le sophiste du côté du prêtre, capable d'opérer par le discours la *catharsis* (*Cratyle*, 397a).

2. *Soph.*, 233b.

3. *Soph.*, 233d.

existentielle par le langage qui est ici visé. Pousse-t-il la ruse jusqu'à jouer sur le registre de la maladresse positive pour échapper à la vigilance de son interlocuteur, à travers des moyens qu'il suppose être encore ceux de la jeunesse de Théétète ? – Platon, en tout cas, sait bien où il va et tire dans la direction qui l'intéresse les ficelles de ses marionnettes. – L'Étranger répond à cet effet en donnant à Théétète les noms génériques des choses qui font partie, selon lui, de ce « tout » du sophiste : à commencer par le plus près, les pronoms qui désignent les deux interlocuteurs, « toi et moi » (σὲ καὶ ἐμὲ – l'implication du sujet, dirait-on, qui suggère l'immanence du langage-adressé, outre celle de son objet), puis – dans un ordre croissant de distance à partir de ce « moi » qui parle et de ce « toi » qui saisit les mots – ce « tout » comprend les animaux (ζῷα), les arbres (δένδρα), tout ce qui pousse (τἆλλα φυτὰ) et, à la grande surprise de Théétète (234a1), tout vivant (ζῷον), et encore la mer, la terre, le ciel et les dieux et tout le reste (θαλάττης καὶ γῆς καὶ οὐρανοῦ καὶ θεῶν καὶ τῶν ἄλλων συμπάντων). Nous reconnaissons une quasi citation du passage du livre X de la *République* (596c) où le poète est comparé à un artisan capable de faire exister non seulement toutes sortes d'objets inanimés, mais aussi toutes les plantes, tous les êtres vivants, ainsi que la terre, le ciel, tout ce qui est dans le ciel (*i.e.* les astres), et de surcroît les dieux ; et ce poète est aussitôt comparé à un sophiste merveilleux (θαυμαστόν ... σοφιστήν)[1]. Le sophiste est ainsi tout autant un poète, qu'un artisan ou un peintre – c'est-à-dire un fabricateur de réalité, mais d'une *certaine réalité* du monde existant : il est le « démiurge » d'une ontologie accessible, le fabricateur d'une définition de la possibilité du monde comme synthèse de toutes les choses existantes (συνάπαντα), bien que cette possibilité soit aussi inconsistante et inexpri-

1. La reprise dans le *Sophiste* du passage cité de la *République* est presque une citation mot pour mot, à cette différence près que les pronoms personnels « moi » et « toi » ne figurent pas comme tels dans ce contexte ; ils sont réduits à un seul terme (ἑαυτόν), lequel est placé en dernier à la suite des vivants (καὶ ζῷα πάντα ... τά τε ἄλλα καὶ ἑαυτόν), réduisant ainsi l'autoréférence trop appuyée, et implicitement la critique à l'égard du sophiste. Le discours de la *République* fait usage des moyens sophistiques dénoncés, mais ne s'auto-dénonce pas pour autant ; le philosophe risquerait de se voir exclure lui-même de la Cité pour les mêmes raisons pour lesquelles il exclut les poètes. Les proximités entre la *République* et le *Sophiste* sont relativement nombreuses. Remarquons toutefois une différence de perspective théorique : dans la *République* la définition de l'usage du langage se fait en fonction du caractère universel des Formes qui est visé, tandis que dans le *Sophiste* c'est la définition ontologique qui est visée à travers la recherche d'une séparation logique entre l'être et le non-être, et finalement dans l'esquisse d'une limite infranchissable entre l'art et le vivant. Nous signalerons plus loin un autre type de rapprochement entre la *République* et le *Sophiste*, ayant toujours la définition de la mimêsis et la dénonciation des moyens du sophiste comme terrain commun.

mable qu'une image, aussi ineffable qu'un reflet dans un miroir, ou encore incirconscriptible comme la catégorie du temps à la vie et au destin propre du vivant.

Il est aisé de constater à partir de là – rebondit l'Étranger – que le sophiste sait créer toutes ces choses grâce au maniement des mots, et qu'il pourrait en conséquence se prendre pour le Démiurge (l'artisan du monde) parce qu'il possède non l'art de la réfutation dialectique mais la mimétique qui est un art de création : l'art d'imiter toutes les choses *en les nommant exactement* et *en parlant de manière appropriée de ce qu'elles sont* en tant qu'êtres de ce monde selon leur apparence d'existants. D'où l'emploi précis du terme de *mimêsis* pour qualifier l'art du sophiste et non d'un autre vocable de la ressemblance (*homoiôsis*), de la participation (*metexis*) ou de la parenté (*sungeneia*), car la *mimêsis* crée des doubles et ne se contente pas seulement de signaler une relation de similitude. En outre, comble du mensonge, le sophiste a l'art de mimer également par la parole ce qui est vivant (de mimer l'engendrement, de mimer l'acte par excellence de la nature) en même temps que de mimer ce qui est innommable, à proprement parler, puisqu'il s'agit dans ce dernier cas d'actes sans apparence immédiate, telle la nature vivante des êtres animés ou des dieux. Notre homme est alors au comble de sa fourberie, car, pour la vie des êtres animés comme pour les dieux, il s'agit de sa part d'une pure invention, d'un récit de pure vraisemblance ou de la fabrication d'une image sans aucun référent direct. Le sophiste définit donc, par sa manière de nommer et de discourir, autant l'apparence sous laquelle toutes ces choses se présentent, que leur essence invisible, la cause ou le principe de leur existence et le propre, à la fois générique et singulier, de leur nature. Seulement, en nommant les choses et en les énumérant par le genre, la science de l'illusion qu'il entretient limite en quelque sorte les dégâts sur la pensée. Il range les choses dans la taxinomie des genres et réduit leur connaissance à une « reproduction » en deux dimensions.

Aucune épaisseur et aucune mise en perspective ne viennent en effet enrichir plastiquement le besoin de connaissance véritable et susciter ainsi le danger de l'illusion. Il s'agit bien d'une mimêsis de paroles, d'une *technique* de schémas « éducatifs » de la compréhension, non d'êtres vivants et d'actes de pensée véritable. Son dépassement de la dialectique par la mimétique consiste alors à considérer que *dire* autant que *nommer* seraient tout à la fois faire être la chose, l'éprouver visuellement à partir de cette désignation qui oriente le regard, et la connaître intellectuellement (connaître son essence et son principe d'existence) par la voie unique des paroles, voire exercer une sorte de possession complète de cette chose et de sa réception par l'expression. C'est avoir donc la possibilité d'une emprise effective sur le monde grâce à sa *reproduction* à travers un usage particulier du langage, un usage attentif au pouvoir que le logos exerce sur le caractère apparitionnel de toute chose présente dans le champ du réel – autrement dit, admettre la domination du logos sur le phénomène. D'où le recours nécessaire à des sortes d'images génériques induites quasi automatiquement par le langage, images mimétiques fédérées à celles des représentations (mentales) inscrites dans les mots et révélées par les discours (ἐν τοῖς λόγοις φαντάσματα, dira l'Étranger à la fin de cette présentation de la technique sophistique[1]). Par ailleurs, le dépassement de la dialectique produirait en outre un accès à l'universalité des Formes par des moyens sensibles comme l'ouïe et la vue, suivi d'un passage feint à l'acte de la mise au monde des choses (être animés ou objets) à partir de cette prétendue connaissance des genres et des prototypes inscrits dans les mots.

Certes, il ne faut pas prendre cette « production » *à la lettre*, car elle a lieu pour un but précis, immédiatement dévoilé dans le dialogue : cet art n'est qu'un jeu (παιδία) destiné aux esprits jeunes en cours de « formation ». Platon joue évidemment sur les mots, sur παιδία-παιδεία, jeu-éducation et culture formative de l'homme. Mais, de manière plus subtile, il joue aussi sur les ambiguïtés qui apparaissent entre la lettre, visuelle et sonore, et le sens visé qui naît avec les termes employés. Ce jeu déclaré paidétique – éducatif, culturel, formateur, libérateur et harmonisateur – produit, par des imitations (μιμήματα) et par des homonymes (ὁμώνυμα), une mise à plat de la réalité des choses sans réduire pour autant le sensible au concept[2]. Les choses ne sont pas « abstraites » de leur réalité existentielle mais sont reproduites dans et avec leur réalité : en l'occurrence, elles sont figurées sensiblement et désignées conceptuellement en tant qu'identités uniques, afin d'être réunies dans une phrase comme sur l'étendue d'une « cartographie » du monde où chaque partie est liée au tout et participe en même temps à l'unité par le jeu inextricable des ressemblances[3]. Ce jeu est

1. *Soph.*, 234e.

2. *Soph.*, 234b.

3. On trouve dans le *Timée* (52a), dans un contexte cette fois-ci explicitement cosmologique, un usage semblable de l'identité nominale (homonymie), avec le sens d'expression d'une ressemblance essentielle entre la chose perçue comme une réalité seconde et la connaissance de cette chose par sa détermination intelligible, comme une réalité considérée première et donnée à la saisie intellectuelle seule (νόησις … ἐπισκοπεῖν). Sensible et intelligible sont ainsi liés par le lien de l'homonymie qui est un lien de ressemblance essentielle dès lors qu'il s'agit d'un facteur de détermination par le langage, par l'organe de la *noêsis*. Il est plus aisé de comprendre le rôle de similitude unificatrice jouée par l'homonymie dans la pensée platonicienne si on compare la situation de la connaissance possible des deux espèces de la réalité existante (sensible et intelligible) avec la situation de la connaissance du troisième

en effet un art et il porte le nom de γραφική τέχνη – ce qui a été traduit le plus souvent par « technique picturale », mais que l'on pourrait traduire mieux par « graphisme », ce qui aurait le double avantage de signaler l'absence significative des couleurs et de rapprocher dans ce contexte l'image à la fois de l'écriture et du raisonnement, eu égard au sujet de la discussion. Celle-ci met en cause un certain trompe-l'œil produit par un jeu de traits et de distances, mais ne vise justement pas l'usage pictural des couleurs qui induirait ici une certaine corporéité ou matérialité vivante de l'image, et donc une quasi autonomie trompeuse de celle-ci dans le champ de l'existant. Cette technique consiste pour l'heure à montrer ou exhiber des dessins (τὰ γεγραμμένα ἐπιδεικνύς), lesquels, vus de loin (πόρρωθεν), certifient que le sophiste peut produire toutes les choses existantes qu'il désire produire, qu'il peut donc accomplir, grâce à un usage particulier de la parole, le passage effectif de ὢν à ἔργον[1], de l'*étant en soi* à *une chose*, à un *produit* reproductible et donc maîtrisable par le raisonnement. En quoi consiste cet usage particulier, et incriminé, de la parole, homonyme, ou plutôt synonyme[2] de la chose saisie sensiblement ? Le

genre (τρίτον … γένος ὂν τὸ τῆς χώρας), lieu d'actualisation des possibles qui ne peut être connu ni directement, par les sens, ni par un *logismos*, mais en quelque sorte par la *pistis* et parfois comme en rêve (*Timée*, 52b). À l'égard de la *khôra* ni la similitude formelle ni l'homonymie conceptuelle ne sont d'aucun effet puisque le « troisième genre » ne peut constituer l'objet d'un raisonnement ou d'une démonstration dialectique. La *khôra* peut en revanche faire l'objet d'une image de type *eikôn*, propre aux rêves ou à la faculté imaginative (53c).

1. « Ainsi l'homme qui se donne comme capable, par un art unique, de tout produire, nous savons, en somme, qu'il ne fabriquera que des imitations et des homonymes des réalités. Fort de sa technique de peintre [*de graphiste*, dirions-nous plutôt, car il n'est pas question, ici, de couleurs qui induisent l'impression du vivant], il pourra, exhibant de loin ses dessins aux plus innocents parmi les jeunes garçons, leur donner l'illusion que, tout ce qu'il veut faire, il est parfaitement à même d'en créer la réalité vraie » (*Soph.*, 234b). On pourrait remarquer aussi l'emploi du mot τὰ γεγραμμένα, participe parfait pluriel de γράφω, écrire et/ou dessiner, inscrire des γράμματα, des lettres, des traits, des incisions, des inscriptions – avec cette insistance sur la nécessité d'un plan sur lequel s'inscrit quelque chose qui se donne à voir et fait voir en même temps. Platon souligne, par ailleurs, l'ambiguïté du rapport entre paroles et images par un emploi suggestif de termes à double sens, à la fois nominatif et illustratif d'une chose, avant de séparer le nom d'une chose de son image en usant d'un vocabulaire plus spécialisé. Et lorsque cela arrive (voir le passage suivant, 234c), ce n'est plus au lexique de jouer le jeu de l'équivocité, mais à la syntaxe et aux expressions choisies. L'ambiguïté de la relation mot/copie visuelle demeure toujours en toile de fond dans le discours – *discours de sophiste* en l'occurrence.

2. Sur l'usage fait par Platon de l'homonymie avec le sens de ce qui sera plutôt la synonymie aristotélicienne, ainsi que sur la critique formulée par Aristote à l'encontre de cet usage et du rôle imparti à la ressemblance participative dans la *Métaphysique*, A, et dans le

sophiste prend la chose-donnée pour l'être-même-de-la-chose, et rompt par conséquent le lien « naturel » spécifique (originel, prétend le *Cratyle*) de la parole avec la « réalité fondatrice » (ou simplement l'identité indéterminable comme forme en soi ou « idée ») de la chose, en ontologisant le langage et en transformant du coup la parole, ainsi que le discours, en une configuration de traits, en un dessin censé s'identifier à une sorte d'objet tangible et visible, censé devenir donc une « chose » qui remplacerait l'être-même en le suggérant par un quelconque moyen technique, par une astuce digne d'un manipulateur de marionnettes. Il relativise ainsi le langage en le réduisant à ne constituer rien d'autre que chaque chose en tant qu'elle est désignée et définie. Mais il ne désontologise pas le logos pour autant; tout au contraire, il renforce, par le lien de la similitude, le caractère de réalité créée, comme une sorte de « double » linguistique de chaque chose.

L'image et les mots

Le sophiste invente ainsi, et rend en même temps immanentes jusqu'au trompe-l'œil ses inventions. Le rapport de l'image et du langage atteint ici son ambiguïté maximale. L'équivocité de la relation à l'égard d'un objet se manifeste désormais dans l'absence de toute distinction entre « être » et « signifier ». Plus exactement, elle rend indiscernable à la fois l'horizon ontologique du réel visé (ou découvert) par les mots et l'accès sémantique ouvert par le langage à la réalité des choses et des êtres, rend impossible donc à séparer une présence effective et la signification référentielle de celle-ci attribuée à la chose par la parole seule, en l'absence nécessaire de l'objet. La parole sophistique fait dorénavant fonction d'« image parlée » de la chose; d'ailleurs elle est à ce titre condamnée, parce qu'à l'instar de l'image elle agit sur son récepteur avec des leviers propres à celle-ci, soulevant désir et passions au lieu de mettre en place une science « objective », nécessairement abstraite pour être juste et vraie. Elle *fait voir* comme si le logos ne se contentait plus de *dire* mais *devenait* à proprement parler *quelque chose*. Or, en devenant *quelque chose*, le logos se trouve tout d'un coup dans la même posture mensongère que les images-copies, devenant une illusion et mettant par conséquent en danger l'accès à la vérité fondamentale, intelligible, dont il se réclame. Aucun fait, acte ou autre preuve d'existence ne suit en effet la production de cette *chose* étrange, issue du discours d'un sophiste.

premier chapitre des *Catégories*, voir F. Ildefonse et J. Lallot, Introduction aux *Catégories*, Paris, Seuil, 2002, p. 36-37.

En d'autres termes, l'image semble jeter sur la parole l'ombre « néfaste » de son statut de pure apparence (s'il s'agit d'un *eidôlon*) ou de vraisemblance (si elle fait fonction d'*eikôn*), et transforme du coup le mot lui-même en une sorte de « copie », à la manière d'une reproduction des aspects de l'objet. Mais là où une image picturale ou une statue pouvait encore sauver, par une présence certaine, l'accès à la saisie d'un objet, et servir ainsi de mise cognitive à cette présence de pure visibilité en prétendant à une autonomie ontologique grâce à l'harmonie des couleurs et des formes (à condition que l'artisan soit un bon connaisseur de sa *tekhnè* et sache établir un accord entre son œuvre et la vérité ou la réalité visible de son objet), le discours, lui, se sert de mots devenus de simples *mimêmata* dépourvus de consistance. Parfois agréables à l'oreille, ceux-ci sont de fait insupportables pour la pensée à cause de leur ambiguïté mi-signe mi-image, ambiguïté qui procède de cette inévitable, voire entretenue, équivocité entre une signification donnée et la référence visuelle à l'objet.

Par conséquent, la *tekhnè* « miraculeuse » du sophiste consiste à considérer que les images constituent un meilleur accès à la vérité essentielle des *étants* que le langage, et à agir en conséquence – à chercher donc le vrai dans ce qui se montre, dans la visibilité des *étants* –, tout en se servant de mots dans cette recherche, puisque ce sont bien les mots qui indiquent l'accès à la visibilité de ce qui apparaît et qui déterminent la mise en présence de l'image des *étants* comme le moyen le plus approprié à leur connaissance. En inversant donc l'ordre habituel qui demande à la pensée une désappropriation progressive du pouvoir des images visuelles, y compris celles qui siègent dans les mots comme les métaphores ou les métonymies, finalement une désappropriation de toutes les figures du langage qui opèrent avec des représentations, cette *tekhnè* devient au contraire une forme de production « réelle », de l'ordre d'une *fabrication* ou d'un *engendrement* de l'image. Elle produit plus exactement la « réalité d'image » de toutes les choses. Cette « réalité d'image » sera, en effet, définie plus loin. À ce stade, le texte laisse entendre qu'il s'agit d'une production de l'image des *étants* : une modalité de rendre connaissables toutes les choses qui sont *réellement* à l'aide de concepts et de raisonnements, grâce à une mise en connexion des moyens du logos avec les principes et les causes qui déterminent l'existence et gèrent le mode d'être des choses. Ainsi présentée cette production, ou plutôt cette *re-production*, ne peut que générer de piètres ressemblances sensibles et des homonymes, à la manière dont des copies naïves, des échos ou des babils seraient à l'origine des noms conventionnels donnés aux choses.

À ce stade donc, cette production d'images par le langage serait tout au plus semblable soit à une production « artistique » (les mots seraient alors comme les objets produits grâce à la maîtrise d'une *tekhnè* de reproduction, appelée plus loin *eikastique*), soit à une création « phantasmatique » (mots et discours issus d'un pouvoir de représentation qui produit des *phantasmata*, des « images mentales »)[1]. Mais il ne s'agit en aucun cas d'une vraie production artisanale, voire d'une fabrication effective d'objets, ni, certes, d'un engendrement naturel de vivants selon la confusion volontairement entretenue par l'interlocuteur non-dévoilé de Théétète. Cette re-production – présentée comme une véritable inversion de la condition réservée en principe aux images par rapport au réel et par rapport au langage – ne repose, certes, que sur des mots et sur rien d'autre, mais ce sont, ici, des mots *étranges*, car ces mots *font voir*, *présentent* et *performent* autre chose que de simples sons, en même temps qu'ils signifient et font semblant de raisonner sur leur sens uniquement. Des mots qui signifient et qui tendent à s'identifier en même temps au référent, des mots qui *affirment* en prétendant « incarner » l'existence des choses ou des êtres en leur singularité, et en empruntant pour ce faire la manière « déictique » des peintures ou, mieux encore, la puissance persuasive de la présence ainsi indiquée et montrée en même temps. Comme dans l'exercice de toute technique *magistrale*, ces mots se donnent *de loin* non pour de simples signes censés signifier quelque chose de plus que ce qu'ils *sont* eux-mêmes à proprement parler, mais pour des évidences tenant lieu de vérités, voire des paradigmes prêts à s'y substituer. Ou mieux encore, les paroles proférées prétendent être elles-mêmes l'évidence, opératoire et

1. Rappelons ici un passage de l'étude de H. Joly, *Le renversement platonicien. Logos, épistémè, polis*, Paris, Vrin, 2001[4]. Bien que nous ne soyons pas dans une démarche censée définir une métaphysique et une esthétique à partir de l'œuvre platonicienne, comme l'auteur du *Renversement platonicien*, mais dans un commentaire de texte qui met en lumière une pensée du langage en regard avec la définition du phénomène comme principe de la visibilité fondamentale des *étants*, nous trouvons un appui théorique et exégétique de taille dans cet ouvrage. « Il s'agit de savoir si la théorie platonicienne du beau ne peut se déchiffrer que dans l'impérialisme du vrai et si l'art n'a qu'une fonction d'imitation par rapport à l'Idée. Dans ce cas l'art tombe sous la dépendance de la métaphysique et ne peut faire l'objet d'une esthétique mais seulement d'une théorie de l'art. Mais on peut se demander inversement si, compte tenu des tendances "idéalisantes" et des procédés "canoniques" de l'art classique en Grèce, ce n'est pas la théorie de l'art qui est éclairante pour la théorie de la connaissance et qui lui apporte les notions centrales d'"exemple", de "modèle" et de "type" en lui conférant le sens de cette fonction "plastique" si nécessaire au déchiffrement des exigences de la connaissance et de l'action. Dans ce cas, ce serait une "esthétique" très organisée et très complète de l'imitation qui travaillerait silencieusement au cœur de la métaphysique et qui la constituerait comme métaphysique de la représentation », *op. cit.*, p. 45. L'auteur analyse par la suite la fonction éducative de l'art à travers les structures de l'imitation.

efficace pour l'acte de la connaissance, de toutes les choses qui (nous) apparaissent, mais qui (nous) apparaissent en effet parce qu'on les désigne ainsi, en les voyant seulement à partir de là.

Parler et *faire voir* à la fois – les deux actes sont pour le sophiste concomitants et interagissent. Les deux actes renvoient en effet l'un à l'autre mutuellement, sans quoi l'objet-dit, qu'il soit corporel ou incorporel, aurait sans doute une existence puisqu'il est perçu ou conçu comme tel, saisi en tout cas comme existant par le *noûs* (par l'imagination et par l'intellection), mais n'aurait pas pour autant un sens propre, une identité à soi univoque et déterminée. Il aurait ainsi un nom mais pas de signification en dehors de celle, toute conventionnelle, de ce nom qui lui est assigné, pas de signification donc qui unirait ce nom à la chose vue et déterminerait une relation spécifique et identique à l'égard de celui qui profère le mot, ainsi qu'à l'égard de celui qui l'entend. Pas de signification, autrement dit, de manière extrinsèque à la voix qui rend sensible l'identité spécifique de la chose en même temps qu'elle lui confère par la parole une signification. Le sens est ainsi décroché de l'identité de la chose à laquelle il réfère, dès lors qu'il s'entend mais ne se voit pas, ni ne fait voir quoi que ce soit, *a priori*.

Certes, on pourrait lire ce passage du *Sophiste* (234b-c) comme une simple reprise plus spéculative des positions développées dans le *Cratyle*. Soit. Mais on peut aussi le considérer comme l'amorce d'un changement important, voire d'une inversion de rôles au sujet des statuts dévolus à l'image, au nom et au logos à l'égard des possibilités de la connaissance de l'être en rapport avec la condition de « réalité » de l'existant comme propriété essentielle de l'être. Ce serait alors l'indice qu'une logique propre accordée (*in extremis ?*) au sensible viendrait à infléchir la théorie des Formes et à mettre en cause le statut ontologique « archaïque » du langage au profit d'une transitivité « moderne » de la parole, qui associerait le logos au statut du nom comme signifiant pur, et en même temps à l'image en raison de la nécessaire préservation de la monstration, de l'apparaître de l'objet. Cela se serait passé au moment même où, en s'opposant à Parménide, notre philosophe risquait de faire basculer le langage entièrement du côté du signe comme signifiant pur, décroché de la *res* existante. Mais pourquoi vouloir préserver, malgré tout, une fonction épiphanique correspondante à l'évidence apparitionnelle des *étants*, en adaptant le langage à *faire image* dans certains types de discours ? Pour défendre une position « réaliste » de la philosophie contre le « nominalisme » *avant la lettre* des sophistes et des rhéteurs ? Peut-être. Mais il y a aussi une autre possibilité de répondre à cette question formulée à dessein en termes « médiévaux ».

La monstration est liée au visible et de ce fait elle est indissociable du sens existentiel. Le visible à la fois indique et signifie toujours l'être, de quelque manière que ce soit – qu'il le dévoile comme acte ou qu'il le montre seulement dans/par une particularité de son agissement phénoménal. Signifié et référent s'identifient dans ce cas : le discours sur l'être impose ainsi un certain langage sophistique, un langage qui, déclaré ou non comme tel, est néanmoins obligé de tenir compte en même temps du danger de substitution, de la réflexivité inévitable et de la distance nécessaire qu'il faut imposer entre les mots qui décrivent et les choses données à voir et révélées ainsi à leur visibilité conditionnelle. Or cette association entre la parole et l'image ne réduit pas la pensée à se fondre finalement dans une adhésion au monde phénoménal en stipulant que le monde n'est qu'à la ressemblance d'un prototype vers lequel la recherche (*i.e.* l'exercice de la philosophie) achemine les meilleurs esprits. Le monde dans son actualité ne serait alors, banalement, que la copie nécessairement imparfaite d'un supposé monde idéal « fermé au public ». Le binôme parole-image permet au contraire de saisir avec clarté le sensible. L'expérience directe se révèle ainsi à elle-même et permet d'accéder au monde sensible comme étant la face visible d'un ensemble dont l'autre face n'est pas le principe déterminant et directeur, mais bien l'intelligible comme complémentaire fondamental de l'existant. Sans quoi aucune de ces deux « faces » n'existerait réellement. Le langage, associé à la visibilité et à la ressemblance révélées par l'image qu'il tente de circonscrire, permet ainsi de comprendre que le « réel » phénoménal constitue l'accès immanent à l'identité de chaque chose, et que le logos, en la nommant et en la définissant, ouvre un accès à la condition universelle de cette identité. Mais l'une n'est ni fausse ni imparfaite à l'égard de l'autre, et, de surcroît, le langage lui-même se détermine ainsi par rapport à lui-même comme relevant du même ordre que l'image.

Autrement dit, il est nécessaire de dissocier le principe de la ressemblance de tout soupçon de dualisme caché dans les plis des oppositions logiques, car les oppositions ne seraient dans ce cas rien d'autre que des conjectures liées au jeu dialectique et aux définitions factices qui jalonnent un parcours pédagogique. La métaphysique elle-même serait alors conséquemment réduite à la seule puissance du langage, à la possibilité de dire et donc de connaître par distinction ce qui est de ce qui n'est pas, ou ce qui est à partir de ce qui n'est pas, et inversement. Voilà qui prépare, nous semble-t-il, le terrain et les instruments philosophiques nécessaires pour que cette nouvelle détermination du langage en rapport avec le témoignage de l'*aisthesis*, de l'expérience du visuel en premier lieu, soit développée plus tard : soit par la sophistique tardive, lorsqu'elle fait travailler le langage sur l'acte de représentation, souvent à partir de modèles artistiques réels ou inventés (descriptions de galeries de peintures, de portiques de sculptures, d'objets d'art, de mosaïques, de bâtiments etc.) ; soit par la patristique grecque, dans l'usage particulier que cette dernière fait des moyens de la rhétorique pour fixer le rapport entre la substance divine, les actes et les attributs, de manière à permettre leur connaissance non par les noms des propriétés uniquement, mais par des concepts réfléchis (*epinoiai*), ainsi que par la ressemblance « hypostatique » qui ouvre l'accès à l'identité considérée à la fois comme substantielle et comme expression unique, propre, *personnelle*. L'*eikôn* platonicienne se trouve réinvestie dans ce dernier cas par la nécessité de fixer l'identité de l'être comme expression du sujet.

Εἴδωλα…

Continuons à présent l'analyse du texte. La distance évoquée dans le passage cité, plus précisément le choix de se mettre à distance pour parler (πόρρω, πόρρωθεν), choix sur lequel l'Étranger insiste à nouveau dans le passage suivant (234c), correspond à l'éloignement autant des choses que de la vérité (πόρρω τῶν πραγμάτων τῆς ἀληθείας) dans lequel se trouvent les esprits jeunes auxquels le sophiste s'adresse. Cet éloignement rend ces derniers sensibles aux « fictions parlées à propos de tout » (εἴδωλα λεγόμενα περὶ πάντων), aux « idoles de paroles », aux « définitions factices de toutes les choses » qui proposent, en guise d'étape de la connaissance, une approche sensible et verbale en même temps. Nous reviendrons sur l'équivocité de cette distance, à la fois topographique et axiologique – propre à tout espace pédagogique, mais utilisée surtout par le sophiste, car celui-ci cherche à avoir un point de vue sur les principes et doit pour cette raison se situer à distance, comme au-dessus de la mêlée. Essayons de comprendre pour l'instant la nature et le rôle de l'objet mis en scène (et à l'épreuve) par cet écart, objet introduit par l'expression : εἴδωλα λεγόμενα περὶ πάντων, « des images visuelles traduites en langage », des figures parlées qui correspondent à tout, à la totalité des manifestations de l'être, de l'existant[1]. On pourrait aussi lire : des « paroles imagées [comme des reflets] au sujet de

1. On peut se rappeler une expression voisine qui apparaît dans le *Gorgias*, 593d : ἄλλην σοι εἰκονα λέγω ἐκ τοῦ αὐτοῦ γυμνασίου – Socrate pourrait *raconter* à Calliclès ou lui *dire une autre image* provenant de la même école… – mais cette expression permet de mesurer toute la distance entre un usage mythologique et illustratif de l'image verbale, de type purement référentiel, iconique, et les images visuelles que suscite le discours du sophiste dans le contexte que nous analysons ici. Il s'agit donc de deux usages différents de l'image par le langage, et non seulement de deux types différents d'image, l'*eidôlon* et l'*eikôn*.

tout », en inversant les places entre substantif et adjectif (participe passé) dans l'expression de Platon, pour faire allusion au futur idéal de *visibile parlare* du poète (Dante, en l'occurrence). Le poète transcrit ainsi une vision et cherche à la rendre *vraie*, cherche littéralement à « voir dit » (pour emprunter encore une expression médiévale[1]), à *dire vrai* ce qu'il voit en esprit grâce à la capacité de persuasion que l'image apporte immédiatement au verbe lorsqu'un son est investi, et débordé, par le visuel. Pour le sophiste en tout cas, c'est bien en montrant de très loin ses dessins, ses copies, ses *images* ou *lettres-inscrites* du nom de chaque chose, que ce « sorcier » (γόης) de la parole se fait fort de ressembler au démiurge du monde, de copier ainsi un dieu pour être à son tour une sorte de dieu de la circonstance, ou du moins un être divin. Il reproduit pour cela non seulement l'apparence de toutes les choses, ce qui serait, selon lui, le propre même de la connaissance du monde (avoir un accès aussi vrai qu'immédiat à sa condition de visibilité), mais il « mime » en outre l'éloignement d'un véritable créateur, lequel embrasse d'un seul regard le *tout* (l'être comme entité entière déjà réalisée ou en devenir) et se sépare en même temps de son œuvre une fois que celle-ci entre en acte, c'est-à-dire qu'elle est détachée de lui et donnée au monde et à son histoire.

Voici désormais le mot incriminé, la clef de tous les malheurs enfin lâchée : ces illusions, produits par l'art de la mimétique, ne sont rien d'autre qu'une certaine sorte d'images, des « idoles » (εἴδωλα), des projections visuelles, des dispositifs propices donc à la vision et à elle seule, même si le sophiste ne fait pour cela qu'employer des mots bien articulés et savamment déployés dans des discours. Mais, en proférant ses discours sous un certain « mode » – disons pour l'instant que le sophiste se place volontairement *à distance* et parle *de loin* –, notre homme arrive à « montrer clairement » comment les choses en soi se transforment en « objets » de la

1. *Le Voir dit* est le titre d'un livre de Guillaume de Machaut, tandis que *visibile parlare* est une expression utilisée par Dante dans *La Vita nuova*. Ces deux expressions témoignent, malgré leur différence (*voir-vrai* pour Machaut et *parler-visible* pour Dante), de la même recherche d'une vérité du langage par une proximité avec le visuel. On passe ainsi d'un souci de clarté (*claritas*) conceptuelle du discours à la recherche d'un langage qui puisse enfanter le visuel, condition pour que la vision du poète soit « vraie », véridique dans sa transcription, imprégnée de cette *vérité d'image* qui la rend semblable au monde réel malgré la transposition en paroles. Voir J. Cerquilini-Toulet, *Guillaume de Machaut, Le livre du* Voir Dit (« Le Dit véridique »), Paris, Livre de Poche, 1999 (édition et traduction) et pour une étude critique, *Guillaume de Machaut,* « Le Livre du Voir Dit ». *Un art d'aimer, un art d'écrire*, Paris, Sedes, 2001. Pour le contexte plus général de cette problématique dans l'Antiquité tardive et surtout dans la période médiévale latine, voir les études réunies dans *Études de lettres*, juillet-décembre 1994, P.-A. Mariaux et E. Hicks (dir.), *Verba vel imagines*.

connaissance et se transmettent à autrui. Il travaille la langue à la manière dont les architectes-scénographes et les sculpteurs-décorateurs de temple manipulent les proportions des volumes et calculent des écarts non entre l'objet en cours de création et son modèle, mais en fonction de la place réservée au récepteur de son image, afin de maîtriser les erreurs, de réduire les défauts de la vision et de produire une impression parfaite, certes illusoire, mais bien adéquate au but visé : créer la certitude de connaître tel être ou tel objet, d'avoir en somme la connaissance de toute chose comme si une expérience directe, et visuelle en l'occurrence, pouvait en témoigner.

L'allusion aux architectes, aux scénographes et aux peintres de temples n'est pas aléatoire[1]. Il importe à notre homme de ne pas laisser croire que son art serait réservé à produire la connaissance exclusive des choses immanentes. Non, il peut créer la certitude irréfutable d'une expérience sur *tout* ce qui a trait à la pensée; il peut faire en sorte que le langage traduise aussi bien la vue immédiate des choses que la possibilité de saisir *comme visibilité* les principes et les causes transcendantes[2], dont les concepts seuls détiennent le monopole de la clarté dans l'expression. Acteur accompli de la technique mimétique (et surtout de la φανταστικὴ τέχνη[3]), le sophiste voudrait faire triompher de cette manière, paradoxale, la confiance dans la puissance des mots. Il aimerait bien que le langage puisse être vraiment « démocratique », qu'il soit à la portée de tous ceux qui savent de quoi et pourquoi ils parlent. À cette fin, il crée des illusions optiques en parlant, et corrige ainsi les défauts de cette vue à distance de la réalité des choses dont la langue ne peut livrer, par ailleurs, que les noms, et parfois les définitions. Son ambition vise à décloisonner la langue, à la faire sortir de sa spécificité linguistique et à lui donner ainsi la possibilité de rendre visible non seulement l'aspect des choses, mais aussi l'invisible, la part « secrète » des êtres

1. Elle arrive un peu plus loin dans le texte (*Soph.*, 235e-236a), à propos des techniques mimétiques dont serait responsable le sophiste.

2. C'est aussi à cela que peut faire référence l'expression τῶν μεγάλων (*Soph.*, 235e), censée définir les œuvres de grande envergure réalisés grâce à une technique de reproduction (la φανταστικὴ τέχνη) qui ne tient pas compte des véritables proportions mais seulement du point de vue du spectateur.

3. Décrite juste après (*Soph.*, 236c), dans les passages consacrés à la division et à l'analyse des techniques de la mimétique. Ces passages ont connu de nombreux commentaires de la part des historiographes de l'art ancien; voir entre autres : P.-M. Schuhl, *Platon et l'art de son temps*, Paris, PUF, 1933; E. Keuls, *Plato and the Greek painting*, Leyde, Columbia Studies in Classical Tradition, 1978; A. Rouveret, *Histoire et imaginaire de la peinture ancienne*, Rome, École Française de Rome, 1989; et récemment C. Nativel, « De Platon à Junius. Cicéron, Boèce et Dante », dans *Rhétorique et Poétique au Moyen Âge*, A. Michel (dir.), Turnhout, Brepols, 2002, p. 29-45.

et des choses dont la pensée seule connaît les ressorts, les principes et les raisons. Il joue le pari de ramener la langue parlée à la possibilité de devenir le langage de la pensée, langage réservé en principe aux hommes du métier. Mais ce pari n'est gagné que dans le pré carré et pour le temps déterminé de l'« école ». Ses paroles, purs produits illusoires parfaits dans leurs imperfections, retentissent en effet comme un écho dans les oreilles jeunes, sont reçus pareillement au chant des sirènes, tandis que, sur le terrain vierge des esprits non encore totalement formés, des enchaînements de sons se métamorphosent et prennent des visages multiples et même une certaine consistance, une certaine forme de vie. Les paroles-imagées du sophiste arrivent à faire en sorte que les mots puissent quitter l'enfermement de leurs traits, s'arracher à leur linéarité, à leur abstraction de simples signes des objets. Elles produisent ainsi l'effet de la langue vivante : elles deviennent des *paroles vivantes*, des paroles qui sont tout d'un coup animées et prêtes à prendre la place à la fois des vivants eux-mêmes et des raisons formelles ou des principes de l'existence des choses, thèmes que déploie le discours d'un « vrai » philosophe, consacré à la recherche du savoir, de la science, de l'*epistêmê*. Mais en réalité, le sophiste, faux philosophe et vrai idéaliste, n'arrive à produire en fin de compte que les piètres images que peuvent engendrer ses paroles ensorcelées et ensorcelantes : des paroles « magiques » puisque ressemblantes à des êtres animés par un substitut de la voix. Car ces *eidola* de/en paroles ne parlent jamais toutes seules ; elles ont besoin d'un acteur, d'une caisse de résonance et d'un réceptacle idoine, et sont, malgré tout, plates comme les ombres qui peuvent bouger sur une paroi appropriée mais n'ont pas d'épaisseur véritable, bien qu'elles soient capables de tenir des discours, de communiquer des savoirs ou de fournir sur le coup le sens d'une situation déterminée.

Ces images visuelles, engendrées dans l'esprit de ses auditeurs, ne sont en effet rien d'autres que les significations univoques des choses révélées par le sophiste à l'entendement et « soulevées », mises en avant comme des évidences « faciles » au regard du monde entier. Si le sophiste profère des discours qui sont qualifiés d'enchaînements d'« idoles », c'est parce que son langage – entendons-nous bien là-dessus, le langage du « sophiste » incriminé par l'Étranger – serait fait de paroles qui font illusoirement voir. Or quels sont ses moyens pour obtenir un tel effet ? Le sophiste travaille avec des images, mais pas comme le peintre travaille avec des couleurs ou le sculpteur avec des blocs de pierre ou des monceaux de glaise. Il construit ses discours comme si le langage pouvait avoir prise directe sur la visibilité en tant que principe de réalité des choses immanentes ; il travaille de la sorte en assumant le rôle d'un « mauvais » philosophe, positif et pragmatique, rivé aux choses et à leur but, et livré en somme au multiple et au caduque.

En outre, il manipule les figures du langage comme un rhétoricien qui serait dupe de sa tâche et s'en prendrait aux mots comme à des êtres vrais et à des doubles des objets. Le sophiste mélange ainsi, mais sans doute à bon escient, les plans de référence et, au lieu de tenir à distance les mots, les objets de référence, les définitions et ses jugements, grâce à une double compétence, dans l'art dialectique et dans l'art de l'invention, ses discours passent à travers les frontières des domaines et incitent au contraire paroles et choses à se mélanger, à copuler et à engendrer du vraisemblable – τὸ εἰκός –, un faux semblant qui obture la possibilité d'un accès du langage à la connaissance essentielle des choses[1].

Notre savant magicien du langage ne tient pas compte des limites propres de l'expression et définit une chose tantôt *en tant qu'elle est* tantôt à travers *ce qu'elle est* ou semble être, autant qu'il puisse en avoir l'idée, et finit par s'empêtrer dans l'aporie à partir de ce qui n'est de fait séparable qu'intellectuellement mais reste toujours identique avec soi-même en réalité : l'identité indicible de chaque chose telle qu'elle est en soi et en son lieu propre – αὐτὸν καθ' αὐτὸν ἐν τῇ αὐτοῦ χώρᾳ, pour emprunter encore une expression au texte de la *République*[2]. En faisant semblant de s'adresser avec des images accessibles aux facultés sensibles directement, et en voulant à tout prix conforter son auditoire d'évidences issues de l'expérience, les discours du sophiste enseignent à voir ce qui paraît évident, comme sous la main ou sous les yeux, mais qui ne l'est pas pour autant. Le

1. La critique de la vraisemblance apparaît indirectement dans le *Sophiste* dans la définition de l'image comme l'instrument-maître du sophiste (240a *sq.* – nous reviendrons sur ce passage). L'usage du vraisemblable dans un discours est en revanche directement visé dans le *Phèdre* (272b-273b), dans la définition de ce que Socrate appelle avec ironie l'invention, σοφὸν εὑρὼν, de Tisias : « quand on parle (πάντως λέγοντα) c'est le vraisemblable qui est poursuivi (τὸ δὴ εἰκὸς διωκτέον εἶναι) et l'on remercie (congédie) le vrai (πολλὰ εἰπόντα χαίρειν τῷ ἀληθεῖ) ». Le contexte est celui de la définition de l'art oratoire (λεγομένης λόγων τέχνης) tel qu'il serait pratiqué, selon Socrate, dans les tribunaux et dans l'agora. On peut y voir le signe d'une tradition sophistique dont on retrouve la trace aussi chez Aristote (*Métaphysique*, 1015a5 et *Rhétorique* II, 1402a13-14), chez Démétrios (*Du style*, 120) et chez Antiphone (*1re Tétralogie*, β, 8). L'usage du vraisemblable est théorisé et défendu dans un chapitre qui lui est consacré exclusivement dans la *Rhétorique à Alexandre* (7, 4-14). Dans ce dernier traité, l'*eikos* tient une place importante parmi les « Moyens de persuasion issus des paroles, des actions et des hommes », et est mis en connexion avec l'usage des exemples (*paradeigmata*). Voir pour ce dernier, Pseudo-Aristote, *Rhétorique à Alexandre*, éd. et trad. fr. P. Chiron, Paris, Les Belles Lettres, 2002, Introduction, p. LXX-LXXV, pour les rapprochements entre la tradition sophistique et la théorie du vraisemblable.

2. *La République*, 516b5. L'expression (courante par ailleurs chez Platon) est extraite du contexte de la parabole de la caverne, à laquelle faisait allusion notre comparaison des *eidola* parlées du sophiste avec la projection d'ombres sur une paroi appropriée.

visible devient réellement visible, c'est-à-dire saisi comme tel, uniquement parce que le sophiste en parle. Cependant, si ses discours donnent, certes, des repères pour s'orienter, ils induisent aussi la confusion et détournent en même temps les esprits du vrai chemin du savoir[1] : la recherche en toute chose de la ressemblance avec les Formes, seul accès au logos de l'être, pour Platon.

On peut penser qu'il y a derrière l'enjeu immédiat concernant la définition du sophiste, ainsi que derrière la référence quasi constante à l'usage homérique de la parole (parole « littéraire », *i.e.* parole d'une profération mythique), un deuxième plan de référence qui serait celui du théâtre, plan que le dialogue philosophique semble mimer en quelque sorte, mais sans en tirer le même type d'effet. Le véritable but est de dénoncer par le détour d'une critique de l'image-*eidôlon* les entraves et les pièges que le langage lui-même réserve à la pensée. Non comme une accusation mais comme une mise en garde contre les dangers encourus. Parler de l'être en se référant au paradigme de l'être universel, et des choses comme les copies ici-bas des Formes, sans donner suite, par les vertus d'un acte, à ce rapport comme à un principe contenu dans le langage lui-même, et dans chaque parole proférée, serait ainsi plus pernicieux que de laisser son regard se rendre attentif aux images. Car si l'image montre en effet un « vivant », et que ce vivant ne répond pas au regard puisqu'il ne vit pas dans l'image, l'image, elle, capte le regard et le rend ainsi vivant. Et elle n'est pas pour autant mensongère et contradictoire à son propre égard tant qu'elle ne prétend pas ouvertement au mouvement, à l'acte, en somme à une vérité autonome d'être et à la visibilité entière du réel. *Autre* est, en revanche, l'enjeu de la parole, surtout quand celle-ci provient du discours d'un sophiste. Elle réclame un statut de « vérité » à l'égard du vivant, à la fois par son évidence (d'où la proximité recherchée avec les images) et par son renvoi à la « production » d'une réalité, d'un geste, d'un acte incarné par la parole, à la manière dont le personnage d'une tragédie « incarne », dit-on,

1. « Eh bien, ne faut-il pas nous attendre à ce que la parole (περὶ τοὺς λόγους) comporte, elle aussi, une technique, à l'aide de laquelle on pourra, aux jeunes qu'une longue distance sépare encore de la vérité des choses (ἔτι πόρρω τῶν πραγμάτων τῆς ἀληθείας), verser par les oreilles les paroles ensorcelantes (τοῖς λόγοις γοητεύειν), présenter, de toutes choses, des fictions parlées (δεικνύντας εἴδωλα λεγόμενα περὶ πάντων), et donner ainsi l'illusion que ce qu'ils entendent est vrai (ὥστε ποιεῖν ἀληθῆ δοκεῖν λέγεσθαι) et que celui qui parle sait tout mieux que personne (καὶ τὸν λέγοντα δὴ σοφώτατον πάντων ἅπαντ' εἶναι) ? », *Soph.*, 234c (trad. A. Diès). Le terme « fiction » n'est toutefois pas une traduction heureuse dans ce contexte, car il renvoie à *fictum*, invention ou artifice mensonger, or dans ce contexte il s'agit précisément de la visibilité « parlée » (indiquée, montrée, présentée) des choses qui *sont* réellement, et non des inventions, des fictions créées de toutes pièces.

une Vertu ou une Idée au nom de laquelle il se meut. D'où l'ambiguïté du statut bâtard du sophiste, entre un créateur de « paroles visibles » qui donnent sens aux choses en les situant à même leur lieu de manifestation sensible, visuelle, et un maître à penser qui cherche à connaître les choses telles qu'elles sont dans leur identité absolue – ambiguïté reflétée dans l'équivocité du maniement sophistique, mi-ludique mi-pédagogique, du langage : τεχνικώτερον et χαριέστερον, avec *art* autant qu'avec la *grâce* naturelle donnée à certains hommes[1].

Tel que Platon le décrit, le sophiste fausse donc, à bon escient, le statut du logos, car le logos n'est pas la « vérité incarnée » qu'il voudrait, lui, imposer; il n'est qu'une parole qui peut tout dire : vrai, faux, être, non-être, comme l'on nomme Pierre ou Paul, Phèdre ou Alcibiade – à condition de saisir dans ce que la parole dit quelque chose de plus que ce qui est prononcé et signifié. Le logos désigne en effet, dans le mot même, son objet de référence et un acte qui signifie, en dehors de l'objet, la non-identité absolue de la parole avec ce qu'elle dit ou avec ceux qu'elle nomme Pierre, Paul etc. Paradoxalement, c'est cette inadéquation foncière du logos et du *legein* qui sauve la mise fondamentale du langage. Une parole qui « regarde », qui « voit », ou qui répond à un regard en donnant à voir, une parole décentrée ainsi d'elle-même autant que les « images-parlées » (εἴδωλα λεγόμενα) de ce texte, produit par voie de retour un re-centrage sur l'être qui parle et sur celui qui entend (c'est du moins ainsi que nous comprenons les pronoms σὲ καὶ ἐμὲ en tête de la liste des « productions » du sophiste[2]); un re-centrage sur son identité dans l'acte immédiat, un re-positionnement dans la situation de parler, de signifier, de connaître et de transmettre un savoir. Mais le sophiste fait à dessein l'impasse sur ce pouvoir de détachement inclus et sur cette puissance immanente du logos. Pourquoi n'en parle-t-il pas ? Parce ce que le sophiste a besoin de prendre à son propre compte ce pouvoir et cette puissance à même de rendre vivant le logos. Lui-même ne vit littéralement que de cela.

Sortilèges ontologiques

La « chasse » engagée par l'Étranger à l'aide de Théétète se contente néanmoins de suivre pour un assez long moment la « piste » de l'image, « instrument favori » du sophiste, dit le texte. Une fois introduite dans le discours, l'image se fraye désormais un chemin, une voie qui va permettre de distinguer le sophiste du « vrai » philosophe : d'une part le charlatan

1. *Soph.*, 234b.
2. *Soph.*, 233e.

des foires, faiseur de miracles (θαυματοποιὸν), magicien et imposteur (γόητα… καὶ μιμητὴν)[1], lequel, plongé au milieu de la foule joue pourtant sur l'ambiguïté de la distance comme un acteur sous l'éclairage magique d'une scène; d'autre part, aux antipodes, le « vrai » philosophe qui serait, lui, au contact du « vrai » monde, dans la transparence immédiate et indémontrable du domaine ontologique et de l'identité, le domaine de ce qui *est* et n'a pas besoin, pour faire voir et faire entendre l'*être*, d'un support de fortune – du miroir d'une expression figurée, d'une paroi d'ombres ou d'un dessin, qui reproduit l'aspect, calque le contour d'une chose, mime son étantité sur un autre support corporel et la montre du coup dépourvue de son épaisseur, comme une objet abstrait, épuré, purement linéaire, et qui plus est, construit nécessairement, comme tout reflet, à l'envers.

À partir de cette première occurrence d'un mot désignant l'une des sortes d'image (εἴδωλον), Platon déploie dans le *Sophiste*, sous couvert de l'Étranger, une vaste entreprise d'analyse concernant ce qui se voit, ainsi que les techniques de faire voir ce qui est visible par l'entremise du langage et par les figures du discours, de montrer de manière logique ce qui apparaît, qu'il s'agisse d'idoles, de vraisemblances, de copies, de peintures, de simulacres, de phantasmes, etc., des images issues toutes d'un art mimétique (μιμητικὴ τέχνη et εἰκαστικὴ τέχνη) ou d'une invention intellectuelle (pour traduire ainsi, d'une manière plus osée, la φανταστικὴ τέχνη). Il s'agit, en somme, d'une analyse de tout ce que le seul mot d'« image » recoupe comme réalité spécifique à même de trouver une articulation avec le fonctionnement du langage: à savoir, ce qui se montre, apparaît et fait apparaître, copie une chose ou la dissimule en l'inventant à nouveaux frais. Certes, tout ceci a lieu sur le dos du sophiste et au nom de son art, la mimétique, dont l'outil principal est l'image[2]. Mais il ne faut à aucun moment

1. *Soph.*, 235a-b.

2. *Soph.*, 235b-236c. Il n'est peut-être pas inutile de rappeler ici le vocabulaire employé par Platon dans ce paragraphe, ce riche éventail lexical par lequel le grec déploie ce que nous désignons, nous, du seul mot d'image. 1) *l'image en tant que « lieu » de la ressemblance* se dit: εἴδωλον, εἴδωλα λεγόμενα, εἰκών, εἰκός (ἐοικός, εἰκασία), φάντασμα; 2) *l'image en tant que « produit sensible » de l'acte de la ressemblance* se dit: ἐν κατόπτροις εἴδωλον, γράμμα (γραφείν, γεγραμμένον), τύπος (τετυπωμένον), πλάσμα (πλαστός), σκιά; 3) *l'image selon la mise en acte de la ressemblance* se dit: μίμημα (τὸ μιμητικόν), ὅμοιος (ὁμοίωσις), ὁμωνυμία, ψεῦδος; 4) *l'image-idée*, *l'image-forme*, *l'image-prestige (« miracle »)* se disent: εἶδος, μορφή, θαῦμα; 5) *les « techniques » de fabrication de l'image* (εἰδωλοποιητικὴ τέχνη), dont userait aussi le sophiste: κατὰ τὰς τοῦ παραδείγματος συμμετρία => εἰκαστικὴ τέχνη => εἰκόνα; [φαίνω]-φαίνεται => φανταστικὴ τέχνη => φάντασμα; μιμητικὴ τέχνη => μίμησις ou => εἴδωλον. Nous développons plus loin cette

oublier que cette *tekhnè* du sophiste est un art de paroles, un art du discours défini par emprunt terminologique (de manière métaphorique ou analogique) comme un travail de graphiste ou de peintre, et que c'est en tant que discours *prétendument* philosophique, et non parce qu'il serait apparenté au dessin, à la peinture ou à la statuaire, qu'il est de fait condamné au mensonge, et qu'il n'a aucune chance d'accéder au « vrai savoir ». On ne peut ni ne doit *montrer* quelque chose en parlant : c'est faire outrage à la discipline de l'entendement et au rôle propre des facultés concernées et des *tekhnai* spécifiques. Le discours du sophiste serait donc, dans un premier temps, trop imagé, trop animé, trop expressif, trop visuel, trop proche du « vraisemblable » pour être tout simplement « vrai », ou encore véritablement artistique, créateur d'une *vraie* figure peinte ou d'une *vraie* statue. C'est un produit bâtard entre une application à la lettre du processus cognitif et une re-création par le langage de quelque chose qui ressemble nécessairement à l'objet, mais qui de fait remplace la connaissance de l'objet véritable par un déploiement de possibilités feintes, substituant à la recherche du vrai un vrai *jeu de cache-cache* ontologique et linguistique. Sont ainsi occultées les limites du discours et les impasses du raisonnement par des leurres de la vue et par des artifices du langage. En un mot, le sophiste dresse devant son auditoire un écran miroitant, prêt à inscrire les sons et les figures de tous les désirs et de toutes les puissances, mais ne montre jamais la moindre stratégie d'une méthode d'accès au-delà des paroles, vers ce qui l'engagerait, lui, à dévoiler son identité, sa pensée, son être singulier et sa connaissance limitée à un acte de parole adressé à un public choisi. Mais s'il propose ainsi mille détours et pas un seul chemin, c'est peut-être parce qu'il sait qu'aucune voie dans le langage ne va sans équivoque et sans replis.

Le sophiste pâtit par conséquent de sa connivence avec le monde sensible, de son jeu entre proximité feinte et distance voilante et déformante, de son usage démesuré de figures qui lui réclame constamment des mises au point, des « corrections visuelles », des adaptations au changement continu du vivant (ζῷον) qu'il est censé « produire » (selon la question à travers laquelle Théétète formule son l'étonnement naïf et sa critique[1]). Dans sa bouche, ces figures et ces multiples, incessantes mutations rendent son discours coupable de traîtrise à l'égard de sa propre nature au profit d'un « réel » *phantasmé*, pure reconstruction vraisemblable. Elles rendent son discours coupable surtout à l'égard des mots « raisonnables », des

tentative de classification de la terminologie et des définitions de l'image et des différentes sortes de ressemblance en essayant de l'expliciter dans le détail.

1. *Soph.*, 234a1.

démonstrations et des arguments conceptuels, qui n'ont connu aucun compromis ni avec le monde des vivants ni avec les images, et qui peuvent donc, ou devraient pouvoir en restant sur leur abstraction linéaire, binaire, fondée sur des oppositions, comme un monde fait exclusivement de blanc et de noir, désigner, nommer par décision ou par imposition le « vrai » : l'ouverture de la pensée à la connaissance de la « vérité » de l'être grâce à la participation de tous les *étants* aux Formes.

Cependant le « métier » du sophiste, son emploi de « pédagogue », sert d'alibi pour son comportement à l'égard du langage, ainsi que pour ses méthodes. C'est parce qu'il est censé enseigner que le sophiste ne peut pas agir, à l'instar du démiurge du *Timée*, en fixant son regard sur les Formes et en le détournant par conséquent des apparences et des figures de l'immédiat ; qu'il ne peut pas demeurer, en fin de compte, dans un éloignement, voire dans une séparation des choses elles-mêmes, ni dans une relation aussi lâche, formellement parlant, que celle de la participation des *étants* à l'inconnaissable essentiel des Formes. Il n'aurait, en effet, d'autre choix que de reproduire la variété infinie et bariolée des apparences du vivant. Ainsi fait-il défiler ses paroles comme des ombres devant les yeux encore vierges de son public, tandis qu'à l'égard des Formes son langage se réduit vite à des formules elliptiques, incompréhensibles pour son jeune auditoire, et finalement se contente du silence.

Pareil au monde dans lequel il est entièrement plongé, le sophiste dissimule de cette manière sa présence derrière l'étantité commune des choses qu'il est censé enseigner. Il y est obligé, et donne par conséquent une consistance feinte à ses propres paroles, la consistance d'un εἰκὼν ὄντως [1], d'une présence ou d'une étantité de pure vraisemblance dont il ne déjoue jamais l'astuce, car là est justement son seul refuge, un refuge qui par ailleurs est à même de nourrir inlassablement son art : « une forme dont le mystère est inextricable » (εἰς ἄπορον εἶδος), selon les termes de l'Étranger lui-même [2]. Ce refuge est un recours à la contradiction permanente, à une logique qui avance par paires d'oppositions et par une opposition conséquente à l'opposition, un usage tantôt banal et tantôt surprenant des mots qui engendrent, en somme, un rappel formel du langage, comme si le langage se trouvait à l'écart de toutes ces oppositions, dans une réserve qui garderait intact un rapport *indicible* à l'être ou à la chose désigné(e). Là où le sophiste pourrait enfin être pris au piège, dans le paradoxe qu'il soulève, dans son recours stratégique à l'« aporie », c'est là justement que l'on perd

1. *Soph.*, 240b.
2. *Soph.*, 236d.

sa trace, comme s'il entrait subrepticement dans une citadelle imprenable ou dans une nuée. Car dans ce refuge *modal* et *spéculatif*, notre homme, indomptable par sa polytropie, ayant changé mille fois de tête, s'enferme et disparaît en même temps que l'écho de son dernier mot, en nous livrant désormais à nous-mêmes. Cela représente encore *sa* manière, équivoque et réflexive, de donner une dernière leçon de *son* savoir, sans jamais suivre ce qu'il dit, et qui risque de l'identifier ainsi à lui-même, sans quitter une seule fois le dédoublement qui le cache aux yeux des autres alors même qu'il leur apparaît au devant de la scène. S'il effectue toutefois un choix, celui-ci consiste justement à ne faire *en son nom propre* aucun choix : à ne jamais interpréter ce qu'il dit, à ne jamais trancher en faveur d'une seule voie, en laissant agir ainsi tantôt le sens premier, littéral, qui par moments secoue de leur torpeur les esprits et arrache les mots à leur ambivalence évocatrice, à leur profondeur sans fond, à leur duplicité mi-son mi-figure, et tantôt le silence ému mais inintelligible que dégagent les images seules, des pures vraisemblances pétrifiées lorsqu'on les destine à enseigner les « vérités » d'une « doctrine » à de soi-disant « illettrés ». Le choix se fait donc en fonction de son auditoire, au gré de son savoir, et parfois de manière différée, car dans la bouche de notre « acteur » la voix ne passe nullement comme le glaive, une seule fois, et à jamais.

L'on reproche, en somme, au sophiste d'une part de parler à partir de son point de vue mais sans s'identifier à ce qu'il dit par le choix de l'acte ou par une œuvre qui demeure; d'user, d'autre part, d'instruments polymorphes et inappropriés pour instruire, car ce séducteur de foules instille son enseignement en faisant en même temps plaisir par des effets chromatiques et des allitérations à un auditoire qui se prend ainsi à l'aimer et à lui faire sans partage confiance. On l'accuse, en outre, de tromperie ou de mensonge, d'affirmer l'être ou le paraître d'une chose par une pure invention d'*étants*, une invention corrective et personnelle en quelque sorte, à travers laquelle il laisserait croire en la réalité de cette « production » comme à un accès réducteur mais véritable à *toute* réalité partant de là. Plus exactement, il lui est imputé non seulement de mimer la production d'une chose, mais encore de donner le résultat de sa démarche à la fois pour modèle et pour cause de la chose, et de construire le *tout* à partir d'une seule part – la sienne, le cas échéant. Or, cela engage la pensée dans un extrême embarras. Car les « paroles » sont pour Platon comme les « êtres » : *affirmer* est toujours du côté de la vérité, *paraître* (φαίνεσθαι) – la forme naturelle de tout ce qui est[1]. Le sophiste en revanche, subtil dans le maniement de la langue mais oublieux distrait à l'égard de l'esprit, joue impunément avec les paroles et ne les prend au sérieux que lorsque celles-ci dévoilent leur équivocité et leur nature double, en désamorçant ainsi la relation inextricable entre être et apparence, pendant que lui voulait désarticuler la massivité d'une présence d'objet pour la faire passer au travers des mots. Ainsi arrive-t-il à affirmer « être » ce qui n'est en toute apparence qu'un simulacre, le résultat d'une illusion de visibilité ou de réalité créée par lui-même. À terme cette situation renverse le rapport entre *noêsis* et *legein*, entre *penser* et *exprimer sa pensée* par la parole, en entraînant la pensée à suivre une « vérité » mise en place par le discours et à concevoir donc, *a posteriori*, ce que le langage *dit* – et cela même quand la rhétorique prend le pas sur la logique en provoquant une entorse à son égard, une contradiction entre les termes, situation impropre au raisonnement. C'est ce qui se passe lorsque l'on affirme dans le discours l'existence du faux-semblant et que l'on fait par conséquent la preuve langagière d'un « irréel existant », en présentant, en un mot, *l'être du non-être* – déclaration suicidaire, dévoilement d'infidélité d'une suprême gravité pour un philosophe d'Élée, comme notre Étranger, et d'ailleurs pour tout disciple se réclamant de Parménide[2]. Dévoilement en même temps d'une modernité assumée de la pensée platonicienne, dont Aristote saura tirer le maximum de profit pour la mise en place du principe de non-contradiction, fondateur de sa logique.

Sans doute est-il préférable devant l'inconsistance des apparences du monde de changer de sujet et de parler de tout autre chose, moins vaine que les images, les simulacres, les apparitions, toutes les sortes d'illusions sensorielles. Ou alors de succomber – lassitude d'un monde finissant – au charme de la fugacité, à l'intérêt rhétorique pour l'artificiel et le transitoire, ou encore de s'intéresser au thème moral de la vanité, pourvu que l'on ne cède pas en même temps sur le plan du raisonnement et de la recherche d'une « science » à l'écart de l'expérience immanente. Ce sera effective-

1. « C'est que nous voilà réellement, bienheureux jeune homme, devant une question extrêmement difficile ; car paraître et sembler sans être (τὸ γὰρ φαίνεσθαι τοῦτο καὶ τὸ δοκεῖν, εἶναι δὲ μή), dire quelque chose sans pourtant dire vrai (καὶ τὸ λέγειν μὲν ἄττα, ἀληθῆ δὲ μή), ce sont là formules qui, toutes, sont grosses d'embarras (πάντα ταῦτά ἐστι μεστὰ ἀπορίας), aujourd'hui comme hier et comme toujours. Quelle formule, en effet, trouver pour dire ou penser que le faux est réel (ὅπως γὰρ εἰπόντα χρὴ ψευδῆ λέγειν ἢ δοξάζειν ὄντως εἶναι), sans que, à la proférer (τοῦτο φθεγξάμενον), on reste enchevêtré dans la contradiction (ἐναντιολογίᾳ μὴ συνέχεσθαι), la question est vraiment, Théétète, d'une difficulté extrême », *Soph.*, 236e (trad. Diès).

2. *Soph.*, 237a.

ment le choix et la rigueur des penseurs romains. Mais le sophiste de Platon n'est pas de cette espèce-là. Il s'est pris, lui, à son jeu propédeutique avec les apparences, en oubliant qu'il n'était que sur une « scène » – disons sur une place purement opératoire et transitive, sous un mode propre au fonctionnement de la logique – et que derrière l'éclairage de celle-ci guettait, comme de derrière les évidences de la logique, une sorte de présence *démonique* réveillée par son art : la présence d'un « non-être existant », d'un « irréel vrai », pareil à un « trou noir » de l'univers encore inconnu. Fort de sa « technique », le sophiste voudrait faire basculer la philosophie en une doctrine du relatif, en la dissimulant sous l'apparence d'un art du langage. Il ne semble pas conscient du danger qu'il encourt lorsqu'il tente de prouver à son auditoire que le *non-être* existe malgré la négation qui le néantise, en montrant ainsi que « tout » *est* et *n'est pas* en même temps parce qu'il est soumis au pouvoir du langage, et que le langage peut, en se servant de l'image, ou plutôt au même titre que celle-ci, donner corps et vie à tout ce qu'elle nomme et définit par des mots.

C'est ainsi que l'*être* « est » autant que le *non-être* dès la mise en place du langage, par la parole qui les appelle et qui les définit à travers son propre corps, mais par une ressemblance de *trait* ou de *trace*, à la manière dont l'épreuve du creux révèle immanquablement l'existence du plein. Or, tel qu'il est présenté par Platon, le sophiste serait ce faux philosophe, ce philosophe *mime*, *fourbe* et *divin*, qui ose séparer par son « art » les inséparables dans l'histoire des idées, qui tranche en l'occurrence le lien archaïque entre ontologie et métaphysique, et qui revendique sa « révolution » au nom du langage, de la possibilité ouverte à la prédication, mot et image confondus à cette tâche.

CHAPITRE III

L'IMAGE ET LE NON-ETRE : LA MHXANH DE LA DOUBLE FACE

JEUX DE LA DISTANCE

L'une des principales critiques à l'encontre du sophiste porte sur son absence de distance à l'égard de l'objet de son discours. Elle porte, en l'occurrence, sur l'« adhérence totale » que le discours du sophiste semble installer entre le « mot » et « l'être »[1]. Il en va d'ailleurs de la distance comme de la distinction, elle aussi inexistante ou inopérante pour lui, entre opinion et connaissance « vraie » des choses. Pourtant la question de la distance, nous l'avons remarqué, n'est pas sans être convoquée elle aussi dans notre dialogue : dans l'analyse structurelle des moyens spécifiques du sophiste, comme dans la scénographie mise en place par/pour son discours. Le sophiste prétend *faire voir* avec clarté les choses à autrui. Lesquelles? *Toutes* les choses et *tous* les êtres du monde. Il met pour cela à contribution

1. Voir P. Aubenque, *Le problème de l'être chez Aristote*, Paris, PUF, 1991[2], chapitre « Être et langage », p. 100 pour la citation et suivantes pour le développement de la critique. Voici l'essentiel de cette critique : « Quelles qu'aient pu être les divergences des sophistes dans leur théorie du langage, divergences dont le *Cratyle* de Platon semble nous apporter l'écho, ils ne semblent pas avoir eu l'idée que le langage pût avoir une certaine profondeur, qu'il pût renvoyer à autre chose que lui-même : leurs théories sont, pourrait-on dire, des théories immanentistes du langage, le langage est pour eux un langage en soi, qui fait corps avec ce qu'il exprime, et non un *signe* qu'il faudrait dépasser vers un *signifié*, non pas donné mais problématique – ce qui supposerait une certaine distance entre le signe et la chose signifiée ». Voir également, pour une réponse à cette question concernant la critique aristotélicienne de la position sophistique, B. Cassin, *La décision du sens. Le livre* Gamma *de la* Métaphysique *d'Aristote*, Paris, Vrin, 1998[2], étude introductive « Parle, si tu es un homme », p. 27.

tous les « arts » qui lui permettent d'atteindre ce but, et surtout l'« art » de tous les arts, celui qui offre la possibilité d'une approche épistémologique de l'ensemble. Finalement, pour atteindre ce but une seule technique lui suffit ; c'est son « art », dont il garde jalousement le « secret », et qui fait son prestige ou suscite au contraire colère et mépris. Or cet art unique du sophiste se définit d'abord par une maîtrise des dangers et des bénéfices de la distance. Cette distance est double : d'une part elle exprime l'éloignement avec lequel le sophiste regarde les choses et les êtres du monde ; d'autre part elle constitue l'expression de l'écart ou du retrait à partir duquel le sophiste présente à son auditoire la connaissance des *dits* êtres ou des *dites* choses dont il parle. C'est cette distance redoublée comme par un effet de perspective qui permet au sophiste, par un effet symétrique de raccourci, de présenter ses *mots* et les *choses* ou les *êtres* visés comme s'ils étaient des « homonymes » tenant facilement en un même et unique lieu. Si la confusion s'ensuit à partir de cette mise en scène, elle est volontairement entretenue par cet effet d'éloignement et provient, donc, du jeu alternatif entre distance proposée et proximité feinte, jeu qui permet au sophiste de sortir de la frontalité, de préserver son détachement et de « mentir » à son égard, à la manière d'Ulysse-Οὔτις, en portant atteinte au statut de l'identité : autant la sienne que celle de l'objet de son discours, et peut-être même celle de son auditoire.

Πόρρω (πόρρωθεν) – l'éloignement incertain et indéterminé pour les autres, mais connu de lui seul – voilà donc le subterfuge sous lequel se cache la technique du sophiste, et donc le lieu où le mensonge de sa fausse science ou de ses mauvaises intentions pourrait être mis à découvert. Si on accepte de regarder de l'autre côté du miroir que le sophiste lui-même nous tend en toute impunité par son langage, c'est là, dans son retrait, derrière les ombres et les reflets suscités par ses discours, que nous pouvons découvrir l'astuce, l'ingénieuse *mekhanê*, la ruse et le génie de quelqu'un qui connaît bien son métier : comment user du sens des mots en tournant autour et en les prenant en même temps de tous les côtés.

Qu'il sache ou non de quoi il parle, ou qu'il s'acharne à établir le vrai et à exclure le faux, le sophiste semble de toute façon « mentir » à son auditoire parce qu'il se place volontairement à distance et qu'il installe à travers cette distance un intervalle qui ne constitue pas un espace neutre mais bien le *signe efficace* de l'éloignement nécessaire et d'une séparation quasi infranchissable entre l'orateur, dans l'acte de son discours, et le public en train de l'écouter. Le sophiste a au moins deux raisons pour mettre en œuvre cette distance. Il n'y aurait, selon notre héros, rien à voir et donc rien à dire si nous voulions à tout prix nous mettre face-à-face et même nez-à-nez avec l'objet ou l'être particulier dont nous cherchons à déterminer l'identité vraie, et à acquérir ainsi la connaissance parce que cet objet ou cet être constitue pour nous le gage d'un accès à la définition juste de la substance ou de l'essence des choses en général. Faut-il pour autant taire ce qui ne peut pas être dit ni montrer dans ce cas, comme lorsqu'on ferme les yeux devant le trop plein de visibilité imposé par la proximité ? Le face-à-face a, certes, l'effet saturant du gros-plan : occupant le champ entier de la vision, il ne laisse pas de place pour le regard qui cherche à embrasser la totalité, et n'offre aucun espace non plus pour le moindre recul nécessaire à la profération d'un discours – à moins de choisir comme modalité le chuchotement. D'autre part, la distance, même si elle est trop importante et n'engendre pas la clarté mais plutôt le flou, l'entre-deux, un ajustement des proportions et une distinction imprécise des plans, bref la distance qui produit une œuvre aussi grossière qu'une statue taillée par un berger[1], permet, même dans ce cas, un discernement de l'acte en cours, car, en l'absence du détail particulier, elle offre les conditions pour pouvoir définir formellement et substantiellement l'ensemble, et révèle en même temps les limites de l'instrument qui fixe ainsi les termes de la connaissance. Cependant, la distance justifie aussi la méfiance à l'égard du sophiste, car elle cache l'existence possible de raisons non avouables dans les mots, et occulte, sans présenter aucune explication, le sens du raisonnement : d'où provient-il et où va-t-il exactement ? que cherche-t-il au juste ? Elle recèle, autrement dit, l'intention qui préside au choix et à l'ordre secret des expressions, dans la taxinomie jamais innocente des arguments et des parties d'un discours.

Le sophiste, en effet, ne déjoue jamais sa stratégie, ni ne met en avant les fonctions utilitaires (qu'elles soient politiques ou pédagogiques) qu'il attribue à son discours. Il se place à distance, mais de préférence de face, et joue de tous les attributs et de tous les avantages de cette posture sans en dire mot. Or, s'il conjugue la distance avec la présentation de face, nous avons là une preuve que notre sophiste n'est pas un pédagogue errant, à la recherche d'un lieu où briller le temps d'un mot d'esprit offert à un public de passage, mais que nous avons en réalité affaire à un homme exercé au combat, et qui cherche consciemment à obtenir une victoire, et conséquemment le pouvoir sur les biens de son ennemi, grâce aux possibilités contenues dans le langage bien maîtrisé. Cette position de face[2], qui implique d'emblée une

1. *Philèbe*, 38c-e.

2. La structure signifiante, mythologique, de la position frontale dont se sert, en toute vraisemblance, le sophiste, a été analysée surtout par les historiens de l'art, les anthropologues et les archéologues de l'Antiquité classique. Nous citons quelques références biblio-

forme de proximité même si l'objet envisagé n'est pas à portée de la main, trahit le dessein du sophiste et déjoue l'astucieuse justification de la mise à distance. La face réclame de fait une certaine proximité, une absence de retenue, une transparence au sens éthique du terme, et dans le monde grec en particulier, une objectivation qui peut conduire à l'affrontement ou du moins au désir de possession. Le sophiste joue de tout ceci à la fois face à l'objet de son discours et face à son auditoire, mais ajoute aux effets déterminants de la relation frontale ce surcroît de distance (feinte et réelle en même temps), qui transforme la redoutable transparence de la proximité en un rapport flou et distendu. Aussi pousse-t-il l'objectivation inévitable vers une recherche d'identité dans la différence et dans les oppositions diverses, dialectiques, qu'il installe grâce à la manière dont il manipule les possibilités du langage et construit son discours. La distance et la frontalité médusante, auxquelles s'ajoute l'immobilité de l'image qu'il brosse à son public à la place du « vrai » objet de la connaissance, ne proviennent donc pas d'une absence de savoir, tare dont on affuble couramment le sophiste, mais d'une volonté programmatique d'occulter les faits, de faire l'impasse sur les actes ou sur les gestes qui accomplissent par des œuvres les assertions et les descriptions proférées. C'est cette absence d'intérêt pour la conséquence pratique immédiate et ce décrochement entre la parole et l'acte, qui transforme la réalité des choses en une « vérité » émoussée à mesure que la voix de l'orateur devient au contraire de plus en plus appuyée et modulée, tantôt grave tantôt aiguë, mais sans aucune raison inhérente à la vie ou à la production du sujet abordé.

Selon le dialogue ici analysé, il y aurait trois manières d'envisager la distance, sur trois plans différents qui semblent subsister simultanément dans l'esprit de l'auteur du *Sophiste* et qui déterminent tous les trois la constitution spécifique du rapport entre le logos philosophique (la possibilité de connaître essentiellement une chose) et l'image de l'objet sur lequel porte l'acte de parler au sujet de…

1) La distance qui oblige les artistes-scénographes à jouer sur les proportions et les symétries de manière à corriger les déformations qu'engendre la vue d'un objet à distance. Nous appellerons cet éloignement une mise en place de l'illusion optique comme condition à/de la construc-

graphiques et analysons certaines de ses implications en rapports avec les textes mythologiques de fondation, et plus généralement en rapport avec la structure narrative, dans notre étude « Le mythe fondateur et l'image du monde (narration et a-narrativité d'une fondation) », dans *Weltbild-Bildwelt*, W. Schweidler (dir.), Sankt Augustin, Academia Verlag, 2007, partie « L'homme et l'image : étude des positions mythiques », p. 347-379.

tion visuelle de l'image (une re-constitution de l'objet visible *en image*). Le caractère illusoire du visible et de l'image – illusoire mais non mensonger pour autant – est une conséquence physique de cette distance.

2) Complémentaire ou équivalente cette fois-ci à une rupture de plan ou à une disjonction, il y aurait aussi une distance qui exprimerait l'éloignement de tout sensible à l'égard de son modèle, c'est-à-dire de la Forme transcendante. Cette distance concerne les « jeunes » apprentis sur le chemin de la connaissance des intelligibles. Elle oblige l'image à ne remplir que le rôle secondaire (pédagogique) d'une copie, dont le caractère de ressemblance serait la seule garantie d'une « participation » possible au modèle, mais sans rapport de nature avec celui-ci, sans accès à son essence. Aussi la copie permet-elle une connaissance réelle mais partielle de son modèle, et ce schéma correspond à la fois au statut de l'image et à celui de la parole qui utilise cette « voie » réservée à la ressemblance. La distance joue dans ce cas le rôle imparti plus précisément au dessein pédagogique de la *parole visible* du sophiste.

3) Mais il reste aussi une troisième possibilité, qui n'est pas écartée du dialogue. C'est celle qui permet d'envisager la distance non comme une condition pour mettre en place la relation de ressemblance, ou pour permettre la réception d'une illusion à même de relier le connaissable à ce qui dépasse par principe la connaissance, comme l'incognoscibilité du Beau ou du Bien inconditionnel et universel, mais simplement comme une forme de négation (et conséquemment de témoignage par détour) de l'incapacité spécifique à connaître l'identité d'une chose à la fois dans sa totalité et dans sa singularité. La distance met alors en place un intervalle et fait naître une relation particulière engendrée par l'existence même de cet intervalle. Autrement dit, elle engendre une sorte de réserve, de mouvement de retrait, d'acte d'absorption à l'intérieur d'une « distance sensible » qui se constitue comme le creux, le négatif d'une trace en rapport avec ce qui demeure radicalement « indicible » et « invisible » au sein même des choses immanentes[1]. Paradoxalement, c'est ce type de distance *par retrait* qui permet à la manifestation sensible d'une chose de trouver son évidence

1. C'est surtout ce troisième mode sous lequel se définit la distance qui nous intéresse ici plus particulièrement ; nous tenterons de le circonscrire en analysant quelques autres passages de notre dialogue, et en faisant également appel à certains paragraphes du *Parménide*, ainsi qu'à d'autres textes platoniciens où cette sorte de distance nous semble présente. Voir par ailleurs, pour une analyse phénoménologique de la « distance » sur d'autres bases textuelles que les nôtres (théologiques et poétiques en l'occurrence), l'ouvrage de J.-L. Marion, *L'Idole et la distance*, Paris, Grasset, 1977, qui a inspiré au départ notre réflexion.

hors de toute forme de fascination aveuglante et de toute référence réflexive narcissique. Nous venons de nommer, avec ces derniers mots, les principaux reproches faits au sophiste; nous reviendrons plus loin là-dessus.

Sous ces trois modes la distance ferait donc le jeu de tout ce qui se cache en se montrant; elle donnerait la clef, autrement dit, des modalités immanentes pour connaître tout ce qui existe par nature ou par production. En utilisant avec art les possibilités offertes par ce moyen, et plus précisément en lui soumettant son usage particulier du langage, le sophiste met en effet sous les yeux de son public ce qui n'étant pas patent en soi se manifeste néanmoins comme une évidence. Toutefois, il ne prétend pas imposer par celle-ci une seule face et l'unique « vérité » qui puisse concerner la connaissance d'un objet. Est-ce une forme de relativisme de sa part? Non, nous semble-t-il, bien que ça y ressemble. De fait, le sophiste met à la portée de son public un dispositif qui réveille l'intérêt à l'égard de ce qui apparaît comme l'évidence banale des choses. Les mots commencent alors à faire montre d'images, les paroles dépassent l'enclos de leur univocité sémantique et engendrent des *eidola* du réel en s'unissant aussitôt à celles-ci et en multipliant ainsi les possibilités de compréhension sémantiques autant que les équivocités du texte. Le langage devient sonore et visuel, devient «parlant» pour tous ceux qui l'écoutent. Mais aussitôt le sophiste intervient à nouveau, et impose une distance, une rupture à l'égard des apparences, voire une ascèse des facultés par une réduction logique de l'expérience, ou du moins par un retour au sens premier des mots, par une réappropriation de la proximité lexicale (ou littérale) et de la transparence sémantique des paroles. C'est ce va-et-vient entre la visibilité récupérée des choses et les mots qui tentent de les définir, c'est ce vacillement permanent, subtil et fascinant, qui structure son discours. Car – au risque de nous répéter – si à partir de là on peut vitupérer contre le sophiste parce qu'il induit en erreur en présentant des copies et des images de toutes sortes à la place de vrais objets, ce n'est pas l'œuvre des artistes qui est ici condamnée à titre d'image mimétique et donc mensongère, comme dans la *République*. C'est bien le discours lui-même qui est tenu pour responsable de l'impossibilité de connaître réellement l'identité en soi de chaque chose; c'est le discours philosophique en l'occurrence, qui est mis en cause dans son attitude d'allégeance vis-à-vis de l'image, dans sa tentative de « faire des images » à l'instar du sophiste, l'εἰδωλοποιὸν (239d). Car celui-ci produit en effet des *eidôla* de réalité mais pas comme un artisan produit une œuvre artisanale. Il produit un « semblant » d'être ou d'objet, une « copie » déchue à l'égard de l'Idée ou de la Forme idéale de chaque chose concernée, et, en parlant à son sujet, il prononce un nom ou formule une définition, et signifie de fait plusieurs choses à la fois, sur plusieurs plans de référence, au lieu de se contenter d'une mise en évidence de cette identité nue et singulière des choses en elles-mêmes à travers un langage purement déictique et référent aux principes seuls. Les dangers de cette pente périlleuse, de cette équivocité immaîtrisable du langage, le vrai philosophe les connaît, et sans doute le sophiste aussi, mais ce dernier n'a pas ou ne peut pas se donner le choix d'une distinction déclarée, voire d'un éventuel refus.

Voyons maintenant ce qui constitue pour le prétendu philosophe, ici l'Étranger d'Élée, l'objet effectif de la pensée « vraie », celui qui devrait préoccuper sans dispute ni jeu les esprits sains, à savoir l'approche intellective, l'entendement de l'*être* – fondement existentiel du monde en tant qu'il est considéré comme le principe du *réel*.

DIRE L'IMAGE : LA DEFINITION PAR LE NON, OU L'ALTERITE DU LANGAGE

Rapprochons-nous à nouveau du texte. Fait suite aux passages déjà commentés, extraits du début du *Sophiste*, la démonstration de l'existence du « non-être », ce règlement de comptes de Platon avec Parménide. L'affaire est connue, et sans cesse commentée d'ailleurs; nous n'allons donc pas insister là-dessus. Il y a, en revanche, dans cette définition du « non-être » quelque chose qui provient d'une parenté originaire de la langue et de l'image, et c'est là-dessus que nous aimerions nous attarder à présent. Il s'agit plus précisément d'une sorte d'attrait quasi naturel par lequel la langue devient grosse d'images et en met au monde, engendrant de cette manière ce que par ailleurs elle-même appelle le « néant », le « rien » ontologique, l'opposé à toute forme d'existence, le contraire absolu d'une *vraie* présence, qu'elle soit d'être réel ou de représentation mentale. Il ne s'agit pas d'une auto-annihilation de la part de la langue, d'un silence qu'elle se voit imposer tout d'un coup, d'un besoin de faire taire les dissonances ou la musique des mots pour pouvoir entendre autre chose, comme ce « bruissement d'ailleurs » dont on parlait tantôt. Il est plutôt question d'une sorte de retrait du langage devant une « apparition » que le langage lui-même dénonce comme « étrangère » à sa nature, d'une sorte de réserve qui se dessine devant une « altérité », laquelle suscite du coup un usage inhabituel du langage et impose une confrontation de celui-ci avec le contraire de l'intellection par les moyens logiques. Or c'est bien cet usage de la parole, attribué au sophiste, qui apparaît au philosophe comme inhabituel. Mais, outre la confrontation avec le sophiste, cet usage inhabituel est censé révéler de cette manière l'inappropriation foncière de la parole à témoigner d'une « apparition », d'une forme de visibilité, d'une manifestation sensible, c'est-à-dire de tout ce qui est « autre » que son monde de mots, et qui est d'emblée irréductible à des relations grammaticales de consécution temporelle et de conditionnement du sens par la succession, la procession ou l'opposition. Arraché à la tautologie sémantique foncière dans laquelle fonctionne la parole – nous entendons par là le caractère à la fois déictique des noms et désignatif du « dire », ainsi que le fonctionnement généralement apodictique du langage –, le discours du sophiste se trouve d'emblée libéré des règles et confronté à un « reflet » de lui-même qui ne lui ressemble plus, qui s'oppose même à ce que celui-ci semblait faire entendre dans l'immédiat : des mots, des concepts et leurs lois syntaxiques, logiques. Cette « altérité » révélatrice des limites du langage, surgie d'un « ailleurs » étranger à la parole – où la langue s'origine, comme par défaut, dans des traits et des sons réduits à eux-mêmes –, cette « apparition » soudaine repousse en effet les barrières de l'expression et les retourne en quelque sorte sur/contre elles-mêmes. Cette « altérité » inventée du langage prend à revers les mots en faisant « dire » (soit *signifier* soit *décrire*) encore à la langue ce fortuit passage à la limite, la faisant donc affirmer ou nier quelque chose là où les paroles semblaient avoir épuisé les ressorts logiques de l'exprimable, et révélé du même coup le seuil de l'indicible et de l'aporétique.

Notre analyse, consacrée toujours à la première partie du dialogue, se focalisera ici plus particulièrement sur les conditions de privation ou de retrait qui permettent au langage d'accueillir et même de définir l'affirmation du « néant », du « rien » ontologique imposé par la parole à toute manifestation visible en tant que celle-ci se définit, autant que la parole, comme projection d'une « altérité » radicale par rapport à l'intelligibilité de l'*être*, et donc par rapport au *logos*. Le philosophe (l'Étranger, en l'occurrence) traque comme quelque chose d'inacceptable l'« astuce » du sophiste de « parler en images », car, en agissant ainsi, le sophiste enlève au langage toute possibilité d'accéder au « vrai ». Mais si cela constitue effectivement la thèse du dialogue, il n'en reste pas moins que pour *affirmer la négation* à l'égard de l'être sans contredire le statut même de la parole et du langage (si tant est que la parole ait encore un statut ontologique pour Platon), il n'y a pas meilleure solution que d'introduire dans le discours ce « cheval de Troie » de l'image. Celle-ci serait à même, peut-être, de dénouer la contradiction flagrante aux yeux du philosophe et de résoudre l'aporie parménidienne en déplaçant le problème ontologique du plan verbal sur le plan de la réception du réel *via* l'image, c'est-à-dire en se servant d'un opérateur logique totalement étranger, si possible, au langage. L'adhérence sans distance du sophiste au discours se résout dans un changement de plan : une adhérence à l'image (ou au « parler en images ») qui introduit la distance et la réflexivité nécessaires à l'élaboration du discours. Il va de soi que l'opération de transfert sur le plan de l'image ne va pas, elle non plus, sans danger, d'où l'immédiate dénonciation de la fascination pour le multiple, la recherche de la réduction et la formulation aporétique de la définition de l'image et de la ressemblance à l'aide des termes les plus justes, à travers une recherche lexicale que nous allons détailler plus loin.

Cette apparition de l'image est aussitôt installée comme une brèche dans l'intimité même du langage, dès lors que la parole n'est plus tenue à affirmer quoi que ce soit, y compris la négation d'elle-même, mais peut s'ouvrir librement, malgré les résistances inhérentes au discours, en épousant par le nom la présence désignée, autant qu'elle épouse par le verbe le mouvement et sa temporalité constitutive, et en faisant entendre, en même temps, le jaillissement et l'épanchement du souffle. En un mot, l'image provoque la langue à rendre perceptible la nature même des choses dans leur visibilité *vierge* et *nue*, immanente au regard et exempte de figures, d'allégories, de représentations, d'histoires ou de récits. La langue rend ainsi perceptible en tant qu'image le principe même de visibilité des choses (soit êtres vivants soit tout objet inanimé de la vue), mais y ajoute la possibilité de prendre conscience de cet acte comme d'un acte de la connaissance. Le principe de visibilité devient alors un accès ouvert à l'essence même des choses, une possibilité d'envisager leur face (au sens strict du terme πρόσωπον, « ce qui se trouve sous les yeux »), comme si celle-ci était l'expression la plus proche et la plus juste d'accéder à l'identité réelle et vraie.

Dire et non définir

La définition de l'image, l'instrument favori d'expression du sophiste (le faiseur d'idoles, εἰδωλοποιὸν), se construit à partir de la possibilité de formuler des distinctions entre le « vrai » et la réalité des « étants » (ἀλήθεια et ὄντα), ainsi qu'en relation étroite, de quasi-identification de l'image avec le statut d'un « non-étant » (μὴ ὂν). Le paradoxe de l'image, en même temps que son caractère paradigmatique, exemplaire de la démarche d'un « sophiste », consiste à affirmer que l'image, qui n'est certes que *de la ressemblance* – copie ou simulacre (μίμημα), conformation conjecturale à l'égard de la présence d'une chose (εἰκών), ou bien, une sorte de représentation produite par la faculté imaginative de l'intellect (φάντασμα)[1] –, comporte toutefois un statut qui la situe dans le discours du côté du λέγειν et du rapport à l'εἶναι. Mais la définition comme telle de l'image n'est pas possible; on peut la *dire*, et l'actualiser ainsi à travers l'acte du langage en acceptant ou en niant l'écart, mais on ne peut pas formuler une définition de ce qu'elle *est*. Aussi la démarche du sophiste est-elle volontairement, pour cette raison, purement langagière à l'égard de l'être, comme à l'égard de l'image, du vrai ou du caractère réel. Le sophiste entend mettre ainsi la langue à l'abri de la domination de la logique, et définir cette démarche comme une pure affaire de mots et de concepts autonomes en quelque sorte, pour éviter que la langue ne se ferme comme un piège sur elle-même et sur la pensée, qu'elle ne s'enferme plus précisément dans la tautologie dès que l'on tente de saisir le but du philosophe – nommer et définir chaque chose afin de la connaître *en tant qu'elle est*, la saisir comme une identité en soi hors de tout rapport avec la pensée et l'expression.

Le sophiste *dit l'être*, *dit l'image*, et travaille en somme dans et par le langage, alors qu'il vise en réalité ce qui est en dehors du logos et foncièrement inatteignable par celui-ci, à savoir la connaissance des choses en elles-mêmes, et si possible *en direct*. Il prononce des mots, certes, mais il vise instantanément la connaissance de ce que ceux-ci désignent et signifient à partir de la présence vraie ou de la réalité immanente des choses particulières nommées ou signifiées. Mais ce n'est pas tout. Le sophiste vise dans chaque chose qu'il dit connaître ainsi, la connaissance universelle, un savoir de la totalité du monde à travers ses principes gouverneurs. Il prend pour ce faire deux raccourcis : il met en avant la/une signification particulière avant d'annoncer la valeur signalétique, conventionnelle du langage, et il utilise en même temps l'image comme une forme de mise en présence « fantomatique » de l'objet dont il traite. Il produit donc, à bon escient selon lui, des *simulacres* ou des *icônes* bon(ne)s pour l'entendement, avant de recourir aux concepts et aux catégories qui indiquent, comme dans le cas du statut du langage, qu'il s'agit d'ouvrir par ce moyen un accès à la visibilité comme principe de réalité, ainsi que d'établir le seul rapport possible, un rapport *feint* à la présence de l'objet visé.

Ni le *logos* ni l'*eikôn* ne sont cependant dénoncés comme des signes, des traces ou des formes conventionnelles en référence à la chose existante, elle-même copie de sa Forme éternelle. Au contraire, le sophiste

1. Voir plus loin la définition de ces différentes sortes d'image.

fait l'impasse sur ses modalités et cherche à aller droit au sens. Il se sert lourdement de la relation de ressemblance, mais son raisonnement échappe à la logique binaire du vrai-faux qu'engendre, immanquablement pour un « platonicien », la relation univoque de ressemblance (ou de dissemblance) à l'égard d'un modèle. En outre, le sophiste fait l'impasse sur le statut d'un langage auquel il serait interdit d'affirmer la négation, et joue des ressorts de la dialectique pour définir justement la contradiction, en prenant comme terrain privilégié pour cet exercice l'image : tantôt une visibilité indéterminable (immaîtrisable) par le logos, tantôt l'une des expressions de la ressemblance qui permet l'approche de l'objet par équivocité, aporie et paradoxe. Il va appeler l'*image* tantôt εἴδωλον, si elle se constitue en objet visuel, et tantôt εἰκών, une *image* qui n'a d'autre réalité que celle de sa ressemblance à l'égard d'une autre réalité, peut-être visible mais sur le coup absente du champ de la vision. Dans ce dernier cas l'image se définit comme une altérité suffisante à elle seule, et donc comme ontologique *par défaut*. Aussi pousse-t-il jusqu'à la caricature le « platonisme » des ressemblances factices, des doubles et des copies de second ou de troisième degré, l'enfonce-t-il jusqu'à ses derniers retranchements dans le néant des copies, de l'effacement quasi complet de la Forme reproduite, et revient-il, par ailleurs, sur le lieu ainsi vidé de tout contenu, à la manière d'un poète ou d'un théologien qui chercherait à donner sens et à instaurer une forme de présence à/de ce qui ne peut avoir une consistance d'objet, ni une détermination et un statut autres que par défaut, par la définition négative, ou comme une altérité paradoxale, transcendant toute expérience.

Oserions-nous affirmer que Platon semble avoir mis ainsi en scène une critique de sa propre philosophie pour tenter un dépassement, pour ouvrir un horizon ailleurs qu'à la lisière du ciel des Formes ? L'image – comme une possible voie pour la connaissance, en même temps qu'une altérité désignée du langage – viendrait alors répondre à ce dessein. Dès qu'elle est introduite dans le discours, la possibilité d'une définition est aussitôt mise en cause pour signifier ainsi ce qui se joue de plus vaste et de plus profond dans la confrontation du langage avec le visible par l'entremise de l'image : à savoir la possibilité d'avoir accès à une détermination par le logos au statut ontologique de toute chose, que celle-ci soit visible, existante, « réelle » et « vraie », ou pure création, ruse de l'esprit, espiègle machination, divine μηχανή autant de l'imagination que de la sonorité naturelle des mots. D'où la nécessité d'établir le statut de l'image elle-même en la situant en rapport avec les seuls verbes déterminants pour ce contexte : λέγειν et εἶναι. Le rapport sera validé comme vrai ou démenti comme possibilité, mais, dans un sens ou dans l'autre, il ne pourra que valoriser l'image et exclure son rejet immédiat au nom d'une théorie des Formes comme des « intelligibles » purs – ce qui, dans la foulée, exclut par le même mouvement la négation radicale à l'égard d'un éventuel statut de l'image au même titre que le statut accordé au langage.

L'image, par conséquent, constitue cette « réalité de ressemblance » (εἰκὼν ὄντως, 240b), et en même temps ce « rien » en soi, cet objet de la vision, εἴδωλον, visible mais inconsistant si réduit à son apparence, pur reflet dans les eaux, dans les miroirs et dans les yeux ; ou encore un simple produit du savoir artisanal, fondé sur des symétries manquées dans la transposition des mêmes figures sur des supports différents, et travaillant savamment avec des proportions géométriques volontairement erronées pour corriger les défauts de la vision. L'image est dans ce cas le produit « surprenant » des astuces d'un piètre fabricant de « miracles » (θαυματοποιὸν), producteur de trompe-l'œil pour la foule qui se presse dans les foires, attirée par ces prestiges foisonnants, animés et bigarrés. Cette même image, en revanche, une fois introduite dans le débat, déjoue subrepticement les enjeux de l'ontologie, du langage et de la logique, et infléchit, au beau milieu du discours platonicien, la « loi » des Formes (εἰδή), ainsi que la conséquence de la participation des sensibles à leurs causes, participation impossible si ce n'est à travers une rupture de niveau, par une disjonction entre existence et référence, rendue particulièrement explicite par l'image précisément. L'image viendrait, en un mot, désontologiser le discours par le même mouvement qui déréifie par/dans les mots l'objet sur lequel porte le discours. Or, dans ce processus la validité même de l'affirmation, autant que la « réalité » possible de la chose, sont ainsi mises en cause. Que reste-t-il alors à l'orateur, au sophiste en l'occurrence, outre la voie négative, le détour des périls de la contradiction (le détour, c'est-à-dire la *périchorèse*, ou carrément le mythe, le récit), ainsi que l'appel à cette évidence « achéiropoïète » que recèlent les images physiques, les ombres, les reflets naturels, les « onto-images » en un mot? Celles-ci prennent au travers du corps inconsistant de chacune d'entre elles la place d'une absence envoûtante parce qu'énigmatique, exempte d'une définition unique et précise, absence ou place vide autour de laquelle tourne en effet le discours du sophiste.

Dans un premier temps, l'image est considérée comme l'instrument qui participe structurellement à la définition du *non-être*. Sauf que ce *non-être* platonicien ne prend pas d'emblée le sens métaphysique de la négation, ne recouvre pas la signification maximale du néant ontologique ni celle de la suppression de l'existant. Deux raisons à cela : le sujet du dialogue veut que l'on traite de l'approche logique de l'être, et subsidiairement de la vraie connaissance opposée au faux savoir. Le discours porte par conséquent sur les modalités d'usage du langage, ainsi que sur les modes philosophiques de connaissance et d'expression (réfutation, distinction dialectique des contraires), et non directement sur la nature de l'objet visé. Le *non-être* est évoqué – faut-il le rappeler? – dans le contexte de l'interrogation sur l'accès du langage à la *réalité* des choses et sur la possibilité d'avoir ou non la connaissance vraie d'une chose qui devient objet de la pensée *en tant que* et *puisque* cette chose apparaît comme un objet *existant*. D'autre part, et c'est peut-être la raison majeure de l'interprétation platonicienne du non-être, parce qu'il y a une incompatibilité foncière avec la théorie des Formes, lesquelles « existent absolument » pour Platon – ce qui rend par conséquent impensable, et impossible même dans sa pensée, la Forme d'une Non-existence absolue, le Prototype de ce qui « n'est pas », du rien, du néant, du béant, du vide[1]. Or, dans ce contexte, le *non-être* ne peut en effet relever que du statut de l'altérité, d'un « *autre* que l'être » et non d'un « *contre*-être » qui n'existe pas. La négation ontologique relève donc d'une altérité (affirmée explicitement plus loin[2]), mais une altérité qui ne fait pas obstacle d'elle-même, n'affirme rien à son égard, ni même son éventuelle indicibilité. Elle se contente d'être là, et d'envoyer perpétuellement, à partir de là, son image. Cette altérité, muette à son égard, est ainsi comme le miroir de l'image qui témoigne de la visibilité en tant qu'affirmation de la réalité de l'être, ou comme le langage qui témoigne de la pensée. Or ce dernier, en faisant « parler » l'intellection, en donnant acte et expression à ce processus, demeure nécessairement muet sur son compte.

Le *non-être* dont il est ici question ne joue donc pas d'emblée un rôle métaphysique, n'a pas le statut transcendant d'un principe de la négation, mais constitue un moyen purement opérationnel pour pouvoir formuler une

1. Outre la vaste bibliographie consacrée à cette question avec référence explicite au *Sophiste*, dont nous citerons ici juste quelques titres, nous renvoyons aussi à l'analyse de la négation dans la langue grecque et ses usages particuliers dans le poème de Parménide (dont un fragment portant justement sur la question est cité dans notre dialogue), développée par B. Cassin, *op. cit.*, p. 201-211. Pour la définition du non-être et de la négation ontologique chez Parménide et Platon, nous nous sommes appuyés plus particulièrement sur les études de D. O'Brien, *Le Non-Être. Deux études sur le Sophiste de Platon*, Sankt Augustin, Academia Verlag, 1995, de M. Dixsaut, « La négation, le non-être et l'autre dans le *Sophiste* », dans *Platon et la question de la pensée*, *op. cit.*, p. 225-270, de Y. Lafrance, « Sur une lecture analytique des arguments concernant le non-être (*Sophiste*, 237b10-239a12) », *Revue de philosophie ancienne*, 2 (1984) et E.N. Lee, « Plato on negation and not-being in the Sophist », *Philosophical Review*, 71, 1972, p. 267-304; sur le rôle du non-être, ainsi que sur le statut de l'image comme négation ontologique dans d'autres dialogues platoniciens, voir N. Cordero, *Le Sophiste*, *op. cit.*, p. 285-290 et 299-301.

2. *Soph.*, 256e.

définition, impossible autrement, au sujet de l'être et de l'identité en soi de l'objet existant. Comment peut-on dire que le non-être est (τὸ μὴ ὂν εἶναι), s'interroge l'Étranger[1], quel logos peut exprimer une telle vérité qui risque de transformer d'emblée l'aventureux langage en support d'un formidable contresens – affirmer et nier la même chose en même temps? À ce titre le *non-être* doit être compris comme co-naturel à la langue et propre par conséquent au langage qui tente de définir l'être. À ce titre il est donc intégré à l'intimité structurelle de l'être qui se dit, qui peut se dire, de la même manière que l'ombre, par exemple, participe naturellement de l'étantité de tout corps présent dans la lumière, ou que le reflet dans le miroir constitue le double naturel de tout objet fini. C'est d'ailleurs pour cette raison, nous semble-t-il, que la définition « être/non-être » fonctionne de manière dialectique dans le dialogue avec la recherche jamais aboutie d'une définition de l'image comme principe de visibilité de tout phénomène. Le *non-être* ne peut donc pas prendre la place de *l'être* dans le cas où ce dernier serait supprimé, ni ne peut le contredire par l'adjonction fortuite d'une « étantité » de contrebande, d'une « créature interdite » surgie d'un autre ordre ontologique et de nulle part, un « contre-être » qui serait le fantasme d'un principe opposé au monde, principe supposé nécessaire à l'équilibre de l'être dans une définition cosmologique de type gnostique. Bien au contraire, le *non-être* auquel Platon fait ici appel permet de constituer l'identité de *l'être* non comme objet mais comme sujet du langage, irréductible à la dualité et à même de se révéler soi-même comme ἕτερόν τι, en nous certifiant ainsi, par l'altérité, à travers ce qui est *autre* mais semble *pareil*, la voie qui mènera à la naissance de cette conscience primaire de soi dans le langage, forme de conscience manifestée pour l'instant sous la modalité d'une connaissance du principe de visibilité de ce qui apparaît et qui se laisse voir, en d'autre termes : de l'être comme *être réel*, un homme par exemple[2].

Qu'il nous soit permis de faire, arrivés à ce point, une brève réflexion marginale sur la perspective ouverte par cette question. – Ce n'est pas (ou

1. *Soph.*, 237a.

2. Cf. *Soph.*, 251b-c. Pour le rôle d'altérité qu'endosse ici le non-être, voir la distinction importante signalée par H. Joly, *Études platoniciennes...*, *op. cit.*, p. 91) entre une notion d'altérité de tradition héraclitéenne, qui comporte une « dégradation » de l'identité (ἄλλος-*alter*, soumis à l'altération, ἀλλοίωσις), et une compréhension logique et ontogique de l'altérité, qui situe l'autre dans la « différence ontologique » par rapport à un être premier (ἕτερος, *aliud*) et en fait une catégorie de la prédication. C'est de cette dernière qu'il est question dans le passage du *Sophiste* qui nous intéresse ici.

du moins pas encore) parce que je pense que je suis. La réduction ne se fait pas sur l'acte lui-même de penser, pour cette heure platonicienne de la philosophie grecque. La réduction s'opère à distance, dans le champ de l'objet. C'est plutôt parce qu'essentiellement je ne suis pas le *rien*, le *non-être* ou l'*altérité* que je suis quelque chose qui doit constituer mon identité : l'identité de l'être avec soi, l'identité de l'être entier. Or cette « chose » que je suis, qui est en tant qu'identité *une* et *singulière*, mais dont je n'ai ni la connaissance directe ni la certitude d'une connaissance exacte, me permet de savoir *a minima* ce que je ne suis pas, me permet donc de me connaître par extraction du *tout* ce que je ne suis pas, à savoir de la *totalité* non-close, appelée aussi *pluralité* du monde. Je peux ainsi connaître *tout* à la fois en tant qu'unité et en tant que pluralité, car l'être est toujours tiers (ou troisième genre) par rapport à cette dualité entre unité et pluralité. En outre, je peux en parler par image interposée, dans la mesure où je reçois en moi non la négation de l'être (ce que je ne suis pas, la différence essentielle) mais l'image qui est au contraire le gage de la communauté de l'être avec l'altérité[1], l'image que je perçois simultanément comme ressemblance à l'égard de son modèle et comme principe de miroitement propre à la visibilité contingente de chaque existant *vrai* et *réel*.

La métaphysique comme dépassement de l'ontologie, aussitôt comprise comme horizon de la démarche intellectuelle, est d'emblée retournée sur elle-même, comme enroulée sur un centre vide, celui d'une identité qui ne peut ni se définir ni s'éprouver *par/dans* l'identité et *comme* identité. Elle est alors circonscrite, faute de mieux, à une ontologie de la non-séparation conceptuelle entre le sensible (l'empirique) et les catégories (plus tard les « transcendantaux »)[2] – séparation qui sera accomplie, en revanche, par le disciple Stagirite de Platon. Mais pour Platon le rapport à l'altérité et tout ce qui indique la possibilité de la relation (plus précisément la *communauté* ou la *participation*) joue encore le rôle fondamental. C'est bien elle, la relation (*i.e.* le contraire de la séparation et de la différence exclusive) qui permet de dire, de circonscrire et de donner ainsi, par retour à l'identité, une première forme de consistance ontologique du « soi », en inscrivant au sein même de la relation de parfaite ressemblance entre le « je » et le « tu » (l'*ego* et l'*alter*) le trait ineffaçable, irréductible

1. Voir en particulier la reprise de la définition du non-être comme « autre en tant qu'autre » dans la discussion finale du *Sophiste* sur les genres (255d, 256b et 256e *sq.*).

2. L'impossible partage et choix platonicien entre ce que A. Diès appelle « *Fils de la terre* et *Amis des Formes* », les cosmogonies naïves des physiologues et l'unitarisme intransigeant des Éléates (*Sophiste*, *op. cit.*, « Notice », p. 274).

de l'individu non seulement comme individu, comme particulier, mais comme être d'une identité singulière et propre. L'intuition du génie socratique est d'avoir compris d'une part que ce qui ne peut pas se définir peut néanmoins se dire, et d'autre part que la « leçon » du visible permet de comprendre cette impossibilité non comme un frein à la connaissance mais comme un indicateur et un vecteur, puisqu'elle signifie, et conduit en même temps vers, l'impossibilité d'une détermination de l'être en tant qu'être par le langage. Elle conduit finalement vers l'impossible maîtrise de l'identité avec soi par le logos seul. Mais la voie de l'image ne peut pas mener plus loin que l'aporie de cette constatation. C'est son dépassement, ici analysé par le truchement d'une critique de cet art de la réflexivité qu'est la sophistique, qui permet de saisir, ne serait-ce que par défaut, l'équation de l'image et du langage nécessaire autant à la définition de l'existant comme phénomène, qu'à la connaissance par voie négative de l'essence. La voie de l'image accomplit en outre son rôle philosophique ; plus largement, elle s'acquitte d'un devoir « paidétique » et résume toute une forme de « culture de l'esprit » dont l'héritage est immense.

– C'est parce que je suis donc un *non non-être*, c'est-à-dire un *non-autre*, que je peux considérer mon identité comme étant celle d'un être, et que je peux donc être saisi comme vivant et visible à l'œil nu, telle cette ressemblance qui laisse voir le vrai à travers la conjecture et le factice d'une *eikôn*, mais sans me confondre, me réduire et m'identifier à celle-ci, ni même m'« hypostasier » en elle par réduction de la réalité subsistante à une pure manifestation visible. Car je me retrouve en elle mais suis *plus* qu'elle en même temps : je suis en effet *plus* qu'un visage qui m'identifie pour autrui, et mon être déborde mon nom et mon appartenance à telle famille, à telle Cité, à tel corps de métier, comme il déborde les traits de mon caractère et de ma typologie physionomique, corporelle. Je sais, par conséquent, que je ne suis pas circonscrit à l'image et à sa factice ressemblance, mais que l'image est par contre circonscrite à ma condition d'être individuel, et que c'est elle qui peut ainsi me révéler à moi-même cette condition fondamentale de l'être. Et que dans cette condition (ou selon ce principe) de visibilité donnée mais impossédable, immaîtrisable, s'inscrit aussi le débordement du concept d'être comme identité à soi. S'inscrit, en effet, la limite et le point de retournement, de conversion qui garantit l'unité dynamique et dialectique de l'ensemble unique et singulier que je suis comme un étant fini, et pourtant pas *autre* fondamentalement que l'être qui ne connaît pas une telle détermination. –

Quoi qu'il en soit, le *non-être* joue dans le contexte platonicien un rôle opératif, le rôle d'un pivot, d'un point de retournement, de mutation ou de transfert. Mais il s'agit d'un transfert intime, interne à l'être, et non d'une sortie hors de soi, d'une aliénation, comme dans le cas d'une métaphore par exemple, qui propose un *autre* objet, ressemblant ou insolite, voire dissemblable, afin de déplacer et d'identifier à celui-ci la signification d'un objet premier, paradigmatique, en rendant cette signification présente en un tout « autre », pour retrouver de cette manière, par transfert, la place véritable et le contenu de la fonction existentielle du sujet dans le discours. Or la mutation est ici, nous semble-t-il, une mutation intrinsèque, interne à l'être : il s'agit d'une *conversion* et non d'une *convergence* – une *conversion* qui se produit à partir d'une négation « ablative » permettant de saisir par défaut l'identité de l'être en tant qu'être et de rejeter ou d'ignorer ce que l'être n'est pas, tout ce qui serait tout-autre par rapport à cette identité de l'être avec soi. Il fallait pour cela opposer un « non » à l'égard de toute attraction extérieure vers un être objectivé, un « non » qui puisse permettre par conséquent de retrouver l'être comme être essentiel, au-delà d'une première définition directe, empirique, affirmative et attributive, purement existentielle. Et, paradoxalement, à cet être d'autant moins évident qu'il est plus proche de l'identité essentielle, c'est bien la *vision*, ainsi que l'image définitivement désontologisante pour le statut du langage (à mesure que l'*eikôn* prend la relève du *logos*), qui ouvrent l'accès.

Aussi le *non-être* n'intervient-il, pour sa part, qu'afin de transformer l'apparent refus ontologique introduit par la négation frontale du statut ontologique de l'image en un moyen de contourner ou de délimiter l'*être* à l'aide de ses propres modes de manifestation, d'expression. En un mot, ce sont les « modes » appropriés d'un *étant* que la langue prend en quelque sorte à son propre compte afin d'établir la relation déterminante en faisant jouer sur l'opposition *être/non-être* tantôt l'image et tantôt la parole qui cherche à donner une définition à l'image, et en faisant ainsi basculer en permanence l'un dans l'autre, le sens existentiel compris dans le verbe (*est*), l'objet référentiel du sujet (*qui*, *quoi*) et la modalité (*par*, *dans*, *vers*..., etc.) qui signifie justement la relation. La négation adjointe à l'*être* ne porte par conséquent pas sur l'étantité proprement dite d'une chose. Elle ne vise pas à son anéantissement comme phénomène, ni ne cherche à produire une vectorialité négative de l'acte de dire, une abstraction du contingent et une réduction conséquente au concept. Tout au contraire, elle « construit » cette étantité par l'apposition de simulacres et d'icônes aux mots, censés, tous et toutes, la fixer par la vision et dans la langue par des moyens sensibles et linguistiques à la fois: des images et des définitions, des apories de l'identité et des noms d'emprunt[1].

Tout se passe donc comme s'il s'agissait de construire et de circonscrire ainsi le lieu transitif d'une absence, le lieu où celle-ci peut se *dire* authentiquement. De délimiter, en d'autres termes, ce qu'*est* à partir de ce que *n'est pas* telle chose, en admettant qu'il ne s'agit pas d'une négation ontologique mais d'un *être autrement*, d'une absence incluse comme un tiers dans une opposition générique de contraires, absence ou retrait tenant transitivement la place d'une présence qui manque et au sujet de laquelle on ne peut nullement transiger (la remplacer, par exemple, ou la nier comme possibilité). Se tisse à partir de là un véritable réseau sémantique autour de cette absence, un écran de projection à même de capter en creux l'étantité de la chose, sans lui substituer une présence feinte, un simulacre ou une idole (en somme, une « mauvaise » image). Cet écran devient d'emblée capable de refléter la chose comme si elle était captée, prise en une sorte de miroir, miroir qui n'a pourtant pas de consistance propre, ne se met pas en avant, ne se voit guère en tant que tel, mais *montre* en revanche l'absence même de la chose d'une manière modale et globale, propre à l'image[2]. En un mot, cet écran devient, à l'instar d'un miroir verbal, l'indicatif même d'une *évidence* paradoxale: *voici l'être, c'est le non-être* que vous entendez aussi distinctement que vous pouvez voir une image dans sa meilleure situation de ressemblance à l'égard de ce que vous connaissez, alors que vous ne devriez pas pouvoir l'entendre comme vous ne pouvez pas entendre résonner le silence; comme vous ne devez pas non plus pouvoir saisir par la parole la visibilité essentielle et principielle d'une image tout en

1. C'est d'ailleurs le sens du passage 236e-237a du *Sophiste* que nous avons déjà cité plus haut et que nous rappelons parce qu'il résume et conclut la partie du dialogue consacrée à la définition des techniques mimétiques auxquelles nous faisons ici référence : « C'est que nous voilà réellement, bienheureux jeune homme, devant une question extrêmement difficile ; car paraître et sembler sans être (φαίνεσθαι τοῦτο καὶ τὸ δοκεῖν, εἶναι δὲ μή), dire quelque chose sans pourtant dire vrai (καὶ τὸ λέγειν μὲν ἄττα, ἀληθῆ δὲ μή), ce sont là formules qui, toutes, sont grosses d'embarras (πάντα ταῦτά ἐστι μεστὰ ἀπορίας), aujourd'hui comme hier et comme toujours. Quelle formule, en effet, trouver pour dire ou penser que le faux est réel (Ὅπως γὰρ εἰπόντα χρὴ ψευδῆ λέγειν ἢ δοξάζειν ὄντως εἶναι), sans que, à le proférer, on reste enchevêtré dans la contradiction (τοῦτο φθεγξάμενον ἐναντιολογίᾳ μὴ συνέχεσθαι), la question est vraiment, Théétète, d'une difficulté extrême ».

2. On ne peut pas s'empêcher de citer ici, même si, une fois de plus, la perspective historique est vertigineuse, l'une des critiques les plus radicales que l'on connaît sur la question de l'approche modale, et à l'adresse de la pensée sophistique en général, celle de Maître Eckhart : « Car qui cherche Dieu sous un mode saisit le mode mais laisse Dieu qui est caché sous le mode », *Sermon 5b*, trad. fr. A. de Libera, Paris, GF-Flammarion, 1993, p. 256.

l'ayant sous les yeux, ni saisir un modèle (l'archétype) dans et comme la ressemblance de cette image dont le référent vous serait totalement inconnu et parfaitement étranger.

S'agit-il encore, dans ces conditions, de la possibilité d'une vraie négation ontologique ? Seul un dieu pourrait se situer hors de l'être. Seul lui pourrait se constituer comme une altérité radicale par rapport au langage, comme une altérité hors d'atteinte, alors que la négation de l'être renvoie, pour sa part, immanquablement à son contraire et se résorbe finalement dans une complémentarité, ou s'abîme dans la contradiction et finit dans l'aporie. Mais Platon, pouvait-il penser cela, même en le formulant autrement ? Si rien ne nous permet de le supposer, on peut néanmoins remarquer que l'alternative serait un retour aux mythes, or il n'y a pas de mythe mais précisément une critique des mythes dans ce dialogue « scolaire », logique et métaphysique, appelé *Le Sophiste*[1]. Sinon, nous serions obligés d'accepter dans ce cas la suspension de la question ontologique à l'horizon vague de la métaphore. Le philosophe affirmerait alors, de manière conformiste (selon les « thèses » éléates et platoniciennes « classiques »), que tout ce que nous voyons ne serait qu'*image, récit fabuleux, mensonge* et *illusion* – que nous restions sur l'acquis muet de notre propre expérience visuelle ou que nous tentions de le montrer, de le nommer et de le définir pour autrui.

Or, pour nous, la négation, dans ce contexte précis, chercherait à mettre en place un décalage, un éloignement maîtrisé, une forme « de biais » dont l'angle deviendrait plus propice que la face pour saisir la définition de l'*être* dans la nature même de ses moyens de définition, car la nature de l'*être* lui-même est indéfinissable autrement. De là, la nécessité du recours à l'image, aussitôt dénoncé comme coupable d'induire mensonge et illusion, mais faussement incriminé finalement. De là aussi les différents usages d'une distance opératoire qui permet de distinguer ce que donnent à voir les images, de distinguer la proximité de la frontalité, et plus précisément de définir l'usage de la distance installée par les « paroles imagées » dans ce contexte, lesquelles capteraient mieux qu'un raisonnement sur la vérité *linguistique* de l'être l'absence de vérité ontologique due à l'impossibilité de voir, de décrire et finalement de connaître en direct l'essence de la chose ou, selon les termes platoniciens, l'identité avec la Forme dans chaque

1. *Le Sophiste* est considéré par les historiographes comme le dernier dialogue, après *Parménide* et *Théétète*, de la triade « scolaire » dans laquelle Platon développe conjointement ses thèses logiques et métaphysiques. Pour la critique des mythes, voir *Soph.*, 242c-243a : « Ils m'ont l'air de nous conter des mythes, chacun le sien, comme on ferait à des enfants (Μῦθόν τινα ἕκαστος φαίνεταί μοι διηγεῖσθαι παισὶν ὡς οὖσιν ἡμῖν)... ».

chose *en soi*. Cette vue tangente engendrée par l'angle propice à mettre en route la saisie révélatrice de l'*être* dans son absence, *i.e.* par ce qu'il *n'est pas*, vue qui permettra plus loin de situer cette définition en rapport avec le mouvement[1], disons pour l'instant cette « vue de profil » de l'étantité d'une chose, porterait alors le nom de *non-être*. Elle serait une conséquence à la fois du déplacement (comparable à la délocalisation catoptrique ou au décentrement produit par la lecture d'un récit fabuleux) et de la disjonction opérée soit par le miroitement soit par la récitation d'un mythe. Cette « vue de profil » ou cette « vue d'angle » engendre donc un décalage qui, à son tour, donne lieu à... et justifie l'engendrement d'une altérité à partir de l'*être* lui-même en tant qu'il *est* et qu'il peut donc montrer son étantité par une référence nominale à la chose visée. Aussi pourrait-on *nommer « non-être »* le « profil de l'être » : ce qui ne peut pas être saisi de face, ce qui ne peut pas être envisagé directement selon la position préférée du « mauvais » sophiste, et tant que celui-ci prétendra tout définir par réduction exclusive aux moyens du logos[2]. Ce n'est ni « interdit d'être », ni « contraire à l'être »,

1. Voir encore 256e *sq.*

2. De même que nous avons rappelé plus haut Maître Eckhart et sa critique de la connaissance par les « modes », rappelons ici Nicolas de Cues et son traité *Directio speculantis seu De li non-aliud*. En effet, mise à part l'affirmation que le non-autre est le nom qu'il convient de donner à Dieu (1, 5), puisque c'est ainsi que Denys l'Aréopagite définit la possibilité de nommer (et de définir) Dieu dans le traité de *Théologie mystique* (PG 3, 1046d-1048b), les premiers chapitres de ce livre du Cusain semblent une reprise au mot près de la définition du non-être du *Sophiste*, y compris par l'apposition de l'article défini *li*, emprunté à l'ancien français par l'auteur du traité du *Non-autre*. Cet emploi de l'article défini (par emprunt du vieux français, bien que cette forme ait eu disparu depuis plus d'un siècle au moment où Nicolas de Cues l'emploie) est évidemment la traduction du *to* grec – τὸ μὴ ὂν, *le* non-être. Il correspond, en outre, à la définition d'un être du non-être qui permet à ce dernier de faire partie des genres, de constituer une référence ontologique et d'avoir à ce titre une détermination linguistique propre : τὶ ou ἕν (*quelque* ou *un*) de la même manière que l'être (*Soph.*, 237c-e et 256d *sq.*). L'anachronisme du Cusain au sujet de l'article pourrait provenir de la fréquentation des textes thomistes, comme l'explique le traducteur en français du traité *Du non-autre. Le guide du penseur*, H. Pasqua, Paris, Le Cerf, 2002, p. 31 n. Thomas d'Aquin utilise en effet l'article français (courant encore au XIIIe siècle) dans son *De Trinitate* lorsqu'il doit signifier qu'il se réfère à un mot en tant que mot (*ly semper*, par exemple) et qu'il n'utilise pas ce mot pour donner le sens respectif à la phrase. Mais il nous semble que l'insistance de Nicolas de Cues sur l'article et sur la détermination d'un statut propre du non-autre correspondent, du moins au début du traité, davantage à une reprise à neuf de la théorie logique de l'identité élaborée par Platon dans le *Sophiste*, plutôt qu'à la tradition médiévale néoplatonicienne qui réfère toujours au *Parménide*. Les hypothèses de ce dernier sont bien connues par l'intermédiaire du commentaire de Proclus et par la médiation théologique due à Denys et à l'Érigène ; autant dire que la connaissance médiévale du traité platonicien est totalement tributaire de la double transformation « théologique » subie par ce texte, à la fois dans le

ni « impossibilité » effective d'en donner une définition, mais au contraire, ce qui apparaît et qui vient aussi à la pensée mais d'une certaine manière, bien spécifique. *Nommer le « non-être »* serait au bout du compte la mise en place d'une sorte de « vue d'angle » de l'être, une saisie de l'être comme « autre que lui-même » lorsqu'il est reçu frontalement ; ou encore, comme une saisie tangentielle au cercle que dessine une définition de l'être fermée sur elle-même (allusion à l'exemple pris par Platon dans le résumé de sa théorie de la connaissance présenté dans la *Lettre VII*[1]). Ce serait, en fin de compte, le résultat d'une tentative d'évitement de la radicalité d'un affrontement direct voué à l'échec, dans la mesure où il ne s'agit pas d'exercer un pouvoir et d'exprimer la volonté d'une possession, mais seulement de *montrer* l'*être* comme unique possibilité de connaissance donnée à son égard.

C'est précisément en bannissant toute idée de possession, et à cette seule condition près, qu'il devient possible de faire surgir à partir de toute chose l'être comme « apparition » de sa présence et de son existence ; que l'on peut donc faire se révéler l'être à notre connaissance comme une

commentaire néoplatonicien et dans l'usage fait par les théologiens chrétiens grecs et latins. Certes, la connaissance textuelle du *Sophiste* n'est pas attestée historiquement dans l'Occident médiéval, alors que les avatars de la tradition néoplatonicienne issue de la pensée de l'Un et des hypothèses de la connaissance de l'Un provenant du *Parménide* sont bien connus. Il n'est toutefois pas totalement exclu que le Cardinal (qui a, par ailleurs, voyagé à Byzance) ait eu connaissance de ce dialogue lorsqu'il fait commencer son propre dialogue entre Ferdinand (aristotélicien, et étranger de surcroît) et Nicolas (l'auteur lui-même) sur la tautologie suivante : définir la définition qui s'identifie au défini puisqu'elle définit toute chose, tautologie ou raisonnement sophistique à partir duquel le théologien fait dériver la détermination du non-autre « qui n'est autre que le non-autre ». De toute évidence le non-autre, principe de l'être et du connaître, sert de terrain à une controverse entre usage de l'analogie de l'être, propre à la recherche du principe et de la dérivation en hypostases par procession, et connaissance par la méthode dialectique. La vision y participe aussi, puisque « l'autre », terme de la vision, fait aboutir au principe de ce qui voit (2, 7 ; 3, 8). Plusieurs indices sont là pour signifier que le seul appel à la théorie du principe et de la procession à partir de l'Un ne suffit pas à expliquer tous les aspects de la démonstration dont fait preuve ce traité du Cusain. Nous n'avons pas, cependant, la possibilité de déployer, dans l'espace nécessairement resserré d'une note, une analyse des éventuelles connivences entre les procédés employés dans ce traité et les principes logiques, la dialectique et la métaphysique du *Sophiste* ; nous nous limitons par conséquent à signaler cette proximité et nous nous réservons la possibilité de l'étudier dans un contexte plus approprié.

1. *Lettre VII*, 342b-344d. Le cercle est évidement la figure parfaite (en tant que projection bidimensionnelle de la sphère), et en même temps il est la figure par excellence de la fermeture sur soi. La sphère est aussi citée dans le *Sophiste* : il s'agit de la sphère comme image du monde et comme expression de l'unité parfaite entre Un et Tout ; elle est évoquée par la citation d'un fragment du poème de Parménide (244e).

parfaite coïncidence entre le signifiant et le signifié (entre langage et objet visé), et qu'il est par conséquent dorénavant possible de désigner et de définir le « réel » ontologique comme identité, sans craindre mensonge, leurre ou sophisme en raison de la « distorsion » et de la différence spécifique[1] introduites par l'altérité du langage à l'égard d'une connaissance de cet ordre. On s'arrache ainsi à la confrontation inévitable du face-à-face[2] proposée, comme un miroir, par un « mauvais » sophiste[3]. Car ce dernier prétend « envisager » réellement l'*être* en parlant, et tente de nous faire croire qu'il détient de cette manière un savoir (semblable à un pouvoir) absolu sur lui, comme un acteur connaît par cœur la réplique qu'il profère lorsque arrive son tour sur scène. Parler *sur*..., *au sujet de*..., et non faire semblant de parler *avec*..., ce qui revient à faire dire à sa « créature » ce que l'orateur, en bon acteur, veut lui faire dire, et à faire miroiter devant les yeux un simulacre de « vivant », un pantin à la place d'un être vrai. C'est finalement une entorse nécessaire à la logique que de substituer à l'être son « apparaître », et une forme de sagesse que d'accepter comme tel le résultat de cette substitution, sans vouloir à tout prix posséder ce que l'on n'a pas, sachant que l'objet apparaissant est lui aussi impossible à posséder en sa réalité même, tout autant que son principe. Cette entorse logique se produit chaque fois que l'on cherche pour l'être un exemple adéquat, une définition de l'universel par l'accident. Et c'est d'ailleurs à partir de l'énumération des exemples demandés à Théétète que l'Étranger se défend (en tant que potentiel sophiste) et incrimine finalement la difficile relation entre le langage et l'image[4].

1. Voir R. Mortley, *Désir et différence dans la tradition platonicienne*, Paris, Vrin, 1988, p. 222-223, pour la définition de la négation qui signifie la différence, ainsi que pour la question épineuse de l'asymétrie dans le cas unique de l'altérité à l'être, questions analysées par référence aux contextes du *Sophiste* et du *Timée*.

2. Voir *supra*, p. 149-150, n. 2, la référence à cette question concernant les significations des « apparitions » de face et de profil, en rapport avec les habitudes de représentation antique.

3. Plus loin (*Soph.*, 251c) Platon présentera de manière ironique le danger de solidariser ainsi le langage à l'identité de chaque chose avec elle-même; il situera cette absence de distance dans le contexte d'une reprise de la question un-multiple sous l'angle de la prédication. *Mauvais* sophiste serait celui qui marquerait à cet égard une mauvaise autonomie du langage, en faisant l'impasse sur l'acte, sur le verbe, et en occultant en l'occurrence la relation mise en place par le langage.

4. La question revient vers la fin du dialogue (*Soph.*, 251a-c, trad. Diès) avec l'exemple « homme » choisi pour éclairer les travers logiques du langage dans la prédication. « Nous énonçons "l'homme" (λέγομεν ἄνθρωπον), tu le sais, en lui appliquant de multiples dénominations (πόλλ' ἄττα ἐπονομάζοντες). Nous lui attribuons (ἐπιφέροντες) couleurs, formes, grandeurs, vices, vertus; en toutes ces attributions, comme en des milliers d'autres, ce n'est

Mais là où l'on désigne l'« objet » de l'incrimination, c'est là qu'il faudrait peut-être chercher aussi l'issue du conflit, ou du moins essayer de saisir les raisons de l'éventuelle défaillance du « système ». Cette approche non ontologique, qui met l'accent sur le rôle opérationnel du non-être, nous permet de sortir de l'interprétation habituelle de la philosophie platonicienne qui associe d'emblée l'« apparaître » (*i.e.* la phénoménalité de l'être) au caractère « mensonger » de tout objet sensible, en l'opposant à la seule « vérité » des intelligibles. Pour clarifier cette proposition de lecture on pourrait emprunter le vocabulaire de la phénoménologie, et, en assumant le caractère certes anachronique à l'égard du texte platonicien, qualifier en son sillage le *non-être* non seulement comme *hypostase* ou *réalité subsistante de l'être* mais bien comme « la substance phénoménologique de l'être »[1]. Ou encore envisager, dans cette même perspective phénoménologique, le *non-être* comme à la fois un « au-delà de l'être » et un « autrement qu'être »[2]. Il s'agirait alors, en un mot, de la mise en place d'une sorte de pierre angulaire de l'être, cette pierre *dissemblable* nécessaire pour permettre à l'ensemble de la multiplicité des *étants* de devenir une unité vraie et de tenir grâce à un rassemblement (à une unification modale) des forces opposées. Grâce à une unification des contraires, donc, mais aussi grâce à un retournement ou à un renvoi de la puissance de chacune des forces contraires vers elle-même comme à partir d'une butée. Il s'agirait par conséquent d'une « pierre angulaire », ou encore d'une

point seulement homme que nous l'affirmons être (οὐ μόνον ἄνθρωπον αὐτὸν εἶναι), mais encore bon, et autres qualifications en nombre illimité. C'est ainsi pour tous autres objets ; nous ne posons, également, chacun d'eux comme un que pour le dire aussitôt multiple et le désigner par une multiplicité de noms (πολλοῖς ὀνόμασι λέγομεν). [...] La riposte immédiate, en effet, le premier venu la trouve toute prête, qu'il est impossible que le multiple soit un, et que l'un soit multiple. Et, bien entendu, ils [jeunes ou vieux venus sur le tard à l'école] prennent plaisir à ne point permettre que l'homme soit dit bon, mais seulement que le bon soit dit bon, et l'homme, homme. Tu en rencontres bien souvent, j'imagine Théétète, des gens dont le zèle s'échauffe là-dessus : parfois des gens d'âge plus que mûr, que la pauvreté de leur bagage intellectuel tient extasiés (τεθαυμακόσι) là-devant, et qui croient, certes, avoir fait là une trouvaille de haute sagesse (πάσσοφον) ».

1. Nous empruntons l'expression à M. Henry, *Voir l'invisible*, Paris, François Bourin, 1989, p. 125. On comprend ici le terme de substance comme « subsistance », à la manière dont Boèce envisage (dans les *Opuscula sacra*) la « substance rationnelle » dans la définition du substrat à la fois essentiel et existentiel de la personne. Autrement dit, nous entendons par substance la coïncidence, voire l'identité, entre principe, essence et existence de l'étant. Evidemment, les références de Boèce vont du côté de Porphyre plutôt que de Platon.

2. Nous faisons simplement allusion au titre du livre d'E. Lévinas, *Autrement qu'être ou au-delà de l'essence* (1974), Paris, Livre de Poche, 1990, mais sans nous engager dans les arcanes d'un rapprochement philosophique ou dans quelque filiation historique que ce soit.

« tache aveugle » dans l'être lui-même. C'est ainsi, en tout cas, que nous envisageons le *non-être* dont il est question dans le *Sophiste* : lieu atopique et aporétique où le langage lui-même fait prendre conscience, au cours de la profération, qu'il peut tout dire mais pas tout définir, et qu'il n'a en outre pas de valeur « substantielle » en lui-même mais qu'il acquiert en revanche une subsistance purement sémantique qui ouvre la perspective de la possibilité prédicative ; lieu où l'image demeure, par ailleurs, la seule qui puisse encore saisir le dénuement de la parole face à cette forme radicale de négation. L'image emprunte alors à la parole, pour les besoins de la cause, son statut phénoménal outrepassant les possibilités de la logique, statut qui garde toute l'ambiguïté et toute l'équivocité propres à une transcription (impossible) du mouvement, du vivant, du visible[1].

Image, négation, masque, vue d'angle et tombeau vide

Les conséquences de cette vue *de biais* de l'être comme étantité de toute chose, sont énormes, car, si cette hypothèse de lecture s'avérait non seulement envisageable mais encore propre à saisir avec justesse certaines

1. Cette ambiguïté du statut ontologique, reportée du non-être sur le langage et du langage sur la définition du moins aporétique sinon impossible du non-être, apparaît aussi chez d'autres médiévaux platonisants que Nicolas de Cues cité plus haut. Elle se fait jour en particulier chez des philosophes en quête non seulement d'une théologie mais encore d'une logique appropriée au discours sur l'ontologie. Un autre exemple de parallélisme surprenant avec le *Sophiste*, sans que l'on puisse démontrer pour autant une connaissance directe du texte platonicien, apparaît chez Frédégise de Tours, contemporain de Charlemagne, dans une lettre portant sur « la substance du rien et des ténèbres » (*De substantia nihili et tenebrarum*). Frédégise reprend l'argument du *Sophiste* en affirmant que le non-être *est* « en quelque façon », car en disant qu'il *est* inexprimable on attache néanmoins l'être au non-être. L'expression de la négation, dit Frédégise, contraint à dire que le rien est quelque chose » (*...negatio compellit eum fateri aliquid esse nihil*), puisque tout nom défini signifie quelque chose, or *nihil* est un nom défini. La réponse médiévale au paradoxe soulevé par le *Sophiste* sera la *vox significativa* associée à la *ratio essendi* : le nom défini a une signification, et toute signification renvoie à un « quelque chose » qui est signifié. La structure grammaticale porte ainsi vers l'ontologie en même temps qu'elle s'ouvre à l'herméneutique ; cette double perspective est propre à la pensée médiévale, à la fois platonicienne et aristotélisante. Voir pour la référence à Frédégise de Tours, ainsi que pour la perspective générale concernant le statut du langage pour les médiévaux, en relation avec ontologie et théologie, les études de J. Jolivet, « Quelques cas de "platonisme grammatical" du VIIe au XIIe siècles », dans *Mélanges offerts à René Crozet*, Poitiers, CESCM, 1966, p. 93-99 (p. 96), ainsi que « Éléments pour une étude des rapports entre la grammaire et l'ontologie au Moyen Âge », *Miscellanea Medievalia*, Band 13/1, *Sprache und Erkenntnis im Mittelalter*, A. Zimmermann (ed.), Berlin-New York, Walter de Gruyter, 1981, p. 135-164, les deux articles sont repris dans J. Jolivet, *Aspects de la pensée médiévale : Abélard, doctrines du langage*, Paris, Vrin, 1987.

mutations qui apparaissent dans la première partie du *Sophiste*, alors le statut accordé à l'image dans la pensée platonicienne tardive[1], et d'ailleurs le statut accordé à tout intermédiaire qui suppose la prise en compte d'une distance opératoire, déterminante, à la place d'un refus massif du face-à-face en raison de l'impossible saisie immanente des Formes, change du tout au tout la compréhension de la nature et du rôle du monde sensible dans la philosophie de Platon. L'image n'est pas une « simple » copie, le produit de la fabrication d'une idole ou d'un simulacre, ou encore une conjecture, une fiction ou une représentation. Elle s'identifie à la condition de visibilité, possède un statut constitutif commun avec le monde sensible, mais joue aussi un rôle dans le processus de la connaissance intellective, au-delà de la pure expérience visuelle. L'image ne s'immobilise pas sur ce qui la reçoit, ne se fige pas comme une copie sans vie projetée et inscrite sur un plan (devenant une « icône » ou un « tableau »), ne s'identifie pas à un support qui la rive à ce en quoi elle est reçue, mais elle se situe d'emblée dans l'ordre dynamique d'un *qua* ou d'un *quomodo* propre à la nature unique de l'objet ou de l'être perçu en tant qu'existant. Elle appartient au caractère modal du réel ontologique et le détermine en même temps comme lieu de manifestation propre d'un « être *en tant* qu'image », d'un « être *selon* l'image », et non d'un exclusif « *rien d'autre* qu'une image… ».

Cette condition est fondamentale car elle permet ainsi à l'image de participer à/de la nature même de la chose ou de l'être existentiel dont elle est l'image, l'apparition, et essentiellement l'évidence de l'expression, du « caractère » et du « trait » propre, comme condition de visibilité *commune* à tout existant et *unique* en même temps pour chacun. L'image serait donc le mode de manifestation par lequel nous connaissons toute chose qui apparaît ou qui n'apparaît pas dans notre champ de vision, mais qui peut se manifester intrinsèquement comme visibilité et qui se détermine sous cette condition – qu'il s'agisse d'une forme visible immanente, d'un discours qui l'indique à son horizon sémantique, ou d'une représentation mentale (φάντασμα) sans référent naturel. Et en tant que mode spécifique de chaque chose ou être manifesté, l'image (ou la parole qui sous-tend une image) reçoit aussi un statut ontique et peut donc répondre à la question à laquelle le non-être semblait ne pas pouvoir répondre dans l'esprit de

1. *Le Sophiste* est considéré comme faisant partie, avec *Parménide* et les *Lois*, des derniers dialogues de Platon. Des points de vue semblables apparaissent aussi dans un fragment de la *Lettre VII*.

l'Étranger, du moins dans un premier temps, encore « parménidien »[1]. Elle peut désormais répondre au τὶ (ἐστὶ), peut donc constituer ce *quelque chose* dont on peut dire qu'elle *est* et *fait-être* en même temps, ce *quelque chose* qui peut par conséquent *se dire « existant »* et *se montrer comme « réel »*. L'image reçoit ainsi, comme le non-être opérationnel du sophiste opposé à l'Éléate, une *quiddité* (τὶ, ὄν ou ἕν) qui correspond précisément à la possibilité de dire et de montrer ce qui se manifeste en tant qu'il se manifeste, et même ce qui est connu hors de toute possibilité de manifestation, comme une forme transcendante ou un indéterminé radical, mais nécessairement par la voie négative dans ce cas, par le creux ou par la trace à travers laquelle l'image permet de saisir ce qui ne se donne pas d'emblée à voir.

Les prépositions négatives (μὴ et οὐκ), signes de la négation certes, n'introduisent toutefois pas, automatiquement, une « destruction », une « impossibilité » ou un « refus » aussitôt réfléchi(e) sur son référent et support, sur le substantif verbal, l'*être-étant* en l'occurrence, dans l'ambiguïté que lui confère soit l'emploi de l'infinitif soit la forme adjectivale du participe présent. Elles ne sont pas nécessairement des formes de négation absolue, mais plutôt des négations relatives dans ce contexte précis. À ce titre, elles peuvent constituer les prémisses d'une relation nouvelle (inédite ?) entre le langage et l'être, relation de l'ordre d'une *analogie* entre les termes (particule + forme verbale) d'une part, et leur signification ontologique de l'autre, laquelle est censé(e) articuler la « vérité » supposée de l'objet (l'être) et le supposé « mensonge » de la parole-signe dans le discours qui cherche à déterminer la possibilité de la connaissance[2]. Cette relation d'*analogie* serait comprise dans ce cas sous l'espèce d'une figure générique de la comparaison, comme si elle produisait une mise à plat du référent et du même coup une réduction de toute possibilité d'un jugement d'ordre métaphysique de l'« être vrai », en introduisant d'emblée un déplacement ou une délocalisation « horizontale » du même genre que οἷον (comme...) ou κατά (selon...) : « affirmer/nier » ceci *pour* cela ou *à*

1. « L'Étranger : Une chose est sûre, en tout cas : à quelque être que ce soit, le non-être (μὴ ὄν) ne se peut attribuer. [...] Or, si on ne peut l'attribuer à l'être, l'attribuer au "quelque" (τὸ τὶ) serait faire une attribution tout aussi incorrecte », *Soph.*, 237c.

2. M. Dixsaut, « La négation, le non-être et l'autre dans le *Sophiste* », dans *Études sur le Sophiste de Platon*, Naples, Bibliopolis, 1991, p. 167-213, qui propose cette interprétation, insiste sur le fait que la négation dans ce contexte n'a aucune signification en elle-même et ne porte pas non plus sur la signification du prédicat, mais joue uniquement le rôle d'une fonction : l'aspect sémantique est éliminé au profit de l'aspect syntaxique de la négation, l'analogie (οἷον – identité entre sens et référence) ayant comme objet d'exclure le contraire comme signification possible dans une expression négative portant sur l'être.

l'égard de cela, ou encore cela *en tant que* ceci, ou bien « montrer » le dissemblable à l'égard du premier référent *comme* étant semblable toutefois à celui-ci, à condition que l'on introduise un troisième référent à son tour dissemblable, tiers inclus situé à égale distance de l'un comme de l'autre des deux premiers. – Il ne faudrait, certes, en aucun cas voir ici l'analogie sous l'espèce mathématique d'une figure proportionnelle, pour laquelle quatre termes seraient alors requis. – À la place d'une simple négation de l'être qui obligerait Platon à concevoir un principe contraire à l'être, le « non » (dans ses deux variantes μὴ et οὐκ) engendrerait ici plutôt une alternative *équivoque* à l'égard de l'être, disons une alternative posée à l'égard de son caractère substantivé, infinitif et existentiel. « N'est pas » constituerait alors une alternative déjà comprise dans l'« être » lui-même, à condition de ne placer aucun des deux (*est/n'est pas*) sur le terrain ferme d'une affirmation ontologique tant que les instruments d'approche sont de l'ordre de l'appellation (*mot*, *verbe substantivé*) ou de la représentation (*image phantasmatique*) – tant qu'ils sont donc d'ordre *linguistique* (purement lexical) ou d'ordre noétique (purement représentationnel ou conceptuel). Nous allons voir, d'ailleurs, que l'Étranger prendra bien soin de distinguer entre les différents types de négations employées dans le discours, et poussera sciemment Théétète à s'embrouiller dans ses réponses justement sur ce point : dans la distinction entre les deux variantes de « non » et le « contraire » (entre μὴ / οὐκ et ἀντι ou ἐναντίον) à propos de l'« être » et/ou de la « vérité », ainsi que du « non-être » et/ou de la contre-vérité, contradiction ou mensonge[1].

La subtilité, de mise, certes, dans cette distinction, vise à nous faire comprendre la nature de cette relation particulière que l'on a appelée, faute de mieux, du nom d'*analogie*. Il s'agit de voir là un décalage qui permet de mieux saisir l'être, d'y voir une distance qui permet de situer le non-être dans une sorte d'éloignement de l'être, dans un recul, ou comme un pas de côté, plutôt que de considérer la négation portant sur l'être comme un « mensonge », un « simulacre », une « vérité » feinte de l'être ou une mise à l'envers de celui-ci. D'envisager donc, et d'effectuer plutôt un déplacement propice à la vision et à la mise en perspective qui la détermine, que d'entrer d'emblée dans un jeu de miroirs propre à méduser l'esprit, à troubler le sens de l'orientation et à nier finalement le statut ontique de la chose visée, ainsi que tout accès possible à la connaissance de sa réalité et de sa signification ou de sa « vérité ».

1. *Soph.*, 240b, voir *infra*, p. 187.

Si le « non » n'introduit pas une négation mais une altérité par rapport à l'être, alors ce transfert de sens se reporte aussi sur l'image, située dès le départ du côté du non-être, donc de l'altérité, et instrumentalisée par le sophiste au service de sa cause visant, selon ses « chasseurs » (ses détracteurs), l'usage d'un faux-savoir à défaut de la « vraie connaissance ». Mais, rappelons-le au risque de produire la satiété : le véritable enjeu du dialogue n'est pas la critique de l'image mais la mise en cause du statut de la parole. C'est la définition du logos qui se joue ainsi entre ontologie et logique, entre l'horizon mythologique des figures, auquel appartient encore la philosophie platonicienne, et la recherche de signification qui réduit le logos au caractère instrumental d'une « vérité » conventionnelle, sans réduire pour autant son pouvoir. Et du coup l'enjeu de cette négation possible du logos devient une véritable critique interne de la philosophie platonicienne, critique reprise aussi bien dans la noétique que dans la physique et la métaphysique aristotéliciennes, mais à travers un recadrage de la relation entre la « vue » d'un objet (la possibilité d'une expérience réelle comme forme de pré-connaissance ou de connaissance intuitive par le sensible) et l'« entendement » qui fournit le sens et qui ouvre ainsi la possibilité de la prédication et de la science. Mais la connaissance intelligible de l'être en tant que participant de son prototype universel ne constitue plus l'enjeu du langage ni la visée suprême de la pensée.

Revenons encore au dialogue platonicien. Le mensonge ou le faux-semblant de savoir du sophiste serait alors l'alternative à une « vérité » dont la face serait cachée, ou que le sophiste considérera lui-même comme invisible, impensable et innommable. Par conséquent, à la place d'une simple copie, et autrement plus fidèle qu'une copie, les traits d'un dessin que (nous) montrerait de loin un sophiste projetteraient sur l'« être » non la lumière factice d'une négation destructrice à l'égard de la vérité ontologique de l'« être », c'est-à-dire un piètre mensonge, un objet faux à la place d'un « vrai », mais constitueraient, de son point de vue, une définition juste de ce que la seule connaissance par le « nom » et par la « figure » peut définir de la nature essentielle de celui-ci. Nous aurions donc affaire, par le truchement de ce dessin, aussi flou et imparfait soit-il en raison de la distance imposée par l'art du sophiste, à une définition *juste* dans la mesure où ce dessin produit par inscription ou par trace sur un plan approprié le « croquis » de l'expression fugace et de l'« empreinte » unique et singulière de ce qui est supposé exister, de ce qui a une réalité propre, mais que l'œil ne voit pas « en direct » même lorsqu'il regarde dans la bonne direction et prétend pouvoir connaître ainsi, de façon immanente, la réalité existante de son objet. Comme nous ne voyons pas, par exemple, le profil d'un homme que nous regardons de face : ce profil ne peut alors qu'être inventé ou conjecturé à partir de données prises sur la face. Or, ce qui n'est au départ qu'une « invention », risque néanmoins d'être juste si nos facultés visuelles sont bonnes et la *tekhnè* du croquis mise au point ; le dessin reproduit alors un profil invisible mais réel, il produit une image-conforme, « reconstituée » mais fidèle, voire « vraie ». De même si on inverse la situation : on ne voit pas la face en regardant le profil, mais on la devine et on peut en tirer une *eikôn*, l'expression vraisemblable du modèle. On peut donc obtenir une image qui est vraie à la fois par son écart et dans sa ressemblance à partir de traits réels mais invisibles directement.

Nous serions ici devant la nécessité d'accepter que la voie de la connaissance passe par l'écart, et, dans ce cas philosophique particulier et unique, qu'elle passe par une sorte de « sensation inverse » ou inversée (ἐναντία αἴσθησις), comme générée par une rencontre de deux types de lumière, d'ombre ou de reflet, situation semblable à celle décrite par l'Étranger plus loin dans le même dialogue (266c)[1]. Dans ce cas la négation adjointe à l'être ne nie pas l'intégrité de l'« être », ni ne le renverse ontiquement en présentant le « non-être » comme s'il n'était véritablement qu'un reflet fugace et inconsistant dans la profondeur d'un miroir ou d'une eau, mais consiste seulement en une « monstrance ». Il s'agit alors d'une présentation révélatrice de l'« être » par le *biais* ou en *creux*, c'est-à-dire une présentation du *même* mais *autrement* qu'il n'est envisagé d'emblée lorsque nous le considérons sous l'espèce du « vrai » – un « être vrai » –, et que nous le voyons ainsi, disons *de face*, mais sans distance, sans profondeur, sans perspective, sans plan de projection de son apparition, sans repère de mise-en-situation de son « existence », bref, comme un existant

1. Passage, qui demeure d'ailleurs assez mystérieux, dans lequel l'Étranger définit comme œuvres divines, dans une suite enivrante de plusieurs dédoublements d'actes et d'effets de la production, à la fois la production des choses et celle de l'image qui accompagne chaque chose. Dans ce dernier rang, celui des images, il distingue, comme résultat d'une « divine *mekhanê* » (*Soph.*, 266b), les images produites dans le sommeil des images « physiques », celles formées « spontanément » comme les ombres ou les reflets : « … cette apparence, enfin que produit, en des surfaces brillantes et lisses, le concours, en un même point, de deux lumières, leur lumière propre et une lumière étrangère, et qui oppose, à la vision habituelle, une sensation inverse », *Soph.*, 266c. Sans y voir une esquisse de théorie optique (semblable à celle développée dans le *Timée*), nous remarquerons ici l'usage du reflet catoptrique comme dispositif destiné à permettre la connaissance de quelque chose qui, à l'instar de la lumière, ne peut pas se déterminer par une vision directe et par l'affirmation d'une réalité ontologique indubitable. Le même « mécanisme », celui d'une connaissance obligée de passer par un reflet afin d'éviter l'aveuglement, est décrit dans le *Phédon* (99d-e) et dans la *République* (à la fin du livre VI, dans la comparaison entre le Bien et le Soleil).

dont on se contenterait d'affirmer, sans le regarder à proprement parler, la simple « véracité » ou « réalité » de principe, dans la parfaite ignorance de son identité et de la signification de sa visibilité, de son image dans notre champ visuel. C'est comme lorsque nous nous contentons d'affirmer d'une chose ou d'un objet qu'« il est » : l'actif du verbe demeure une copule sans référent, sans complément, sans inscription d'attribut, simple affirmation d'une existence sans chute possible dans un corps, suspendue dans le vide et donc se retournant, se repliant sur elle-même – « est *ce* qui est » –, laissant ainsi le référent plongé dans l'obscurité de l'inconnaissable, de l'indicible, de l'invisible, plongé, autrement dit, dans la seule possibilité d'une connaissance négative. La négation se présente ici comme une alternative à l'égard de la connaissance de l'être, en rappelant d'ailleurs l'épisode introductif du dialogue : la manière dont Socrate déjoue toute possibilité de connaître d'emblée l'identité (la « réalité » ou la « vérité essentielle », la *quiddité*) d'un « étranger » lors de la venue de l'Étranger d'Élée à la réunion, réunion censée se dérouler autour d'un maître qui restera muet après cette mise en cause inaugurale de la connaissance par la « simple vue », par la prise en compte de l'apparence (φαίνεσθαι), ou par des distinctions entre les genres (dieu/homme). Cette négation serait donc introduite par le sophiste pour remplacer la rupture de plan à l'égard du sensible et la confusion idolâtre qui s'ensuit inévitablement, par des formes bâtardes et néanmoins efficaces, par un intervalle et une relation *à distance* qui assure le dépassement de l'opposition vrai/faux à l'intérieur d'une évidence qui se montrerait à la manière ambivalente ou équivoque d'un dessin, d'une sorte de « vraisemblance » iconique, d'une image conjecturale mais non moins *vraie* et *significative* à l'égard de la chose visée.

Nous pourrons dire à partir de là, en dépliant davantage notre raisonnement, que cette négation adjointe à l'« être » ne porterait pas sur l'« être » lui-même, mais serait censée empêcher les dérives d'une pensée tentée de réifier et de clôturer ainsi l'« être » sur lui-même, ou bien de l'enfermer sous le signe de son archétype (la Forme, comme plus tard l'Un), et que, une fois formulée explicitement en rapport mutuel avec l'image, la négation permet du même coup d'envisager l'« être » sous toutes les « incarnations » et toutes les figures possibles, sous des « masques » semblants ou dissemblants, sous des simulacres engendrés par la voix qui profère une affirmation existentielle autant de l'« être » que du « non-être ». Si le « non-être » *est*, ne serait-ce qu'en quelque sorte, s'il y a, autrement dit, une équivalence absolue entre ce qui « n'est absolument pas » et « ce qui est absolument»[1], alors *nommer* et *montrer* l'«être» deviennent par le «mécanisme» d'une double face l'équivalent parfait du *nommer* et *montrer* aussi le «non-être». Ce n'est donc pas l'«illusion» optique et le mensonge qu'engendrerait la négation, mais bien ce «mécanisme démonique» (δαιμονίᾳ καὶ ταῦτα μηχανῇ γεγονότα)[2], cette ouverture à l'équivocité de la parole ou à l'ambivalence de l'image, cette «technique» astucieuse qui constitue en effet l'art du sophiste, en l'occurrence l'art du langage, à l'instar de celui d'un démiurge, mais à l'instar seulement...

Le miroir dans ce contexte, ou disons le principe du plan réfléchissant, qui joue un rôle déterminant dans la définition de l'image, intervient ici comme constitutif du non-être au même titre qu'il participe à la constitution du langage propre au sophiste, propre à son discours d'images et de vrais-faux mensonges à l'égard d'une connaissance «vraie» dans/par les mots. Platon, sous la voix de l'Étranger, fait basculer le principe du miroir du côté de la langue, de manière à ce que cette dernière puisse, dans sa nature même, reproduire la nature de l'image jusque dans la duplicité, dans l'ambiguïté et dans la réflexivité qui lui sont propres. Appelée par cet attrait de la langue du sophiste pour l'usage des images, la duplicité (voire l'équivocité jointe à la réflexivité) de son discours se manifeste alors sous la forme d'une mise en relation constante du langage avec une sorte de plan réfléchissant introduit comme une entaille dans la taxinomie des parties de son propre corps de mots[3]. Celui qui parle, ce ou celui dont on parle et celui qui est concerné par le discours qu'il entend, sont tous incorporés au langage, participants à la mise en place du sens – un sens qui leur est commun et qui clôt le discours sur lui-même. La parole ne peut réfléchir le visible que si elle devient elle-même visible de cette manière, par le substitut de ces trois corps réunis dans son sens interne, existentiel, et dans

1. *Soph.*, 240e : «L'Étranger : Eh quoi ? Ne concevra-t-elle point [*sc.* l'opinion fausse, celle qui pense et dit ce qui n'est pas, le mensonge, en d'autres termes] aussi comme n'étant absolument pas ce qui est absolument ?».

2. *Soph.*, 266b. : «L'Étranger : À côté de chacune d'elles viennent ensuite se ranger leurs images (εἴδωλα) et non plus leurs réalités (ἀλλ' οὐκ αὐτὰ παρέπεται). Divine encore est l'invention qui machina ces images». C'est le passage qui précède celui, cité plus haut (voir *supra* texte et note), dans lequel l'Étranger distingue dans la production divine les images «imaginées» des images «physiques» (ombres ou reflets des choses) et fait appel, eu égard à ces dernières, à la nécessité d'avoir ou de concevoir une sensation inverse, opposée à la vision habituelle, directe.

3. Dénoncé comme un/le procédé spécifique du discours sophistique dans la *République* (596d-e), le «miroir rapide (ταχύ) et totalisant (πανταχῇ) du langage» est à proprement parler mis à l'œuvre dans le *Sophiste* ; il est ici utilisé sans être nommer explicitement. Nous reviendrons sur la définition catoptrique du langage du sophiste dans la *République*.

la signification qui se fait ainsi jour. Pour cette raison, le langage ne reçoit pas l'image comme un corps étranger inséré dans le corps de la langue, telle une figure surgie au beau milieu d'un texte, mais tente de devenir lui-même visible – parole-visible de/par cette sorte de *visibilité ontique* que s'approprie aussi l'image pour être saisie, appréhendée comme une ouverture vers la réception de la réalité ontique des choses dont la signification intrinsèque se confond avec ce qui apparaît et qui est saisi comme tel. Le langage tend vers cette visibilité mais non de manière visuelle, car il se mettrait alors hors de lui-même, hors de ses frontières, en concurrence avec les données sensibles permettant une approche expérimentale, empirique du réel, mais ne permettant pas pour autant l'accès à l'universel, *i.e.* la saisie du caractère conditionnel de cette visibilité donnée à tout *étant* sensible qui apparaît. Or c'est cet *universel immanent* et *catoptrique* que vise le langage du vrai ou du faux philosophe, de *notre* sophiste, en l'occurrence.

En outre, pareil à l'image, et parce qu'il est en quelque sorte défié par le caractère ambivalent de celle-ci (l'image est à la fois visuelle comme objet et tournée vers une visibilité de principe), le langage se voit aussi obligé d'entretenir un rapport permanent avec lui-même, avec le « signifié » autant qu'avec le « dire », la profération des paroles elles-mêmes[1]. Il doit donc se prendre constamment en compte comme syntaxe de « paroles-visibles », comme enchaînement de mots qui donnent en permanence quelque chose à voir et à entendre. Le langage (du sophiste, en particulier) se doit à lui-même de tenir compte dans le discours de la dimension réflexive de la parole à l'égard de la voix en même temps qu'à l'égard de la signification requise, et d'obéir du coup à la loi des « masques » (visuels et sonores), d'acquiescer en d'autres termes à la réduction de son pouvoir au rôle d'un « voile », d'un accès indirect à la connaissance. Son statut se définit ainsi comme soumis à cette « rigueur » qui le limite et le protège en même temps. Car il ne suffit pas de connaître l'art des distinctions et de la réfutation, la dialectique et l'éristique ; il faut aussi tenir compte de cette capacité réflexive du langage inscrite dans les mots, afin d'échapper autant au narcissisme, à l'auto-référentialité pure d'une image catoptrique, qu'à la tautologie nominative des noms propres et des définitions, qui fait que le langage soit entendu par moment à la manière abyssale d'un écho.

1. Raison pour laquelle le verbe bien « sonore » φθέγγομαι revient de manière récurrente dans ce contexte, et se trouve le plus souvent là où la parole-dite est associée explicitement à la saisie de la visibilité ou du caractère apparaissant des êtres réels signifiés. Nous y reviendrons.

Platon dévoile ainsi, toujours sous couvert de l'Étranger et dans le même sillage de la chasse au sophiste (comme si celui-ci se cachait dans son propre travail), le nom de son véritable « patron » : l'inventeur ou le père-fondateur du discours à travers le récit mythique et l'épopée, mais aussi l'inventeur d'un usage différent du langage, où le signifié et le signifiant, le contenu transmis et sa « performance » *en temps réel* ne s'identifient pas et n'appellent pas à une fusion sans réserves de tout récepteur. Il s'agit de dévoiler donc le nom de celui que Platon tient pour l'« inventeur » du langage (des Grecs, en l'occurrence), responsable des « malheurs » vrais ou simulés du logos, celui qui tente de faire passer, de transmettre des sensations crues, des gestes et des actes par le moyen d'une expression linguistique qui les suscite et les instaure non seulement comme significations mais aussi comme réalité immanente à celui qui entend le récit. Aussi, en se référant à Homère, le langage du philosophe (Platon lui-même, dans ce cas) engendre-t-il sa propre réflexivité et dévoile-t-il ainsi la fonction expressive de la parole elle-même, lorsque celle-ci ne peut ou ne sait pas dire le sens exact de ce qui apparaît, mais peut et sait en revanche le montrer et le signifier comme tel, et ce malgré toutes les équivocités inévitables du langage et de la visibilité. Le dialogue a donc été d'emblée mis par Socrate, nous l'avons vu, sous l'autorité d'*Odysseus-Ulysse*, en une sorte de compétition tacite avec Homère[1], père-fondateur du discours, du langage comme *épopée* implicite de la pensée et comme masque à la fois, engendrant une distance par l'image comme par la voix. Car jamais une voix ne parle sans qu'il y ait quelqu'un en train de dire, de mettre en acte la parole, et de signifier par là qu'il va lui-même avec elle, qu'il n'est en tout cas pas *étranger* à la parole qu'il profère comme un complet acteur, et sans qu'il y ait, en outre, un récepteur qui fait à son tour acte de présence et projection d'image propre à partir de sa réception. L'Étranger insiste, en effet, sur la *présence* des « personnes » sur la « scène » du dialogue. Il répète à plusieurs reprises le « toi » et le « moi » (σὲ καὶ ἐμὲ)[2] concernés par ce qui est en train de se dire entre eux, un « tu » et un « je », tous deux pris, coude à coude, dans la recherche d'un fantomatique objet – l'*être* : l'*être réel* reflété dans tout existant *hic et nunc* –, un objet indéterminable en soi puisqu'il

1. C'est d'ailleurs aussi le cas dans le *Gorgias* et dans l'*Hippias minor*, avec une mise en perspective homérique du langage platonicien.

2. *Soph.*, 233e, 238d-e, 239c. Remarquons encore que l'évocation des pronoms personnels est quasi automatique dès qu'un miroir est censé se trouver dans les parages ou est manipulé par l'un des interlocuteurs. Voir aussi *République* 596d-e : εἰ θέλεις λαβὼν κάτοπτρον… ταχὺ δὲ σαυτόν…

peut désigner quelque chose dans et à partir de *tout*. Un *objet* pourtant, et non un « universel » intelligible uniquement; un *objet* qui rebondit sans cesse entre les deux interlocuteurs, comme entre deux existences-miroirs, dans un jeu de répliques qui pourrait se prolonger à l'infini et qui est censé faire se perdre la trace de l'indéterminable « sophiste » traqué par nos deux philosophes, l'un jeune, l'autre versé dans les arcances du métier. Ceux-ci sont d'ailleurs eux-mêmes porteurs d'une part de cet objet, la part d'indéterminable de leur propre singularité. Pour que le jeu soit clair (*sic*), l'un est *sans nom*, l'autre présenté comme *tout jeune* (et *trop jeune*, sans doute) dans l'exercice de la pensée, donc pas encore entièrement « formé ».

Dans son désir de montrer la nature de la production des choses dont il parle, le sophiste fabrique donc des « images », et celles-ci entrent aussitôt en conflit avec les mots, les provoquant à une impossible étreinte, voire à une fusion ou à une identification. Mais l'auditoire du sophiste n'a rien à faire dans l'atelier de celui-ci. L'insuffisance de l'expression ou les ajustements de fortune ne se voient guère de loin. Le rôle de ces « images », c'est-à-dire de ces impressions graphiques qu'exhibe l'auteur (orateur, en l'occurrence) comme étant les copies représentationnelles des choses dont il est question, ce rôle « coupable » de mimétisme au départ, se voit en revanche radicalement transformé dès lors que cette relation atteint une dimension structurelle à la langue. Si les « images » du discours cachent de prime abord la nature des choses en montrant leur apparence purement visuelle, ce rôle dissimulateur revient dorénavant au langage. Le jeu s'inverse : les mots deviennent les « copies » sonores des choses, tandis que les images semblent dégagées, autonomisées de tout poids référentiel et recouvrent désormais une fonction révélatrice de la visibilité essentielle des choses. Mais l'autonomie est relative; les images s'immiscent aussi à ce titre dans le discours pour l'ouvrir à bon escient, écarter le danger d'épaississement, l'affiner au sens premier du terme, le rendre transparent, à même de capter l'évidence expressive ou l'épiphanie de la chose visée. Pour avoir voulu s'approprier l'image, le discours se trouve ainsi pris à contre-pied et désapproprié de sa nature discursive au profit d'une nature nouvellement acquise, nature réfléchissante, épiphanique ou spéculative. Les images révèlent ainsi la nature intrinsèquement spéculaire et spéculative du logos. Elles constituent une sorte de plan spéculaire relevant de l'intimité même de la langue, un plan apte à ouvrir le discours à la spéculation (un autre nom de la réflexivité); un plan qui d'une part permet à la langue de prendre conscience d'elle-même, de s'auto-contempler dans son énonciation affirmative ou négative à l'égard de toute chose, et de l'autre, plus important encore, oblige la langue à sortir de son enclos et à réfléchir d'une manière aussi fidèle que possible le monde extérieur – mouvement *a priori* étranger à la langue et foncièrement différent de la nature des mots et des lois grammaticales du discours.

Il ne s'agit ici, certes, ni du genre spécifique des descriptions (*ekphraseis*), ni de l'énumération exhaustive des créatures appelées par leurs noms dans un supposé catalogue cosmographique, ni de la langue des œuvres relevant de ce genre que nous appelons de nos jours « littéraire », alors qu'il ne relève pas à l'origine d'un jeu gratuit de la parole selon le rythme ou le pouvoir envoûtant d'un récit de fiction. Il s'agit de la recherche du discours propre à la connaissance des êtres et des choses, du discours proprement philosophique en l'occurrence, prenant appui sur la dialectique comme moyen de structuration qui établit la pertinence de la connaissance, et sur la physique comme domaine privilégié pour asseoir la recherche. En usant du principe de ressemblance, dont la fonction spécifique et l'ambiguïté impartie sont définies dans le *Parménide*[1] par l'épreuve d'une relation qui remplace l'identité impossible (*i.e.* la participation), le discours propre, le discours juste concernant la connaissance des êtres et des choses, articule ici ce qui *est* à ce qui *n'est pas*, l'être au non-être, et non les choses elles-mêmes et leurs modèles (les Formes). Il distingue, certes, l'être du non-être, et théorise même la nécessité de cette distinction, mais sans les opposer pour autant. Le philosophe évite ainsi l'exclusion réciproque et construit, à la place de l'opposition « archaïque » de « forces » contraires, cette paradoxale relation de ressemblance spéculaire entre eux, qui déplace, voire écarte presque, toute possibilité d'affrontement.

Plus précisément, le discours ontologiquement *juste*, censé déterminer la réalité comme « vérité » de l'être – sachant que cette « vérité » de l'être, telle que Platon l'entend, n'est pas abordable de manière frontale puisqu'elle recoupe l'identité substantielle indéfinissable de l'objet –, se construit par nécessité sur le modèle de l'analogie avec l'étantité particulière et la présence existentielle de chaque chose. Mais, ce faisant, il détermine la relation établie comme possibilité de ressemblance à l'intérieur même de cette relation, en évitant l'opposition et en lui substi-

1. Pour mémoire : Εἰ οὖν τι, ἔφη, ἔοικεν τῷ εἴδει, οἷόν τε ἐκεῖνο τὸ εἶδος μὴ ὅμοιον εἶναι τῷ εἰκασθέντι, καθ' ὅσον αὐτῷ ἀφωμοιώθη ; ἢ ἔστι τις μηχανὴ τὸ ὅμοιον μὴ ὁμοίῳ ὅμοιον εἶναι; « Si donc, reprit-il, quelque chose ressemble à une Forme, cette Forme peut-elle ne pas être semblable à ce qui lui ressemble, dans la mesure où l'image en question entretient avec cette Forme un rapport de ressemblance ? Ou est-il quelque moyen par lequel le semblable puisse ne pas être semblable au semblable ? », *Parménide*, 132d *sq.*, A. Diès (éd.), Paris, Les Belles Lettres, 1950 pour le texte grec, et L. Brisson, Paris, GF-Flammarion, 1994 pour la traduction.

tuant une distinction et un écart par la parole, laquelle prend la relève de l'expérience à l'égard de ce qui se manifeste dès qu'il s'agit de définir la connaissance biaisée des choses à travers leurs images, à travers la visibilité conditionnelle de leurs existence perçue comme telle. Les images sont évidemment indispensables à ce processus, car ce sont elles qui assurent la possibilité d'un accès immanent à l'étantité des choses, elles qui rendent les choses à l'évidence de leur présence et à leur expression propre, unique et particulière, à partir de laquelle le discours peut chercher l'accès à l'identité et déterminer la réalité ou la vérité. La nécessité de définir les moyens d'une connaissance indirecte, seule connaissance possible de l'être *en tant qu'être* (*essence* ou *être séparé*), semble ainsi obliger le philosophe à recourir à cette introduction subreptice de l'image comme identité structurelle d'un « non-être » – un « non-être » d'emblée paradoxal puisqu'il *est*, on le fait apparaître et donc exister dès lors et aussitôt qu'on en parle.

Platon introduit de cette manière, grâce à cette relation qui propose une sorte de troisième terme, la *mekhanê* d'une dissymétrie salutaire[1]. Et c'est de cette manière que le philosophe peut concevoir un décalage ontologique entre les deux premiers termes (en l'occurrence, entre les Formes et les sensibles qui en sont la mise en présence comme visibilité, manifestation, apparition), en sauvant ainsi le discours par le recours à l'image, en sauvant plus généralement le langage philosophique de la contradiction flagrante d'une affirmation-négation simultanée. De surcroît, cette dissymétrie laisse, selon le *Sophiste* et dans la droite ligne du *Parménide*, la place pour penser la dissemblance au sein de la ressemblance, et aussi (surtout) pour penser, par image-ressemblance interposé(e)s, l'hétérogénéité dans la participation même de l'étant à/de l'être déterminant (principiel). L'impossibilité d'une connaissance directe, frontale, impose de courir le risque d'un affrontement avec l'image des choses, affrontement impossible pour le logos, ou alors d'accepter par défaut le langage-imagé du sophiste à la place d'une vérité finale insoutenable : l'hypothèse du néant, de l'inexistence, de la négation absolue de l'être. Nous avons vu qu'au bout de la démarche de

1. Nous préférons le terme de dissymétrie à celui d'asymétrie (utilisé en relation avec la différence par R. Mortley pour définir la négation, *op. cit.*), car il y a là comme un défaut de symétrie, comme une sorte de symétrie manquée au premier abord, et non une absence totale de symétrie entre les modalités propres du logos et de l'image. De surcroît, ce sont les modalités de la symétrie parfaite et des défauts volontaires de symétrie qui sont citées pour illustrer les techniques de fabrication de l'image. Nous les avons déjà mentionnées et nous reviendrons encore sur ce dernier aspect.

l'Étranger[1] le « non-être » s'avère avoir une certaine réalité, s'avère *être* en quelque sorte : la définition de cette sorte de réalité intermédiaire, se construit en effet sur le terrain de la notion d'altérité et ressemble structurellement à la définition de l'*eikôn*. Le « non-être » devient l'intervalle de *manifestation* de l'être, l'interstice d'un retrait par rapport à l'évidence phénoménale et à la métamorphose continue – un lieu où une paradoxale « vacance » de l'être, une suspension artificielle ou même un retranchement ou une ablation semble nécessaire à la mise en place d'un discours à son sujet. Si on nous permet une métaphore, le « non-être » serait au bout du compte le « tombeau vide » dans lequel rien ne peut remplacer l'être sans qu'il soit d'emblée une copie, une idole captive de son apparence, au mieux un signe, un indicateur banal de ce qui est absent, mais qui permet de savoir que ce vide apparent porte néanmoins la marque de l'être et constitue en même temps la seule condition qui assure la connaissance possible de celui-ci.

Le « non-être » devient dès lors ce lieu a-topique et bizarre (ἄτοπος), où il revient à l'image seule de mettre en évidence la croisée du « non-être » et de l'« être »[2], ainsi que la simultanéité entre l'apparence et l'être, entre la manifestation et l'essence, sous le modèle d'une rencontre de complémentaires, d'une conjonction de termes réversibles et d'une confrontation interne, qui, par nécessité, situe immanquablement l'altérité au centre de l'identité. Le dissemblant se trouve ainsi au cœur même de ce qui est ressemblant, sans être le *vrai même* mais seulement un/son révélateur véritable.

DEUX IMAGES POUR TROIS DEFINITIONS

Le rôle attribué à l'image dans cette connaissance indirecte nécessaire à la définition de l'être – connaissance finalement spécifique au genre logique de notre dialogue – apparaît dans la manière d'utiliser le dispositif

1. Il s'agit du retour sur le non-être, à la fin de la définition de l'image (*Soph.*, 241d *sq.*), et ensuite de la définition du non-être comme altérité (*Soph.*, 256d *sq.*).

2. *Soph.*, 240c : « Théétète : J'ai bien peur que ce soit d'un tel entrelacement que l'être s'enlace au non-être (τοιαύτην τινὰ πεπλέχθαι συμπλοκὴν τὸ μὴ ὂν τῷ ὄντι), de la façon la plus bizarre (καὶ μάλα ἄτοπον). L'Étranger : Bizarre, assurément. Tu vois (ὁρᾷς), à tout le moment, que, maintenant encore, par un tel entrecroisement (διὰ τῆς ἐπαλλάξεως ταύτης), notre sophiste à cent têtes (ὁ πολυκέφαλος σοφιστὴς) nous à contraints de reconnaître, malgré nous, que le non-être est en quelque façon (τὸ μὴ ὂν οὐχ ἑκόντας ὁμολογεῖν εἶναί πως) ». Nous reviendrons plus longuement sur ce passage.

de l'analogie et de l'associer au vaste champ d'application de la ressemblance. Regardons à présent le texte de Platon dans sa lettre même.

La première définition-clef de l'image : « second objet pareil copié sur le vrai »[1] – τὸ πρὸς τἀληθινὸν ἀφωμοιωμένον ἕτερον τοιοῦτον – pourrait se traduire de manière plus distendue mais peut-être plus adéquate : « un autre comme tel, à la fois uni et séparé [fondamentalement] par la relation dynamique de la ressemblance avec le vrai ». Cette traduction tient compte du rôle à la fois « modal » et « local » introduit par la particule ἀπο (devenue ἀφ-) associée à l'acte de la ressemblance. Nous serions alors dans la condition d'une relation par mouvement de transfert, d'extraction, d'arrachement, ou du moins de décalage produit *simultanément* sur le plan de l'identité formelle de l'image à l'égard de son objet, et sur le plan de son propre support physique, support d'image, support naturellement étranger à celui de l'objet, mais qui tend néanmoins à se trouver lui aussi en relation avec ce dernier. Or il est important, nous semble-t-il, de ne pas laisser ces deux plans se confondre, voire s'occulter réciproquement. En même temps, il faut tenir compte du caractère *analogique* compris dans la relation de ressemblance ὅμοιος-ὁμοίωσις : une relation à travers laquelle la similitude peut ouvrir le champ de la *représentation*, mais peut aussi laisser une part importante à l'expression de l'identité (au *même*) par le biais d'un rapport d'égalité ou de perfection formelle. Cette relation est le vecteur de l'image essentielle (ou onto-image), selon le principe platonicien bien connu : « le semblable se joint au [ou rejoint le] semblable (ὁ ὅμοιος τῷ ὁμοίῳ)[2].

On pourrait, compte tenu des remarques précédentes, gloser ainsi cette première définition-clef de l'image : « un *autre-même*, quelque chose de tel qu'il va droit vers le vrai n'ayant pas d'alternative à ce chemin ; quelque chose qui se trouve donc dans un rapport certain avec le vrai par une advenue à la ressemblance, par une sorte de remontée vers… ; ce mouvement ou cette mutation constitue le moyen spécifique d'approche par la relation de ressemblance. » (Précisons encore que ce mouvement doit être entendu ici comme une *conversion* et non comme une *procession*, à la manière dont Plotin définit la relation entre l'essence et l'hypostase.) Cette traduction, ou plutôt cette glose laborieuse du texte platonicien, a

1. *Soph.*, 240a (trad. A. Diès). N. Cordero traduit ce passage, *op. cit.*, p. 132 : « une autre chose pareille, faite à la ressemblance de celle qui est vraie ». Une autre traduction, rencontrée au fil des lectures, et dont nous avons perdu les références complètes, est celle de P. Boutang : « Est image ce qui, à l'égard d'une chose véritable, en étant tiré comme même, est un autre tel ».

2. La formule est récurrente dans les dialogues platoniciens. Ici nous l'empruntons à *Gorgias*, 510b.

l'avantage de mettre l'accent sur la condition dynamique propre à la nature de l'image : propre d'une part à sa puissance d'expression qui rachète sa faiblesse ontologique, et de l'autre, propre surtout à sa possibilité d'enclencher un rapprochement infini de l'objet par le chemin de la ressemblance – un chemin qui peut être immédiat, tel un raccourci, comme il peut proposer un long détour.

L'image est certes *autre* que l'objet, c'est-à-dire qu'elle est « étrangère » à la réalité de ce dont elle est image. Elle est « étrangère » par sa nature, mais aussi parce qu'elle traduit un mouvement et exprime une puissance qui ne proviennent, ni l'un ni l'autre, de l'objet. Tout objet possède en effet une image qui est certes sa visibilité essentielle, mais qui ne se découvre pas à la perception visuelle muette de l'objet, mais uniquement avec la décision d'une définition ontologique de l'objet, définition qui passe nécessairement par l'expression linguistique. C'est bien parce que l'image épouse cette condition d'altérité (ou d'étrangeté) qui lui est propre, par un acte d'indépendance à l'égard de l'objet dont elle est l'image, qu'elle peut en conséquence établir une relation avec le vrai (πρὸς τι… ἀληθινὸν), avec la vérité de l'être, avec le caractère vrai de l'objet dans son étantité et dans sa présence existentielle, dont elle, l'image, se distingue en étant justement *autre* que cet être, mais existante aussi, par ailleurs, c'est-à-dire *autrement* constituée, ontologiquement parlant, que l'être dont elle est l'image. Cependant, cette relation avec ce que nous avons appelé la « vérité » de l'être a lieu *par* et *dans* la condition de ressemblance assurée par l'image à l'égard de l'affirmation ontologique, qui, en dehors de toute expérience, n'assure qu'une existence purement linguistique à l'être. La ressemblance permet en effet au philosophe de ne jamais confondre l'objet visé avec cet « autre » qui est l'objet vu et défini par la parole, en condition d'aliénation par rapport à la réalité inabordable de l'« original ».

Mais la ressemblance n'est pas seulement un moyen de distinction. Elle est aussi une mise en situation vectorielle de la définition recherchée ; elle ne se lasse, en effet, d'indiquer que la parole vise la vérité de l'être de l'objet, ou du moins qu'elle va vers… regarde vers… (πρὸς), et entraîne dans cette direction, dans cette visée, tous ceux qui entendent et qui saisissent l'image à la fois sensiblement et intellectuellement (noétiquement). Cet « autre », produit pur de la relation déterminante avec le vrai existant, ressemble par son existence même à celui-ci. La relation ne se réifie pas elle-même pour autant, car l'« autre » est à la fois *autre* et *non-autre*, ayant comme condition propre la vraisemblance. L'« autre » a donc sa propre possibilité d'existence, il est même un existant en puissance. Les deux, le « vrai » et le « vraisemblable » subsistent distinctivement mais se déterminent réciproquement, l'un comme principe l'autre comme l'effet ou comme la puissance du premier, mais tous deux comme immanents à la relation spécifique et unifiante de cette ressemblance qui relie l'essence à l'existence et qui rend manifeste de cette manière l'identité, inabordable autrement. Or, si on transposait maintenant ce raisonnement dans les termes précédents, ceux de la démarche proprement ontologique, l'être et le non-être, on pourrait dire que le non-être serait dans ce cas à l'égard de l'être ce que l'altérité spécifique de l'image est par rapport à l'identité vraie de l'objet, *i.e.* par rapport à l'identité de son modèle. Par conséquent, on peut dire que le non-être *ressemble de cette manière* à l'être et qu'il le rejoint ainsi, par cette communauté de la relation que lui assure de manière particulièrement efficace la parole-imagée du sophiste, sans devoir, ni pouvoir d'ailleurs, y adhérer substantiellement. Plus précisément, on pourrait dire que le non-être tend à s'unir à la fois linguistiquement et existentiellement ou phénoménalement à l'être, tend à le rejoindre de manière indirecte, de manière biaisée, l'épousant telle l'ombre qui épouse immanquablement un étant corporel regardé à la lumière du feu ou du soleil.

Précisons qu'il s'agit dans ce passage de chercher une définition de l'image-objet-visible, l'image-idole (εἴδωλον)[1], à savoir de ce qui, se trouvant en relation avec le vrai, lui ressemble *visiblement* tout en demeurant différent. La question sur laquelle rebondit l'Étranger, car la définition que nous venons d'analyser appartient à Théétète, porte sur τοιοῦτον : ce terme concerne-t-il la spécificité, la nature propre de cet « autre » comme tel, ou se réfère-t-il à une parenté (pré-existante ?) avec le vrai ? Car il y aurait comme un dédoublement apparent dans la définition, τοιοῦτον faisant dans la phrase double emploi, en quelque sorte, avec ἀφ-ωμοιωμένον *pareil*, d'une part, *ressemblant* et *ressemblé* de l'autre.

Mais non (οὐδαμῶ ἀληθινόν) – se rétracte Théétète –, et il introduit (est-ce là une innocente diversion de la part de Platon ?) le terme de « vraisemblance » : ἐοικός[2].

On porterait alors atteinte au vrai (τὸ ἀληθινὸν) – l'Étranger ne lâche pas prise –, lequel terme (*i.e.* « ce qui est vrai ») ne définirait qu'un vrai existant dans ce cas, et ne pourrait jamais être entendu autrement qu'en tant que « réalité existante » (ὄντως ὂν λέγων), comme il est communément appelé. Ceci nous fait donc basculer depuis l'« abstraction » de la notion de

1. *Soph.*, 240a *sq.*

2. Toujours *Soph.*, 240a. Sur le rôle du « vraisemblable » dans le discours rhétorique voir *supra*, p. 138, n. 1.

« vérité » vers une « réification » de celle-ci en tant que « réalité » : une sorte d'« incarnation » générique de l'être vrai dans la « réalité » comme telle d'un étant. Ce basculement ouvre la possibilité d'un accès, ou au moins la possibilité d'une perméabilité du logos à la réalité sensible de l'étant – de l'être-signe à l'être-chose –, et donc permet le passage du logos vers le visible, faisant basculer en somme l'objet du discours vers l'étant (ou l'existant) et donc de la forme générale ou essence exprimée par l'usage du neutre (à la place du féminin, ἡ ἀλήθεια) vers l'identité et vers l'accidentel, exprimé(e)s, à leur tour, par le genre moyen[1]. Dans ce cas, si le vrai est un ou tout « être réel » (ὄντως ὂν), alors le non-vrai (μὴ ἀληθινὸν) serait-il un opposé au vrai en tant que réel (ἐναντίον ἀληθοῦς) ? La négation indiquerait-elle dans ce cas une contre-vérité, une *vérité absurde*, *inversée*, opposée au vrai et donc *mensongère*, parce qu'elle ne peut avoir une réalité propre ? Ou serait-elle seulement une opération manquée de l'esprit parce qu'on ne lui donne pas, en bon disciple de Parménide, la possibilité effective de désigner ainsi un être vrai, *i.e.* vraisemblable bien que non-réel[2] ?

La négation semble se réifier elle-même sur le parcours serré de ce dialogue. Elle semble engendrer une « chose » propre : la contre-vérité, la contre-façon, l'*inversion* propre à un reflet ou du moins une portée différée de l'étant réel comme une ombre projetée. Sur le plan du logos la négation serait de l'ordre du mensonge, mais, transposée dans le monde de l'existant-vrai, elle serait l'équivalent de l'ombre ou du reflet ; elle aurait en tout cas autant de réalité que l'image ontologique naturelle de l'ombre ou du reflet. Théétète tombe dans ce piège, car l'Étranger reprend le terme même de « vraisemblance »[3], dont Théétète s'était servi tantôt, et le définit par une double négation (οὐκ ὄντως οὐκ ὂν), puisqu'il se constitue comme contraire au vrai (μὴ ἀληθινὸν) en même temps qu'opposé au réel, tel qu'il avait été affirmé. Or Théétète ne comprend pas cette « ruse », ce déplacement de registre dans l'usage de la négation, et tente, pour une fois, de contredire (timidement, il est vrai) l'Étranger, en affirmant que cette « vraisemblance », cet ἐοικός « est » pourtant, ἔστι, ne serait-ce que de quelque façon (πως).

1. Sur l'usage spécifiquement ontologique du genre grammatical du neutre chez Platon, voir H. Joly, *Le renversement platonicien*, *op. cit.*, p. 23-27. Nous suivons ses remarques mais en les adaptant à d'autres passages que ceux analysés dans l'ouvrage cité.

2. *Soph.*, 240b.

3. Rappelons que le vraisemblable, *eikos*, est le terme « technique » qui signale l'usage rhétorique du langage. Cf. *supra*, p. 138.

Elle « est », peut-être, *mais pas vraiment* (οὐκουν ἀληθῶς) – suggère l'Étranger pour mieux embourber Théétète.

Non, certes, mais pourtant elle serait *une sorte d'être de la ressemblance*, autrement dit, elle aurait *une certaine* « réalité d'image » (πλήν γ' εἰκὼν ὄντως), ou elle aurait *au moins* une « réalité d'image ». Théétète tente ainsi de sortir de l'impasse, en formulant une deuxième définition de l'image et en appelant à la rescousse un autre terme, εἰκὼν, un autre nom de l'image que lui fournit généreusement le grec, précédé toutefois d'une particule (γε)[1] qui limite, atténue clairement la portée ontologique et sémantique du sujet, de cette ainsi appelée « réalité d'image » (εἰκὼν ὄντως), calquée sur une « réalité de vraisemblance ». La « sensation inverse » (ἐναντία αἴσθησις que nous avons déjà mentionnée et dont il est question plus loin dans le dialogue[2]), type de perception spécifique nécessaire à la saisie de la vraisemblance à défaut de pouvoir envisager directement le vrai, fait basculer l'image depuis le statut d'un objet visible (εἴδωλον), objet empirique de la perception, vers le statut d'un moyen d'adéquation principielle, par ressemblance en l'occurrence, avec le réel (εἰκὼν). Ce principe de ressemblance n'est rien d'autre qu'un accès à la visibilité comme condition existentielle du réel. Il fait ressortir tout étant existant, tout « réel » sous l'espèce d'une sorte d'évidence non soumise aux conditions restrictives de la perception visuelle, une évidence ou clarté qui serait accessible, en revanche, au logos par une appartenance commune au domaine de la pensée et de l'expression. Comme si la langue, parce qu'elle savait opérer des distinctions de principe précisément dans le champ du réel et qu'elle pouvait l'exprimer de cette manière, « voyait » en quelque sorte mieux, plus loin et avec plus de précision que les yeux ; comme si elle avait les capacités de pénétrer les données de l'évidence et de contrôler leur validité (vérité) de manière plus pertinente que le simple coup d'œil.

Pour cette raison la définition de l'image glisse cette fois-ci vers la possibilité de saisir de manière adéquate le caractère réel de la chose existante, de joindre autrement dit le domaine linguistique au domaine ontologique sans recourir pour cela à une réification du logos. Le philosophe n'est dorénavant plus obligé d'attribuer aux mots un pouvoir d'efficacité sur les choses. Il lui suffit de reconnaître cette situation « ontologique » quasi autonome à l'égard de la chose en l'attribuant aussi, par extension, au moyen par lequel la chose est saisie dans le langage, à savoir à sa condition visible, manifestée comme réalité formelle de la chose :

1. Voir J.D. Denniston, *The Greek Particles*, Oxford, Clarendon Press, 1975[2], p. 146.
2. *Soph.*, 266c.

comme *vérité* et comme *image*. Aussi, parce que le langage pénètre le réel et « voit » mieux, le discours peut-il à son tour faire voir. La définition de cette image, εἰκὼν, engendrée par le rapport du logos à la chose existante, a néanmoins besoin de se référer à la réification linguistique de l'être et de la négation de l'être (le non-être), ainsi qu'à la réification (de même ordre) de la ressemblance et de la dissemblance. Mais cette fois-ci les mots et les choses sont distingués, et la ressemblance, à son tour, n'est plus celle issue d'une technique de *mimêsis*, d'un art de la copie produisant le double d'un objet premier. On évoque pour la cause une relation de ressemblance qui cherche l'*adéquation* à la place de la *production*, une ressemblance participatrice à la chose et au mot, une relation d'appartenance à la nature même de l'être donné au même titre qu'au logos. L'image-εἴδωλον comme objet *muet* de la vue – selon la définition formulée par Théétète et jugée maladroite par l'Étranger, définition qui correspond cependant au sens commun de l'image (reflets, traces, traits) – devient désormais l'image-εἰκὼν, *i.e.* l'objet *éloquent* de la visibilité foncière et conditionnelle du réel, selon la définition formulé par l'Étranger. Cette « image » se trouve maintenant en parfait accord non seulement avec le langage du sophiste, mais plus généralement avec la possibilité même du langage.

Le mot est désormais lâché, et l'Étranger installe aussitôt, comme s'il s'agissait d'un triomphe personnel, sa propre définition de l'image, la troisième en l'espace de quelques répliques du dialogue, après l'énumération des miroirs, des peintures et des gravures, et après la définition de l'*eidôlon*[1] : c'est la définition de l'εἰκὼν, laquelle est censée répondre, symétriquement, à celle formulée par Théétète au sujet de la copie ou du double : l'image-εἴδωλον. Nous nommons cette fois-ci image-« icône » (λέγομεν εἰκόνα) ..., et il énonce, de manière interrogative, deux négations suivies d'une affirmation : οὐκ ὂν ἄρα οὐκ ὄντως ἐστὶν ὄντως ἣν... – ce qui pourrait se traduire de façon littérale *« non-être* et donc *sans réalité*, [mais] qui *est en réalité* : [est-ce bien *ceci* ce que] nous appelons *icône* ? » (dans le texte : Οὐκ ὂν ἄρα οὐκ ὄντως ἐστὶν ὄντως ἣν λέγομεν εἰκόνα ;)[2]. Plus littérairement mais moins précis, moins près des termes choisis par Platon : « Ainsi donc, ce que nous appelons ressemblance [*sc. icône*] est réellement un irréel non-être ? »[3]. Ou encore, « sans être,

1. *Soph.*, 239d et 240a.

2. *Soph.*, 240b.

3. Trad. A. Diès. Celle de N. Cordero est tout aussi éloignée de la lettre du texte : « Ainsi donc, ce que nous disons être réellement une copie, n'existe pas réellement ! », *op. cit.*, p. 133. Nous remarquerons une fois de plus le flottement des traductions concernant le lexique spéci-

c'est-à-dire sans [cette] réalité est la réalité [propre] de l'image-vraisemblable, de l'*icône* ». Si les deux premières définitions, rejetées par l'Étranger, sont des définitions d'objet propre à la vision, la troisième, la « bonne », est une définition appropriée à l'objet du langage.

Miroir scopique (vivisection de la langue)

Nous sommes ici devant un exemple de ce que nous appelions une brèche logique dans le discours platonicien. Elle prend la forme d'une sorte d'entaille opérée par Platon dans le langage comme dans un matériau modelable, dans le but d'introduire un miroir – non pas un véritable corps étranger en bronze ou en argent, mais un plan de réflexion et d'inversion qui opère à l'intérieur du langage par les moyens syntaxiques propres à la

fique de l'image : « icône/*eikôn* » est traduit tantôt par « ressemblance » tantôt par « copie » – signe d'un certain malaise de la terminologie moderne devant la richesse et la subtilité développées par le vocabulaire grec à ce sujet. Nous remarquerons aussi un choix qui appartient à ce dernier traducteur et qui consiste à éliminer l'ambiguïté de la forme interrogative en faveur d'une négation tranchée de l'être à l'égard de l'image-*icône*. Or la suite immédiate du dialogue déjoue toute possibilité de décision de cet ordre, car Théétète va répondre à la question posée par l'Étranger en situant l'image au croisement de l'être et du non-être, et l'Étranger lui-même va définir ce lieu du croisement comme le lieu paradoxal par excellence, le lieu où le non-être est; plus précisément, le lieu où le non-être se trouve en rapport d'homologie avec l'être (τὸ μὴ ὂν … ὁμολογεῖν εἶναι, 240c). En d'autres termes : *dire être ou non-étant, c'est la même chose* – car le langage constitue ce lieu atopique où les oppositions à la fois s'inventent et sont abolies. Par ailleurs, N. Cordero donne aussi une interprétation textuelle de ce passage dans une note philologique figurant en annexe à sa traduction, *op. cit.*, p. 289-290. Selon lui, les deux négations qui se suivent, οὐκ ὂν/οὐκ ὄντως, seraient en effet « un bel exemple de dittographie » en provenance du manuscrit W (codex découvert par Bast en 1794, conservé à la Bibliothèque nationale de Vienne sous le code *Vindobonensis 54*, *Supp. Gr. 7*), manuscrit que suit la plupart des éditions du *Sophiste*. Le copiste de ce manuscrit aurait redoublé la négation de l'existence par la négation d'un adverbe (« non réellement ») tout simplement parce qu'il aurait transcrit deux versions de deux manuscrits différents qu'il consultait pendant son travail et qu'il n'avait pas voulu trancher en faveur de l'une ou l'autre version. À partir de là, toutes les autres copies, puis éditions ont répercuté ce dédoublement qui fait de l'image l'hybride de l'être et d'un non-être incertain, non-étant et non-réel proprement. L'hypothèse est digne d'intérêt dans la mesure où elle montre que l'embarras devant ce passage ne date pas d'hier. Mais elle n'explique pas pourquoi ce dédoublement de la négation apparaît deux fois dans la bouche de l'Étranger, une première fois à propos du vraisemblable (τὸ ἐοικός), puis dans la définition de l'*eikôn*, et à chaque fois dans le voisinage de la particule ἄρα qui montre bien l'hésitation et la nécessité de redoubler la négation afin de fixer toute l'ambiguïté de l'expression concernant l'image ressemblante, voire de souligner l'inadéquation foncière du langage à ce sujet ; inadéquation, ou alors liberté du langage devant le choix entre une contradiction logique et une contradiction ontologique : ce qui est sous les yeux n'est pas réellement, pour autant.

langue elle-même[1]. Ce plan ou dispositif miroitant, redouble et dédouble certains termes (pas des moindres, philosophiquement parlant) et, en les montrant sémantiquement à l'*envers*, par la négation de l'affirmation ontologique, produit un effet assuré de perte de repères : une rupture dans la relation de causalité inhérente au rapport entre la chose et le mot, rupture équivalente non seulement d'un rejet du pouvoir ancien de la parole « magique » qui faisait exister par elle-même l'objet, mais équivalente aussi d'un détachement du discours du fond dialectique de la pensée (de la faculté dianoétique) et de l'usage commun des catégories de la langue (noms, verbes, attributs) comme unique possibilité de connaître la réalité des choses existantes.

À la suite de cette opération la phrase ne peut pas se lire dans les deux sens pour dire en même temps deux choses différentes, voire contraires, comme dans certains cas « littéraires » incriminés d'ailleurs par Platon[2]. Il ne s'agit donc pas d'une « trouvaille » stylistique, à mettre sur le compte de l'inspiration des Muses, mais d'un dépassement de l'usage commun parfaitement trouvé et parfaitement adéquat, pour illustrer d'une part l'étrangeté foncière de l'image, sa nature *différente* de tout le reste des *étants*, et de l'autre son rôle incontournable dans la pensée et dans la constitution sémantique du langage lui-même, les deux étant structurellement liés et mutuellement dépendants[3]. Comme il est question, en l'occurrence, de « dire l'image » (λέγομεν εἰκόνα), de définir verbalement une chose destinée à signifier de manière vraisemblable la condition de visibilité d'un étant, et donc d'analyser (voire d'établir) *comment* se réalise ce rapport déterminant entre la parole et l'image, Platon emploie d'une part un moyen

1. On trouvera chez Plotin une théorisation de cette possibilité catoptrique inscrite dans la nature et dans le corps même de la langue lorsqu'il est question d'exprimer un concept. Il s'agit de définir le discours qui accompagne une notion dont l'intellection réclame une représentation, laquelle est « comme une image de cette notion (*dianoêma*) » : « le discours, en le déployant [le concept] et en le faisant sortir de son état de concept pour le faire entrer dans la faculté qui produit les représentations, fait apparaître le concept comme dans un miroir... », *Traité* 27 (IV, 3), 30, 4-11, trad. fr. L. Brisson, Paris, GF-Flammarion, 2005.

2. C'est le cas de l'épitaphe du roi Midas citée par Socrate dans le *Phèdre*, 264d.

3. Il s'agit d'une première tentative de constitution sémantique du langage autonome de toute institution politique, juridique ou religieuse. Ici encore nous rejoignons la thèse de H. Joly sur la position médiatrice de Platon, premier théoricien du langage philosophique, position située entre le rejet incomplet de l'archaïsme mythologique (d'un « certain langage religieux ») et la constitution d'une langue philosophique qui épouse les structures de la pensée, en dépassant de manière critique l'actualité (pour Platon) de l'expression sophistique pour laquelle « les noms ne sont plus que des noms ». Voir H. Joly, *Le renversement platonicien...*, *op. cit.*, p. 27.

purement grammatical et d'autre part une subtilité spécifique pour la définition même de l'image, c'est-à-dire une sorte de miroir, de plan réfléchissant capable à la fois de séparer et d'inverser les données (les unités signifiantes) de la phrase. Les deux négations forment ainsi un bloc (dont la cohésion est renforcée par la particule ἄρα), lequel apparaît inversé, comme en miroir, dans l'affirmation qui suit immédiatement et qui, pour établir la relation de fausse symétrie spéculaire à l'égard du « bloc » négatif, transforme l'opposition sémantique en un renversement syntaxique. L'affirmation reprend la négation à l'envers, et cet acte de réflexion (presque symétrique si la négation n'était pas à son tour dédoublée) semble généré par l'existence d'un plan invisible qui coupe la phrase telle une syncope momentanée, en l'obligeant à se révéler comme si elle était composée de deux parties en décalage l'une par rapport à l'autre, puisque de toute évidence elles appartiennent à deux genres distincts : une partie vraie et une autre seulement vraisemblable, la seconde étant le reflet exact mais inversé de la première, dans un ordre dicté par le rapport de un à deux (une affirmation et deux négations).

Ainsi, l'affirmation de la réalité unique d'une identité existentielle se développe dans la phrase sous la forme d'une double négation. Elle produit par conséquent à la fois une *non-réalité ontologique* – signifiée ici par l'image en tant que οὐκ ὂν – et un *non-être linguistique* – situation propre à la condition d'irréalité du mot lui-même censé désigner la réalité de cette identité existentielle (οὐκ ὄντως, un « inexistant réellement »), mot qui tente néanmoins de circonscrire, autant que l'image, la présence de cette identité dans la pensée. On pourrait dire, en poursuivant le raisonnement suggéré par Platon dans cette phrase, que devant toute chose existante le langage se trouve d'emblée confronté avec la « réalité » de cette chose saisie comme présence sensible, et en même temps avec la nécessité de circonscrire cette réalité comme substantiellement « vraie » ou « fausse », en lui attribuant ainsi, quasi d'office, une propriété ou une qualité pour pouvoir la penser (l'intelliger). Or, si le langage peut (et doit même, selon Platon) se détacher de la réalité sensible et donc de l'identité immanente de l'objet en la considérant comme accidentelle (puisque le logos est censé chercher le dénominateur universel), il ne peut pas en revanche faire l'impasse sur la question de l'affirmation vraie : *ceci est* (ou de son contraire : *ceci n'est pas*), car à cet égard le statut du langage lui-même serait mis en cause. Cependant, la nature de l'objet lui-même ne peut être connue et définie par les seules possibilités de saisir l'objet à travers l'image et par le langage, même si on dépasse la simple tautologie onomastique. Connaître le nom, ou même la définition de la possibilité et de la raison d'être d'un objet, n'engage pas encore la connaissance véritable de l'objet – c'est du moins le résumé que Platon donne lui-même de ce qu'il considère comme les deux premières étapes du processus de la connaissance[1]. La vérité (ou la fausseté) concerne donc le plan existentiel tel qu'il est envisagé par la nécessité linguistique dans la mesure où la pensée, qui cherche à connaître l'objet, le connaît certes selon les structures du langage, mais néanmoins en tant qu'objet : vrai et toutefois copie de vrai, plus précisément conjecture ou vraisemblance, ayant une vérité à soi en même temps qu'une réalité de ressemblance qui relève de la nécessité de penser et d'exprimer (de connaître et de faire connaître) sa condition d'objet visible, d'objet de l'expérience directe, sensible. Nous pouvons affirmer alors que la pensée connaît donc l'objet comme une certaine sorte d'« image » et que c'est bien cette « image » qui ouvre l'accès à l'identité de l'objet en brisant le cercle tautologique dans lequel s'enferme la nomination et plus largement le discours ontologique ancien.

De cette situation donc, à la fois nécessairement « réaliste » (ontologique) et volontairement « logique » (sémantique, référentielle), rend compte ce que l'on appelle en grec une « icône » (*eikôn*). Et c'est justement de cette sorte d'image que Platon se sert, dans ce contexte précisément, pour distinguer le langage proprement philosophique de l'usage sophistique de la parole. *Eikôn : le « miroir invisible » ou la faculté réflexive que nous avons en nous de la réalité ontologique du monde selon que celui-ci est* vu *et* exprimé *comme tel*; en bref, *l'image-icône serait l'expression propre de l'intuition du réel.* – Certes, puisque nous nous intéressons au processus et non à l'objet accidentel d'une *eikôn*, nous appelons par métonymie « miroir » ce qui est bien évidemment *dans* le miroir, à savoir le reflet.

L'*eikôn* vient donc résoudre, à sa manière – grecque dirait-on –, la difficulté de trancher entre réalité et vérité, entre d'une part la possibilité de saisir empiriquement le monde et de le « traduire » en concepts et figures, et de l'autre, la nécessité de réserver au monde la possibilité d'une existence indépendante des structures de notre connaissance, vraisemblablement différente de la portée des moyens de perception et d'expression, que cette possibilité soit ou non mise, comme pour les Anciens, sous le signe du domaine réservé aux dieux. Si la première possibilité ne pose pas de problème, le langage et la production d'images de toutes sortes ayant en charge de constituer les repères de distinction entre le *réel* et le *vrai*,

1. *Lettre VII*, 342b, la connaissance du nom (ὄνομα) et de la règle de construction (λόγος) du cercle.

l'*existentiel* et le *logiquement déterminé*, la seconde situation, de l'ordre du possible, soulève une difficulté majeure. À cet égard, soit nous acceptons l'usage de la négation (en courant le risque de l'aporie de Parménide), soit nous prenons la résolution ontologique proposée à l'aide de l'*eikôn*, celle d'un dispositif ponctuel et d'un « scénario » de vraisemblance qui permet de construire efficacement la connaissance rationnelle des possibilités. Dans ce dernier cas, il ne s'agit pas de montrer une image visuelle, un *eidôlon* ou un *schéma* (σχῆμα), mais de concevoir cette image vraisemblable (*eikôn*, *eikos*), qui ne soit pas soumise aux arcanes de l'interprétation mais soit prise en tant que telle, afin qu'elle puisse opérer (déclencher) une recherche d'adéquation interne, une sorte d'appropriation, par l'acte même de la pensée, d'une appartenance existentielle de la connaissance au genre commun et universel du τὸ ὄν. L'Étranger mis en scène par Platon écarte justement cette difficulté en démontrant que la confrontation des contraires (être/non-être ou même/autre) non seulement ne résout pas le problème qui est posé, mais s'éloigne de toute possibilité de résoudre l'aporie entre le mot et la chose, l'être et le langage. Il propose alors une voie de secours qui s'avère être salutaire pour la situation dialectique dans laquelle se trouvent les partenaires de ce dialogue : transformer la confrontation en un dédoublement spéculaire et l'écart irréductible en une forme de rapprochement, voire en un acte et en un lien. La faculté réflexive, qui apparaît comme caractéristique pour la démarche du sophiste, appelle la possibilité de la ressemblance et assure la condition de possibilité de l'adéquation et d'une certaine forme d'appartenance commune reconnue. Mais de cette altérité spéculaire qui témoigne de notre conscience (ou pensée) cognitive, se réclame en effet autant le langage du sophiste, appelé à fixer dans sa propre structure les possibilités épistémiques du savoir, que tout langage confronté avec la nécessité de transcrire une pensée portée vers/sur l'identité de être essentiel (*ousia*) – invisible, ineffable, impensable, imprononçable ; en somme tout langage qui cherche à établir un lien sans prendre possession de manière « nominaliste » et « sémantique » de l'objet en question, surtout si cet objet ne peut pas être atteint. Platon présente sous cette forme le processus noético-linguistique, mais ne tranche pas entre les deux possibilités décrites. Il les présente comme complémentaires, même lorsqu'une seule voie semble par moment servir la cause de la connaissance, selon qu'il s'agit du savoir universel (l'*epistêmê* qui cherche la Forme déterminante d'un objet) ou de la réflexion (spéculation) théorique détachée en apparence de tout objet (*sophia*).

Revenons à la phrase énoncée par l'Étranger. On peut comprendre, en se référant à sa construction, que la démarche (qu'elle soit philosophique ou sophistique) est analogue à l'introduction subreptice de ce plan qui arrête et inverse le mouvement entre réalité et connaissance vraie de celle-ci. C'est comme si une lame bien polie opérait une entaille dans le corps d'un objet afin de capter sur une surface catoptrique étrangère, non-immanente à l'objet, ce que le corps opaque d'origine, pourtant bien visible, recèle de plus enfoui et d'invisible à l'œil nu. Cette intrusion serait nécessaire pour faire remonter la réalité essentielle (la nature de l'objet) à la surface de la visibilité commune, à l'évidence diurne et à une expression compréhensible, logique, en la présentant soit de manière indirecte, par défaut, comme de reflet en reflet, soit par le recul de la négation et l'avancée simultanée d'une affirmation inadéquate – cette dernière prenant par la dissemblance la mesure exacte de la différence, ainsi que la forme même du retrait marqué par la négation première. La métaphore de la lame n'est peut-être pas la plus à même de suggérer un instrument aux vertus « scopiques » ; elle est pourtant volontaire dans son inadéquation, car il est important de souligner qu'il ne s'agit pas de transformer le langage en un dispositif optique, mais de cerner l'usage des capacités spéculaires et visuelles de la langue elle-même. Or cet usage de l'expression se rapproche dans ses modalités plutôt de la manipulation d'une arme (traditionnelle), éclatante et belle dans la lumière mais non moins capable de blesser, voire d'être meurtrière à l'égard de l'existant. Ou encore se rapproche-t-il de la surface bien polie d'un bouclier (tel celui de Pégase), qui restitue par son positionnement, comme depuis un seuil infranchissable, le reflet eschatologique de ce qui n'est pas visible autrement et dont il serait bon, par ailleurs, de se protéger si on souhaite rester en vie.

La définition de l'image emprunte de cette manière le corps même du langage comme support d'actualisation offensive ou défensive, support pour la mise en acte de l'image *iconique* afin de justifier l'existence logique de l'objet de la connaissance et de déterminer au passage le statut complémentaire de la parole et de l'image [1]. Ainsi révélée, cette définition proviendrait donc de la conjonction entre un effet de miroir généralisé étendu à tout le visible (la fonction de l'image consiste à être ressemblante soit artificiellement soit naturellement, aussi bien formellement que structurellement) et l'usage de la série de termes dérivés du verbe « être », termes qui précisent en grec l'existence conditionnelle et le degré de réalité que l'on peut accorder au sujet du prédicat en question (à tout *étant*, en effet). De cette

1. Rappelons que dans le *Cratyle*, 430b et d, les images peintes (τά ζωγραφήματα) et les noms (τά ὀνόματα) sont considérés au même titre comme deux genres indissociables d'imitation : ταῦτα ἀμφότερα τὰ μιμήματα.

conjonction provient la détermination « ontologique » particulière qui relève d'une image, d'une *eikôn* de l'étant inscrite dans l'expression, donc présente dans la pensée *autant* qu'il est possible de le confirmer, de le nommer, de le démontrer par le langage (assertorique, onomastique, dialectique), et d'établir ainsi une relation déterminante mise sous le signe précis, vrai et incontestable de la ressemblance.

L'opposition nette et l'exclusion des contraires entre l'être et le non-être, ou entre le vrai et le non-réel qui prétend avoir une certaine réalité dite *d'image* (une vraisemblance mensongère, si l'on se tient à une logique binaire), volent alors en éclats par l'introduction de cet « étantité étrange », ni « être » ni « non-être » mais jointure et couture entre les deux, un « être » mi-parole mi-image, une « parole visible » dont userait le sophiste comme instrument propédeutique, différent de l'usage ancien des mythes, mais aussi, le cas échéant, comme arme de défense contre le « philosophe » ou contre le « poète-devin ». Car l'image, selon cette nature de visibilité subtile, intime et difficilement maîtrisable qui l'associe à la parole, désignerait en outre un lieu de perdition : ce gouffre *a-topon* (ἄτοπον), ce tourbillon qui entraîne ceux qui en parlent dans un entrelacement sans bords ni fin d'être et de non-être, dans le conflit d'une contradiction permanente, dans un heurt perpétuel, et qui invite en même temps à une traversée de ce lieu « étonnant », « terrible », un « ailleurs » hanté, à défaut de Muses, par des voix de Sirènes et par les foudres des dieux souterrains, hostiles à l'ouverture qui détermine l'existant, et cherchant à faire imploser la nature du vivant[1]. L'image serait-elle ce trou noir qui aspire sans cesse l'émergence de la pensée ? L'image comme lieu de l'enfer pour le langage raisonnable, gardé par notre sophiste aux cents têtes (πολυκέφαλος σοφιστὴς)[2], un véritable Cerbère ?! L'image remise donc à nouveau aux pouvoirs d'une Hydre, au mythe de la Gorgone et à la puissance immanente du destinal sur la conscience et sur le temps, dans l'œil monstrueux où on lui avait fixé son

1. Rappelons encore le *Cratyle*, 397a et 403d-e, où le sophiste est rapproché du prêtre en raison de son habilité en matière de purification (*catharsis*) et où Hadès lui-même est appelé parfait sophiste (τέλεος σοφιστής) à cause des beaux discours qu'il sait tenir et par lesquels il retient, sous le charme, les âmes, et même les Sirènes.

2. *Soph.*, 240c. Rappelons le texte déjà cité plus haut : « Théétète : – J'ai bien peur que ce soit d'un tel entrelacement que l'être s'enlace au non-être (πεπλέχθαι συμπλοκὴν τὸ μὴ ὂν τῷ ὄντι), de la façon la plus bizarre (μάλα ἄτοπον). L'Étranger : – Bizarre, assurément. Tu vois, à tout le moins, que, maintenant encore, par un tel entrecroisement (διὰ τῆς ἐπαλλάξεως), notre sophiste aux cent têtes nous a contraints de reconnaître, malgré nous, que le non-être est en quelque façon (τὸ μὴ ὂν… εἶναί πως) ».

origine ?! Mais raisonnons-nous : est-ce bien ce retour au mythologique que veut signifier le texte à l'égard du rapport *eikôn-logos* ?

L'asymétrie des définitions

Reprenons à nouveaux frais le passage des définitions de l'image pour essayer de le situer cette fois-ci dans le contexte logique du discours. Les deux images, et respectivement leurs deux définitions plus ou moins symétriques, celle de l'*eidôlon* (Théétète) et celle de l'*eikôn* (l'Étranger)[1], répondent en fait à une seule question, formulée explicitement dans le paragraphe précédent[2]. C'est la question par laquelle les deux interlocuteurs

1. Précisons qu'entre ces deux images, *eidôlon* et *eikôn*, *idolum* et *icon* en latin, se dessine dans l'usage fait par les langues modernes (*idole* et *icône* en français, *idol* et *icon* en anglais) un clivage qui n'est pas identique à celui qui apparaît dans le *Sophiste*. *Idolum* et *icon* sont évidemment les transpositions latines des termes grecs. Ils ont une circulation plus restreinte que les termes de souche proprement latine : *imago*, *simulacrum*, *effigies*, *vestigium*. *Icon* en particulier (avec des composés comme *iconographia*) comporte une dimension figurative plus appuyée qu'en grec classique ; le terme renvoie souvent (chez Pline l'Ancien, Sénèque, Augustin) au dessin d'après nature et à l'expression imagée, mais il n'est pas très fréquent. C'est seulement dans le latin médiéval que le terme *icona*, emprunté à nouveau au grec à partir du IXe siècle, va désigner la dimension visible d'une apparition, en recoupant cette fois-ci la sémantique byzantine du terme d'*icône*. On le trouve dans le contexte des écrits carolingiens, puis chez Alain de Lille (*De sphaera intelligibili*) et chez Nicolas de Cues (*De visione Dei sive de icona*), chaque fois en relation avec une typologie particulière de l'image référant à la possibilité de saisir sensiblement l'invisible. Le clivage connu dans les langues modernes entre « image », « idole » et « icône » est tributaire de cet héritage byzantin et médiéval. Pour les usages antiques du vocabulaire gréco-latin de l'image : Ch. Mugler, *Dictionnaire historique de la terminologie optique des Grecs. Douze siècles de dialogue avec la lumière* Paris, Klincksieck, 1964 (les entrées *eikôn*, *eidôlon*, *eidos* etc.) ; *Vocabulaire européen des philosophies*, B. Cassin (dir.), Paris, Seuil-Le Robert, 2004 (les entrées *Imago-Eikôn*, *Eidôlon*, *Tableau*, *Bild*, *Prosôpon*, etc.) ; A. Vasiliu, « *Eikôn præter imaginem*. Notes sur le vocabulaire de l'image à la fin de l'Antiquité », dans *De Zénon d'Elée à Poincaré. Recueil d'études en hommage à Roshdi Rashed*, Louvain, Peeters, 2004, p. 779-817 ; C. Auvray-Assayas, « Images mentales et représentations figurées : penser les dieux au Iᵉʳ siècle av. n. è. », dans *Images romaines*, Paris, PENS, 1998, p. 299-310. Pour les usages de la terminologie grecque de l'image en latin médiéval : A. Minazzoli, « "Imago"/"Icona" : esquisse d'une problématique », dans *Nicée II, 787-1987. Douze siècles d'images religieuses*, Paris, Le Cerf, 1987, p. 313-316 ; A. Vasiliu, « L'économie de l'image dans la sphère intelligible (sur un Sermon d'Alain de Lille) », *Cahiers de civilisation médiévale*, t. 41, 1998, p. 257-279 ; K. Mitalaïté, « Les Latins faces aux icônes. Autour des *Libri Carolini* », *Χώρα, Revue d'Études anciennes et médiévales*, 2, 2004, p. 59-80.

2. *Soph.*, 239d ; « Par conséquent, si nous affirmons qu'il [le sophiste] possède un art du simulacre (ἔχειν φανταστικὴν τέχνην), user de telles formules sera lui rendre aisée la riposte. Facilement il retournera nos formules contre nous, et, quand nous l'appellerons

cherchent à définir, à l'aide des termes les plus adéquats, ce que « nous » avons sous les yeux, à savoir les images des objets visibles. Ce « nous », l'Étranger et Théétète en l'occurrence, se substitue de fait à un *nous* générique comprenant le public assistant à la joute verbale, et cette substitution, innocente en apparence, pousse vers un déplacement subtil du sujet depuis le sophiste *invisible* (sujet de la recherche parce qu'il est incriminé pour son usage d'instruments impropres à la philosophie) vers son auditoire là-présent. Se prenant au jeu du dialogue et à la lettre du texte, l'auditoire entend ces paroles comme si celles-ci constituaient *pour lui* des véritables projections d'images. Il entend et doit nécessairement voir. Mais que sont-elles, en effet, ces « idoles » que produirait celui que Platon nomme le « faiseur d'idoles » (εἰδωλοποιὸν) ? Plus précisément, non que *sont-elles*, mais bien qu'*appelle-t-il* un *eidôlon* (τί ποτε τὸ παράπαν εἴδωλον λέγομεν) ? On se souvient, certes, de ces « images parlées à propos de toutes les choses » (εἴδωλα λεγόμενα περὶ πάντων)[1], dont userait le sophiste pour « produire » et faire défiler la « totalité » (πάντα) des choses devant son auditoire. Nous voici donc, une fois de plus, devant la difficulté de saisir des choses visibles en les nommant, ainsi que devant la nécessité d'associer d'une manière adéquate les mots à ce qui n'est pas fait pour s'entendre mais pour se montrer, pour apparaître devant nos yeux. Nous voici, donc, encore dans l'impasse où nous mène immanquablement la recherche de mots qui ne soient pas des « images parlées », mais une définition *conceptuelle* de ces enchaînements « rhétoriques » et de ces paroles qui donnent à voir quelque chose de totalement étranger à leur support.

Deux fois dans ce passage[2], le terme φθέγγομαι, φθέγμα – « parler », proférer des paroles, « faire entendre », « prononcer » les paroles justes pour désigner à la fois l'instrument et le produit spécifique de la *tekhnè* du sophiste par le nom et par la définition la plus appropriée de l'« image » – est censé souligner le décalage « physique » entre *dire* (ou *entendre*) et *voir*. Théétète, mis en difficulté par l'Étranger, tente de résoudre la différence et l'absence de lien évident en occultant tout bonnement la question lexicale et le genre visé : il énumère les supports potentiels des images, passe en revue des cas particuliers et suggère l'existence de plusieurs régimes différents de visibilité. Il dresse ainsi une sorte de catalogue, comme l'avait fait auparavant l'Étranger (à la demande de Théétète, d'ailleurs), en essayant

faiseur d'images (εἰδωλοποιὸν), nous demandera ce que, au bout du compte nous appelons image (τί ποτε… εἴδωλον λέγομεν) ».

1. *Soph.*, 234c. Voir le chapitre précédent.

2. *Soph.*, 239b et 240a.

d'expliciter de manière énumérative et typologique le contenu de ce « tout » de la production « mensongère » du sophiste. L'on passe ainsi du catalogue des noms de choses classées par genres (arbres, animaux, dieux, terre, mer, astres etc.) à l'énumération des modalités visuelles d'appréhension des choses nommées auparavant selon leur genre, sans qu'il s'y opère nécessairement une réduction conséquente de l'universel au particulier et du genre à l'espèce. L'expérience visuelle est ici engagée dans une démarche qui vise la condition de visibilité déterminante pour les genres mentionnés. Voici donc les différentes sortes d'« images » : celles des objets qui se reflètent sur la surface des eaux et des miroirs, ou celles qui sont inscrites comme des traits, ou encore qui sont imprimées comme des sceaux (ἐν τοῖς ὕδασι καὶ κατόπτροις εἴδωλα, ἔτι καὶ τὰ γεγραμμένα καὶ τὰ τετυπωμένα...)[1]. Et voici maintenant le parallélisme suggéré par Théétète : la langue fait s'imprimer de manière sonore (φθέγγομαι), en donnant à entendre par les noms des choses exactement et précisément *ce* que les images font imprimer comme trace (τύπος) de la forme d'un objet ; conséquemment, les images donnent à voir les mêmes choses que les noms des choses, mais sur/en/dans un autre support que la langue (en l'occurrence, l'eau, le bronze des miroirs, la pierre ou la cire). L'objet étant le même, la modalité de le connaître devrait être identique : à savoir un transfert de support entre l'objet et le récepteur. Ce n'est pas faux, sera la réplique de l'Étranger, mais ce n'est pas non plus tout à fait juste. D'une part, aucune de ces actions d'impression n'est en réalité indépendante de l'autre ; la parole et l'image se déterminent réciproquement dans leur réception. D'autre part, si aucune ne tend à s'identifier à la chose elle-même, dès lors que chacune est sujette à la production d'une forme différente de dédoublement et d'écart conséquent, leur degré et leur mode d'implication sont différents, car ils sont soumis à la rigueur spécifique du support choisi et à la nécessité de répondre au but de l'acte d'impression : à savoir de répondre à la forme spécifique de chacune des étapes du processus cognitif. Dans ce cas, l'image a d'emblée une prééminence sur les mots, puisqu'elle participe d'une réalité ontique commune à l'objet et au sujet récepteur, réalité qui fait défaut au logos ; par la ressemblance, elle participe à la cognition en répondant de manière réflexive à la faculté noétique des images (des *phantasmata*, et même des *noêmata* en quelque sorte), et en même temps

1. *Soph.*, 239d. « Nous répondons évidemment [à la question qu'appelons-nous une image] par les images des eaux et des miroirs, les images peintes ou gravées et toutes autres choses de la sorte ».

elle participe à une mise en présence concurrentielle des choses vues et des choses désignées.

Mais Théétète ne se montre pas conscient de l'asymétrie des définitions ni attentif à la subtilité du parallélisme manqué ou faussé entre la nomination des objets du discours et la désignation des modalités sensibles par lesquelles le sophiste offre *comme* une sorte d'expérience sensorielle à son auditoire, une expérience certes indirecte, biaisée : non l'expérience des choses elles-mêmes mais celle de son propre cru, de ses propres productions, des reflets dans son « miroir » *à lui*. Ses images peuvent être fausses à l'égard de la vérité, *i.e.* à l'égard de la connaissance vraie qu'il prétend délivrer à son auditoire. En revanche, l'expérience mi-auditive mi-visuelle qu'il fait faire à ses ouailles est, elle, authentique, vraie. Théétète aurait pu, sans doute, saisir au collet le sophiste à ce tournant et dévoiler la *fausseté vraie* de son art en déjouant cette expérience indirecte, en mettant en lumière l'enjeu « performatif », productif et pédagogique, de cet empirisme de seconde main. Mais il rate l'occasion puisque l'Étranger, plus rusé, refuse cette première définition de l'image avec ces deux temps (typologique et systématique), ou du moins la met aussitôt en doute, en la considérant trop convenue et facile parce qu'elle repose de manière critique sur la nature des instruments et des modalités de l'art du sophiste, et ne porte pas sur le véritable objet du questionnement, à savoir sur la nature des choses dont les « images » du sophiste livreraient ainsi une fausse connaissance.

La définition formulée par Théétète concerne en effet seulement *ce qui se voit* et oublie l'autre moitié du raisonnement. Malin comme un sophiste, l'Étranger précise que le sophiste, lui justement, ferme les yeux, ou feint de ne pas en avoir, se rend en tout cas aveugle à l'égard du sensible, en ignorant totalement non seulement les images que vient d'énumérer Théétète, mais encore la vue elle-même[1]. Ainsi la vue entre explicitement dans le jeu des philosophes, mais pour se faire aussitôt évincer, du moins en apparence, comme si les philosophes se devaient d'être, à l'instar de l'aède d'autrefois, aveugles au monde extérieur. Car cette image que tente de définir Théétète

1. *Soph.*, 239e-240a : « L'Étranger : Il est clair, Théétète, que tu n'as jamais vu de sophiste. Théétète : Pourquoi ? L'Étranger : Il t'aura l'air d'un homme qui ferme les yeux ou qui n'a point d'yeux du tout. Théétète : Comment cela ? L'Étranger : Quand tu lui répondras en ce sens, si tu viens à lui parler de ce qui se forme dans les miroirs ou de ce que les mains façonnent, il se rira de tes exemples, faits pour un homme qui voit. Lui feindra d'ignorer miroirs, eaux et vue même, et ce qu'il te demandera, c'est uniquement ce qu'on doit tirer de ces exemples ».

à la demande de l'Étranger – cette image utilisée et produite en même temps par l'art spécifique du sophiste – ne doit pas s'adresser à la vue. N'étant pas un produit des arts visuels, elle relève, certes, des objets visibles mais non en tant que ces objets sont vus de manière immanente, fussent-ils donnés en direct à la faculté sensible ou par la médiation d'un plan réfléchissant, d'un geste de façonnement plastique (sculpture ou peinture), ou encore par l'entremise d'une parole désignant tout cela. Cette image du sophiste semble être radicalement *autre chose*; elle est en réalité une *toute autre* sorte d'image que les reflets ou les empreintes que vient d'énumérer le jeune philosophe. De quoi s'agit-il alors? Que voit-il en effet, le sophiste aux yeux de chair fermés au monde extérieur, et que fait-il voir à ceux qui l'écoutent?

Dès qu'il formule la définition de l'image Théétète est donc immédiatement accusé de ne jamais avoir *vu* de sophiste (εἶ σοφιστὴν οὐχ ἑωρακώς), le sophiste ayant, lui, les yeux fermés (μύειν) – comme un «myste», un «initié» –, ou encore n'ayant point d'yeux (οὐκ ἔχειν ὄμματα). Théétète subit en somme la même critique que celle qu'il porte lui-même sur le sophiste, à savoir : d'entretenir un «commerce» inavoué avec le visuel, de jeter un coup d'œil coupable car illicite pour un philosophe, sur les apparences diurnes des choses et des êtres du monde, et de laisser s'infléchir son jugement selon la perception des aspects multiples et variés qu'il reçoit. Qui est alors le vrai sophiste du dialogue : le philosophe éléate appelé ici l'Étranger? le jeune disciple «rationaliste» de Socrate, appelé Théétète? ou bien le portrait générique d'un homme sans identité déterminable selon les critères connus (nom propre, métier défini, appartenance de famille, de classe, d'école, de cité, etc.), portrait-standart (idéal?) de tout homme astucieux, astucieux puisqu'à même de se servir du langage en tout lieu et en toute circonstance pour connaître et faire connaître la réalité des choses telle que personne ne l'a jamais saisie jusqu'à lui? Reste à savoir, en outre, de quelle réalité peut bien témoigner celui qui prétend ne pas voir ce qui se présente aux yeux de tous : d'une réalité qui *est* la vraie comme telle, c'est-à-dire qu'il *voit* l'invisible, qu'il saisit la nature essentielle dans laquelle s'accomplit et se parfait chaque chose qui lui apparaît? Ou d'une réalité possible qui est à l'instar du vraisemblable, c'est-à-dire qu'elle *est* à la fois vraie et visible mais *n'est pas la même*, puisque l'identité à l'égard de ce qui *est réellement* n'est pas accessible autrement?

Se cache par ailleurs, sous ces phrases où chaque mot compte, y compris dans les répétions et les inversions, ainsi que sous cette apparente mauvaise foi de l'Étranger à l'égard de Théétète, une sorte de réplique à l'adresse de Socrate, une reprise en écho de son doute inaugural devant la connaissance que l'on peut avoir en rencontrant un «étranger», fût-il philosophe d'une autre école ou dieu étranger à la race des humains[1]. Une réponse, donc, à la question concernant le type de connaissance qu'un homme peut avoir lorsqu'il se trouve devant un autre homme et qu'il le regarde comme si celui-ci, réduit à une forme objective de présence, devenait «clair» ou «brillant» en soi (*enargês*) du fait même du regard de l'autre, et s'identifiait ainsi à cette visibilité saturée de sa présence comme s'il s'identifiait ainsi à une définition complète de lui-même. Pourtant, si Théétète avait à l'instant même sous ses yeux un sophiste, comment aurait-il pu véritablement le saisir, jusque dans le présumé «aveuglement» intérieur de celui-ci, en le rencontrant tout simplement, avant de l'écouter et d'échanger avec lui des paroles, accompagnées, naturellement, de regards. Mais laissons de côté les dérapages du dialogue et les clins d'œil d'auteur surgis au détour d'une phrase. Platon, l'*écrivain*, est, sous couvert de Socrate, coutumier de ces jeux plus ou moins innocents.

Se moquant des miroirs, des reflets dans les eaux, des traces et des empreintes diverses autant que des produits de l'art du modelage fictionnel (πλάσμασι λέγῃς τι), le sophiste voudrait alors savoir – c'est l'Étranger qui interroge ainsi Théétète – ce qui *s'entend autrement* ou *de plus* que tout ceux-ci sous le nom unique d'«image»: que pourrait bien recouvrir la notion d'«image», si tant est qu'elle soit une entité unique par-dessus les entités nommées auparavant (ὀνόματι φθεγξάμενος εἴδωλον ἐπὶ πᾶσιν ὡς ἓν ὄν), tout en ignorant les données de la vue, ainsi que les multiples objets dont la qualité consiste à être tous visibles, à pouvoir se donner ainsi au regard, à s'étaler sans réserve sous nos yeux[2]. Et c'est en réponse à cette question qu'interviennent en effet les deux définitions asymétriques de l'image, appelée tantôt «idole» tantôt «icône», *eidôlon* et *eikôn*, dans une inversion systématique de rôles et dans une relation reconnue de réciprocité dans la connaissance selon la troisième définition, intermédiaire, celle d'une réalité propre à l'image, une «réalité de ressemblance» (εἰκὼν ὄντως)[3], mais dont les modalités restent pour nous encore à définir.

L'«idole» est une image *a priori* autonome. Étymologiquement *eidôlon* désigne ce qui se voit et s'intellige en tant que forme, aspect, espèce (*species*), ce qui vient au regard et à l'esprit sans avoir besoin d'un rapport

1. *Soph.*, 216a-b.

2. *Soph.*, 240a: «L'Étranger: Ce qu'il y a de commun entre tous ces objets, que tu dis multiples et que tu honores cependant d'un nom unique, à savoir du nom d'image, que tu étends comme une unité sur eux tous».

3. *Soph.*, 240b.

prédéterminé avec une *autre* chose existante[1]. Au sens strict, elle est donc l'objet propre de la vision, équivalent de ce qu'Aristote nommera, avec le surcroît de précision dû au contexte d'une étude de la faculté visuelle, ὁρατόν[2] – le *visible* ou le *vu* saisi comme cause et comme condition d'un objet approprié à la vue. Or nous avons vu que dans le *Sophiste* Théétète définit l'*eidôlon* non comme un « objet visuel » autonome, « bon à voir » puisque propre à la faculté visuelle, mais comme un « étant » qui se détermine grâce à un rapport complexe de ressemblance et d'altérité à l'égard d'un objet « vrai ». C'est donc un objet « second », *autre*, qui se définit en dépendance directe d'un objet « premier » par l'entremise d'une relation d'écart, de dédoublement et d'inversion semblable à la mise à l'envers qui se produit dans le cas d'un reflet[3]. L'*eidôlon* est donc pour le jeune philosophe l'image d'un objet qui apparaît délocalisé de lui-même, décentré, aliéné en raison d'une réception étrangère de l'acte par lequel il est rendu ou se rend de lui-même visible, perceptible à l'œil nu de celui qui se trouve dans les parages. Une « idole » ne serait par conséquent jamais entièrement « vraie ». Elle serait « vraie » seulement par son statut de corps particulier qui la rend visible, mais ce corps est le support de quelque chose qui nie sa corporéité spécifique, puisque l'*eidôlon* réfère toujours à un autre corps qu'il/elle donne à voir sans s'identifier vraiment à celui-ci. L'idole est donc à moitié vraie d'une part, et toujours « non-vraie » d'autre part, c'est-à-dire fausse comme une copie, un double, un sosie de ce qu'elle n'est pas. L'autonomie apparente et la réflexivité inévitable de ce type d'image fermée sur elle-même et autosuffisante, tel un objet visuel « schizophrène » (se prenant pour ce qu'il n'est pas et montrant une réalité qu'il n'a pas), aurait comme corollaire son asservissement au statut d'un mensonge ou d'une fiction créée de toute pièce, telle une chimère ou la figure d'un dieu que personne n'a jamais vu[4]. *Cette image* est donc associée à un support,

1. C'est le sens premier du terme de base *eidos*, sur lequel est formé *eidôlon*, tel qu'il est mentionné par P. Chantraine, *Dictionnaire étymologique de la langue grecque*.

2. *De anima*, 418a26 *sq.* Dans le chapitre sur la vue et les conditions de la perception visuelle le Stagirite n'emploie pas la terminologie de l'image, mais uniquement le vocabulaire de la visibilité ou de son contraire.

3. 240a. Notons, par ailleurs, que la compréhension du terme *eidôlon* comme « reflet » est platonicienne (voir aussi *République*, 516a ou *Timée*, 71b) ; elle est apparentée à l'un des sens les plus anciens du mot, celui qui désigne par *eidôlon* un «être irréel» (fantôme, ombre, simulacre), sens relevant de la tradition homérique. Voir P. Chantraine, *op. cit.*, ainsi que le chapitre *Eidôlon*, plus fourni en explications et exemples, dans le dictionnaire optique de Ch. Mugler, *op. cit.*, p. 116-119.

4. Le sens péjoratif d'« idôle » (désignant plus particulièrement les statues des dieux païens) apparaît tardivement, plus particulièrement dans la tradition judéo-chrétienne de la

épouse un corps et se fourvoie en même temps, parce qu'elle refuse de s'identifier à ce corps-là, et devient par conséquent le lieu d'un mensonge visuel, d'un trompe-l'œil. Elle serait pour cette raison à bannir du discours philosophique, si du moins le discours souscrit à une adhésion immédiate et sans condition à la vérité des êtres et des choses tels qu'ils sont, et que le logos prétend faire connaître ainsi, *réellement*.

L'« icône », en revanche, est pour sa part une image toujours dépendante d'un modèle. Elle est toujours référentielle, visant un objet à l'égard duquel l'*eikôn* ne constitue pas la négation, et par conséquent le remplacement par un double (une copie et un trompe-l'œil), mais constitue au contraire le révélateur vrai de son invisibilité essentielle ou formelle, suite à une absence substantielle ou à un retrait accidentel en dehors du champ de la vision. De la même famille que *eikos*, l'*eikôn* n'est *a priori* qu'une vraisemblance, quelque chose qui ressemble à une chose existante (sans laquelle l'« icône » n'existerait pas), mais à laquelle l'« icône » ne s'identifie pas. Cette condition à la fois référentielle et potentielle rend par conséquent l'*eikôn* appropriée au langage, la rend apparentée même à celui-ci, comme partageant le sort d'un même statut – celui d'une *dunamis* commune. En outre, l'Étranger trouve bon de définir, lui, l'*eikôn* en rapport avec l'« être », en feignant d'ignorer tout support nécessaire à l'actualisation d'une ressemblance, et en traitant dans ce cas l'image comme un « étant/non-étant » conditionné, certes, par l'existence « historique » d'un être premier révélé comme ontologiquement visible, mais indépendant en même temps de la possibilité de celui-ci de constituer ou non le modèle d'un objet second. L'*eikôn* est donc promu en marge de l'« être » et du « non-être », à la jointure entre la condition « historique » et la condition « ontologique » de l'être, et cela indépendamment de sa fidélité formelle à l'égard d'un « vrai » existant. L'*eikôn* serait donc soit une image « ontologique » en soi, mais en marge du rapport être/non-être, et dans ce cas pourquoi pas un tiers (*tertium quid*) qui fait philosophiquement le lien ; soit, alors, simplement un « mode » (*tropos*), un « lieu » logique ou un « plan » de

Septante et dans les écrits des auteurs juifs et chrétiens hellénisants des premiers siècles de l'ère chrétienne. Nous ne l'entendons pas de cette manière lorsque nous employons le mot « idôle » pour traduire le terme grec *eidôlon* ; nous l'utilisons ici comme une simple transcription du vocabulaire grec, en faisant appel à la référence du langage au monde visuel et non au sens restrictif qui réfère le mot à un objet dans lequel serait transcrite l'apparence d'un corps humain ou divin grâce à un art du dessin ou du modelage (cf. *Critias*, 107b, par exemple). De même, lorsque nous utilisons de temps à autre le mot « icône » pour transcrire le grec *eikôn*, nous ne faisons pas nécessairement référence à l'objet de culte byzantin. Nous reviendrons sur l'usage de ce dernier terme.

type spéculaire, désignant le point opératoire du retournement ou de l'inversion qui ouvre le passage de l'un vers l'autre, être/non-être, et qui définit la relation, en la conditionnant en même temps[1].

Entre les deux images l'asymétrie des définitions formulées dans ce contexte est de l'ordre d'une véritable inversion – une inversion qui apparaît précisément sur le plan du conditionnement : ce n'est plus le modèle qui conditionne l'existence de l'image et la rejette en même temps au titre d'une piètre copie, comme dans le cas de l'*eidôlon* défini par Théétète, c'est bien l'image elle-même, en tant qu'*eikôn*, qui devient une/la condition existentielle pour la possibilité du modèle d'être révélé sous un mode propre à la vision, à la langue, à l'entendement. Ce qui se joue sur le plan de ces définitions de l'image, en tant qu'*eidôlon* et en tant qu'*eikôn*, est en réalité de l'ordre d'une possibilité de définir l'accès à l'expérience et à la connaissance de l'être. Quoi qu'il en soit, sous une forme ou l'autre, qu'elle soit appelée « icône » ou « idole », et qu'elle soit déterminée comme *ontos* ou comme *tropos*, la définition de l'image entraîne la définition du non-être, et la définition du non-être entraîne celle de l'identité indéterminable du sophiste, en l'occurrence la définition du statut du langage face à la question de l'*être*, eu égard au fait que pour le « bon Eléate » l'*être* constitue *la vérité du réel* qu'un philosophe doit à la fois connaître et pouvoir dire, maîtriser sous l'espèce du logos. La chasse du sophiste n'est que le « déguisement » choisi par Platon pour illustrer, et démonter en quelque sorte, cet enchaînement logique de la connaissance fondamentale.

L'image invisible

Formulée tantôt par Théétète tantôt par l'Étranger, chacun inversant à tour de rôle le sens premier (étymologique) des deux termes les plus employés dans ce contexte[2], les définitions des deux images demeurent, par ailleurs, des définitions « vides » d'objet. Le langage semble tourner autour d'une « inconnue » qui échappe et à l'esprit et à la lettre, malgré l'insistance théorique à son sujet. Aussi l'image reste-t-elle une « présence étrangère » dans le discours, une « altérité » insoumise au pouvoir nomi-

1. Nous avons vu, en analysant plus haut la définition de l'*eikôn* formulée par l'Étranger en réponse à la suggestion d'une « réalité de vraisemblance » (*eikôn ontôs*) formulée par Théétète, que l'*eikôn* devenait l'équivalent de la faculté réflexive qui doit répondre à la constitution ontologique du réel. Nous l'avons « traduit » alors, en termes modernes, comme expression propre de l'intuition du réel.

2. Voir *supra*, p. 197 et 203-204, les notes concernant le vocabulaire de l'image défini et utilisé dans ce même dialogue.

natif de la parole, qu'il s'agisse d'un « objet scopique » (l'idole, objet de la vue) ou d'une « image ontique » (l'icône, conjecture invisible, vraisemblance d'une réalité immaîtrisable autrement), image qui s'apparente dans ce cas aux possibilités du langage à l'égard de toute identité indéfinissable comme telle. Ce n'est qu'au point d'arriver devant ce port inquiétant, en ce lieu bizarre, terrible, où, à la croisée de l'« être » et du « non-être », le sophiste, devenu lui-même un être « phantasmatique », se dresse comme armé de cents têtes (et d'autant de regards qui saisissent toutes les choses existantes pour les transformer aussitôt en images figées, donc mortes)[1], que l'on peut, enfin, comprendre la raison véritable de cette invocation insistante de l'image en marge de la « chasse » du sophiste, ainsi que la raison pour laquelle l'image est associée, pièce à conviction, à la démonstration de l'existence contradictoire du « non-être ». Le sophiste prend l'allure d'un personnage mythologique. Il devient, au terme logique du discours, le défenseur « gorgonesque » d'une vérité totale et impossible, absurde pour un Éléate, celle de l'existence *véritable* de l'irréel sans recours au vraisemblable, d'une vérité en soi de l'« être du non-être », d'un être *vrai* du « faux », de la vérité logique (et linguistique) d'une « idole », d'un « simulacre » ou d'un « mensonge ». Le discours s'abîme alors, quitte le terrain de la dialectique et s'enferme dans l'aporie, acquiesce à formuler ainsi l'irrésolu, et prend aussitôt la défense de « l'imprononçable », de « l'ineffable », de « l'inexprimable », de « l'impensable » (ἄφθεγκτα καὶ ἄρρητα καὶ ἄλογα καὶ ἀδιανόητα)[2].

En un mot, Platon conclut que la logique d'une démonstration dialectique au sujet de l'être risque de finir dans le même régime « monstrueux » et « indicible » que les récits cosmogoniques des mythes, si elle n'ouvre pas la porte à une autre philosophie – la métaphysique. Or cette alternative, théologie traditionnelle ou métaphysique, difficile à comprendre et à définir tant elle serait *a priori* contraire à la doctrine de Parménide et de Platon, relève d'une « vérité ontologique » qui met en contradiction le langage et qui est ici dénoncée par l'entremise de l'image.

1. *Soph.*, 240c.

2. *Soph.*, 241a. Nous reviendrons sur ce passage où l'on remarque la transformation de la négation en une forme de privation, lorsqu'il s'agit de rendre compte des limites auxquelles se heurte le langage engagé à définir l'opposition « être/non-être ». Remarquons d'ores et déjà que le moyen de dénoncer ces limites est appelé par l'Étranger une *mekhanê*, une astuce, un expédient, une ruse du langage à l'égard de lui-même : Ἦ τίς μηχανὴ... (241a). Remarquons aussi, une fois de plus, l'usage en première position du terme φθέγγομαι (sous la forme ἄφθεγκτα), terme dont nous avons déjà signalé la présence symptomatique, selon nous, dans ce contexte.

Seulement c'est une *image* en quelque sorte *nouvelle*, une *image* symptomatique et problématique à laquelle recourt le philosophe, une *image* qui ne se voit pas nécessairement mais qui doit en revanche pouvoir se dire, doit viser le sens des mots et *faire voir*, car, si elle ne s'adresse pas à la vue en premier, elle détermine néanmoins le regard et oriente sa visée sur la condition principielle de la visibilité des choses. Cette *image*, qui n'a finalement d'autre rôle que celui de créer une complémentarité à l'égard du logos, permet d'assumer la contradiction et de dépasser la séparation nécessaire de l'intelligible par rapport à toute perception immédiate, séparation prônée par l'Eléate à l'aide de la négation et de l'opposition des contraires.

En somme, la critique platonicienne à l'égard de Parménide s'entreprend, nous semble-t-il, à partir de cette définition d'une *image* qui demeure invisible comme telle et incirconscriptible au langage, alors même qu'elle continue à s'appeler justement une « image » (sous l'espèce de l'*icône* ou de l'*idole*) : un objet de la pensée dont la nature est purement instrumentale, qui permet la constitution d'un objet visuel conditionnel, et qui ouvre ainsi la possibilité de connaître par la ressemblance formelle une chose *autre*, de nature radicalement différente, chose que l'image offre à l'expérience et à la connaissance soit grâce à une copie en tout symétrique, tel un reflet catoptrique, soit grâce à une invention qui reconstitue une vraisemblance à partir de proportions volontairement erronées. Mais l'image ne s'identifie pourtant pas à cette chose, car il s'agit précisément de dénoncer par ce moyen, et de circonscrire, autant qu'il est possible de cette manière indirecte, le danger de toute identification fortuite. Il s'agit de signaler ainsi la différence fondamentale que recouvre tout étant *autre* que l'image elle-même, et par dérivation le logos aussi. Et il s'agit de déterminer à cet égard – en tant qu'image, c'est-à-dire par une apparente altérité du logos – comme possibilité d'existence et en même temps comme possibilité ouverte à la connaissance, le « visible » ou l'« apparaître » d'un « être » *autre* que ce qui peut se voir et se dire selon les modalités habituelles de l'entendement : soit un « être » visible *en soi*, mais pas immédiatement apparent (*i.e.* un « invisible » accidentel), soit un « invisible » essentiel qui se laisserait saisir à travers une sorte de « visible inversé », une conjoncture ou une possibilité de l'ordre d'un reflet. Nous avons affaire dans ce cas à un « être » *autrement que visible directement* mais néanmoins existant, réel, voire fini et vrai en même temps, puisqu'il peut apparaître dans le miroitement iconique de la condition même de visibilité qui détermine l'existentiel, et peut être saisi comme tel, de manière soudaine ou de manière laborieuse et réfléchie.

Cela signe non seulement la rupture de Platon à l'égard de l'ontologie parménidienne, ainsi qu'une certaine reformulation du rapport du langage philosophique au mythe, mais ouvre aussi la possibilité de considérer à partir de là une approche du sensible par des moyens purement logiques. Les portes du langage sont ainsi ouvertes, jusqu'à la possibilité de considérer le pouvoir « magique », l'être monstrueux, l'inhumain, la rencontre sublime et son effet d'effroi non sous l'aspect psychologique présent dans les mythes, de manière anthropologique donc, mais sur le plan proprement philosophique – sémantique et métaphysique. Mais n'allons pas si vite aussi loin dans les temps de l'histoire!

Si la première définition (celle de l'*idole*, formulée par Théétète) met en jeu l'opposition classique entre le « vrai » et le « faux » induit par un acte de ressemblance imparfaite de la part de l'altérité, laquelle n'arrive pas à une identité avec le « vrai » mais crée et détermine le sens de la relation (une altérité qui advient, autrement dit, au « vrai » à travers la ressemblance, voire par une participation vectorielle et une recherche de parenté originaire), la seconde définition (celle de l'*icône*, formulée par l'Étranger) fonctionne en revanche uniquement sur le principe d'une mise en miroir du langage lui-même. Les paroles énoncées sont aussitôt renversées sur le principe de la relation « être/non-être », car l'image se situe cette fois-ci à l'intérieur du discours, dans le corps syntaxique de la langue elle-même, et tente à partir de là une opération de renversement et de réappropriation visuelle du statut sémantique du logos. Mais à laquelle de ces deux définitions correspond en effet l'instrument propre du sophiste ? À qui profitent-ils ces détours, ces distinctions, cette distance et cette mise en miroir du discours, de l'orateur et du public : à l'image ou aux mots, à la fascination qu'exerce d'emblée la première ou à l'évidence que recèlent les derniers lorsqu'ils sont considérés comme « vrais » ? La réponse ne peut pas être donnée à ce stade du dialogue. Surgit en revanche, de la confrontation de ces deux définitions, le contour d'un lieu où se nouent les chemins *a priori* opposés du langage et de la vision. Plus loin encore dans le dialogue, dans une nouvelle et dernière tentative pour définir le sophiste, ce lieu sera une fois de plus qualifié d'« inquiétant »[1] : milieu d'embarras, où l'esprit se trouve saisi de vertige et plongé dans les ténèbres lorsque, envers et contre tous, le sophiste maintiendra l'argument de la négation absolue (μηδαμῶς μηδέποτε μηδαμοῦ) concernant l'être de la fausseté (ψεῦδος εἶναι), autrement dit l'affirmation par double négation (sortie de l'embarras par

1. *Soph.*, 264c *sq.*

annihilation des contraires), autant à l'égard de l'*icône* et de l'*idole*, qu'au sujet du *phantasma*[1].

Chaque fois que la pensée dresse des oppositions et tente de se frayer un chemin parmi des paires de termes contraires, la parole, la taxinomie des figures et les expressions mêmes qui sont utilisées comme répliques des personnages du dialogue, bref le discours entier se met en branle et finit par trouver un moyen d'échapper à cette structure binaire, même si celle-ci a une finalité dialectique. Le discours se transforme alors en un dispositif catoptrique à même de renverser toute opposition et de la transformer en une figure de la différence comme forme d'altérité complémentaire. Le dispositif dont usent l'Étranger et Théétète (ce dernier à son insu, ou presque) est constitué de plans réfléchissants, de miroirs langagiers, lesquels se multiplient vers la fin du dialogue à mesure que l'on entre dans une série de distinctions qui sont autant de dédoublements du « même », comme si l'on entrait dans un véritable labyrinthe de glaces. Sous-jacente à ce dispositif de plans réfléchissants multipliés à l'infini, et placés parfois au sein même de la langue, l'image constitue le vrai instrument échappatoire à la dialectique des contraires. Dissimulée sous un vocabulaire diversifié et sous des identités différentes, traquée sous couvert d'une figure emblématique, celle du « sophiste », et éliminée, du moins en apparence, à partir d'une succession de définitions qui de fait n'explicitent rien à l'égard de l'objet, ne disent rien de propre sur la nature de celui-ci, l'image permet néanmoins d'envisager une alternative à cette dialectique : à défaut d'une vraie altérité, elle est ou redevient le complémentaire de la parole, fait se redécouvrir une complémentarité déjà à l'œuvre chez Homère ou Hésiode, mais exempte désormais du « pouvoir » d'une production de réalité effective. Plus particulièrement dans ce contexte, elle se constitue en complémentaire inséparable du nom à l'égard de l'identité; elle devient *l'autre* (*li aliud*, dirait un philosophe du moyen âge latin[2]) se tenant en face de la multiplication des « mêmes », devant la dissémination des homonymes et des semblables issus comme par parthénogenèse d'un langage qui se prétend vierge, purement conceptuel, abstrait, séparé de toute connivence avec les données sensibles, mais qui apparaît finalement comme vide de

1. *Soph.*, 264d. « Et, au milieu de cet embarras, un vertige plus ténébreux encore nous submergea, quand apparut l'argument qui, envers et contre tous, soutient que copie (εἰκὼν), image (εἴδωλον), simulacre (φάντασμα), rien de tout cela n'est, puisqu'il n'y a fausseté en aucune façon, en aucun temps, en aucune part ».

2. Nous faisons allusion au traité de Nicolas de Cues *De li non aliud*, *op. cit.*, *supra*, p. 166-167, n. 2.

tout contenu, de tout accès à l'étantité des choses, et restreint à constituer la condition propre d'accès à la connaissance par différence conceptuelle, abstractive et réductrice du principe de l'existant.

Réalité d'image : εἰκὼν ὄντως

Reprenons une fois de plus, pour éclaircir cette dernière question, l'opposition « être/non-être » sur laquelle l'Étranger construit sa définition de l'*eikôn*. Le « non », la négation adjointe à l'« être », nous l'avons interprété comme une sorte d'« analogie » par rapport à l'affirmation *nue*, *infinitive* de l'« être »[1]. L'image aurait en effet, comme par analogie avec le non-être, une sorte de « réalité »; elle serait un certain « être réel » (εἰκὼν ὄντως), selon la démarche tâtonnante de Théétète[2]. Mais, plus que par analogie, elle a un statut ontologique véritable – réplique l'Étranger. Elle *est*, au sens fort, autant que le « non-être », la négation, le contraire. Pour le sophiste la négation ou le contraire de l'être prend une valeur existentielle du fait même qu'il s'agit d'une opposition à l'être, et dès lors que toute opposition de contraires se réifie ou est personnifiée par attribution au travers d'un discours. La négation reçoit en effet la même signification que ce à quoi elle s'oppose grammaticalement. Elle réalise alors une unité avec son opposé et identifie le mot même à cette signification (même si c'est un non-sens), en entraînant aussitôt le récepteur au-delà du seuil des abstractions grammaticales et conceptuelles. Plus loin dans le texte, on affirme clairement que la négation *est* au même titre ontologique et existentiel que la « fausseté », le « mensonge », une « fiction », voire ce qui « n'est absolument pas » (μηδαμῶς εἶναι). Tous ceux-ci *sont* pour autant pleinement (τὰ πάντως ὄντα). Cette affirmation explicite vaut également pour le statut assigné à l'image dans le sillage de l'existence affirmée du « non-étant », démonstration qui cause l'embarras connu dans le milieu philosophique platonicien et qui réclame cette critique acerbe du sophiste. Le maniement subtil de la dialectique ne met pas le sophiste à l'abri, car celle-ci dévoile dans notre philosophe quelqu'un de mû, à défaut d'un « vrai savoir », par l'opinion fausse engendrée dans son âme « retorse » et exprimée par l'art du simulacre et de la tromperie qu'il lui faut à tout prix défendre, ne serait-ce qu'à travers une entorse à la logique ou aux principes philosophiques

1. Nous avons repris, de fait, une interprétation de M. Dixsaut sur la négation, *op. cit.*
2. *Soph.*, 240b.

acquis au *logos*[1]. Dans le discours du sophiste (l'Étranger à découvert, cette fois-ci) l'« être » et le « non-être » s'associent en conséquence de nombreuses façons et souvent (μὴ ὄντι τὸ ὂν προσάπτειν… πολλάκις…), malgré l'impossibilité la plus absolue (l'interdiction logique) d'une pareille chose[2], et, à force d'arguments, ils font chemin ensemble dans le langage comme dans le monde vraisemblable que celui-ci fait apparaître à son auditoire : ils s'écartent et s'entrecroisent maintes fois (τοιαύτην τινὰ πεπλέχθαι συμπλοκὴν τὸ μὴ ὂν τῷ ὄντι)[3], se disloquent l'un l'autre, se heurtent, s'opposent et s'entrelacent dans une union issue de cette opposition même présente dans les paroles, une union qui est comme une sorte de liaison inextricable et qui va plus loin que la simple réversibilité des contraires.

L'Étranger suggère qu'il y aurait même une sorte de relation d'homologie (serait-elle substantielle ou seulement formelle, verbale?) entre l'« être » et le « non-être » ou « non-étant » (τὸ μὴ ὂν… ὁμολογεῖν εἶναί πως)[4], homologie qui se produirait dans/par leur accord intime, leur consentement (ou « adjointement »). Or cette homologie comporte toutefois la présence d'un écart, demande même que la faille de la non-identité se traduise en une distance, en un intervalle pour que leur rencontre puisse en effet avoir lieu. Et cette distance (διάστημα) sera celle-là même dont a besoin l'image pour exister, une image que le sophiste met en place pour installer une distance efficace et pour dissimuler en même temps son dispositif construit sur le principe d'une multitude de points de repère et de passages ouverts, avec des équivocités et des glissements de sens d'un terme à l'autre, et, bien sûr, avec des inversions abstraites, et finalement arbitraires, entre les contraires. Mais cette « image » si particulière du sophiste est une image qui ne doit pas faire écran : elle est conçue pour être ou pour devenir invisible autant que l'éloignement et la distance transparente face à l'objet du regard et de la connaissance; elle doit de toute évidence laisser entendre et faire voir la « chose » signifiée ou référencée plus qu'elle ne se voit elle-même; elle ne doit jamais présenter d'obstacles

1. *Soph.*, 240d-e. Il n'est peut-être pas dénué d'intérêt de remarquer une tension croissante dans le dialogue, exprimée par l'emploi de termes forts, des superlatifs et des adverbes de la totalité ou de l'absolu, à mesure que l'Étranger s'efforce à convaincre Théétète de la justice de sa critique à l'égard du sophiste, comme s'il dressait des écrans de fumée de plus en plus opaques pour dissimuler sa propre technique, la proximité trop évidente de celle-ci avec les ruses de celui incriminé. Dans le même contexte voir aussi *Soph.*, 241b.

2. *Soph.*, 241b.

3. *Soph.*, 240c.

4. *Soph.*, 240c.

apparents pour la connaissance comme pour la vue. En outre, elle doit donner à son récepteur une dernière impression, celle de la liberté même de la réception, comme si celui qui la voyait pouvait s'emparer de cette image comme d'un miroir dans lequel il verra se refléter sa propre « production » d'objets ou sa création d'êtres, de vivants.

Il faudrait ajouter, à cette première interprétation du rôle de l'image *invisible* et *transparente*, suprême ruse et parfait art du sophiste, une fonction « de relève » qui, à nos yeux, prend davantage d'importance dans le discours de l'Étranger. L'image, sur la définition de laquelle bute le discours, devient le relais même du langage, le relais qui non seulement permet une relance de la démonstration, mais oriente le discours pour qu'il aboutisse à bon port. Pierre d'achoppement qui semble mener le langage à sombrer dans l'aporie et à s'éteindre proprement en butant devant l'inexprimable de la chose visible, l'argument de l'image fait tout d'un coup basculer le discours, et l'image prend la relève de la parole, influe sur elle, la transforme (produit des εἴδωλα λεγόμενα) et assure ainsi la sortie possible du sens au-delà de l'affirmation et de la négation dans lesquelles s'était empêtré le langage. Point de départ, en même temps, d'une science dégagée des figures allégoriques et des masques mythologiques, l'image permet ainsi d'ouvrir une *épistémè* fondée sur la « parenté » de l'âme avec l'objet de sa connaissance, à la manière dont l'« homologie », dénoncée à l'instant par l'Étranger, permettait la fusion paradoxale du « non-être » dans une inattendue existence, dans un répondant d'étantité surgi à partir d'un rien, d'un vide d'apparence et d'existence. L'image fournit ainsi l'évidence d'une limite; elle dévoile le mur d'indicibilité auquel se heurte le sémantisme de la parole à l'égard du visible, mais constitue en même temps une ouverture vers les possibilités infinies enfermées dans les mots comme dans la boîte de Pandore. Elle fait sortir le langage du danger de tautologie des noms, de l'enfermement dans la désignation unique et aveugle des choses, en lui offrant d'un côté la simplicité du miroir, l'évidence de ce qui s'adresse plus facilement à la vue (des jeunes disciples, par exemple), et d'un autre côté, la contrepartie de ténèbres nécessaires, la corporalité bigarrée dans laquelle peut s'inscrire la « réalité » faite d'ombres et de lumière de toutes les choses nommées comme « existantes », aux prises avec la multiplicité et avec le changement métamorphique du devenir. En un mot, l'image fait le lien entre le visuel et la condition visible des choses, et ouvre ainsi l'accès du premier au second – c'est-à-dire qu'elle engage la saisie intellective du sensible et la constitution d'un regard sur les choses à travers l'altérité du langage. Plus exactement, elle appelle à la constitution d'un regard qui perce la langue et qui constitue le lien entre le sémantique et le noétique, en visant l'unité à partir du multiple saisi dans sa nature, dans son mouvement et dans sa totalité.

Y a-t-il, à partir de là, un possible accès à la nature du « non-être », un support de sa paradoxale étantité, quelque chose qui, dans le « non-être » lui-même, puisse recevoir l'« être » ? Sans quoi il n'y aurait pas d'« être du non-être », ni de sujet pour un dialogue fictif entre Platon et Parménide, ni d'intérêt réel et de regard éclairant face aux images. L'alternative initiale oppose le « vrai » au « mensonge » : si le « non-être » pouvait effectivement être un « être vrai », alors, aussitôt le mot proféré, l'abîme, le néant engloutirait celui qui prononce son nom (hypothèse « réaliste », *sic!*); mais si le « non-être » n'était que pareil à un « mensonge » (*qui ne tue pas*), s'il n'était qu'une pure invention, une fiction, un trompe-l'œil, alors cela voudrait dire soit qu'il n'y a pas de « néant » du tout (retour au « postulat » de Parménide[1]), soit que le « néant » *existe* sous une certaine forme, mais que nous n'avons aucun accès langagier ou formel à lui, et donc aucune possibilité de le connaître proprement (argument « apophatique »). Le sophiste ouvre, quant à lui, une troisième voie : le « non-être *est* », et il *est comme* une parole et *comme* une image, plus précisément *comme* une « réalité d'image »; *comme*, c'est-à-dire au même titre qu'une parole ou qu'une image. Ni « néant » véritable[2] ni fiction, ou invention sans support, simulacre, le « non-être » est à l'égard de l'« être » comme le reflet du soleil dans l'eau par rapport au soleil aveuglant du ciel[3], une négativité qui serait comme une inversion spéculaire immanente à l'être même. La relation entre les deux suppose pour le sophiste un décalage, une délocalisation, un transfert de support, ainsi qu'une distance efficace, opératoire. De même, entre la parole et l'objet qu'elle désigne il existe un certain décalage, un déplacement, une délocalisation et un intervalle qui rend visible une parole

1. Pour mémoire : « Car jamais ceci ne sera dompté : être des non-étants (εἶναι μὴ ἐόντα) » et « Seul reste donc le récit de la voie "est" (ὡς ἔστιν) » – fragments VII et VIII, trad. B. Cassin, *op. cit.*, p. 84-85. Autre traduction : « On ne pourra jamais par la force prouver/Que le non-être a l'être [...] » et « Mais il ne reste plus à présent qu'une voie/Dont on puisse parler : c'est celle du "il est" [...] », trad. fr. J.-P. Dumont, *Les écoles présocratiques*, Paris, Gallimard, 1991[2].

2. Nous utilisons le terme de « néant » au sens de négation ontologique, sans majuscule, donc sans référence au sens « fort » du terme, à savoir le sens d'abîme et de chaos. Il y a cependant une ambiguïté dangereuse à confondre « néant » et « non-être » autant dans le contexte de la référence à Parménide que dans le texte ici commenté de Platon. Voir M. Dixsaut, *Platon et la question de la pensée*, *op. cit.*, p. 269-270.

3. Voir l'exemple déjà cité du *Phédon* 99d, ou encore *République* VI, 510e.

seulement audible au départ. L'abîme se creuse, lui, à l'intérieur de cet intervalle, fait le jeu de la faille qui sépare le signe du signifié, mais il unit aussi par-delà la distance, en laissant entendre quelque chose de plus ou de différent que la tautologie pure de la désignation.

Nous pouvons donc dire, impunément, « non-est est », ou « ne-pas-être est », ou encore « l'être n'est pas », cela ne change en rien la logique interne du langage. Chaque proposition est sensée et vraie tant qu'elle est prise séparément, car le renversement qui apparaît alors dénote une absence de possibilité du « même », marque une sortie du dédoublement, de l'écho ou de l'ipséité, ainsi que la présence d'une « altérité », et non un opposé exclusif à l'égard de ce qui « est » *là*, dans la phrase. Un « opposé » à l'être, s'il existe, se trouve en-deçà ou au-delà de la parole, jamais dedans et réduit à cette intériorité. Il peut surgir de/dans ce qu'elle exprime, et non de/dans son « corps » littéral, pour dissoudre le sens ou faire exploser le contenu, la charge sémantique de la parole proférée.

Mais l'image, elle, va encore plus loin. Là où la parole bute, à savoir devant l'indicible et l'impensable d'un « ineffable » (ἄρρητα, ἄλογα, ἀδιανόητα...)[1], c'est-à-dire devant l'étrangeté absolue d'une réalité *autre* que celle comprise dans la *quiddité* d'un nom, l'image arrive, elle, à prêter son corps d'étrangère comme support de substitution à la parole et à réifier ainsi, dans son apparition même, la chose comme par défaut. Son avantage sur le statut des mots est de pouvoir prêter un « corps » à elle, autonome même lorsqu'il est feint, d'avoir donc une « réalité » propre, même si cette réalité n'est pas matérielle et n'appartient de fait que par emprunt à l'image, n'est en effet que référentielle et réflexive.

Lorsque l'Étranger d'Élée se décide enfin à annoncer sa couleur, à confesser sa position prenant le risque de passer pour un transgresseur des lois divines, pour un parricide[2] et pour un casseur d'« idoles » (ou de mythes) de la pensée, la réversibilité entre un « non-être » *qui est* et un « être » *qui n'est pas* a déjà basculé d'une simple ruse de langage, d'une divine et ludique *mekhanè*, d'un exercice de propédeutique destinés aux esprits jeunes, dans une évidence (φαίνεται) frappante même pour un aveugle (τυφλός). Si tant est que celui-ci puisse juger (comme le sophiste aux yeux fermés) de la nature des idoles (εἰδώλων), des icônes (εἰκόνων), des imitations (μιμημάτων), des représentations (φαντασμάτων) et de toutes autres sortes de produits des différents arts (περὶ τεχνῶν) qui se mêlent dans le conflit des contradictions ridicules (καταγέλαστος ...

1. *Soph.*, 241a.
2. *Soph.*, 241d.

ἐναντία) avant d'en finir avec, de leur faire définitivement un sort[1]. Autant dire que ce ne sont pas les yeux qui jugent des images, ni les noms différents qui les distinguent dans l'ordre des catégories de la substance, de la relation de ressemblance et de la référence au modèle. Mais, selon la dialectique des complémentaires à l'œuvre dans ce contexte, s'il faut fermer les yeux devant les apparences, les ombres et les reflets pour pouvoir en parler, regarder droit devant les yeux finit peut-être par faire découvrir dans l'évidence qu'affronte ce regard quelque chose d'autre que de piètres images, de simples reflets de la visibilité en puissance du réel. L'existence de cette altérité est néanmoins garantie, à défaut d'une connaissance directe, par ce qui se montre ainsi, comme de biais, révélant dans l'apparent tantôt fugacité et vanité, tantôt incontestable splendeur.

1. « Comment ne serait-ce pas évident et, comme on dit, évident même pour un aveugle ? Tant que ne sera faite ni cette réfutation ni cette démonstration, on ne pourra guère parler de discours faux ni d'opinions fausses, ni d'images, de copies, d'imitations ou de simulacres, pas plus que d'aucun des arts qui s'en occupent, sans s'empêtrer inévitablement en des contradictions ridicules », *Soph.*, 241d-e.

CHAPITRE IV

LES ENJEUX PHILOSOPHIQUES DU VOCABULAIRE DE L'IMAGE ET DE LA RESSEMBLANCE SELON LE *SOPHISTE*

La définition de l'image apparaît, dans cette première partie du *Sophiste* que nous venons d'analyser, comme inextricablement associée à la détermination de la relation de ressemblance en tant que processus productif. Essayons de créer maintenant, à partir des occurrences de la terminologie utilisée dans cette partie du dialogue platonicien, une typologie des rapports entre l'image et l'acte de ressemblance, en fonction du rôle qui leur est ici imparti par une pensée soucieuse de maîtriser les travers du langage, les usages équivoques du mot « être » en particulier, en se maintenant fidèle aux règles de construction d'une démarche logique. Cela afin de comprendre les liens établis par Platon entre l'expérience sensible, l'art du langage et la théorie de la connaissance.

Nous déclinerons cette typologie selon cinq modalités d'approche de l'image, qui sont toutes envisagées dans ce dialogue comme des dispositifs, des lieux productifs et des produits de la ressemblance[1] : 1) le *lieu* d'objectivation de la ressemblance; 2) le *produit* de l'acte de ressembler à..., considéré comme un acte de production à part entière et non comme un effet secondaire dans l'exercice d'une *tekhnè*; 3) la *mise en acte* effective et l'achèvement exemplaire de la ressemblance, 4) les *transferts de support* de l'image vers le langage et son association avec la noétique; l'image garde néanmoins son rôle en tant qu'objet de la ressemblance, malgré les différents types de transfert qu'elle subit; 5) les *techniques de production*

1. En raison d'un souci de clarté nous référons cette typologie au *Sophiste* exclusivement, laissant au lecteur le soin de faire, s'il le souhaite, le rapprochement avec le développement bien connu de la théorie de la connaissance dans le livre VI de la *République*.

de l'image, qui sont toutes des techniques de fabrication par imitation quel que soit le plan, réel ou imaginaire, sur lequel ces techniques sont censées agir. Dans tous ces cas le référent de la copie manque à l'appel, l'image étant présentée comme le double ou la copie d'un modèle qui ne prend son existence ni dans le langage ni dans la réalité des choses saisies par la perception. Le modèle de l'image dont il est ici question, serait donc présent comme dans une sorte de retrait autant de la prédication que de la connaissance sensible, et finalement aussi dans un retrait de la démonstration et de la saisie intellective rationnelle. Le modèle (archétype ou paradigme) est présent dans un retrait du langage qui coïncide exactement avec le retrait dans lequel se trouve l'image elle-même par rapport à son prototype. En d'autres termes, ce qui ne peut pas se dire ne peut pas non plus se montrer essentiellement; mais l'image présente à cet égard un avantage, car, au contraire du langage, elle peut du moins en témoigner par la distance et par défaut, comme une trace.

Sur le même principe, la définition de l'être ne vient, elle non plus, que par le détournement de la voie directe et par le reflet du réel-*ontôs* : reflet ou copie, image naturelle ou artificielle, que l'Étranger – tantôt philosophe, tantôt sophiste – utilise comme moyen pour définir le « non-être » par rapport à l'être (μὴ ὂν ou οὐκ ὂν répondant au οὐκ ὄντως). Ni dans le cas de l'être, ni en ce qui concerne le moyen de l'image ou celui du langage, il ne s'agit d'une construction du discours et du raisonnement sur le principe de l'opposition comme dépassement de la contradiction. Le débat sur la valeur ontologique controversée du « non-être » n'engage pas une *via negationis* à proprement parler pour la philosophie de Platon. La voie négative deviendra, en contrepoint de l'analogie, le chemin propre pour une constitution (ou une construction) métaphysique de l'être, ou encore l'expression spécifique pour une « théologie apophatique » à venir, dans le sillage du « platonisme » tardif, après les grandes synthèses réalisées par Plotin et Porphyre. La rupture de type gnostique qui oppose le monde intelligible au monde sensible, propre aux différents courants du « platonisme moyen », se maintiendra, et sera intégrée à une systématisation des moyens logiques dont la structure est empruntée à Aristote (à l'*Organon*, et principalement aux *Catégories*), et dont les résultats seront énormes, car elle constituera la base de tout le développement ultérieur de la théologie déductive, le courant majeur de la philosophie médiévale occidentale. Mais dans la perspective ouverte par ce dialogue le discours ontologique demeure sur son fondement propre à la sophistique. Plus précisément, il demeure attaché au principe de réflexivité, en ayant opéré un changement radical par rapport à la structure archaïque de celle-ci : la réflexivité n'est plus une relation qui engage à l'affrontement; elle est dorénavant à même d'induire la naissance *avant la lettre* du sujet sous la valeur existentielle *étrange* et *surprenante* de la révélation de l'altérité – lire « étrangère » ou « divine », ontologiquement « neutre » (*i.e.* exempte d'opposition), et reconnue en même temps comme foncièrement indéterminable –, valeur qui provient de cette nouvelle perspective de la définition du *même* et de l'*autre* qui s'ouvre avec la double intégration du langage et de l'image dans la discussion sur l'être.

Or la possibilité d'une ouverture du langage à la métaphysique (sous l'espèce de ce qu'on appelle plus tard les *catégories de l'être*) ne peut intervenir tant que l'on persiste à considérer l'image comme faisant écran et renvoyant immanquablement à l'expérience immanente, et tant que l'on voit le principe de ressemblance (et/ou de participation) comme une modalité qui réaliserait une rupture consommée avec le sensible – ce qui est précisément tout le contraire de sa vocation, du moins chez Platon. Pour nous, le *Sophiste* pose justement cette alternative. La relation inextricable (métaphoriquement « passionnelle » puisque irréductible) du langage et de l'image, telle qu'elle apparaît dans la critique de l'art du sophiste, engage la discussion ontologique vers un autre horizon de la réflexion, fondamental pour le statut du langage et de la philosophie : celui de la logique et de l'herméneutique. Le clivage entre la lecture métaphysique d'une part et la lecture logique d'autre part, ou entre herméneutique et sémantique, clivage observé dans l'approche néoplatonicienne du texte platonicien (en acceptant qu'il en va du *Sophiste* comme du *Parménide*) est fondamentale pour comprendre la spécificité philosophique que se cherchent nombre d'auteurs chrétiens grecs en marge du platonisme, même s'ils utilisent parfois un vocabulaire qui rappelle plutôt la logique stoïcienne et qui fait en quelque sorte écran. Il s'agit principalement des Cappadociens, en opposition avec les Alexandrins. Ces derniers cherchent une voie différente de celle prise par Plotin (et plus tard par Proclus), alors même que cette voie séduira elle aussi la pensée théologique chrétienne, dans le sillage d'Augustin d'une part, et de Denys l'Aréopagite de l'autre[1].

1. Cette esquisse, beaucoup trop rapide et sans nuances, n'a d'autre rôle dans ce contexte que d'indiquer une perspective de recherche en cours. Elle fera, naturellement, l'objet d'un autre travail. Pour l'heure nous nous bornerons à citer quelques études et ouvrages en guise de repères bibliographiques, des travaux qui nous ont guidé et qui sont donc des sources d'informations tout autant que des gages pour les positions que nous entendons défendre dans cette perspective de recherche : J.M. Rist, *Platonism and its Christian Heritage*, London, Variorum Reprints, 1985, et « Basile's "Neoplatonism" : its Background and Nature », dans *Basile of Caesarea : Christian, Humanist, Ascetic. A Sixteen-Hundredth Anniversary Symposium*, I, P.J. Fedwick (ed.), Toronto, Pontifical Institute of Medieval Studies, 1981, p. 137-

Mais avant d'en venir là, et pour préciser davantage la perspective de cette analyse lexicale de l'image et de la ressemblance, il faudrait partir du constat que le visible dépasse ce qui se donne à voir et détermine le regard à le chercher comme cause, comme condition et comme matrice structurelle de tout objet ou être existant. Il oblige précisément le regard à le viser comme quelque chose de différent par rapport à l'apparent immédiat. En un mot, le visible n'est pas réduit ni réductible au champ du visuel, et cette situation, particulière semble-t-il au monde grec, détermine également, et intimement, le statut du langage. La vision pour les Anciens est ainsi prospective non pour des raisons eschatologiques qui l'excluraient du temps présent au profit d'une future connaissance directe du ciel des idées, des âmes ou des dieux (comme la contemplation spirituelle pour les gnostiques, ou comme la vision béatifique pour les chrétiens), mais parce que la vision, le regard plus précisément, est défini(e) dans sa nature même comme étant à la fois une *projection* et une *réception*[1]. En d'autres termes, une *production* en même temps que le *saisissement d'une découverte* de l'existant – à la fois donc un *acte* et une *passion* subie, en l'occurrence le *pathos* d'une révélation.

La naissance du sujet, la conscience d'un « je » comme retour sur soi (un « je » qui n'a certes rien à voir avec le « je » métaphysique ni avec la naissance moderne de la subjectivité) est interne et inhérente à cette spécificité grecque du visuel et de la définition du visible comme *phainomenon* dépassé en permanence par la puissance à la fois réceptrice et projective du regard, ainsi que par la nécessité et les limites inévitables de son expression linguistique, logique et littéraire. Ce n'est pas un attachement au visible et à son pouvoir d'évidence sensible, empirique, comparable à une préférence immédiate et unilatérale pour la lecture littérale d'un texte. Encore moins un modèle épistémologique calqué sur une théorie optique. Il s'agit, plus

220; P. Aubin, *Plotin et le Christianisme. Triade plotinienne et Trinité chrétienne*, Paris, Beauchesne, 1992; C. Stead, *Substance and Illusion in the Christian Fathers*, Aldershot-Burlington (USA)-Singapore-Sydney, Ashgate Variorum, 1995, et *Doctrine and Philosophy in early Christianity : Arius, Athanasius, Augustine*, Aldershot, Ashgate, 2000; J. Zachhuber, « Basil and the Three Hypostases Tradition. Reconsidering the origins of Cappadocian theology », *Zeitschrift für Antikes Christentum*, 5 (2001), p. 65-85; Cl. Moreschini, *Storia della filosofia patristica*, Brescia, Morcelliana, 2004; *Seeing the Invisible in the Late Antiquity and Early Middle Ages*, G. de Nie, K.F. Morrison, M. Mostert (eds.), Turnhout, Brepols, 2005; *Gregory of Nazianzus. Images and Reflections*, J. Børtnes et T. Hägg (eds.), Copenhagen, Museum Tusculanum Press, 2006.

1. Pour la précision terminologique et la distinction entre projection et réception, voie active et voie passive de la perception sensible, voir l'analyse du vocabulaire grec du regard dans l'annexe de ce travail.

radicalement, du refus d'une métaphysique qui se légitimerait comme une forme abstractive de la pensée et se passerait pour cela de la chose telle qu'elle est perçue, pour réduire l'apparent à un attribut de la substance et, s'ensuit-il, pour opérer à partir de là soit une identification avec l'hypostase et une compréhension de la relation de ressemblance comme une procession, soit un dépassement herméneutique de l'expérience visuelle (l'usage en serait réservé au domaines économique, stratégique, politique), dépassement qui de fait entérine la rupture dont relèvent la conception hiérarchique et le rapport de procession. Ce dépassement, équivalent d'une instrumentalisation de l'image, représente en outre une forme d'aliénation à l'égard de l'identité visible d'un objet ou d'un être, identité dont rien, ni son nom ni son visage ne révèlent d'emblée la vérité ontologique entière sur lui – *qui* il est ou *ce* qu'il est –, ne nous permet donc d'engager sa réduction à un attribut qui l'objectivise, et ne légitime dès lors l'acte de l'interpréter à notre guise, en en prenant ainsi, d'une manière ou d'une autre, la possession.

Nous savons qu'il y a eu, à partir de l'école du Stagirite, un triomphe incontestable dans la philosophie grecque de la parole sur l'image, du *logos* sur l'*eidôlon* et sur l'*eikôn* confondus, et plus tard, sur le plan de la signification, l'instauration d'une domination de l'allégorie (disons plus largement d'une exégèse dite « spirituelle ») sur le sens littéral d'un texte. Un triomphe qui correspond d'ailleurs à une recherche constante dans la pensée post-aristotélicienne d'une métaphysique de l'être au profit du sens *poiétique*, et tautologique en apparence, de l'immédiat visible (lequel ne suppose pourtant pas, d'emblée, une « adoration de la créature », comme le laissera entendre par la suite la critique latine à l'égard des icônes et de leur usage « idolâtrique » par les Byzantins). Gardons en esprit cette perspective tant que l'on reste encore auprès des sources afin d'analyser les modes spécifiques de la ressemblance chez Platon, ainsi que les raisons qui justifient cette problématique philosophique engagée par lui autour des notions d'image et de ressemblance. Car de l'occultation ultérieure de l'image et des différences fondamentales entre les modes de ressemblance, de cette forme de « cécité » intellectualiste imposée à la pensée par le statut dominant de la parole et du langage, naissent en effet quelques questions bien entrelacées, des questions qui visent les significations ontologiques assignées dans le contexte platonicien à la relation de ressemblance, et à partir de là, au rapport discursif parole-image ici abordé.

1) Y a-t-il une distinction dans le régime des ressemblances, distinction qui donnerait raison à une ontologie (à une « substantification », en somme) de l'image sans inscrire nécessairement les ressemblances dans une structure de médiation hiérarchique, processionnelle, du/des monde(s) résultant

d'une « dégradation » ontologique du modèle dans l'image? Pouvons-nous donc envisager la possibilité d'une distinction qui n'inscrit pas la relation de ressemblance dans une structure dualiste conséquente, une structure partagée entre les genres et fondée, dès Socrate et Platon, sur l'opposition (voire l'exclusion) entre sensible et intelligible?

2) Y a-t-il une incidence des différents régimes de ressemblance sur le terrain de la perception du visible, si tant est que le visible ne se réduit pas aux données visuelles pures, inexprimables comme telles, mais comporte aussi une incidence sur le statut du langage? À la différence du monde grec archaïque et platonicien, attaché, au-delà même de son anthropologie, à la visibilité et à la puissance du regard comme faculté à la charnière entre l'âme et le corps, la préférence qui se fait jour avec Aristote à la fois pour la logique et pour l'expérience sensible, engage une réflexion sur la valeur prédicable du monde visible et sur les pouvoirs de l'expression, du sens, comme unique maîtrise de la réalité, voire de la vérité du monde physique ou naturel. La relation, qui ne cesse de se construire et de s'affiner à partir de là, entre réception esthétique-noétique de l'image, pensée abstractive et catégories du langage, fera basculer net la pensée médiévale latine du côté du logos, d'une pensée du langage comme système de signes et comme une forme absolue de pouvoir par l'expression sur le sens. La pensée latine choisira l'audition, le son dans la manifestation de la voix, seule forme sensible considérée comme idoine à la connaissance de l'identité par l'universel (non par la singularité sujette au multiple), *i.e.* idoine à la vérité des intelligibles et à leur transmission par « impression » dans l'intellect[1]. Cela

1. Voir sur ce point les travaux d'I. Rosier-Catach sur la grammaire spéculative médiévale et sur l'analyse de l'efficience du langage, *La grammaire spéculative des Modistes*, Lille, Presses Universitaires, 1983, *La parole comme acte. Sur la grammaire et la sémantique au XIIIe siècle*, Paris, Vrin, 1994 et *La parole efficace. Signe, rituel, sacré*, Paris, Seuil, 2004. Plus particulièrement, c'est dans l'analyse des modalités spécifiques de connaissance des intelligibles qu'apparaît la distinction qui nous intéresse dans ce contexte, à savoir celle entre pensée et langage d'une part, concept et signe d'autre part, distinction qu'I. Rosier détermine comme centrale dans un certain nombre de textes latins : Alexandre de Halès (*Summa theologiae*), Albert le Grand (*Summa de creaturis*), Bonaventure (*Sentences*) et Thomas d'Aquin (*Sentences* et *De veritate*, avec référence à Jean Damascène et à Augustin). Dans un colloque récent, « Le langage mental du Moyen Âge à l'Âge classique », Tours, CESR, déc. 2005, I. Rosier a présenté un schéma très éclairant sur ce sujet, tiré d'un passage de Thomas d'Aquin qu'elle a analysé de près (*De veritate*, q. 4 a. 1). Nous reproduisons ici son schéma. Il y a trois niveaux de connaissance des intelligibles après le niveau zéro, celui de l'intuition simple des intelligibles réservée à la connaissance angélique ; ces trois niveaux se situent dans le *verbum cordis* (*verbum rei = immediata similitudo rei*), puis dans le *verbum interius* (*quod habet imaginem vocis, verbum speciei vocis, exemplar exterioris verbi*) et enfin dans le *verbum*

se passe dès le départ aux dépens de la contemplation productrice d'un accès spécifique (disons ontologique et mimétique) à l'intelligible, contemplation révélatrice d'une forme de « réalité » assignée à l'intelligible. L'acte de la contemplation demeure néanmoins central dans la pensée grecque de souche platonicienne : il est « objet » de cette pensée, et en même temps il devient un modèle pratique, une forme d'exercice intellectuel. Avec la théologie judéo-chrétienne s'installe donc une domination du verbe, dont l'effet se ressent aussi dans la théorie de la vision et dans la conception de l'image ; celle-ci devient *icône* (*eikôn*) pour les Byzantins, distincte de l'*eidôlon* parce qu'elle constitue un dispositif de médiation sans égard pour le support qui la reçoit ou l'abrite temporairement, alors qu'elle est réduite à la valeur d'une *species* de la relation, du concept formel et du langage des signes pour les Latins, des « représentations » exprimant ou signifiant des concepts sans s'y identifier.

Sous cette même incidence du langage, la vision est conçue comme productrice d'une image de type noétique (*eidos*, *phantasma*). Ainsi le regard, qui produit son propre objet, selon la tradition « psychologique » aristotélicienne, ne peut plus découvrir l'objet visible comme une donnée séparée, manifestée en tant que visible, et à l'égard de laquelle l'intuition noétique permet de dévoiler l'existence comme une sorte de révélation, l'exprimant le plus souvent sous une modalité « mythique », selon la tradition platonicienne. Il y a là une césure qui se joue dans l'usage même du langage au sujet de l'image : elle se produit déjà chez Aristote par le détachement des catégories du langage de ce que le Stagirite considère comme un usage « métaphorique » de la ressemblance par le maître de l'Académie. Elle se re-dessine ensuite, en marge de l'image et des figures, dans l'usage rhétorique de la « vérité du langage », usage divergent entre Sophistes (la « seconde sophistique ») et Pères de l'Eglise aux débuts de la pensée chrétienne. Et elle va se jouer à nouveau dans la préférence logique (voire épistémologique) *contre* la rhétorique au XIIIe siècle. Nous ne pourrons pas traiter de tout ceci d'un seul coup, mais nous reviendrons à plusieurs

vocis (*verbus exterius expressum*). L'« image » sonore est la seule pour la pensée latine à pouvoir ouvrir un accès valide des moyens sensibles au monde intelligible, en raison de sa relation « immédiate » avec le verbe, le langage. Mais l'expression demeure néanmoins extérieure à l'objet de la connaissance, alors qu'une similitude parfaite de cet objet a lieu dans la réalité du verbe intellectif, tel qu'il est imprimé dans l'âme selon Augustin, ou qu'il représente le mouvement naturel de l'intellect, selon Jean Damascène, tous les deux cités par Thomas. Voir I. Rosier, « Le verbe mental chez Gilles de Rome et ses contemporains » (exemplier diffusé lors de son intervention, p. 4).

reprises avec des touches et des nuances sur la longue perspective que nous esquissons ici à ce sujet.

3) Y a-t-il, enfin, une ouverture dans le visible qui permette d'affirmer en lui le *vrai* ou le *réel*? Y a-t-il, autrement dit, la possibilité de construire une certitude, de justifier l'accès à l'identité par le truchement du visible partant de l'expérience sensible et non par le chemin seul de la « justesse » des noms (contestable, malgré la notoriété dont jouira la tradition du *Cratyle*)? Ou bien la « vérité » est-elle alors résolument une affaire de langage, et donc réduite, comme tente de le démontrer Paul Ricœur, à la prétention légitime de toute « proposition qui porte sens »[1], ce qui justifie en effet, avec Gadamer et Heidegger à l'appui, le « régime langagier des traditions et la prétention à la vérité liée à l'ordre du sens »[2]. La vérité serait dans ce cas réservée exclusivement à l'esprit, en tant que seul inscrit dans le processus d'une connaissance de l'*être* – une vérité pourtant *révélée* en même temps que *logique*, révélée donc par une approche herméneutique de la transmission qui n'exclut pas la déduction mais cherche à la dépasser, et qui fonde à travers sa recherche une pensée et une science de la métaphysique. La réponse semble, sur ce terrain encore, divergente entre le monde ancien et le monde chrétien, comme entre le monde médiéval occidental et le monde byzantin. Cela mérite, nous semble-t-il, d'être regardé de plus près, mais nécessairement dans une ou plusieurs études à part.

Nous ne proposons pas de réponses à ces questions dans ce qui suit immédiatement. Elles resteront plutôt comme des « pierres d'attente » et des repères pour fixer la perspective de la recherche en cours. Nous essayerons, en revanche, de faire le point sur la définition de l'« image platonicienne », telle qu'elle ressort des analyses précédentes. Cette définition se construit sur la base d'une typologie lexicale qui tient compte de deux critères : d'une part du vocabulaire spécifique de la vue, du visible, de l'image et de la ressemblance, de l'autre, du statut ontologique particulier qui revient à l'image dans l'analyse du langage spécifique du sophiste.

1. P. Ricœur, *Temps et récit*, III. *Le temps raconté*, Paris, Seuil, 1985, p. 322.

2. *Ibid.* La thèse est reprise de manière critique récemment par S. Rosen dans une série de conférences publiées sous le titre *La production platonicienne. Thèmes et variations*, Paris, PUF, 2005, p. 6 et 52 *sq.*

L'IMAGE EN TANT QUE LIEU (ΤΟΠΟΣ) D'OBJECTIVATION DE LA RESSEMBLANCE

Εἴδωλον apparaît dès la première occurrence (εἴδωλα λεγόμενα)[1] dans le texte comme lié à l'art de parler en mettant des images sous les yeux de l'interlocuteur. Le terme *eidô-lon* est en effet lié à la vue, mais le contexte de son apparition dans le *Sophiste* le désigne comme lieu où est engendrée ou se produit une ressemblance avec l'objet de la connaissance, ressemblance déterminée par l'acte même de parler et de désigner cet objet-là non-immanent au langage comme objet de la connaissance. Εἴδωλον devient un lieu de croisement entre un « faux semblant » d'objet (*sc.* l'objet du discours, en concurrence avec l'objet réel tel qu'il devrait être vu) et un « faux semblant » d'entendement, eu égard à l'identité de l'objet de la connaissance qui n'est que cet objet du discours, en proie à toutes les interprétations provenant des approches sémantique et thématique de celui-ci. L'erreur dénoncée ici viendrait donc de la volonté de faire voir par le langage ce vers quoi le langage nous ouvre l'entendement, sans permettre pour autant la moindre référence à ce qui est en dehors de la possibilité visuelle pure. La connexion entre la sensation et le langage est trompeuse, malgré l'effet immédiat qu'elle produit, et le danger encouru prend la mesure exacte de cette erreur par une observation ambiguë de la distance.

Εἰκών en revanche, toujours selon la première occurrence dans le texte étudié[2], relève d'emblée de l'art d'imiter, de créer des conjectures et des copies[3]. Étymologiquement parlant, le terme est *a priori* indépendant de la vue, mais, par extension sémantique, il recoupe et recouvre toute appellation d'une image eu égard au statut de « réalité seconde » que Platon attribue d'emblée à la *réalité sensible*, qu'il s'agisse d'εἰκός (ἐοικός,

1. *Soph.*, 234c.

2. *Soph.*, 236a.

3. Pour l'usage des *eikonès* dans d'autres dialogues de Platon que le *Sophiste*, le terme *eikôn* étant pris soit dans le sens large, rhétorique, de comparaison, de métaphore ou même d'illustration mythologique, soit dans le sens plus restreint de figure de la cognition ou d'instrument du processus cognitif, en rapport avec les ombres, les reflets et les copies artificielles, voir l'ouvrage de E.E. Pender, *Images of Persons unseen. Plato's metaphors for the Gods and the soul*, Sankt Augustin, Academia Verlag, 2000, p. 37-60. L'auteur de ce livre s'appuie principalement sur l'étude du *Cratyle*, de la *République*, du *Politique* et des *Lois*, et prend comme référence pour son analyse l'ouvrage de M.H. McCall, *Ancient Rhetorical Theories of Simile and Comparison*, Cambridge (Mass.), Cambridge UP, 1969.

εἰκασία), c'est-à-dire de la vraisemblance (vérité d'image, *i.e.* vérité seconde), ou de la définition proprement dite de l'εἰκών en tant que « réalité d'image » (εἰκών ὄντως)[1]. Toute réalité, dans la mesure où elle est soumise au régime existentiel de l'être, ne constitue rien d'autre qu'une « réalité d'image », une réalité *iconique* pour Platon, ou une « vérité d'image » qui est le propre de l'existence du monde sensible pour les platoniciens médiévaux. *Ibi veritas hic imago*, dit Thierry de Chartres en faisant à travers l'image la distinction entre le monde « des idées » et celui du sensible[2]. Mais l'*eikôn* n'est pas trompeuse, pour autant; elle n'est pas le contraire de la vérité, n'est pas d'emblée synonyme de mensonge. Elle constitue une *autre vérité* dès lors qu'elle présente un modèle vraisemblable, *i.e.* une possibilité pour appréhender de manière didactique ou heuristique ce qui n'est pas d'emblée connaissable ni par l'expérience ni par l'expression linguistique. Elle est donc une « altérité » à l'égard du vrai, et à ce titre une ouverture alternative vers la possibilité de saisir soit par détour soit par court-circuit une vérité transcendante – sachant que cette dernière peut être autant la vérité supérieure des Formes, que celle du réel immanent saisi par les facultés, mais que, dans un cas comme dans l'autre, cette vérité n'est pas réductible comme telle à la vérité propositionnelle, à une pure vérité de langage.

Ce n'est donc pas la distinction entre la *visibilité objective* engagée par une image « visuelle » (εἴδωλον) et la *similitude* générée par un dispositif circonstanciel et référentiel (εἰκών) renvoyant « théoriquement » à un modèle de réalité visible ou invisible, qui permet de décider d'emblée quelle est l'image qui correspond le mieux à la nature de la langue – du moins dans les usages démonstratifs et persuasifs pratiqués par le sophiste de Platon. Cette distinction ne permet pas non plus de décider quelle est la « part » du monde qui échappe en effet au pouvoir de l'expression et à la domination du réel par le logos : la part sensible, soumise au multiple et au changeant ? ou la part d'identité commune, universelle, dont aucune expertise par l'expérience et aucun témoignage direct n'est possible ? Peut-on alors saisir l'indéterminable ultime qui réside dans ce qui (nous) apparaît en

1. *Soph.*, 240b.

2. Voir pour cet exemple précis *Commentaries on Boethius by Thierry of Chartres and his School*, N.M. Häring (ed.), Toronto, Pontifical Institute of Medieval Studies, 1971 (161, 29-34), et pour les usages du vocabulaire platonicien de l'image et de la ressemblance dans la philosophie latine du XIIe siècle l'analyse de J. Jolivet, « L'image selon les Chartrains », dans *Χώρα, Revue d'études anciennes et médiévales*, 3-4, 2005/2006, p. 71-90. Voir aussi *supra*, « Dans l'œil de la langue », p. 31 *sq.*

nous passant du langage ? Ou faut-il considérer d'emblée que l'indéterminable se situe dans la nature, dans l'essence ou dans la substance des choses immanentes, autant dire dans la partie invisible de leur détermination ontologique, partie à laquelle seul le logos peut avoir accès, quitte à l'inventer ? La solution du sophiste consiste à installer une théorie du modèle à l'intérieur de la langue et à en faire *l'œil de la langue* : il construit pour cela le discours à partir d'une relation artificielle entre le langage et les choses, une relation qui relativise le rapport entre les différents niveaux de ressemblance et les degrés existentiels correspondants, en déportant et recréant à chaque fois ce rapport selon la situation discursive dans laquelle il se situe[1].

Φάντασμα ou image à support mental[2], désigne, par rapport aux termes précédents, une sorte de « représentation » intellective, réservée au fonctionnement réceptif et projectif de la pensée. Elle n'existe qu'à l'intérieur de son récepteur et *telle* que celui-ci la fait exister, selon les dispositions « naturelles » et les capacités « intellectives » propres à celui-ci. Elle est définie *par analogie* avec l'art pictural ou monumental pour « illustrer » le mode de « déformation » d'un modèle afin que celui-ci puisse être saisi, « adapté » à la conjoncture de la réception. Dans le sillage de cette définition on peut aussi faire appel à des « métaphores » contemporaines et considérer l'image-*phantasma*, et en l'occurrence la représentation (toute représentation), comme le « pli » de visibilité ou de figurativité pris par le « réel » pour répondre au besoin de l'entendement intellectuel. Ou encore, la transcription discursive (dans/par le *logos*) de la perception sensible adaptée au mode propre de la pensée, déformation nécessaire pour la vue à distance, lorsque l'objet perçu apparaît en tant que simulacre eu égard

1. Ce n'est là qu'une approche limitée aux occurrences de cette terminologie de l'image dans le *Sophiste*. Nous reviendrons à plusieurs reprises (dans ce travail, ainsi que dans l'ouvrage qui suit, consacré principalement au *Phèdre* et au *Timée*) sur cette distinction entre les deux types d'images, *eidôlon* et *eikôn*, distinction fondamentale chez Platon autant sur le plan de la philosophie que sur celui de la rhétorique.

2. *Soph.*, 236b. Notons que dans ce contexte, comme d'ailleurs dans celui des occurrences suivantes du terme dans cette première partie du *Sophiste* qui nous intéresse ici, φάντασμα est utilisé en rapport avec la φανταστικὴ τέχνη. Les sens d'*apparition*, d'*illusion* et de *construction* ou de *représentation mentale* qui déterminent cette sorte d'image ne sont pas liés ici directement avec la *doxa* et la *dianoia*, l'opinion et la pensée, comme dans la seconde partie du dialogue, où le terme apparaît en relation avec la φαντασία (260c, 260e, 263d, 264a), puisqu'il s'agit dans ce contexte de définir l'*art* du sophiste, et que cet *art* (du discours) est analysé par comparaison avec les techniques du spectacle. Pour une analyse consacrée aux occurrences figurant dans la seconde partie du *Sophiste*, voir J. Follon, « La notion de *phantasia* chez Platon », dans *De la* phantasia *à l'imagination*, D. Lories et L. Rizzerio (dir.), Louvain, Peeters, 2003, p. 1-14.

d'une part à la non-identité de substrat entre l'objet et son récepteur, et d'autre part à la distance physique installée par la réception. En creux, le *phantasma* est aussi ce qui permet la non-réduction du réel à son évidence intuitive et à l'expérience sensible qu'il (nous) donne. Par ailleurs, le *phantasma* platonicien n'est pas synonyme, comme plus tard (après Aristote), d'image purement fictive, sans aucun rapport avec les existants (fruit de l'imagination, de la mémoire ou du rêve).

L'IMAGE EN TANT QUE PRODUIT SENSIBLE (ΕΡΓΟΝ) DE L'ACTE DE RESSEMBLER A…

Ἐν κατόπτροις εἴδωλον = reflet; γράμμα (γραφείν, γεγραμμένον) = trait inscrit; τύπος (τετυπωμένον) = empreinte; πλάσμα (πλαστός) = figure façonnée; σκιά = ombre projetée.

Dans tous ces cas de « déclinaison » l'image se détermine comme ce qui est visible à partir d'un support physique. *Pour les yeux* (πρὸ ὀμματῶν) et *sous la vue* (ὕπ' ὄψιν) l'image manifeste son existence et sa présence en se « couchant » sur un support et en faisant corps commun avec ce qui la reçoit. L'image, qui n'est pas un vrai artefact (ἔργον), se définit dans tous ces cas par identification avec le *plan de son inscription* et avec *la matière* même de ce plan, que celle-ci soit naturelle et accidentellement support d'une image (d'une visibilité particulière), ou qu'elle soit le produit d'une *tekhnè* censée justement produire un support adéquat à la manifestation d'une forme sensible de visibilité. Elle est par conséquent considérée et appelée en fonction de ce support et non indépendamment et comme un genre unique (désigné, comme pour nous, modernes, sous le seul vocable d'« image »). Elle est perçue en tant que « quelque chose » (τὶ) pris – ne serait-ce que de manière fugace comme le reflet ou l'ombre – *dans* un support avec lequel elle fait « corps » commun, auquel elle s'identifie sans laisser aucune marge pour saisir la distinction entre ce qu'elle donne à voir et ce qu'est le visible en/par soi-même : une entité de bois, de pierre, de bronze, de glaise ou de cire. L'image se confond dans ce cas avec un *tableau*, une *statue*, un artefact destiné à la saisie visuelle, ou bien avec un *reflet*, une *ombre*, une figure ou une forme dont la visibilité apparaît alors comme spontanée et naturelle. À partir de là on peut conjecturer que toute visibilité lorsqu'elle se donne à voir se manifeste nécessairement à partir d'un support, et se détermine en rapport avec celui-ci, comme à partir d'un horizon – l'horizon de sa révélation visuelle. Mais l'indistinction entre l'image et l'horizon de sa révélation n'est entretenue que jusqu'à un certain point dans le processus de la connaissance. Elle correspond à la mesure exacte que lui accorde le regard lorsque celui-ci perçoit l'image comme une « locataire » de ce support-réceptacle, comme ce qui est reçu dans/sur un fond, comme une présence rendue accessible par la médiation d'un horizon et non comme une identité à part entière avec le support physique de ce/son réceptacle. Le panneau de bois n'est pas l'image, alors qu'il est indispensable pour l'existence d'un tableau; la cire n'est pas l'image alors qu'elle constitue le sceau, etc. Le voile de l'indistinction se lève donc rapidement, au passage de la simple saisie visuelle à un regard qui scrute (σκοπεῖν) l'objet à la recherche d'une clarté, d'un éclaircissement supplémentaire concernant l'identité de ce qui se voit, de ce qui s'étale devant le regard, recherche déclenchée par la relève du langage et par sa collision immédiate avec l'image.

La nécessité d'exprimer le visible par l'accès à un genre unique se heurte aussitôt à cette limite. Ce qui se trouve sous les yeux a donc besoin d'une attribution, condition sans laquelle le visible, même saisi visuellement, n'est toutefois pas existant car il demeure essentiellement indéterminable. Il s'agit en l'occurrence d'une attribution d'être : le visible *est* nécessairement un/ce « quelque chose » (τὸ τὶ) [1] à partir duquel on tente sa définition par ce qui ne lui est pas immanent. L'attribution, par conséquent, aussitôt proposée, est débordée. C'est la dialectique du *un-multiple* qui s'en charge [2]. Le caractère visible de l'image est impossible à déterminer sous la catégorie d'un τὶ qui implique une unicité du genre, et son excès conduit à deux conséquences : le saisir n'est en effet possible que sous la forme d'une « non-attribution », c'est-à-dire par le biais de la négation et dans la mesure où l'on accepte de pouvoir définir aussi le non-être sous une modalité semblable à la définition de l'image. Puisque le non-être ne peut pas constituer un attribut de l'être, il pourrait désigner une image ou éventuellement un nom. Précisons que le refus de l'attribution à l'égard de l'être dans ce cadre situe la négation sur le plan de la syntaxe. En refusant de s'arrêter à la valeur purement signalétique de la relation par le verbe (la fonction de copule), on renforce tout naturellement la signification existentielle et la valeur affirmative signifiant l'identité, situation qui ouvre ainsi la possibilité d'une presque substantification de l'infinitif. Il s'ensuit que le langage

1. Voir, une fois de plus, le *Soph.*, 237c-d.

2. *Ibid.*, 239a. « Or il est interdit, nous l'affirmons, à qui veut parler en stricte rigueur, de *le* définir [il s'agit, en l'occurrence, du non-être], soit comme un soit comme multiple, et même, absolument, de parler de *lui* ; car c'est, ici encore, la forme d'unité que cette appellation lui appliquerait ».

et la pensée doivent s'auto-référer en acceptant l'épreuve de « dire l'image ». Λέγειν et νοεῖν s'envisagent ainsi eux-mêmes dans ce qu'ils produisent comme actes, à défaut de pouvoir affronter « quelque chose » d'autre dont l'attribution d'être est d'emblée et fondamentalement mise en cause. Cette rigueur fonctionne grammaticalement; autant dire qu'elle constitue une limite indépassable du langage. Pour l'image, comme pour le non-être, l'attribution engendre instantanément un débordement, un excès, un phénomène de « saturation » comme le qualifierait Jean-Luc Marion[1]. Et cette situation pousse le philosophe à reporter la détermination de l'indéterminable radical sur le plan du langage. C'est ainsi que la parole devient le véritable lieu d'engendrement ou de réception du non-être et, par extension, le réceptacle-producteur de visibilité. L'image ou le visible apparaît ici en tant que produit d'un acte de ressemblance à l'égard de l'être lui-même.

Néanmoins, en raison du rapport que l'image entretient avec son support physique, elle ne peut pas se définir comme un *vrai* « non-être » (τὸ μὴ ὂν) selon le modèle analogique décrit plus haut, mais peut en revanche servir d'argument pour démontrer la possibilité de l'existence du non-être (τὸ μὴ ὂν εἶναι) – pour démonter (déconstruire ou faire exploser) en fait l'opposition parménidienne : être/non-être. C'est d'ailleurs la démonstration qui survient à la suite de la « description » des « techniques de production de l'image » (voir *infra*), techniques attribuées ou assimilées aux procédés utilisés par le sophiste. À ce moment du dialogue[2], toujours en vue de la « chasse » du sophiste, le paradoxe (l'aporie) vient d'un usage équivoque de l'image comme « produit sensible » : tantôt elle désigne la « visibilité » d'une chose, tantôt elle exprime la « dicibilité » de cette chose (le pouvoir de *la dire*) et renforce par sa présence l'expressivité ou encore la « clarté » du discours à mesure que celui-ci se l'approprie. Aussi semble-t-elle reçue par la langue et présente dans le discours de la même manière qu'elle s'étale comme une figure sur un panneau en bois ou comme une ombre sur une paroi. À chaque fois l'image permet d'éclaircir une condition qui lui est propre – celle d'une *présence* –, qu'il s'agisse d'un être peint ou reflété, ou du sens qui ressort de la mise en forme discursive du langage

1. Allusion au chapitre « Le phénomène saturé », dans *Phénoménologie et théologie*, Paris, Criterion, 1992, repris récemment dans J.-L. Marion, *Le visible et le révélé*, Paris, Le Cerf, 2005, p. 35-74. Pour la référence précise dans le dialogue platonicien concernant cette question du débordement, exprimé comme une attribution toujours inexacte et somme toute impossible à saisir par les moyens du langage, voir *Soph.*, 237c-d.

2. *Soph.*, 236e-237a et 237c.

et qui doit constituer, lui aussi, une *présence* pour que les mots soient pris en compte. Or, comme la clarté ou l'évidence ne constitue pour Platon qu'un indice de la proximité, ou du moins d'une recherche de proximité à l'égard des Formes et non une manifestation propre du sensible, la clarté d'un discours renforcé d'image(s) n'est pas le signe automatique d'un langage de littérateur ou de faussaire de la connaissance. L'usage de l'image signale alors une mise en situation d'ambiguïté de toute parole comme de toute image, « produit sensible » l'une autant que l'autre, à cette différence près, fondamentale, que l'image peut refléter par ressemblance (et donc inviter à la participation, engager la voie, viser) le monde des Formes, tandis que l'énonciation des choses peut seulement s'en approcher par syllogisme et par recherche de la cause. À cette différence près aussi, que l'image peut embrasser la *totalité* (τὰ πάντα) du monde sensible et de ce qui ne lui est pas immanent (c'est d'ailleurs l'un des premiers reproches formulés par l'Étranger[1]), tandis que le discours de la connaissance (*i.e.* le discours des philosophes) est séquentiel et dialogique.

L'ambiguïté ou l'équivocité du traitement assigné à l'image, ou encore imposé par le statut accordé à l'image sans que l'on sache encore ce qu'elle est exactement, se décline sous deux modalités : a) l'apparition et b) son expression discursive.

a) L'image est ce qui *apparaît* et pourtant n'est qu'une semblance sans existence propre (φαίνεσθαι τοῦτο καὶ τὸ δοκεῖν, εἶναι δὲ μή). Autrement dit, elle n'interdit pas d'emblée l'accès, mais détourne la saisie du visible d'une prise directe, immédiate, *naturelle* du « vrai ». L'accès à la « vérité » de l'objet est impossible par l'expérience directe. En l'occurrence, le fait qu'un « existant » nous apparaît ne nous ouvre pas d'emblée un accès véritable à cet existant et ne nous persuade pas que cet existant est un « existant réel », ni ne nous renseigne d'ailleurs sur son identité. D'où la question sous-jacente du rôle de la distance et de l'éloignement, πόρρω et πόρρωθεν, qui n'est certes pas à prendre dans un sens uniquement physique – voir le *Philèbe*[2] et encore le *Sophiste*[3]. Le fait d'« apparaître » jette donc le doute sur la possibilité d'accéder par la vue à un « existant réel » : ce n'est pas parce que nous voyons quelqu'un ou quelque chose que cet être ou cette chose *sont réellement* et que, de surcroît, nous savons ou connaissons à partir de là *ce qu'ils sont réellement*. Il nous faut saisir quelque chose de plus à cet égard ; il nous faut saisir le rapport de cette chose ou de cet être

1. *Soph.*, 233e-234a.
2. *Philèbe*, 38c-e.
3. *Soph.*, 234c.

avec son support (relation de réception propre à la nature de l'objet), ainsi que sa relation avec le prototype, le modèle, ou la chose générique, universelle, relation qui se détermine par la ressemblance et qui ouvre la possibilité d'une connaissance transcendante, propice à la saisie d'un être ou d'un objet indéterminable autrement. L'apparition (le visible et l'image) engage donc la relation et nous y introduit d'emblée, comme si elle n'était pas extérieure mais immanente à nous-mêmes du fait même qu'elle se rend visible à nous. D'où l'insistance de l'Étranger sur les personnes engagées dans le dialogue, le « moi » et le « toi » qui prêtent leur voix aux définitions de l'être/non-être et de l'image[1]. L'apparition, en tout cas, nous vise et nous concerne, et c'est à cette seule condition près que la possibilité de la connaissance de l'indéterminable (celui pour qui le τὶ même est contesté au départ) est et demeure ouverte.

b) L'usage d'une image dans un discours détourne aussi le *langage* d'un possible accès au vrai, car ce n'est pas non plus en affirmant quelque chose que cette chose « existe réellement », et que nous disons le « vrai » autant de ce qui nous apparaît que de la chose elle-même en dehors de son apparition (si tant est que l'on puisse encore dire quelque chose dans cette condition). Confronté à l'être le *legein* peut donc, lui aussi autant que l'image, mentir (τὸ λέγειν μὲν ἄττα, ἀληθῆ δὲ μή), par exemple en nous faisant « voir » ce qui n'est que de l'ordre de l'écoute (des sons) et de l'entendement (des produits noétiques, des *phantasmata*). C'est l'aporie être/non-être qui met au défi le discours, tandis que l'échappée par l'image est un moyen de témoigner de cette aporie, de manifester l'ambiguïté, non de la résoudre ni de la dissimuler. La critique de l'image, ne serait-ce que pour ses connivences malvenues avec le langage (chez les poètes ou chez les sophistes), n'a dans ce contexte plus aucun fondement.

Le contraire de ces deux mises en situation négative du rôle de l'image serait à son tour tout aussi valable : ce n'est pas parce que nous ne la voyons pas que la chose que nous ne voyons pas est un « non-être », et si nous ne pouvons pas dire une chose, ce n'est pas mécaniquement un « mensonge » qui interdirait par nature toute parole. Quoi qu'il en soit, se dessine ici une ligne de partage nette entre φαίνεσθαι et λέγειν, d'une part, et ἀλήθεια et εἶναι de l'autre, et cette ligne de partage nous serait révélée soit par l'usage de l'image directement, de l'image en tant que visibilité, soit par le truchement du langage, même si ce dernier paraît « mentir » lorsqu'il nous donne

1. *Soph.*, 238e-239b.

quelque chose à voir, et « se ment » aussi à lui-même dans la mesure où il trahit son propre statut en faisant appel à la perception et à la vision[1].

À travers tous ces cas spécifiques de « produits » d'une ressemblance en acte se dessine, en outre, une distinction entre l'objet hétérogène ainsi désigné (image et support) et la « réalité » d'un « vrai objet », distinction présentée sous l'aspect d'une opposition. Ce n'est pas l'existence « vraie » de l'objet signifié (montré) par l'image qui est ici en cause, ni l'accès du récepteur à celui-ci, mais précisément l'existence possible comme « vérité » de ce qui se montre, l'effectivité de ce qui apparaît comme produit et chose (ἔργον) suite à un *acte productif* de mise en situation de ressemblance. Une première occurrence[2], fait surgir l'opposition, ou du moins la distinction nette entre πλαστῶς et ὄντως dans la tentative inaugurale de déterminer l'identité de l'Étranger, de déterminer, en l'occurrence, l'indéterminable suscité par l'*apparition* d'un homme « étranger » à la réunion autour de Socrate. Un homme ou un dieu ? Un philosophe ou un sophiste ? Mais s'agit-il d'une opposition, à même de donner lieu à un affrontement, ou seulement d'une frontière difficile à établir autrement qu'en opposant les termes d'une attribution, les notions que ces termes désignent, et finalement en opposant les êtres eux-mêmes à travers la détermination comprise dans ces termes et dans ces notions ? La distinction ne suppose pas l'exclusion de l'autre dans/par une tentative de réduplication du même dans l'autre, réduplication suivie d'une substitution.

La mise en place du dialogue sous la forme d'une partie de chasse, comme une image de la recherche de distinction et conséquemment de détermination à travers la distinction – une image de la dialectique, en un mot –, tente de résoudre la transformation de toute opposition en un affrontement possible, en un conflit en puissance et en une exclusion du contraire, en réduisant l'opposition à la distinction, voire à la complémentarité des

1. Encore une fois, pour mémoire, le passage conclusif pour la description des techniques de production des images, passage qui introduit la définition conjointe du non-être et de l'image, et qui engage la possibilité de la contestation radicale de la doctrine ontologique de Parménide : « C'est que nous voilà réellement, bienheureux jeune homme, devant une question extrêmement difficile ; car apparaître (φαίνεσθαι) et sembler être sans l'être (τὸ δοκεῖν εἶναι δὲ μή), dire quelque chose (λέγειν μὲν ἄττα) sans pourtant dire vrai (ἀληθῆ δὲ μή), ce sont là formules qui, toutes, sont grosses d'embarras (ἀπορίας), aujourd'hui comme hier et comme toujours. Quelle formule, en effet, trouver pour dire ou penser que le faux est réel (ψευδῆ λέγειν ἢ δοξάζειν ὄντως εἶναι), sans que, à la proférer (φθεγξάμενον), on reste enchevêtré dans la contradiction (ἐναντιολογίᾳ), la question est vraiment, Théétète, d'une difficulté extrême », *Soph.*, 236d-e, trad. A. Diès légèrement modifiée.

2. *Soph.*, 216c.

termes. Quoiqu'il en soit, c'est au τι ἐστὶ ontologique que doit répondre d'emblée l'Étranger, en démontrant qu'il *est* « quelque chose » de déterminable au-delà de ce que l'assemblée peut saisir en apercevant sa présence dans le support d'un corps de forme humaine, c'est-à-dire au-delà de l'« image » de son existence, de l'empreinte sensible, de la « figure façonnée » (πλαστῶς) que les disciples de Socrate perçoivent avec l'apparition de l'Étranger amené par Théodore. Ces distinctions et ces oppositions virtuelles entre la « réalité réelle » et la « réalité seconde » d'une *image* associée à un support, comme l'opposition et/ou la disjonction entre l'*apparition* et l'*être vrai*, seront re-posées pour être « résolues » dans la formulation des définitions de l'image, successivement par Théétète et par l'Étranger[1].

L'IMAGE COMME OBJET PROPRE A LA MISE EN ACTE DE LA RELATION DE RESSEMBLANCE

Μίμημα (τὸ μιμητικόν), fruit de la μίμησις, indique, par cette désignation de l'objet produit pour être vu, un type de production spécifique aux images « artistiques » (littéraires, picturales etc.) copiées sur la nature, *sur le motif*, c'est-à-dire sur un existant *réel*. L'image est dans ce cas l'objet d'un art, le résultat de la mise en acte d'une *tekhnè* de transfert formel, qui n'atteint en aucun cas la détermination essentielle de l'objet dont la *tekhnè* produit l'« image ». Notons que par rapport au deux déterminations précédentes de l'image comme « lieu » (*topos*) où prend acte la ressemblance (1), et comme « produit » (*ergon*) de l'acte de la ressemblance (2), la détermination actuelle de l'image en tant qu'« objet » spécifique de la mise en acte de la relation de ressemblance ou de dissemblance (3), permet de fixer l'analyse sur l'entité constituée *ad-hoc* d'une visibilité donnée en relation avec un autre objet, un objet dont l'image offre l'aspect (l'apparence visuelle) et dévoile quelque chose de surcroît : à savoir la nature propre de la relation de ressemblance qui s'établit dans/par l'image. Aussi la détermination de l'image comme « objet » permet-elle de définir par contingence une certaine ontologie de la relation, en même temps que se définissent la nature de l'objet ainsi présenté et de l'image qui le présente (le montre, le fait apparaître) *de visu*. Cette incidence nous semble fondamentale pour la compréhension de ce qui distingue l'évidence effective de tout objet existant visible (visible parce qu'existant) de ce qui est donné

1. *Soph.*, 240a-b.

comme évidence par la mise en lumière de l'image de la chose visée – chose, être ou objet que l'on ne voit pas autrement, même si cette chose est, elle aussi, existante et visible, visuellement parlant. Autrement dit, cette incidence révèle la connaissance *indirecte*, *biaisée*, structurellement déterminante pour la connaissance de tout ce qui est immanent au regard. Elle révèle en même temps la possibilité de sortir du mécanisme de la tautologie et de la réflexivité propre au rapport modèle-copie, mécanisme inexorablement mis en route par ce type de connaissance.

῞Ομοιος (ὁμοίωσις, ὁμοίωμα) désigne, à travers le statut de l'objet spécifique, le mécanisme proprement dit de la production de ressemblances et, selon la mise en acte de ce mécanisme, l'établissement d'une certaine relation de similitude entre des objets ou des êtres dissemblables, ou du moins qui gardent pour chacun une part irréductible de différence. À l'égard de ceux-ci, la définition peut désormais porter uniquement sur la relation dialectique de ressemblance et de différence, sans recourir nécessairement à la définition (impossible ?) de l'essence (*ousia*) de la chose, ou à une réduplication substantielle de celle-ci, *homoousion*, impossible également, et d'ailleurs absurde comme hypothèse dans le contexte strictement platonicien. L'établissement d'une relation de ressemblance sous l'espèce de l'*homoiôsis* met en lumière, paradoxalement, la dissemblance, mais n'empêche pas la possibilité de la similitude et, si nécessaire, la parenté, ainsi qu'une certaine forme de subordination à la place de la substitution propre à la *mimêsis*.

L'image « tout à fait semblable » et « non-séparée par une différence essentielle » à l'égard de ce dont elle est l'image, est une définition rendue dans la patristique grecque précisément par la relation de *homoiôsis* (dans des expressions où elle est construite tantôt avec παρα- tantôt avec ἀπο-, comme dans la définition de Théétète commentée plus haut[1]), ainsi que par l'adjectif *aparallaktos* (εἰκὼν ἀπαράλλακτος). L'expression « image non-différente » (à la place de l'expression « image semblable ») est présente dans la *Dédicace* du Concile d'Antioche (341), et figure de manière « technique » aussi bien chez Athanase d'Alexandrie[2] que chez Basile de

1. *Soph.*, 240a. En ce qui concerne les constructions fréquentes de *homoiosis* dans les traités chrétiens du IVe siècle avec les deux prépositions *para* et *apo* (par exemple : κατὰ πάντα τῷ πατρὶ παρωμοιωμένεν ou κατὰ πάντα ἀφωμοιωμένον τῷ πατρὶ), elles tentent d'indiquer soit un rapport participatif et une ressemblance constitutive (*être avec*), soit une relation de ressemblance vectorielle (*allant vers*…). Les deux expressions citées sont empruntées à Eusèbe de Césarée (*Demonstratio evangelica*) et concernent la relation entre le Père et le Fils. Elles sont citées dans l'article de M. DelCogliano, cf. *infra*, p. 236, n.

2. *Kata Ellênôn*, 46, 11.

Césarée (s'illustrant chez ce dernier justement par l'exemple de l'image dans le miroir)[1]. Une telle définition s'éclaire si on situe, grâce à cette terminologie « technique », l'image et la ressemblance en dialogue avec la philosophie classique et non seulement en référence avec l'usage du vocabulaire de l'image et de la ressemblance dans les Écritures.

Ce qui présente une similitude de type ὁμοίωσις (homothétique) peut, moyennant certaines conditions, prendre la place de ce/celui dont il est le corrélatif par ὁμοίωσις, en se prévalant justement de ce statut de parenté ou d'égalité des propriétés et/ou de la substance, tandis qu'une copie (μίμημα) ne peut en aucun cas le faire sans courir le risque de la fausseté, du mensonge, de la tromperie à l'égard du récepteur, ou du moins le risque d'entretenir savamment la confusion entre la chose « réelle » et son sosie. La négation métaphysique, sous-jacente à cette dissemblance ou à la différence ainsi révélée, ouvre un accès non vers les « transcendantaux », mais vers ce qui demeure l'indétermination fondamentale de l'être-devant-les-yeux, impossible à circonscrire de face, à partir de son apparition d'emblée. Cette image – objet « homothétique » de l'être tel qu'il *est* (existe et apparaît comme un objet visible) – permet en conséquence d'établir une différence au sein même de la ressemblance, comme si, tout en présentant un objet ou un être de manière frontale, elle se situait de par son statut d'image de biais. La relation de ressemblance homothétique signifie ainsi son écart, sa distinction de nature à l'égard du dédoublement purement catoptrique, aveuglant pour la pensée si celle-ci demeure dans une relation de frontalité figée. Aussi la copie mimétique est-elle le résultat d'un affrontement feint entre le vrai et le faux, situation qui exige la rupture et engage l'élimination de l'un au profit de l'autre, tandis qu'un double-différent, *i.e.* le produit de la ὁμοίωσις, prend les pleins pouvoirs mais *comme de biais*, en assumant le

1. *Traité sur l'Esprit*, 149 B, et souvent aussi dans *Contre Eunome*. Nous analysons les occurrences et les significations de cette notion chez Basile de Césarée en rapport avec l'*eikôn* et avec la fonction révélatrice de visibilité du langage dans deux articles : « L'icône et le regard de Narcisse », *Χώρα, Revue d'études anciennes de philosophie, théologie et sciences*, 1 (2003), p. 9-38 ; « Vision noétique, contemplation ou vie dans l'esprit ? La lettre et l'image selon le Grand Basile », *Mélanges de l'École Française de Rome. Moyen Âge*, t. 117, 2005-1, p. 27-51. Sur l'usage différent de cette notion (ἀπαράλλακτος) dans la tradition alexandrine (chez Athanase), ainsi que chez Eusèbe, Acacius et Basile de Césarée, voir l'étude de M. DelCogliano, « Eusebian Theologies of the Son as the Image of God before 341 », *Journal of Early Christian Studies*, 14, 4 (2006), p. 459-484, plus particulièrement le chapitre « A Note on "Indistinguishable Image" (ἀπαράλλακτος εἰκών) », p. 465-471. Pour l'auteur de cette dernière étude citée, la notion de « non-différence » serait d'origine stoïcienne ; elle est utilisée par les théologiens alexandrins et par Basile, alors qu'elle avait été rejetée par l'Académie dans le cadre de sa critique de l'épistémologie stoïcienne.

rapport indirect et en désignant ce lien comme un accès véritable à la chose visée. Il s'ensuit une condamnation (bien connue chez Platon) de la ressemblance sous l'espèce de la *mimêsis* (et par extension une condamnation des œuvres artistiques) et une préférence, voire un usage particulier dans la théorie de la connaissance, réservée à l'*homoiôsis*, souvent associée à la parenté, συγγενεία[1].

Nous verrons plus loin que, selon les techniques de production de l'image, le partage entre la *mimêsis* et l'*homoiôsis* s'opère à partir d'un critère qui rattache tout naturellement le statut de l'image à celui du langage : la *mimêsis* est productrice d'une image, de l'*eidôlon* en l'occurrence, qui a pour soi le fait d'apparaître, de se laisser voir, mais qui n'a pas de vie propre ni pour soi-même ni même par emprunt à ce dont elle montre l'apparence; l'*homoiôsis*, en revanche, produit grâce à un rapport de symétrie avec le paradigme un autre type d'image, l'*eikôn*, en quelque sorte parallèle à son modèle, mais affranchie d'un face-à-face figé du modèle avec lui-même. Cela permet de définir cette dernière comme étant le fruit d'une relation existentielle avec le modèle : l'*eikôn* est à la fois proche par la ressemblance, voire participative, constitutive par ses propriétés et par la présence, mais assumant toutefois une différence de condition, car seul le modèle possède la condition de possibilité de l'*eikôn*, jamais l'inverse. Ainsi l'*eikôn* acquiert de cette relation avec le paradigme une nature propre qui échappe à la copie mensongère que peut représenter l'*eidôlon*. Par voie de conséquence, l'*eikôn* peut être intégrée au discours sans le risque d'enfermer celui-ci dans une contradiction de termes, comme montrant un vivant sans paroles ni vie, à la manière de l'*eidôlon* ou du *phantasma* d'un homme par exemple. L'*eikôn* peut donc accéder au dessein universel du langage et constituer une possibilité alternative à la connaissance, tandis que l'*eidôlon*, visible par nature mais proposant une expression fixée sur l'aspect, entre en collision avec le logos et ne peut que révéler les limites du langage face à une identité réduite à sa présence visuelle.

Ὁμωνυμία, utilisée dans ce contexte en rapport explicite avec la *mimêsis* (234b), permet de concevoir une connexion particulière entre le domaine du langage et celui de l'image. L'image est, dans ce cas, mise sur un pied d'égalité avec le nom. À la limite, elle se trouve dans un rapport de tautologie déictique avec le visible, à la manière dont un nom peut être apposé à plusieurs choses (ici plusieurs niveaux d'existence de la même chose) qu'il désigne simultanément. C'est contre l'équivocité inhérente à

1. Voir l'usage précis réservé à ces deux dernières notions dans le résumé de la théorie platonicienne de la connaissance, tel qu'il est formulé dans la *Lettre VII*, 342d.

l'homonymie, mais propre à l'image, qu'Aristote va plaider à la fois en faveur du langage comme accès exclusif au vrai, et contre la connaissance platonicienne déterminée par la participation, une relation qui représente aux yeux du Stagirite un lien sémantique inefficace car aussi vague que la ressemblance dans le domaine du visible ou que la métaphore dans le domaine du raisonnement argumentatif. Aristote statue sa position critique en opposant à la participation le principe logique de non-contradiction, et donc la signification optimale déterminée par le sens unique de chaque mot[1]. Toute dimension sensible de la similitude et de la différence, qui pouvait encore subsister dans la langue selon la condition sous-jacente à l'homonymie, sera ainsi évacuée par la logique des « catégories » au profit exclusif de la prédication et de la connaissance par attribution.

Ψεῦδος désigne – une fois de plus en cherchant à dévoiler le caractère spécifique de l'objet visé – la nature de l'action attribuée à l'image lorsque celle-ci est censée jouer un rôle équivalent à celui du mythe dans un discours. L'image introduit dans ce cas le « détour » d'un récit fondateur ou d'une narration éclairante; elle constitue la condition de possibilité d'une fiction, d'une illusion ou d'un mensonge à but cognitif. En tant qu'*acte* elle n'engage pas une *démonstration* mais produit une *monstration* qui illustre le propos de manière *mensongère* (*i.e.* en décalage, par transfert comme une métaphore), mais qui jouit néanmoins d'un statut de vraisemblance, et joue le rôle d'un accès en quelque sorte *véridique* à la connaissance de la chose visée, car l'image, bien que mensongère à certains égards (essentiels ou ontologiques), est la seule à être adaptée aux facultés et adéquate avec les moyens propres de l'entendement. L'image est dans ce dernier cas l'équivalent exact des « dessins » (τα γεγραμμένα) exhibés de loin par le sophiste afin de donner un enseignement adéquat avec le niveau d'entendement de son public de « jeunes », et de persuader son public (encore néophyte) de la validité et de l'étendue de ses propres connaissances[2]. Le but propédeutique excuse en quelque sorte les moyens rhétoriques utilisés et légitime la fiction persuasive; mieux encore, permet à celle-ci d'ouvrir au langage le champ des *possibles* (comme autant de chemins vrais), domaine propre de l'herméneutique.

1. *Peri Hermeneias*, chap. 6, 7 et 8, outre l'exemple bien connu du début des *Catégories*. Pour l'homonymie et la critique aristotélicienne de l'homonymie-synonymie-participation platonicienne, B. Cassin, *La décision du sens*, *op. cit.*, p. 31 *sq.*, ainsi que F. Ildefonse et J. Lallot, Introduction aux *Catégories*, *op. cit.*, p. 33-40.

2. *Soph.*, 234b-c.

L'IMAGE SELON LE LEXIQUE NON SPECIFIQUE AU DOMAINE VISUEL

L'image-idée, *l'image*-forme, *l'image*-prestige *(« miracle ») et les transferts de support dans le passage du sensible à l'intelligible*

Εἶδος et μορφή – aucun de ces deux termes ne joue un rôle particulier dans la perception sensible et n'induit d'emblée une saisie de l'objet en tant qu'image purement visuelle. Ces termes font partie du vocabulaire de la noétique, malgré la relation étroite qu'ils gardent avec l'aspect, la forme, le caractère visible de l'objet. Par ailleurs, l'image n'est pas dans ce cas définie en rapport avec la vue ou avec la visibilité de l'objet visé, car elle n'est, sous cet angle, que support d'elle-même sans recours à un autre plan objectif qui puisse la soutenir ou la contenir. Elle est dans ce cas dans un rapport direct avec l'« existence » (l'étantité) et avec la « réalité » de l'objet (ὄντως ὂν)[1], ainsi qu'en relation étroite avec l'accès, vrai ou faux, que l'entendement peut avoir à la réalité et à l'étantité de l'objet visé ou convoité. Il est fait explicitement mention dans le dialogue de la nécessité de fermer les yeux ou d'en faire abstraction[2], de ne pas regarder « à l'œil nu » lorsqu'on désire avoir la connaissance d'un objet, ne jamais le fixer des yeux en se situant dans un face-à-face avec lui, mais de s'en détourner à proprement parler, de regarder ailleurs. Des exemples paradigmatiques de ce détournement du regard sont donnés dans le *Timée*[3] et dans la *République*[4], lorsque le regard (βλέπος) du démiurge du monde ou de l'artisan du lit est *tourné vers...* (προς τὶ) la forme ou l'idée, non vers l'objet en cours de production. Cela signifie aussi que la vision engendrée par ce regard détourné n'est pas productrice de ressemblance immanente mais « actrice » en quelque sorte de la connaissance vraie de la chose visée (c'est ce que mime d'ailleurs le regard aveugle du sophiste), et que cette connaissance se situe d'emblée sur un plan différent de celui où se trouve son objet. En somme, le « regard détourné » au cours même de la production d'une forme permet de définir la connaissance en la désignant comme catégorie transcendante à l'égard de son objet. Il va de soi que la production de l'objet n'est pas une copie *stricto sensu* de la forme ou de l'idée de cet objet (le

1. *Soph.*, 240b.
2. *Soph.*, 239e.
3. *Timée*, 28a. Nous proposons *infra*, p. 306-319, une analyse de ce passage bien connu et de sa transposition latine.
4. *République*, 596b7.

monde, le lit, etc.), mais engendre une ressemblance d'un autre ordre, une similitude appropriée à la possibilité même de la connaissance.

Θαῦμα (θαυμάζω) exprime et signifie la « valeur » apparitionnelle de l'image, et exprime le mode de réception. En contrepoint avec les deux termes précédents, ce terme désigne l'admiration, l'étonnement, la stupeur, voire l'effroi devant toute monstration, devant tout ce qui se manifeste *visiblement*, ainsi que l'indécision provoquée par la mise de l'entendement *devant* cette apparition, l'impossibilité de trouver une définition juste et de saisir la ligne de partage entre le vrai et le faux eu égard au caractère foncièrement indéterminable de toute « réalité » qui se livre à la perception, à un saisissement sensible, visuel en particulier, et fascinant de ce fait. Tout ce qui vient de l'extérieur et se fraye un chemin à l'intérieur de notre perception est considéré comme une sorte de « miracle », de sortilège de magicien (le sophiste est plusieurs fois qualifié de γόης ou de θαυματοποιῶν)[1]. L'apparition d'une chose n'est pas en tout cas ce qui permet d'ouvrir d'emblée un chemin vers la connaissance rationnelle de cette chose, mais ce qui la détourne plutôt, ou qui, tout en constituant l'unique condition de sa possibilité, fausse néanmoins notre accès à elle si nous ne nous détournons pas nous-mêmes de l'emprise suscitée par cette apparition. Le visuel suscite immanquablement la fascination, mais c'est toujours pour une « moindre beauté » (*minime decorum*, dira un traducteur-commentateur latin de la fin de l'Antiquité, Calcidius en l'occurrence)[2]. De là provient l'idée, développée plus tard chez les néoplatoniciens, mais aussi chez les stoïciens, que seules les vertus morales sont belles de cette beauté de la « dignité » et du « bien », mais que cette beauté se présente comme une « image invisible ». C'est avec cette beauté non-sensible, non-visible directement, que les vertus partagent une racine commune d'intelligibilité, et ce qui se voit sensiblement n'est qu'une « moindre beauté », un reflet corrompu par le support sensible nécessaire, ou encore une fixation des yeux et de la pensée sur des ombres et sur des « réalités mensongères » produites par les artisans de l'apparence, les techniciens de la ressemblance formelle. Mais il faut souligner et retenir que ce développement ne figure pas comme tel dans le texte platonicien.

1. *Soph.*, 235a-b.

2. Référence au passage du *Timée* cité plus haut et que nous analysons en détail dans l'annexe consacrée à l'étude lexicale de la vision chez Platon.

LES TECHNIQUES DE PRODUCTION DE L'IMAGE

Κατὰ τὰς τοῦ παραδείγματος συμμετρία => εἰκαστικὴ τέχνη => εἰκών[1]

C'est une technique liée à l'entendement, donc à l'usage cognitif d'une image qui n'est pas obligatoirement ou premièrement une chose visible ou un lieu de visibilité, mais avant tout une conjecture anecdotique (à valeur de possibilité exemplaire) et une ressemblance proportionnelle permettant d'approcher par *approximation*, *analogie* ou *imitation analogique (symétrique)* la chose dont on cherche, précisément par ce biais, à avoir la connaissance. L'*eikôn* ne remplace pas la chose dont elle est « image » à la manière d'un sosie, mais permet ou facilite l'accès vers… ; ou, au contraire, occulte l'accès, en bloquant le regard, en le médusant et en transformant une ressemblance, ou encore une simple conjecture, une voie indirecte, une fiction à but propédeutique, en une « idole », en une image visuelle opaque et figée. Exceptant ce dernier cas, l'induction de l'idole, qui génère la confusion entre cette technique de l'entendement et la technique mimétique (analysée un peu plus loin) censée créer des fictions ou des copies mensongères car « prises » sur des choses inexistantes, l'*eikôn*, produite par la voie d'une « copie » proportionnelle, symétrique en quelque sorte face à la réalité « vraie » d'un paradigme, devient le seul moyen qui permet d'avoir une connaissance rapprochée de la nature même du modèle. C'est ce que nous avons appelé plus haut l'intuition du réel. Cette connaissance est impossible par voie directe si on admet, avec Platon, le caractère ineffable de l'essence de chaque chose en soi. L'*eikôn* ne se réduit toutefois pas à être seulement un moyen. Elle constitue aussi un « exemple » qui a une valeur et un statut *à soi*, ce que les Latins nommeront un *argumentum*. L'*image iconique* n'est alors pas nécessairement une image visuelle ; elle peut se réduire à une parole, à un « mot juste », un apophtegme ou une parabole. Elle est, en tout état de cause, conçue en relation étroite avec le statut et les modalités du langage.

Φαίνεται [φαίνω] => φανταστικὴ τέχνη => φάντασμα[2]

Cette technique est liée à l'*apparition* de l'image et donc aussi aux moyens de produire la *représentation*. Elle est déterminée à la fois par le

1. *Soph.*, 235d-236b.
2. *Soph.*, 236b-c.

« point de vue » – c'est donc un travail « situé », qui s'élabore en tenant compte des déformations de la vision imposées par la distance, travail qui est propre aux « artisans » de l'espace, de l'étendue (architectes, sculpteurs, peintres de monuments, scénographes) –, et par la faculté propre d'*imaginer*, à partir des données de ce qui nous apparaît, *ce* qui nous apparaît comme *étant réellement*. Elle permet de comprendre *ce* que nous nous approprions en « reproduisant » les données sensibles de l'apparition, du visible lumineux, ou bien *ce* qui n'est pas sensible mais constitue une production-apparition purement « imaginaire » ou plus largement noétique. Cette technique permet aussi de distinguer l'objet lui-même du fait de son « apparaître », et permet ainsi de concevoir à la fois le « retrait » (στέρησις) permanent de l'objet face à son apparition, et la réduction ou l'abstraction noétique qui nous est nécessaire pour sortir de la fascination pour l'apparition, ou du moins pour la contenir et trouver hors d'elle l'accès à la « vérité » ontologique de l'objet. Remarquons aussi que cette technique est en usage surtout lorsqu'il s'agit de traiter de sujets de grand envergure (τῶν μεγάλων)[1], ce qui renvoie, certes, aux décorateurs de temples ou aux scénographes, mais laisse penser en même temps à ce qui serait la nécessité d'envisager une relation hétérogène, comme la relation aux dieux, la possibilité de la pensée d'envisager ainsi la théologie – pour Platon : les mythes, le récit des faits divins.

Μιμητικὴ τέχνη => μίμησις => τὸ μιμητικόν ou εἴδωλον[2]

C'est la technique propre à la production « artistique » de copies et de ressemblances : poésie ou rhétorique, ou encore peinture de tableau. C'est aussi la technique propre à la fabrication de la fiction, et qui constitue, par la nature même de son objet, le danger potentiel auquel s'expose tout acte qui tente de fixer une « réalité *vraie* » ou l'« existence d'un vivant » sur un support différent de la nature du vivant, dans ce qui ne peut que ressembler seulement au vivant sans l'être ou le devenir vraiment. Parfaitement distincte de l'acte de l'*homoiôsis* (ὁμοίωσις), qui produit une assimilation ou une appropriation quasi naturelle de l'objet paradigmatique et concerne par conséquent l'être vivant, cette technique de la copie mimétique produit de la sorte une réduction de l'indéterminable de l'être (imprononçable, ineffable, inexprimable, impensable – ἄφθεγκτα καὶ ἄρρητα καὶ ἄλογα

1. *Soph.*, 235e.
2. Plusieurs occurrences dans le *Soph.* : 234b, 235a, etc.

καὶ ἀδιανόητα)[1] au statut d'un trompe-l'œil du vivant ou d'un mensonge de la possibilité d'existence, mensonge signalé par l'absence de mouvement, par le caractère figé de l'idole. Elle évacue du coup la condition de retrait sous-jacente à l'indéterminable au profit d'une négation radicale, ontologique, et, pire que cela, entretient la confusion en produisant un faux-semblant qui se substitue à la fois au fait d'*être* et à l'être *réel* (εἶναι et ὄντως), à l'apparaître et à la visibilité comme telle de tout être vivant[2]. Par ailleurs, retenons de ce contexte d'analyse de la technique mimétique, l'usage de l'*alpha* privatif dans la désignation de ce que la *mimêsis* occulte : à savoir, le caractère indéterminable de l'être mimé. Cela signale une relation significative de ce type de ressemblance à l'égard de la négation par privation, différente des autres négations ontologiques ou contradictions linguistiques (οὐκ ὄντως, οὐκ ὂν, μὴ ἀληθινὸν, ou encore ἀντι ou ἐναντίον) utilisées dans le passage du *Sophiste* que nous venons d'analyser.

QU'EST-CE QUE L'IMAGE PLATONICIENNE, PAR CONSEQUENT ?

Lorsqu'on la nomme 1) εἰδῶλον, πλάσμα, γραφή, τύπος, ἄγαλμα, πίναξ, ou encore 2) μίμημα, l'image a un support « réel » mais un statut ontologique faible. Elle demeure quelque chose d'évanescent, comme un simulacre : *simulacrum* est d'ailleurs la traduction latine classique de ce type d'image, une traduction plus adéquate contextuellement qu'*imago*. Ombre ou reflet, l'image est dans ce cas une « locataire » de fortune, reçue *dans* un support matériel approprié à la recevoir, mais sans lui prêter, pour autant, sa nature. En revanche, quand l'image est désignée comme 3) εἰκών, εἰκός, φάντασμα, ou bien 4) εἶδος, νόημα, μορφή, θαῦμα, la situation est inversée par rapport au deux premières séries de termes. C'est

1. *Soph.*, 241a.

2. Les techniques de production des ressemblances présentées dans ce dialogue, et notamment le clivage entre les techniques *eikastique* et *phantastique*, ont souvent fait l'objet d'analyses et d'interprétations, à la fois de la part des philosophes et de la part des historiens de l'art antique. Nous ne voulons pas insister davantage là-dessus. Voir les observations et les synthèses à ce sujet proposées par M. Villela-Petit, « La question de l'image artistique dans le *Sophiste* » et M. Lassègue, « L'imitation dans le *Sophiste* de Platon », dans P. Aubenque et M. Narcy (éds.), *Études sur le* Sophiste *de Platon*, Naples, Bibliopolis, 1991, p. 53-90 et 247-265, et par A. Rouveret, *Histoire et imaginaire de la peinture ancienne (ve siècle av. J.-C.-Ier siècle ap. J.-C.)*, Rome, École Française de Rome, 1989, p. 24-31 consacrées à la description de ces *tekhnai* en relation avec la production d'œuvres artistiques de l'époque de Platon.

son support qui est dans ce cas « évanescent », qu'il soit la pensée productrice de ressemblances ou l'âme réceptrice. Cependant elle-même, l'image, acquiert un statut ontologique plus ferme, affirmé comme « vrai » en tant qu'il participe à la fois du logos, de la pensée et du principe, de l'idée, de la forme ou du modèle-archétype [1].

Selon la définition qui lui revient en tant que εἰδῶλον et/ou μίμημα, l'image est d'emblée déterminée par des critères de ressemblance ou de dissemblance, et secondairement par des critères de visibilité. Dans ce cas l'image peut être un *symbolon*, un objet « réel » mais dissemblable à ce qu'il désigne, et, en outre, signifiant justement cette différence comme rupture entre l'objet et la signification attribuée. Ou bien elle devient à terme une tautologie déguisée, une désignation et une description qui dissimule ses moyens propres; ou carrément un double, un sosie cachant son identité au profit d'une identité d'emprunt à laquelle elle adhère par la meilleure ressemblance qui lui est possible. C'est paradoxalement selon sa définition comme εἰκών, φάντασμα et/ou comme εἶδος, μορφή, νόημα, θαῦμα, c'est-à-dire à travers un lexique non spécifiquement visuel, que l'image trouve sa détermination d'objet *réellement* visible, dans la mesure où elle ouvre la possibilité de *penser la visibilité*, et définit même la nature de celle-ci. Plus précisément elle est, dans ce cas, quelque chose de l'ordre d'une relation, d'une référence et d'une sorte de « représentation ». À ce titre elle peut, en constituant une forme de présence mentale, être désignée comme manifestation visible (sensible) de l'essence d'une chose qui apparaît ou qui se rend de quelque façon présente (παρουσία), ou encore être une simple référence nominative sans visibilité immédiate requise (ὄνομα et λόγος), mais nécessairement avec une visibilité de type noétique, une forme de visibilité que l'on pourrait appeler « évidence » ou « clarté du sens ». Dans ce cas l'image s'affirme comme lieu d'une relation et, aux

1. Le schéma que nous présentons ici comme une mise au point conclusive pour les définitions de l'image en rapport avec le vocabulaire grec spécifique et avec les différents plans d'analyse, ne reste pas enfermé dans la doctrine platonicienne, et qui plus est dans l'enclos très particulier du *Sophiste*. À partir des différents usages de l'image dans le langage philosophique, cette conclusion schématique tente de définir l'objet afin de sortir d'un certain platonisme didactique à l'égard de l'image, et d'ouvrir ainsi des portes vers ce que seront les usages aristotéliciens et médiévaux de cette problématique de et autour de l'image. Par ailleurs, dans ce schéma nous ne tenons pas compte volontairement de deux questions : 1) le « Beau », selon une perspective restrictive, proprement esthétique, appliquée à l'image artistique ou littéraire, et 2) l'« impulsion » ou le désir (*pathos* ou *hormê*) de voir, question liée aux définitions de l'intuition et de la volonté et qui dessine la problématique de la réception sur laquelle reposent en partie les définitions stoïcienne et chrétienne de l'image.

dépens d'une visibilité sensible qui lui est retirée ou qui est renvoyée dans un plan secondaire, elle peut devenir une allégorie ou une métaphore, peut constituer, comme pour les médiévaux, un *involucrum* ou un *integumentum*, *sc.* une manière de parler ou de montrer une chose pour en signifier une autre, cachée ou carrément invisible et innommable par nature. Ou alors elle se confond avec une effigie, un visage générique, un masque, une expression stéréotypée qui fait référence à une «réalité» particulière en la nommant, et en la désignant ainsi par ce qui semble être son caractère, son *tupos* et ses traits caractéristiques.

Un exemple pourrait éclairer ce dernier point concernant l'inversion entre le support de l'image et son statut ontologique, inversion qui met en lumière le mécanisme de ce que nous appelons la révélation de la visibilité comme vérité ultime de l'image. Le visage de Phèdre est «brillant» lorsqu'il tient son discours sur l'amour; l'ombre d'un arbre au bord de la rivière est « souriante » lorsqu'on s'assied à ses racines pour écouter par un jour d'été un beau discours. Certes, nous pouvons *voir* tous ces éléments. Mais à travers aucun des éléments nommés de ce « tableau » la détermination visuelle, ainsi désignée, ne donne à voir une identité visible singulière : le visage particulier d'un jeune homme épris de la puissance révélatrice des mots, ou l'ombre épanouie d'un gattilier plus grand que nature, fleurissant au bord de l'Ilissos[1]. L'on peut supposer que ceux-ci ont été « réellement » vus par Socrate et par son jeune compagnon, si tant est qu'ils se soient promenés un jour en dehors d'Athènes. Mais ce n'est pas la fiction de la mise en scène proposée par Platon pour tel dialogue particulier qui nous importe ici, ni la tradition bucolique qui s'en est suivie. Le visage, l'arbre et la rivière demeurent invisibles à nos deux comparses (autant qu'à nous, lecteurs du texte platonicien) aussi longtemps que le discours et le langage lui-même ne s'engagent pas de manière auto-référentielle à l'égard de ces éléments de visibilité, et ne cherchent pas, par conséquent, à les déterminer en rapport avec le sens du discours et avec la signification comme telle de chaque parole prononcée dans ce contexte. La connaissance se révèle ainsi être indirecte et différée, dans la mesure où elle est toujours relayée par ce qui n'est pas immanent à son objet. On ne voit pas l'image proposée parce qu'elle est objectivement composée d'entités existantes visibles. On la voit à une condition déterminante près : celle d'une *clarté* ou d'une *illumination* que l'on fait surgir de l'intérieur des choses visées, afin de les situer dans un

1. *Phèdre*, 229a *sq.* Nous analysons dans la première partie d'un autre ouvrage, faisant suite à celui-ci, les implications de cette ouverture « bucolique » du dialogue platonicien sur le statut du langage philosophique.

lien structurel et conditionnel à l'égard de ce qu'elles sont pour nous-mêmes. Et il en va de la vision comme de la description, de l'acte du regard comme de l'acte de penser à travers le langage. Le processus se présente alors, et toujours, comme un détour. Dans le dialogue, Socrate et Phèdre ne voient pas, pas plus que nous, à distance, et n'entendent rien, comme nous ne voyons pas d'ici-même les remparts d'Athènes ni n'entendons les cigales et le bruit de la conversation des deux philosophes. C'est à partir du moment où les deux hommes se mettent eux-mêmes en cause, au bout d'un « long détour » semblable à un bras du Nil, au terme donc d'un « détour égyptien », que Socrate et Phèdre (la philosophie et la rhétorique, la faculté de penser et l'art de dire) sont enfin en situation de viser le sens des formes sensibles en les nommant et en les déterminant comme existantes, et en nous donnant alors, à nous aussi, la possibilité de les voir et de les entendre à partir de là. Car toute forme sensible se donne comme en retrait, étant considérée comme *a priori* incirconscriptible au pouvoir du logos, de la même manière que l'identité de l'Étranger du *Sophiste* demeure une identité insaisissable, innommable, indéterminable par les moyens propres du logos, avant que la dialectique ne se mette au travail de distinction, de démonstration et de circonscription du champ des déterminables (comme des vérités mathématiques), ainsi que des inévitables apories du sens qui jonchent le parcours.

Revenons au schéma initial. Ayant un support réel, objectif, l'image est donc soit visible soit non-visible (occultée) parce que située dans un hors champ de la vision. Cette situation la met *a priori* en rapport avec la présence ou l'absence déterminante de la lumière. En tant que visibilité donnée, elle constitue pour le monde grec une forme de manifestation de la luminosité et donc elle appartient au domaine de l'*apparition* et de la *vision*, de l'« optique » (ὄψις) autrement dit, dont la science traite justement du monde des phénomènes physiques selon leurs causes et leurs conditions. C'est la recherche ontologique, la recherche de « l'être-vrai » et du statut du « réel », qui oblige cependant le discours philosophique à contester l'importance du support objectif de l'image, comme il conteste la validité ou la réalité absolue des phénomènes, et à considérer à partir de là « cette image » sous un aspect particulier (reflet, tableau, statue) ; à la considérer, en somme, comme un *lieu de production* de la ressemblance et de la relation mimétique substantifiée, réifiée en quelque sorte, donc comme un « produit » dans lequel s'actualise le dessein de l'acte de production, et qui est, par conséquent, un « étant » ontologique secondaire, un « produit dérivé » conjectural, redondant et parfois tautologique. À la limite, l'image est dans ce cas réduite à redoubler l'aspect accidentel d'un objet visible par nature.

Mais lorsque l'image a un support évanescent, comme dans le cas d'une image « mentale » (produit de la *phantasia* ou de la mémoire, « représentation » et/ou « impression » de/sur l'intellect, ἔννοια, évoluant plus tard vers un « concept » à valeur de figurale : ἐπίνοια[1]), l'image n'est plus une forme déterminée par la présence ou l'absence purement « phénoménale » de la lumière, car elle acquiert une sorte de *parenté* effective avec le principe de la lumière et devient en cela synonyme de la vie. L'affirmation de cette parenté (συγγενεία) est nécessaire pour que l'image puisse être déterminée dans ce cas soit comme une « idée » dans la clarté (ἐναργής) du sens donné, dans l'*évidence* et dans la lisibilité noétique de son entité, soit comme un produit fantasque et divin, approprié au récit d'un μῦθος ou d'un rêve, avec une mise en scène spécifique : des fulgurances, des lumières aveuglantes ou une atmosphère de clair-obscur.

L'image a, par conséquent, partie liée avec les définitions physiques de la lumière et en même temps avec les définitions de la noétique, d'où elle emprunte ses connivences avec le statut de la parole et du langage. C'est pour cette dernière raison que l'image (en tant qu'*eidos*) arrive à avoir le statut d'un quasi instrument de l'intellect chez Aristote ou chez Boèce, et qu'elle est l'habitante du « palais de la mémoire » chez Augustin et chez Alain de Lille, toujours dans le sillage du Stagirite. Or la source de cette théorie de parenté interne de l'image avec la lumière – avec cette lumière ou clarté qui assure la meilleure connaissance intellectuelle de la chose et dont l'image possède, au titre de cette parenté, la ressemblance – apparaît explicitement chez Platon, avant de resurgir chez Aristote dans le troisième livre du *De anima*, pour donner lieu à une théorie tripartite de l'intellect structurée sur le modèle de la théorie de la vision, théorie noétique déterminante dans l'élaboration des doctrines de la connaissance tout au long de la pensée médiévale occidentale. Nous avons analysé ailleurs cet aspect historique, ainsi que les bases textuelles aristotéliciennes[2], et nous ne reviendrons pas là-dessus autrement que pour le rappeler comme source de la présente recherche.

1. Voir pour les usages stoïciens et chrétiens de ce terme les références bibliographiques citées dans notre article « Vision noétique, contemplation ou vie dans l'esprit ? La lettre et l'image selon le Grand Basile », *op. cit.*

2. *Du diaphane*, *op. cit.* Que le lecteur veuille bien nous excuser pour ces références à nos propres travaux et accepter que la raison en soit simple et directe : elle relève d'une recherche de cohérence dans la progression du travail et d'un mode de penser qui éprouve le besoin de revenir constamment (comme musicalement) sur les thèmes abordés et sur leurs articulations, voire sur leurs enchaînements.

CHAPITRE V

LA ΜΗΤΙΣ PRODUCTRICE DU SOPHISTE OU LA VERITE DE L'IMAGE

(TABLEAU RECAPITULATIF)

Revenons une dernière fois à cette première partie du *Sophiste* – cette fois-ci pour une mise au point de la thématique dans laquelle s'inscrit l'image et son rapport au langage. Dès qu'il y a image, dès qu'il y a donc un rapport conscient au visible et non un acquiescement muet à l'expérience visuelle, une relation de similitude prend aussitôt place dans la vision et dans l'usage qui en est fait. Le langage du sophiste est placé dans ce contexte sous le règne absolu de la famille tentaculaire des ressemblances et sous le signe d'une rivalité qui est la conséquence du pouvoir mimétique. Il serait donc intégralement « piégé » par l'image. Mais l'image ne serait-elle pas alors, à son tour, « piégée » par le langage, plus exactement confisquée par le paradigme sémantique ? Y a-t-il, autrement dit, un accès à l'image, et en l'occurrence un accès à la visibilité à laquelle l'image donne lieu, en dehors du langage, et qui plus est, en dehors d'un langage sophistique propre à la définition de l'être, langage qui doit prendre appui sur l'image pour pouvoir construire sa définition et se référer en même temps à la négation de la valeur ontologique et à l'altérité de la manifestation par rapport à une essence qui serait indicible[1] ? Y a-t-il un moyen de construire

1. Après tout, l'équivalence tant discutée entre *non-être* et *image*, qui occupe une bonne partie du dialogue, provient de la nécessité de trouver le sophiste. Sans citer l'image, puisque celle-ci doit arriver à nouveau en fin du parcours, Théétète rappelle la situation lorsqu'il s'agit de sortir de l'opposition de contraires et d'appliquer au non-être la définition de l'altérité : être autre chose (ἕτερον) que l'être dans sa propre réalité essentielle (αὐτοῦ τοῦ ὄντος οὐσία ἐστίν). « Il est clair que c'est bel et bien le non-être, le non-être que nous cherchions à cause du sophiste », *Soph.*, 258a-b.

un discours, ou un moyen encore différent pour faire parler la langue au sujet de ce qui est hors d'elle et qui ne lui appartiendra jamais, un moyen par lequel le langage puisse s'inventer en permanence un référent paradigmatique et vivre, sémantiquement parlant, avoir un sens à partir d'une série infinie de décalages, de décentrements, de glissements non-avoués, de ressemblances et de dissemblances factices ou essentielles, d'approximations et d'homonymies créées *ad-hoc*? Y a-t-il, par ailleurs, une issue du cercle vicieux, car spéculaire, dans lequel s'enferme le discours qui se charge de figures en espérant saisir ainsi l'immanence de l'expérience visuelle et la transformer en moyen de connaissance de la visibilité conditionnelle du vrai ou du réel comme être existant? Mais y a-t-il encore une image et une ouverture au visible, une réception sensible et donc une expérience possible, empirique, du réel, lorsque le philosophe décide que l'indéterminable doit en fin de compte faire taire les mots, ou du moins les priver du sens apparent, en utilisant les formes les plus radicales de la négation : *ceci* n'est pas..., n'est jamais..., n'est d'aucune manière et nulle part..., n'est absolument pas *cela*[1]? Et ces formes de la négation ouvrent-elles la voie ontologique à une démarche apophatique, à un chemin par défaut, ou sont-elles plutôt des prémices de l'herméneutique : un moyen d'engager le parcours d'une supposée distance, et d'entrer dans le jeu sans fin de l'interprétation comme dans une partie de chasse qui ne finit en effet jamais, qui ne peut jamais finir faute de certitude que le gibier est bel et bien un « existant » qui court dans les parages, et qui peut surgir à tout instant pour se montrer à nous de face?

L'OUVERTURE DU DIALOGUE : CHERCHER UN ACCES A/VERS L'INDETERMINE EN TANT QU'IL EST INDETERMINABLE

Toute tentative de définir l'être se heurte à l'aporie du non-être. L'être ne peut être délimité, et donc défini, par ce qui se positionnerait hors de lui. La définition a le choix entre le décalage vers l'objectivation de l'être comme un étant apparaissant, ou vers la tautologie d'une affirmation de l'être en tant qu'être où le langage lui-même entre en jeu comme partenaire ontologique. Ceci est bien sûr *vite dit*. Mais l'intérêt n'est pas de produire ici un résumé (un de plus!) de l'ontologie telle qu'elle s'esquisse dans le *Sophiste*. Nous voulons trouver, à l'aide de ce dialogue, la place juste réservée à l'image dans la discussion ontologique soulevée par la nécessité

1. *Soph.*, 264d : μηδαμῶς μηδέποτε μηδαμοῦ...

de définir la sophistique en regard avec la philosophie selon l'usage de l'art du discours. Or l'image joue le rôle d'un pivot dans cette affaire. L'image – c'est-à-dire la possibilité de déterminer la visibilité conditionnelle des choses existantes, de l'être apparaissant – oblige le langage à chercher de son côté les moyens de définir l'être : définir l'image revient à définir le non-être, l'altérité complémentaire de l'être sous l'espèce de la manifestation, de l'apparition. *Dire l'image* revient dans ce cas à chercher la détermination de l'indéterminable par une démarche logique. C'est une recherche dialectique non de *ce* qu'est chaque chose en soi, non de la « science » de chaque chose, mais du « vrai » et de la « réalité » de cette chose en tant que chose *qui est*. Cette recherche part, inévitablement, du principe que cette « réalité » est vraie mais fondamentalement indéterminable comme telle, et que, fidèle à ce principe, elle ne peut que rester ainsi, indéterminable (incirconscriptible, indicible, ineffable) jusqu'au terme de la recherche. La circularité d'une telle démarche est alors inévitable. Les moyens mis à disposition par le logos sont l'attribution et la négation. C'est avec celles-ci qu'opère le philosophe qui s'y engage, mais aussi avec quelque chose de plus qui consiste à se mettre soi-même à la fois en cause et en scène. L'on donne ainsi prise à l'ambiguïté entre *être-là*, quelqu'un ou quelque chose qui peut être appréhendé visuellement sans qu'il puisse être connu pour autant, et une identité qui doit faire apparaître *ce qu'elle est* par des déterminations étrangères, selon la définition de son « métier » dans ce cas, ambiguïté que Socrate soulève dès l'ouverture du dialogue.

L'homme *qui vient* – serait-ce un philosophe? un sophiste? un réfutateur divin? un dieu? voire *le dieu des étrangers* – ne peut être considéré autrement qu'en tant que fondamentalement « étranger » à ceux qui le reçoivent, à ceux à qui il apparaît comme s'il sortait de nulle part, comme s'il venait à partir de rien ; car un être est toujours considéré comme fondamentalement *étranger* à un autre, et, bien qu'il soit en même temps perçu comme (son) semblable, il est (le) *non-autre* selon le rapport de similitude et (l')*autre* dans la différence. Cela revient à dire que pour le connaître il faut déterminer la nature du rapport, savoir s'il s'agit d'un rapport de similitude-dissimilitude formelle (deux hommes semblables-différents) ou essentielle (un homme n'est fondamentalement pas dieu et un dieu qui prend l'aspect d'un homme n'est pas, lui non plus, un homme). Si l'homme qui vient est d'emblée saisi comme *étranger*, c'est-à-dire saisi par la différence, ce rapport n'est toutefois pas une opposition : un homme n'est pas tel qu'il est en se déterminant nécessairement *contre* un autre. De même, toute rencontre ne suppose pas le face-à-face d'un combat, comme dans un rapport de pouvoirs qui se raidissent en pouvoirs rivaux et font que deux êtres semblables s'affrontent à travers un échange menaçant de regards ou dans un dialogue frontal d'arguments et de jugements. Si l'alternative de la connaissance de l'identité demeure sur le schéma bipolaire : ressemblance-dissemblance, le rapport à cette identité en tant qu'elle est là, dans une présence réelle ou supposée, ne se structure pas selon ce schéma statique polarisant mais selon la dynamique d'une perpétuelle mutation des ressemblances et des différences qui vise à déterminer l'unicité, *son* unicité, en regard avec la multiplicité des « mêmes ». Aussi le problème de la ressemblance n'est-il jamais séparé chez Platon du rapport un-multiple qui permet justement de situer la polarité de la différence par rapport à la similitude dans une relation de complémentarité.

On peut considérer que cette situation est réclamée par la nécessité platonicienne de situer toujours l'objet en rapport avec le paradigme et de le déterminer selon la différence du genre et de l'espèce qui engage à se dessaisir du particulier pour avoir, de l'objet lui-même, la connaissance universelle. Mais on peut aussi voir dans ce traitement de la ressemblance (de la copie par rapport à sa forme matricielle) la nécessité d'asseoir la polarité sur un schéma différent du modèle archaïque du combat, de l'opposition de contraires qui structurait le langage théologique ancien. On peut y voir la volonté d'envisager la ressemblance sous l'espèce de la complémentarité, et en faire la structure par excellence d'une démarche nouvelle, philosophique en l'occurrence. Celle-ci serait alors révélatrice d'un régime spécifique de l'être qui situerait les choses les unes *avec* les autres, dans une convergence de similitudes qui ne tend pas à effacer la différence mais à lui donner la mesure de sa portée gnoséologique – du moins tant que la chose envisagée demeure présente comme telle et met le fait d'être avant la connaissance de l'identité spécifique. Et cette complémentarité serait dans ce cas fondamentale pour saisir la définition aussi longtemps que « celui qui vient » ou « celui qui apparaît » maintient nécessairement l'écart et ne cesse de venir ou d'apparaître dans/avec la distance de sa différence et dans/avec l'incirconscriptibilité, l'indétermination foncière de sa singularité. Tout le parcours de la « chasse au sophiste » nous apparaît ici comme régi par cette complémentarité et comme tenu à bout de souffle par cette dynamique qui se nourrit de l'intarissable nature changeante du sophiste, *i.e.* de son art : le discours.

Les moyens mis d'emblée en œuvre pour chercher et trouver cet accès à l'identité indéterminable de l'être qui (ad)vient à l'assemblée sont dans l'ordre : 1) la vue directe, 2) la mise subreptice en doute et 3) l'ouverture du dialogue *sur* et *avec* celui sur lequel pèse le doute de la question inaugurale de Socrate. 1) La *vue* : quel accès offre-t-elle à quelque « réalité » que ce soit ? Le moyen sensible ne permet pas la moindre connaissance ni la moindre certitude. À peine si on saisit la forme de ce que l'on voit : un homme ? une statue ? un dieu ? Qu'est-ce qui les distingue en vérité ? 2) La *mise en doute a priori* de tout accès à l'identité : à la question τὶ ἐστὶ ; trop de réponses possibles viennent aussitôt et se mêlent dans la conversation. Le choix ne peut donc pas être fait « objectivement », c'est-à-dire par une simple prise de contact, par la vue et par l'opinion – de manière empirique, en un mot. Il faut trouver un autre chemin, une autre méthode pratique. 3) Le *dialogue*, qui constitue en effet la forme sous laquelle se présente la réponse méthodologique, démarre sur la question posée à l'être-même qui fait l'objet de l'indétermination.

Le dialogue est ainsi orienté vers une forme particulière, désignée sous l'image d'une « partie de chasse », afin de soumettre au questionnement sur l'identité celui-même qui est susceptible d'incarner l'objet de la démarche, de le faire parler ainsi *de* et *sur* lui-même, de lui faire subir (comme presque sous la torture) l'expérience de la connaissance de sa propre identité, non pour dénoncer les travers du sophiste et incriminer ses méthodes, mais pour s'en servir comme moyen pédagogique, comme exemple pour apprendre à distinguer ainsi l'*autre* du *même* et l'*être* de son *apparition*. Le sophiste devient ainsi le prétexte d'une recherche concernant à la fois l'ontologie et la connaissance de soi. Plus exactement, il est utilisé comme un exemple adéquat pour illustrer *à l'œuvre* l'usage de la méthode logique à l'égard de l'ontologie : au centre de l'interrogation ontologique, le langage doit parler de lui-même et la pensée doit se penser elle-même. Aussi la connaissance de soi, prônée par la philosophie socratique, doit-elle atteindre ce perfectionnement qui la transforme en une démarche visant la connaissance de la totalité du monde, idéal et présent. Quant au « philosophe » – Socrate en l'occurrence –, il ne parlera plus tout au long de ce dialogue, après ce bref échange inaugural de répliques avec Théodore et avec l'Étranger. C'est Théétète qui prend la relève de Socrate, se faisant d'ailleurs aider par un Socrate plus jeune, homonyme du Maître, si la réplique venait à lui manquer par moment[1]. Mais Socrate est néanmoins là, comme une *présence en soi*; il n'a pas besoin de se défendre ni de parler en son nom et/ou au nom d'un autre, une fois qu'il a mis la partie en jeu. Le philosophe est donc présent, qu'on l'oublie dans un coin, ou que l'on se le tienne toujours en vue pour la stricte observance des lois du genre.

1. *Soph.*, 218b. Voir aussi *supra*, p. 120, note, la remarque concernant l'ironie de ce jeu de rôles.

Ainsi commence, avec la prise de parole de l'Étranger lui-même[1], le texte mis sous le signe du dialogue, seul genre approprié à la logique selon Platon. L'on ne parle pas au nom de l'autre s'il est possible de faire parler l'autre lui-même. Mais le dialogue n'est encore qu'une méthode, et ne met pas à l'abri d'un abus du « même » sur l'« autre » (surtout quand c'est un dialogue feint, un dialogue rapporté). Le dialogue s'avèrera, au contraire, une mise devant le miroir, sauf si l'auteur arrive à construire en même temps une dénonciation du péril qui guette cet indispensable ou inévitable instrument, une dénonciation du principe du miroir sous couvert d'une critique du sophiste, et comme une tentative d'échapper par détour à la démultiplication sans fin du « même » dissimulé jusque dans l'usage de la négation. L'indéterminable demeure finalement *indéterminable*, malgré toutes les distinctions opérées au sein du « même », mais il gagne un statut, un droit de cité propre, un pouvoir d'autonomie et un statut distinct du pouvoir et du domaine d'application étendue de la négation. À partir de là il restera, dorénavant, encore un pas à franchir pour que l'indéterminable, ici même circonscrit à l'impossibilité de soumettre l'identité aux puissances ultimes du logos, devienne l'expression de l'altérité comme singularité consciente du sujet, et non seulement un indéterminable en retrait, un *étranger* à l'identité obscure et à l'apparence polymorphe.

PARTIE DE CHASSE

Le texte est construit comme une course poursuite à la recherche du « vrai ». Pareil à la démarche d'un chasseur[2], le texte est censé suivre les

1. *Soph.*, 217b.

2. Le modèle de l'art de la chasse, ou du moins la métaphore cynégétique, est un quasi lieu commun chez Platon (ainsi que plus tard dans la tradition de l'Académie). Il est utilisé surtout dans deux situations : l'amour (de Socrate pour Alcibiade, voir par exemple le début du *Protagoras*, 309a) et le dialogue avec le sophiste (voir les développements dans *Protagoras* et dans *Euthydème*). Ces deux situations sont souvent comparées ou mises en parallèle en raison des moyens utilisés : la persuasion et le recours stratégique à la ruse, deux formes d'un usage particulier, voire détourné, du langage. Le logos est dans ce cas manipulé de telle sorte que le gibier puisse se prendre dans le rets des paroles, s'accrocher au filet par un mot d'esprit ou par la tournure surprenante d'une phrase qui le met à découvert. Seulement dans *Euthydème* (291b-292b) « l'art royal » (ἡ βασιλικὴ τέχνη) qui mène à la science, serait à proprement parler l'art de la stratégie plutôt que la cynégétique, cette dernière (comparée à une « chasse à l'homme », θηρευτική … ἐστιν τέχνη ἀνθρώπων, 290b) convenant mieux à la recherche du sujet de la science qu'à l'enseignement du savoir. Pour l'utilisation à l'époque de Platon de la métaphore de la chasse et des vertus formatrices de la cynégétique, voir

traces – des *traces* à partir desquelles le philosophe doit distinguer le vrai « gibier » (le sophiste) d'un faux « gibier », de quelqu'un qui, savant, bon orateur et pédagogue, ne serait toutefois pas un sophiste mais un philosophe ou un honnête politicien. Le texte doit en outre distinguer entre les significations portées par les traces, leur puissance expressive à l'égard de l'objet dont elles sont les traces, et le caractère formel second de la trace elle-même : image (ombre, reflet, empreinte) ou écho. Toute recherche de « vérité », de ce qui est manifesté comme « hors du retrait dans l'oubli » (ἀλήθεια) par rapport à ce qui demeure enfoui dans le clair-obscur du retrait et abrité derrière des paroles vaines et des figures d'emprunt (récits vraisemblables, faux-semblants, simulacres, masques et toutes sortes de trompe-l'œil), est ici présentée comme une partie de chasse, une recherche qui doit aboutir à l'affrontement de l'« ennemi ». Elle se caractérise par l'indétermination *a priori* de l'identité du « gibier » et par l'admission d'une relation à celui-ci qui ne soit pas d'emblée un face-à-face, un affrontement immédiat, mais qui, au contraire, demande des détours et un art accompli de la distinction des traces. La chasse devient ainsi non une illustration mais une figure subtile de la dialectique : un art de la différence dans la distance, un art du détour et du guet qui suppose avant tout l'établissement de rapports de complémentaires, l'observation des ressemblances censées mener aux principes et à la construction rigoureuse des analogies [1], et surtout le rejet des oppositions simples, binaires, faciles à dévoiler mais trompeuses en ce qui concerne la nature complexe de l'objet visé.

Selon les termes traditionnels, cette chasse désigne en effet la recherche de la connaissance vraie *contre* ou *au-delà* de l'opinion : en l'occurrence, la connaissance vraie de l'être au-delà de l'expérience de chaque étant particulier. Le face-à-face d'un dialogue habituel est ici subverti, transformé, pour les besoins de la cause, en un regard qui poursuit quelque chose qui se dérobe sans arrêt à son emprise. Le regard est donc obligé à une sorte de fuite en avant vers un but qui lui échappe, comme s'il était plongé dans l'espace multiplié à l'infini par deux miroirs qui se font face. Il ne lui reste alors qu'à se faire réfléchir lui-même dans les traces du gibier, étant

P.-M. Morel, étude introductive à la nouvelle édition du *Protagoras*, Paris, Les Belles Lettres, 1997, p. XII-XIII.

1. Un résumé subtil de cet « art » de la distinction et des étapes qui seront suivies par la suite au cours de la « chasse », apparaît au tout début du *Sophiste* (216c-d), lorsque Socrate analyse à partir de la distinction des genres (humain et divin) l'apparition de l'Étranger à la réunion amicale et la présentation que Théodore venait de lui faire. Nous avons analysé *supra*, p. 112-115, le passage.

lui-même le seul « objet » auquel il peut s'accrocher et auprès duquel il peut demeurer le temps nécessaire à l'analyse. Mais un effet « pervers » naît de là : l'identité même du chasseur est ainsi mise en cause, au point que celui-ci risque de se confondre avec l'identité du chassé. Autrement dit : le discours « vrai » pourrait-il chasser le discours « non-vrai », celui du sophiste et de ses traces (*i.e.* ses paroles imagées) ? Peut-il réellement dénoncer ainsi le caractère faux et mensonger de la parole sophistique à mille formes et à cent têtes, parole avec laquelle le philosophe ne peut pas s'affronter, puisque ce dernier prétend que son discours n'est pas d'une même nature et n'appartient pas au même plan ontologique ni à la même espèce que celui du sophiste ?

Celui qui devait au départ être interrogé (l'Étranger), devient celui qui pose les questions. Chasseur et chassé sont néanmoins dans une permutation permanente des rôles ; ils échangent sans cesse leurs places respectives mais ne s'affrontent pas ouvertement, ne croisent jamais les fers. Et il est d'ailleurs important de ne pas trancher, de ne pas savoir finalement si le « philosophe », qui chasse le « sophiste » jusque dans ses derniers retranchements, n'est pas lui-même un/le sophiste chassé, en train de se défendre et d'attaquer à tour de rôle, avec les mêmes armes et les mêmes moyens, incriminés d'une part, utilisés de l'autre. Le « divin » orchestrateur de la partie de chasse – le *vrai* Socrate (pas le jeune), ou Platon lui-même – demeure quant à lui invisible, inaudible, muet jusqu'à la fin du dialogue. Le vrai pouvoir appartiendrait-il ainsi à celui qui, ruse suprême, ne se montre jamais ?

La première étape proprement philosophique de la chasse, après l'étape « marchande », le dénigrement du sophiste pour son « commerce » à l'égard du savoir, consiste à mettre en question la dialectique (et en quelque sorte la chasse elle-même), le pouvoir d'affirmer ou de nier quelque chose, quoi que ce soit, à l'égard d'un être au nom d'une vérité de paroles. Le discours par arguments opposés, λέγειν/ἀντιλέγειν[1], se heurte à une impossibilité, et l'on ne peut sortir de l'impasse qu'en quittant le terrain de l'affrontement des contraires, en quittant l'alternative des oppositions (noir/blanc) pour une situation nouvelle qui reste à définir. Or dans ce cas, avec la mise en question de la dialectique des contraires, les possibilités mêmes d'existence d'un *discours* sont mises en cause. Quel moyen reste-t-il alors à l'entendement ? Comprendre, comme par un dernier recours, que c'est bien là le *vortex* de la thématique proposée, car le sophiste ne se découvre pas

1. *Soph.*, 233d.

autrement que par des moyens qui sont strictement les mêmes que les siens[1]. Comment débusquer donc les « astuces » du *rusé* sophiste ? Il faut tout simplement endosser subrepticement son habit, voire s'approprier ses moyens et ses habitudes, en suivant pour cela, et en cernant ainsi, la « technique » même employée par l'Étranger. L'Étranger, en effet, fait dire à Théétète et dit d'ailleurs lui-même ce qu'il dénonce par ailleurs comme étant les modalités propres au sophiste.

Récapitulons les principales étapes de la démarche :

1) Surprendre la/les faille(s) possible(s) entre la « production totale » dont se réclame le sophiste (πάντα ποιεῖν) et la « technique unique » (μία τέχνη) qu'il utilise pour réaliser cette production globale et faire cette synthèse du tout (συνάπαντα). C'est une déclinaison première de la connaissance par la quantité et de la possibilité de connaître les choses par la nomination de leur genre[2].

2) Mettre en lumière le rapport un/multiple comme un rapport de complémentarité à la place d'une opposition de contraires, rapport qui découle de l'observation précédente et qui devient dans ce contexte une « astuce de foire », ou un « jeu pédagogique » pour néophytes. L'art qui permet de réaliser ce rapport n'est rien d'autre que celui de la mimétique[3]. Est-ce là une manière de prendre à contre-pied l'un des principes fondamentaux de la pensée (platonicienne, en l'occurrence) afin de montrer la limite de tout principe régulateur immanent ? Ou plutôt une modalité de distinguer précisément entre deux sortes de ressemblances, en l'occurrence de séparer les domaines d'action de la *mimêsis* et de l'*homoiôsis*, afin d'éviter une fois pour toutes la considération communément admise que l'expérience visuelle représente la norme de la connaissance empirique et qu'elle constitue un obstacle pour la vraie connaissance, purement intelligible et donc nécessairement aveugle à l'égard du monde des vivants ?

3) Montrer que la mimétique est justement responsable d'un rapport faussé entre l'un et le multiple, faussé car laissant s'installer l'*illusion* d'un

1. *Soph.*, 264c-d : « Et, au milieu de cet embarras, un vertige plus ténébreux encore nous submergea, quand apparut l'argument qui, envers et contre tous, soutient que copie (οὔτε εἰκὼν), image (οὔτε εἴδωλον), simulacre (οὔτε φάντασμα), rien de tout cela n'est, puisqu'il n'y a fausseté en aucune façon, en aucun temps, en aucune part » (nous citons la traduction Diès, malgré le flottement terminologique qui apparaît en français au sujet des différents régimes de visibilité propres au langage du sophiste).

2. *Soph.*, 233e-234a. C'est une première reprise de la critique du sophiste (poète et peintre) formulée dans le livre X de la *République* (596c) dans le cadre d'une théorie critique de la mimêsis.

3. *Soph.*, 234b.

dédoublement répété de l'« un », donc d'une possible sérialisation d'« uns » semblables (clonés), et non d'une génération nécessaire de multiples « mêmes » comme identités propres à partir de l'« un ». La collision des contraires, sous-jacente à la présentation de ce rapport sous la forme d'une alternative polarisante, n'est donc pas résolue par la réduplication. L'opposition n'est en effet résorbée par aucune des techniques de la ressemblance, mais par une dialectique de l'altérité qui cherche à déterminer le rapport un/multiple en le déplaçant sur le terrain de la relation entre *même* et *autre*, le terrain cosmologique par excellence pour Platon. À partir de là le passage de l'un au multiple ne se conçoit plus comme une multiplication de « uns » (vrais ou faux) mais comme un engendrement logique véritable, un engendrement par/selon la cause, suite à une relation qui ne situe plus automatiquement le différent en opposition avec l'identique mais en relation avec un principe commun à l'un et à l'autre, au même et au différent. Seules les techniques mimétiques produisent une opposition de contraires puisqu'elles miment la production ou la génération, mais ne produisent ni n'engendrent quelque chose d'autre qu'un faux-semblant d'objet ou d'être. La conséquence est donc un binarisme feint, une dualité qui génère à son tour la collision des contraires et l'exclusion nécessaire de l'un (le « faux ») au profit de l'autre (le « vrai »). Or ce sont ces mêmes techniques mimétiques qui produisent en outre la tautologie, l'impossibilité euristique, la fermeture du langage sur lui-même, sa réduction à des enchaînements de mots. C'est là-dessus que la critique aristotélicienne menée d'une part contre le multiple-singulier et contre le principe platonicien de la ressemblance dans la *Métaphysique* (A, 9), et d'autre part contre le langage sophistique dans l'*Organon*, va tordre l'accès à la philosophie du Maître et l'infléchir au point d'en faire la quasi-caricature d'une théorie binaire et manichéiste : le monde de Idées immuables, accessible au *noûs*, séparé de la multiplication foisonnante et immaîtrisable des choses immanentes blafardes, soumises à la déchéance des copies de plus en plus pâles, déchéance engendrée par la similitude et comprise dans le devenir.

4) Reprise de la question exposée au point précédent, cette fois-ci sur le plan spécifique de la prédication : montrer que la mimétique produit, dans le cas particulier du discours du sophiste, une collision entre des facultés complémentaires de la réception. Cette collision est dénoncée par l'expression qui « décrit » l'art du sophiste : εἴδωλα λεγόμενα, des « images parlées », à la manière d'un *entendre-voir*[1]. Cela permet de quitter le terrain

1. *Soph.*, 234c.

des oppositions et de prendre en considération plutôt des complémentaires. Mais l'enjeu platonicien de cette question n'est pas purement rhétorique, comme il le deviendra ensuite avec les genres spécifiques du πρὸ ὀμμάτων aristotélicien, ou dans les traités des figures ὑπ' ὄψιν d'Hermogène et d'Aélius Théon. La paire de complémentaires qui se dessine à l'horizon de ce passage viserait, selon cette lecture de la relation parole-image, la complémentarité épistémique/ontologique à l'égard de la vérité ou réalité d'un existant par nature indéterminable. Il ne s'agit donc pas de simuler par le discours une « production d'images » *stricto sensu*, mais d'introduire le lecteur dans les conditions mêmes de la connaissance par une tentative pour élargir (voire pour dépasser) les moyens du langage, en somme en faisant appel à une sorte d'intelligence « pratique » ou « appliquée », ainsi qu'à une forme d'auto-référence, lors de l'appropriation intuitive de chaque objet de la connaissance. Du moins, c'est ainsi que l'on pourrait comprendre la parenté dans l'âme (συγγενεία), outre la ressemblance (ὁμοίωσις, toujours dans l'âme), que Platon définit comme stade ultime de la connaissance d'un objet, selon le passage déjà cité de la *Lettre VII* (nous reviendrons encore sur ce point).

5) Une réponse à cette dernière question (la complémentarité épistémique/ontologique) viendrait aussitôt après dans le dialogue par la description (détaillée et circonstanciée) des techniques de production d'images : *eikastique* et *phantastique*[1]. La première correspondrait à la recherche épistémique qui tente de reproduire « exactement » l'objet convoité dans sa situation extrinsèque à la réception – *i.e.* de manière analytique et symétrique, point par point, à la manière d'une photo numérique, comme on dirait de nos jours. La seconde viserait la définition ontologique de ce qui peut être « réellement » saisi et intelligé, et le résultat serait dans ce cas une possible définition de la représentation et de ses fonctions en vue d'un accès à une connaissance médiane appropriée, *par représentation*, d'un objet assumé non comme tel mais comme un objet *à soi*, saisi *selon le point de vue* du récepteur comme finalité de l'acte. Cette technique, téléologique comme démarche, conviendrait en outre à la démarche « théologique », car, permettant de saisir l'objet dans la transcendance de son altérité et dans le décalage d'une relation hétérogène ou dissymétrique, elle pourrait correspondre au langage par lequel le philosophe serait tenté de parler des dieux sans recourir à la théologie traditionnelle, aux récits mythologiques en l'occurrence.

1. *Soph.*, 235b-236c.

Tout ceci conduit néanmoins à l'aporie[1]. Autrement dit, toutes ces *tekhnai* appliquées à un τὶ qui suppose d'emblée l'*être* y compris à l'égard du *non-être*, se heurtent à une limite de la connaissance et à une impasse de la représentation. Elles conduisent à l'échec de la τέχνη face à un « secret » propre à tout visible, et à rien d'autre qu'au visible : devant ce qui apparaît, un arrêt s'impose, car tout ce qui semble visible, accessible, empiriquement objectif, vérifiable et donc « vrai » selon son apparence, n'est pas forcément faux, mais n'est pas pour autant maîtrisable par la logique ni exprimable d'emblée. Et cela sans avoir à recourir à l'antinomie visible-invisible. Car il n'est pas nécessaire de recourir à la catégorie de l'invisible pour comprendre que le visible lui-même peut être obscur, indéterminable, impossible à discerner selon les catégories du langage et à définir selon des concepts, et donc faisant effet de miracle (θαῦμα), se révélant comme un produit sans agent ni cause apparente, telle la beauté d'un être jeune ou la majesté d'un arbre vieux – une révélation qui provoque stupeur, et parfois inquiétude, avant qu'elle ne soit relayée par une mise en relation linguistique qui la stabilise à travers le logos (la définition de la chose) et la situe dans une totalité en devenir, non-close sur elle-même. C'est à partir de cette dernière, de cette totalité ayant ou non trait à l'universel, que l'objet est en fin de compte situé dans un ensemble et maîtrisé de cette manière. Une partie échappe néanmoins à cette maîtrise par le nom et par la définition. Elle échappe soit à la possibilité d'une réception sensible complète soit à la compréhension de la structure et à la démonstration de sa logique et de son utilité – comme si l'objet, pourtant présent et saisissable comme tel, n'avait finalement aucune « réalité » autre que théorique ou noétique; comme si l'objet ne pouvait être réellement envisagé que selon une alternative qui le placerait soit du côté de l'image, c'est-à-dire dans une visibilité visée comme telle et découpée d'un ensemble de données sensibles, soit du côté d'une définition, d'un concept ou d'une idée. Bref, comme si l'objet n'avait aucune autre « réalité » à part celle que la langue et le concept créent selon leurs propres modalités, quasi autonomes à l'égard de l'immanence de l'objet. Nous serions, autrement dit, face à une évidence qui est là, à la portée du regard, tout en se dérobant continuellement à l'emprise des discours, comme le sophiste qui échappe sans cesse à ses chasseurs.

L'image comme expression du visible et comme condition de l'existant servirait alors d'*analogon* pour désigner ici une réalité incirconscriptible aux mots, impossible à définir selon les normes et les méthodes connues, en

1. *Soph.* 236d.

l'occurrence celles de la dialectique. Ainsi, l'indéterminé du départ reste indéterminable, et, à la limite, il dévoile seulement son caractère d'inconditionnel foncier. Le véritable « gibier » n'est ni tué ni même atteint, car la chasse est ici pratiquée comme un art du dire et de la monstration simultanée, un art dont l'objet est intrinsèque à l'acte, intrinsèque à l'effectuation, et ne constitue pas le produit spécifique d'une activité à but scientifique, pédagogique ou économique. Le « gibier » visé – le sophiste, l'ennemi traqué – passe plusieurs fois sur la ligne de mire, traverse le centre de la discussion au beau milieu entre les partenaires du dialogue, mais il n'encourt nullement le risque d'être atteint et mis à mort, comme si Platon nous signifiait ainsi que le sophiste désigné n'était que le reflet de celui qui mène la discussion et qui ne peut pas se tuer soi-même comme il ne peut pas dévoiler lui-même son identité, et qu'en outre, on ne pourrait jamais le reconnaître au moment même où il apparaît puisque le dédoublement qui a lieu (et la réflexivité en général) rend imperceptible toute différence *in situ*. On le reconnaît toujours après coup, *en différé*, dans et par la mémoire. Car l'art de connaître ne s'accomplit pas dans une possession; cela est bien connu des platoniciens. Cet art n'est pas une main mise sur l'objet de la connaissance, mais c'est un art *du devenir*, et, en somme, l'expression dialectique du vivant en condition de dépassement (transcendantal ?) de sa condition d'ordre « naturel », de ce que nous appellons de nos jours son « entropie ».

Le miroir comme dispositif interne du sophiste

Intervient donc de plain-pied dans le discours *l'image* – principale responsable, voire principale coupable de la mauvaise réputation et de la nature corrompue du sophiste. Mais pourquoi la nature même de celui-ci serait-elle corrompue ? Que le sophiste soit de mauvaise foi et qu'il faille s'en éloigner si on est à la recherche du « chemin du vrai », soit. Mais peut-on conclure à partir de là que l'homme lui-même n'est pas un homme sain, et même pas un homme du tout, que sa nature elle-même serait différente de celle des autres habitants de la Cité, puisqu'il n'est pas le philosophe qu'il prétend être, ni le sage, le savant, le rhéteur avec lequel on pourrait le confondre en l'écoutant d'une oreille distraite ou mal éduquée ? La raison en est bien connue. Le sophiste a subi une « déformation », processus équivalent d'une métamorphose immanente à l'art qu'il pratique – un art apparenté à celui du peintre, un art des apparences et des présences feintes, sans consistance et sans durée, un art asservi aux contraintes du contingent, et non un art libre, dont doit se rendre digne celui qui se nomme philosophe et passe aux yeux de ses concitoyens pour un réfutateur divin. Le sophiste ferait donc métier d'un art impropre aux exigences du logos dont il se sert, alors qu'il prétend être un amoureux de la sagesse et un chercheur de la vérité. Il fait de la « peinture » avec des mots. Ou alors il met les mots en « peinture ». Mais dans un sens ou dans l'autre, qu'il crée une visibilité factice, ou qu'il dissimule les données sensibles, visuelles, derrière un écran enfumé de paroles qui ne disent pas plus que le bruit de leurs sons, il n'entend nullement effectuer une *conversion* réciproque entre les mots et les choses. Il tend seulement un piège et met en prison ce qui justement est censé constituer le gage de la liberté suprême d'un homme : la maîtrise de la parole et l'acte de parler en accord avec les exigences du logos[1] – si tant est que ces dernières correspondent à la traduction fidèle de l'acte de la pensée, et qu'à ce titre le langage provient, par parenté, du domaine du vrai, qu'il est donc immanent au domaine des idées.

En d'autres termes : ce qui est pensé doit être juste et bon si l'exercice est effectué par une faculté bien entraînée et si la pensée et son expression relèvent d'un être droit. Or le sophiste, tout en ayant l'esprit entraîné à la seule expression qui convient, à savoir le langage, pratique au contraire un art de tromper avec les mots, en créant et en manipulant des faux-semblants, des opinions à la place des savoirs. Il n'est donc pas droit, mais de biais. Il trompe – et sans doute se trompe-t-il lui-même en même temps – car il est persuadé que l'on peut parler sans affronter nécessairement l'autre; que l'on peut tenir des discours, et même dialoguer, sans se livrer pour autant à un combat qui consiste à écarter le vrai du faux, et à exclure ainsi de son champ tout ce qui n'est pas identique à ce que chacun tient pour « vrai » absolument; qu'il est possible, finalement, de trouver un intérêt même dans ce qui semble, du moins au premier regard, s'écarter du droit chemin. Il y voit, lui, au contraire, un intérêt qui dépasse l'alternative

1. Pour une mise en perspective de ce modèle de la dignité de la parole libre, modèle propre à la *paideia* de l'Antiquité classique, voir l'ouvrage de G. Jeanmart, *Généalogie de la docilité dans l'Antiquité et le Haut Moyen Âge*, Paris, Vrin, 2007, qui montre que le changement de paradigme survenu avec le christianisme a produit sur ce plan un véritable renversement : si le but de la pédagogie en Grèce classique est de former des hommes libres par l'enseignement de l'art de la parole, vise en un mot l'acquisition de la παρρησία (expression d'une pensée dont la franchise se mesure à la justesse du propos), l'enseignement qui se développe sur le modèle de l'institution monastique (à partir des IVe-Ve siècles) vise, lui, à former l'esprit à la discipline de l'obéissance comme vertu ; l'auteur y voit une forme subtile d'exercice du pouvoir entre la contrainte à la soumission et l'éducation d'une volonté du dépassement de soi et du pouvoir immanent.

exclusive entre le bonheur strict de l'esprit et le plaisir immanent des yeux. Mais il en fait pour autant les frais, car il passe pour un menteur, un artiste de foire, et pire même, pour un prédicateur pervers.

Qu'est-ce qu'on lui reproche, en effet ? Le sophiste a plusieurs têtes et il mélange les genres. Comme son métier touche à l'être humain et non à des matières sans forme *a priori*, telles les matières que façonnent les métiers des différents artisans (la pierre, le bois, le tissu etc.), le sophiste est dangereux, car il est capable de modifier des structures déjà données, d'œuvrer en dénaturant les principes naturels afin de les accorder à sa propre nature, or cette nature, nous l'avons vue, est difficile à cerner puisqu'elle relève de plusieurs genres et partage des formes multiples et différentes. Le sophiste fait (ferait) donc usage à bon escient de la parole et de l'art du langage en les mettant à l'épreuve d'une situation concurrentielle. D'une part : le nom d'une chose et sa définition qui vise à déterminer la connaissance d'une chose dans son identité à soi ; en somme la possibilité de sa connaissance par la prédication de l'être et par la raison qui rattache cette chose à l'universel. D'autre part : l'image de son apparition visible, considérée comme preuve puisqu'elle provient de l'expérience et qu'elle est réelle et potentiellement vraie, avant de constituer un signe de l'être identifié à *cette* chose-là existante mais singulière ; une image qui est donc vraie dans le champ de sa révélation comme chose apparaissante, mais qui relève en même temps de la prolifération du multiple et participe du processus de la dégénérescence propre au devenir, sans possibilité de distinction, voire d'extraction ou d'abstraction. Mais n'aurions-nous pas affaire dans ce cas à une tentative de dénoncer et de transformer ainsi le discours religieux, le discours qui touche justement à la métamorphose interdite des genres et à la maîtrise impossible de la nature de l'humain, plutôt qu'à une tentative de faire concurrence aux techniciens des sciences et du langage, *i.e.* aux philosophes et aux rhéteurs ? Cette tentative de dénoncer les travers et les dangers du discours religieux – une tentative résolument audacieuse –, ne serait alors ressentie comme dangereuse que par ceux qui s'en aperçoivent puisqu'ils sont de la partie. Le véritable danger que représente le sophiste relève en fin de compte de cet ordre : il aurait, selon ses critiques, le pouvoir de changer la nature par les mots. Cela constitue un danger réel, même si l'on admet que le pouvoir du sophiste n'est évidemment qu'un pouvoir feint, un « prestige » de foire, et que lui-même ne déclare jamais avoir aspiré à une quelconque forme de pouvoir, qui l'assimilerait dans ce cas à une sorte de prêtrise.

La connivence entre la parole et l'image, propre au discours du sophiste, induit en outre une mauvaise relation dans le rapport entre l'un et le multiple : une connivence malencontreuse qui définit l'art du sophiste et qui dénonce les dangers encourus par ceux qui l'écoutent et pensent pouvoir s'instruire en suivant sa démarche, c'est-à-dire en tirant du particulier des enseignements universels. Par contamination avec cet art de la confusion savamment entretenue entre l'individuel et le genre universel, la présence du sophiste lui-même est « corrompue », souffre d'un état de non-détermination de son identité, comme si son identité était à la fois vraie par sa présence sensible et pas vraiment *la vraie* – car le sophiste n'est jamais lui-même mais « devient » toujours quelque chose, polymorphe et polytrope, en adéquation permanente avec l'image de celui que l'autre (son auditoire) doit recevoir de lui, puisque chaque individu a besoin d'avoir en face le reflet rassurant de lui-même. Il n'est donc pas seulement multiple, il est à proprement parler dédoublé de lui-même, comme une image par rapport à ce dont elle est image, sur le même principe de production que son propre discours. Or l'image, justement, cette image censée permettre à nos deux comparses en dialogue de débusquer le sophiste à travers l'usage de ses propres instruments, l'image est à la fois tout (τὰ πάντα) et rien (μὴ/οὐκ ὂν), embrasse la totalité de l'existant mais rien de celle-ci ne lui appartient en réalité. Elle porte des noms multiples mais de fait n'adhère entièrement à aucun, comme elle ne peut pas se substituer non plus à l'objet dont elle est image, trace, reflet, icône, signe, visibilité phantasque, pure reproduction (*eikastique*), pure conjecture et pure convention, ou alors une pure représentation (*phantastique*)[1] qui, même inspirée par des choses existantes, met celles-ci en scène à la fois comme un spectacle et comme une invention. L'image glisse chaque fois entre les mailles du dialogue, tel le sophiste qui échappe comme le goupil à ses chasseurs, tant que l'on n'a pas compris non ce qu'elle *est* en soi, mais bien son fonctionnement comme dispositif de la pensée et comme expression immanente au langage. Et tant que l'on n'a pas compris, de surcroît, l'impact de son usage sur la nature de la connaissance prônée par le sophiste, et, en fin de compte, l'impact sur la nature même de celui qui se trouve en proie à l'exercice de ce métier, comme piégé par une *tekhnè* qui est la sienne mais dont le but lui échappe puisqu'il relève d'un autre exercice – celui du pouvoir naturel, immanent aux choses existantes.

Quoi qu'il en soit, l'image ne peut être saisie et définie que si l'auteur du texte introduit lui-même dans le discours le principe et le dispositif propre à la nature de l'image, à savoir le principe du plan réfléchissant et le dispositif

1. Voir *supra*, p. 136 *sq.*, 141 et 241-243, les passages analysés du *Soph.*, 235d-236c.

qui va avec, celui des différents types de ressemblance, actualisés à la fois dans ce que montre et dans ce que signifie le texte. En un mot, l'image ne peut être définie que si l'on introduit dans le corps propre du texte une sorte de miroir : à la fois comme principe de réflexivité, manifesté dans la structure même du discours (allant jusqu'au traitement formel de la syntaxe des phrases), et comme un objet de référence, qui sert à définir la parole en tant que reflet ou « image naturelle » du sens qu'elle désigne, une image qui conduit l'entendement du langage à la signification voulue par l'auteur du texte ou imposée par l'acteur du discours. Si dans le dixième livre de la *République* Platon nomme explicitement le miroir comme l'instrument spécifique de l'art du sophiste (et en l'occurrence du poète et du peintre), afin de le définir et d'évacuer définitivement toute connivence entre le discours philosophique et la mimétique qui induit une mauvaise connaissance du vrai ou du réel [1], dans le *Sophiste* le miroir n'est pas seulement cité parmi les types d'images (avec les ombres ou les empreintes) mais appliqué à proprement parler, mis à l'œuvre comme principe dans la composition du discours. Ponctuellement il intervient aussi dans la syntaxe d'une phrase, structurant ainsi, sous l'espèce du dédoublement, ce qui semblait impossible à définir, à savoir une négation ontologique qui ne mette pas en cause le statut du langage qui l'affirme. Mais par le même mécanisme, l'image se définit elle-même. À l'épreuve du langage l'image ne répond donc pas toute seule; elle a besoin d'une sorte de dédoublement dans lequel le langage s'engouffre, et à partir duquel il peut à la fois contenir l'image et répondre efficacement à sa définition avec ses propres moyens. Il peut, et doit d'ailleurs, savoir la recevoir pour pouvoir la projeter; il doit *faire image*, à défaut de pouvoir la contenir, ou alors l'indiquer tout simplement, la découvrir en dehors de lui-même pour pouvoir induire sa saisie comme une forme spécifique de connaissance. Il doit donc soit la produire lui-même, soit la dénoncer en se tenant le plus possible à l'écart du danger de la similitude qui le décentre jusqu'à la perte de toute référence sémantique et ontologique. La rencontre cherchée se découvre alors comme étant un processus naturel de la compréhension qui articule inextricablement la parole

1. Il s'agit du passage 596d-e de *La République*, trad. fr. P. Pachet, Paris, Gallimard, 1993, p. 493-494 : l'art de produire rapidement toutes sortes d'objets et de vivants par la parole est comparé à un artisanat (ou à une « production » : δημιουργούμενος) qui peut s'exercer en tout lieu « à condition que tu veuilles bien prendre un miroir et le faire tourner autour de toi (εἰ θέλεις λαβὼν κάτοπτρον περιφέρειν πανταχῇ) : aussitôt tu créeras le soleil et ce qui se trouve dans le ciel, aussitôt la terre, et aussitôt toi-même autant que les autres êtres vivants (σαυτόν καὶ τἆλλα ζῷα), les objets, les plantes, et tout ce dont on parlait à l'instant ».

et l'image, et les unit par des renvois réciproques et des dédoublements successifs.

Nous comprenons, à la fin du dialogue, que l'image n'existe pas sans le langage qui nous la fait découvrir, pendant que le langage lui-même n'est accessible à l'entendement d'un ou de plusieurs sens des mots qu'à cette condition près : donner une image de lui-même, faire voir ce qu'il dit, prenant à l'occasion les risques de l'équivocité, de l'homonymie étourdissante pour l'esprit, des différentes sortes d'ambivalences, et même de la mimétique généralisée et de la contradiction apparente entre les termes. Les « figures » du langage naissent théoriquement de cette situation décrite au long de la « chasse » du sophiste, et plus généralement de la référence du texte philosophique à Homère, aux mythes et aux poètes, référence tantôt muette tantôt déclarée, tantôt mimétique tantôt hostile, mais quoi qu'il en soit constante chez Platon. Certes, les traités spécifiques qui sont consacrés aux figures rhétoriques sont, eux, plus tardifs et ne réclament pas ouvertement une racine philosophique commune avec la dialectique et l'ontologie, vu que le Stagirite avait entre temps séparé les domaines et établi d'un côté la valeur purement signalétique des mots, et de l'autre, la perception articulée à la noétique comme domaine propre des images.

Mais – osons poser une fois de plus cette question – qu'est-ce que l'image en regard de la parole, avant cette répartition des domaines d'application spécifique ? Qu'est-ce qu'une image alors pour le sophiste, et, en l'occurrence, quel est son usage à la lumière d'une réflexion sur les pouvoirs et les limites du langage et du discours comme moyen d'accès à la connaissance ?

1) Nous avons vu que l'image est en premier lieu un *double* : un double du langage et de l'être, un *double ontologique* par principe. C'est ainsi que la définit la première fois Théétète[1] pour répondre à l'Étranger et sortir de l'étau de son questionnement sur le rapport être/non-être. À partir de là l'image est une ouverture à la pluralité. Mais la discussion engagée sur la question du nombre plural et autour de l'impossibilité du non-être à se définir par l'unité, n'est pas poursuivie, car l'Étranger rabat constamment le chemin du raisonnement sur la voie du langage, de l'expression propre à la pensée, de ce qui peut être dit face à la limite imposée par « l'impensable, l'ineffable, l'imprononçable, l'inexprimable »[2]. Sur cette voie l'image reste la seule condition pour défendre la possibilité du pensable et de l'exprimable, et donc le seul moyen d'attaquer l'impossibilité et de défendre ce

1. *Soph.*, 240a.
2. *Soph.*, 238c.

qui peut être *dit* à ce sujet, en cernant les éventuelles attaques pour contradiction dans les termes et pour entorse que l'on ferait subir ainsi à la logique. Pourquoi donc l'image ? Parce que l'image est toujours « l'autre » de celui qui la voit, radicalement, essentiellement *autre*, alors que la visibilité, qui détermine l'image, est une condition commune partagée avec celui qui la saisit. D'où la nécessité de définir le « même » et l'« autre », l'identité et l'altérité en connexion avec la relation vectorielle copie-modèle. L'image, selon qu'elle est définie comme une copie, un double ou un sosie, permet d'asseoir la dialectique de l'altérité sur le plan d'une relation hétérogène (modèle-copie, être-non-être, un-multiple). Mais cette relation n'est pas d'emblée une relation d'opposition, puisqu'elle situe l'objet de l'image en rapport avec le principe de l'image, c'est-à-dire dans une subordination conditionnelle par la similitude, par la ressemblance étalée dans le champ visuel de l'image-*eidôlon*, et non en rapport direct et immédiat avec le modèle lui-même, le paradigme de l'objet.

2) À partir de ce statut de *double ontologique* la définition de l'image entre en relation étroite avec la détermination sensible du langage, avec la voix. Pour le sophiste l'image est en effet *comme un écho*, ou quelque chose d'analogue à ce que représente l'écho par rapport au son, à défaut d'être un reflet sur les eaux ou une peinture sur du bois. L'image serait dans ce cas la trace laissée par la rencontre des rayons, l'effet d'une projection et d'une projection ou intention de visibilité, trace reçue sur le plan approprié à la constitution d'un reflet. Elle serait, en somme, le croisement et le retour (la réponse) d'une forme de visibilité saisie en même temps qu'envoyée. Mais – attention ! – le terme d'écho, *analogon* de l'image dans le discours du sophiste, semble toutefois plus adéquat pour ce contexte que le terme de reflet, car il est bien explicitement dit dans le texte que le sophiste n'a pas d'yeux ou qu'il ferme justement les yeux pour « voir réellement » [1]. Il s'agit donc d'une image qui, ironiquement ou non, ne serait *évidente* (visible, claire, l'ἐναργής de ce qui apparaît, φαίνεται) que pour un « aveugle », un être détaché des apparences et habitué à la « vue » exclusive de l'esprit [2]. En outre, l'image, comme l'écho, renvoie un reflet dépourvu de la moitié du sens. Elle n'est pas censée porter et donner un sens à elle, mais répondre

1. *Soph.*, 239e-240a. Précisons que le terme lui-même n'est pas employé dans ce contexte, mais qu'il apparaît dans d'autres contextes platoniciens (*Phèdre*, *République*) en rapport justement avec le statut de l'image et du langage. Nous reviendrons sur le rapport entre l'image et l'écho en conclusion de ce travail, avec une analyse de l'épisode de la caverne dans la *République*. Voir *infra* Annexe, chap. II.

2. *Soph.*, 241d-e.

seulement au besoin d'une réception sensible et se faire habiter par un sens, même si le contenu sémantique projeté échappe toutefois, partiellement ou intégralement, au régime de nécessité imposé à/par l'entendement. L'image reflète et envoie un sens donné comme en écho au visible. Par ailleurs, comme l'écho, l'image met en place une relation *a priori* frontale, mais une relation qui n'est pas, pour une fois, et la seule d'ailleurs, une relation d'affrontement, vu que le sens est *ab initio* tronqué, ou même carrément enlevé – comme dans le cas de l'écho d'un discours qui rapporte une sonorité, parfois un mot distinct, mais pas le sens que portaient les phrases entières. Nous avons affaire dans ce cas à une relation vide d'objet répondant, à une relation muette ou bancale, une relation avec un objet absent du champ de la vision et de l'entendement par la raison. C'est néanmoins une relation qui suppose la continuité (ne serait-ce qu'illusoire) d'un même plan. D'où le désir, stimulé par la situation de vis-à-vis et licite en raison même de cette frontalité, de prendre possession de l'objet (à la limite, un désir de confisquer l'absence de l'objet), ainsi que l'impossibilité radicale qui s'ensuit, l'impossibilité de tout exercice d'un pouvoir réel – selon le schéma mythologique Narcisse-Écho bien connu. Autrement dit, le désir d'attraper la lune dans/par son reflet : la confusion qui consiste à prendre le médiateur ou le dispositif de médiation pour l'être ou pour l'objet vrai.

3) L'image constitue, enfin, une *réalité seconde* ; plus précisément, non un double de l'être à la manière d'une contrefaçon, mais un *complémentaire* de l'être (un attenant immanent, comme l'ombre portée)[1]. Cette complémentarité joue un rôle essentiel, irremplaçable : l'image constitue à ce titre ce par quoi l'être est *pour nous* réellement, car tout ce qui « est » a une « réalité d'image » (εἰκών ὄντως) eu égard à la réception qui en est faite. Surtout que pour Platon cette réception n'est pas limitée à l'exercice de la faculté visuelle, mais elle conditionne la conversion de la simple vue en regard, en visée, dont la portée, coextensive avec l'existant, embrasse en permanence cette *réalité seconde* de toute chose, et ne permet jamais que le regard se perde sur/dans le rien. D'où la nécessité de définir *réellement*, *effectivement*, ce que peut bien être dans ce cas un/le « non-être » (240b) : ce rien, ce vide impossible, ce néant qu'il serait absurde d'affirmer si nous

1. Nous n'entendons pas sous cette expression de « réalité seconde » la « substance seconde » telle qu'elle est définie par Aristote (*Catégories*, 5, 2a15 *sq.*). Il ne s'agit pas de la substance (*ousia*) comme telle, selon la définition aristotélicienne qui la situe en rapport avec la matière et la forme, mais de la mise en situation (et en acte) de la substance comme réalité de l'être-existant, *ontôs*.

restons fidèles à la pensée du Maître. À moins que l'on ne nomme ainsi l'existence de l'autre en tant que *tout autre*, une altérité absolue par rapport à l'essence du même (un ἕτερον τοιοῦτον, 240a), capable, en tant qu'altérité ainsi désignée, de manifester sans trahir, de façon immanente, le principe commun ou l'essence dont elle provient et qui demeure néanmoins séparé(e). La phénoménalité de l'être-existant apparaît ainsi comme une « réalité seconde » par rapport au genre de l'être selon la distinction identité-altérité. L'accent doit être mis dans ce cas sur la relation qui maintient le lien (de la ressemblance, en l'occurrence, ou de la participation), lien à l'égard duquel l'image constitue, en tant que visibilité, la partie émergente. Or, selon cette distinction, la phénoménalité – apparition et condition de visibilité – peut être définie telle que l'image-*eikôn* elle-même est définie, dans la déclinaison de ses états de « double » et en rapport avec le principe de la spécularité. Mais on accepte alors la nécessité auto-référentielle du logos lui-même, comme une nécessité propre, au demeurant, à toute prédication qui vise l'être comme genre universel, avec ou sans référent existentiel particulier possible et certain.

"x" vs *"y" : le jeu sophistique*

Considérons le schéma suivant pour pouvoir situer maintenant le « mécanisme » du miroir à l'intérieur du raisonnement qui se dégage de la démarche de l'Étranger, d'un sophiste, en l'occurrence, aux prises avec la question ontologique – question rendue ici tributaire à la définition de l'image. L'entité "x" et l'entité "y" sont deux entités distinctes. Nous percevons la distinction sans savoir de quel ordre serait leur différence. Mais, si l'une n'est pas identique à l'autre puisque nous savons d'emblée que les deux entités sont différentes, et qu'aucune ne peut se substituer à l'autre, nos deux entités ne sont pas, pour autant, totalement séparées et indépendantes. Elles se situent l'une à l'égard de l'autre dans un rapport qui doit être défini. Ce rapport peut être soit une relation indéterminée, vague comme une ressemblance formelle ou une homonymie fortuite, soit une relation déterminée substantiellement. Selon cette dernière, il peut y avoir 1) une relation de complémentarité (comme le rouge et le vert), 2) un rapport de parenté (horizontal ou vertical, fraternité ou paternité) et/ou 3) une relation de détermination référentielle symétrique ou asymétrique : a) circonscription, comme dans le cas des traits individuels par rapport au genre ou à l'espèce, b) situation de substrat, si la référence vise la nature commune de deux référents, c) référence au principe, dans le cas de l'image qui réfère au paradigme. Si la relation est déterminée elle est alors, nécessairement, déterminante aussi, pour au moins l'un des deux termes. Par exemple : "x" est la cause de "y", "y" est l'effet de "x" ; "x" est le prototype de "y", "y" la copie de "x" ; ou bien "x" est le sujet de "y", "y" est par conséquent soit l'objet soit un attribut ou une propriété de "x". Mais, comme on ne connaît toujours pas la nature de la distinction, peut-on, dans ce cas, connaître "x" si on connaît "y", et que l'on conjecture seulement sur la nature de leur relation ? Oui, si "x" est véritablement immanent à la relation. Non, si la relation n'implique pas la participation expresse de "x" et n'est dans ce cas qu'une relation hétérogène, déterminante pour "y" uniquement, ou alors univoque pour l'un, équivoque pour l'autre : "x" est cause de "y", mais l'existence de "x" n'est pas conditionnée par cette relation, alors qu'"y" n'est que le produit de cette relation et son existence dépend par conséquent exclusivement de "x". Toujours est-il que la connaissance de "x" dépend en quelque sorte de "y", à cette condition près qui consiste à mesurer la possibilité de *déterminer ou non* leur relation.

Rappelons-nous à présent, brièvement, les deux premières grandes familles terminologiques désignant l'image : εἴδωλον et εἰκών. *Eidôlon* désigne ce que nous voyons « visuellement » comme identité indéterminable essentiellement, sans relation immédiate avec la substance de l'objet de la vision et sans signification intrinsèque (une forme carrée ou une surface rouge ne signifie rien en dehors de ce qui est perçu comme forme ou comme couleur). *Eikôn*, au contraire, permet de situer l'identité *a priori* « vague » de l'apparition visuelle dans une relation déterminée comme ressemblance, et de conjecturer à partir de cette relation la constitution d'une référence à contenu sémantique par rapport au référent de l'image dont cette identité, l'identité de l'objet, est distincte. *Eikôn* établit donc une *certaine* identité et de surcroît une relation, dont la nature est clairement donnée comme relation de ressemblance. Nous avons vu dans le schéma final concernant l'image platonicienne [1] qu'*eidôlon* correspond à un support visuel fort mais est en même temps investi d'un statut ontologique faible, tandis qu'*eikôn* se détermine dans un rapport inversé entre le support objectif propre et le statut ontologique assigné. Dans la mesure où *eikôn* se constitue à partir de ce que nous pensons à l'égard d'une apparition saisie visuellement, dans la mesure où elle est en quelque sorte le reflet noétique conjecturé de ce que nous voyons, elle permet de constituer et de donner un statut d'objet « pensable » à la visibilité. Elle nous permet de la saisir ainsi en tant qu'*image*, dans la profondeur qualitative déterminante pour l'être existant, et en même temps comme expression spécifique de la *totalité* de

1. *Cf.* « Qu'est-ce que l'image platonicienne », *supra*, p. 243-247.

ce qui se voit immédiatement et de ce qui ne peut pas se voir mais se laisse conjecturer à partir de là. Aussi ce que nous pensons de ce qui nous est offert au regard nous permet-il de prendre pied dans cette visibilité, et détache-t-il, en même temps, notre pensée d'une fixation univoque sur l'expérience visuelle seule.

Reprenons, en tenant compte de cette distinction, le schéma des deux entités "x" et "y" et de leur(s) possible(s) relation(s) déterminante(s). Admettons, en guise d'exemples, que "x" désigne l'être et "y" le non-être, soit que "x" désigne le philosophe (ou le médecin) et "y" le sophiste (ou le charlatan). La distinction entre "x" et "y" n'est dans aucun de ces exemples celle d'une opposition de nature ontologique malgré l'usage, dans le premier exemple, de la catégorie de l'être, pour reprendre le vocabulaire du sophiste. Cette distinction, que l'on se place dans le domaine de la définition de l'être, dans celui de l'usage du logos ou dans celui de l'action sur le *sôma* et la *psuchè*, est en effet d'un autre genre, un genre de différence qu'il nous reste à déterminer. Mais l'on peut d'ores et déjà dire que "x" se définit par la différence qui le distingue de "y", et que "y" n'est rien d'autre que le révélateur de cette différence, une sorte de marqueur de la distinction, ainsi que le signe de quelque chose de plus que cette relation de décalage, à savoir l'indice de la part irréductible de "x" à l'égard d'"y". La définition de "x" arrive aussitôt, tel un verdict aussi bref qu'étourdissant par sa tautologie apparente : "x" est "x" dans tout ce qui n'est pas "y". Nous butons sur la tautologie inhérente à l'expression ontologique et trouvons alors comme seule sortie la mise en place d'une relation d'opposition, avec une exclusion réciproque conséquente.

Nous avons là, nous semble-t-il, un exemple, aussi schématique que possible, du fonctionnement sophistique dénoncé par le dialogue platonicien du fait même qu'il met à l'œuvre, subrepticement, ce même principe de fonctionnement logique. Du coup, si "x" est « indéterminable, inconnaissable, ineffable, inexprimable », alors tout ce que nous pouvons savoir de "x" est "y". Soit. Nous introduisons, néanmoins, un *a priori* dans le jugement : nous supposons d'emblée une antériorité ou une prééminence de "x" par rapport à "y". De là peuvent se déduire une éventuelle hiérarchie (le modèle est nécessairement supérieur à la copie qui en provient), ou du moins un dualisme, un binarisme, et une inférence induite par la relation de référence à un modèle. Mais cette relation n'est précisément pas homogène, elle est hétérogène ou dissymétrique. Or toute relation hétérogène n'implique pas une hiérarchie des termes relatifs, ni *a fortiori* la scission dualiste et l'opposition. L'exemple de la ressemblance, sous-jacent à la définition de l'image platonicienne et dont nous avons décliné plus haut la typologie, permet d'illustrer cette relation comme moyen d'inférence de "x" à "y" sans passer nécessairement par l'*a priori* d'une procession, inhérente à la hiérarchie, ou d'une rupture conséquente à une opposition frontale, avec une exclusion réciproque des contraires, comme dans un dualisme de principes (deux principes opposés génèrent implicitement l'opposition de leurs effets) ou comme dans une application *à la lettre* du principe de la non-contradiction. Ainsi, "y" n'est pas inhérent à "x"; il constitue une inférence par rapport à "x", une inférence en outre nécessaire à "x" (et d'ailleurs produite par "x") précisément pour pouvoir se rendre accessible par "y" à un tiers. Par conséquent, "y" serait la preuve d'une paradoxale faiblesse ontologique de "x", faiblesse rattrapée par "y" afin de rendre connaissable "x"; une concession de "x" au profit de "y", qui est du coup annexé comme médiateur de "x", mais qui ne joue pas pour autant un rôle de dispositif « économique » dans la mesure où il n'y a pas d'échange possible – ni substitution ni délégation du pouvoir immanent de la part de "x" à l'intention de "y". Il n'est donc pas nécessaire que "x" produise ou engendre "y" pour s'en servir comme d'un complémentaire utile à sa propre révélation. Aussi toute altérité par rapport à "x" peut-elle jouer le rôle de "y" le moment venu, surtout si l'on doit saisir "x" comme un *inconditionnel*.

Voici un cas de figure illustrant la relation que nous venons de décrire de manière schématique : il est possible de déduire l'existence d'un hypothétique objet invisible[1] et de conjecturer au sujet de ses traits en puissance, de son éventuelle forme indiscernable et de sa couleur qui serait au-delà de toutes les couleurs, en admettant que cet objet (nous) soit accessible de manière visible en tant qu'*eikôn*, c'est-à-dire comme ce que nous pouvons concevoir (*ennoeô*) et conjecturer (*eikazô*) de/sur cet objet invisible à partir de tout ce qui peut (nous) apparaître phénoménalement (*phainomai*) et qui n'est évidemment pas cet objet. L'*eikôn* relève ainsi de ce qui est non-identique à l'objet, mais tente de constituer en même temps le lieu où cette altérité affirmée se résorbe en une non-différence. Comment peut-on envisager ce processus ? De même que l'affirmation du non-être n'engendre pas une destruction du langage, le fait de conjecturer en proposant une vraisemblance *eikonique* pour un objet hypothétiquement invisible ne détruit pas l'hypothèse d'un objet qui serait essentiellement invisible et ne transforme pas non plus l'*eikôn* en une idole, une fiction ou un mensonge. On déduit à partir de là que ce qui apparaît dans ce cas n'est ni une entité globale,

1. Nous essayons de construire sur le plan du rapport visible/invisible une analogie avec le rapport être/non-être tel qu'il se dessine dans cette première partie du *Sophiste*.

puisqu'il manque l'objet qui ne peut pas apparaître en raison de son invisibilité, ni une identité ressemblante à cet objet, dès lors que cet objet, hypothétiquement invisible, se voit attribuer une *eikôn*, et que cette *eikôn* – qui ne le représente pas, il va de soi – ne prend pas modèle sur ce qui apparaît mais au contraire sur ce qui n'apparaît pas. Par définition une *eikôn* de cet objet tend à se constituer à partir de ce qui pourrait être vraisemblablement cet objet hypothétique de départ, ou du moins à partir de ce qui pourrait lui appartenir essentiellement. Par ailleurs, elle cherche à se situer dans une parfaite autonomie à l'égard de ce qui apparaît de manière immanente. Tout ce qui nous apparaît ne peut donc pas ressembler à cet objet, tandis que l'*eikôn*, en nous apparaissant puisque nous avons choisi de la créer, a à sa disposition la possibilité d'être non-différente de lui de manière participative (aux propriétés) ou constitutive (structurellement)[1]. Mais la relation dans laquelle se trouve ce qui apparaît comme *eikôn* et l'objet hypothétiquement invisible se définit comme une relation de complémentarité et comme un témoignage par défaut. En recevant ainsi ce qui apparaît nous percevons seulement la partie émergente conjointe à une globalité ou totalité qui demeure inaccessible à notre expérience et dont relève, peut-être, l'objet hypothétiquement invisible de départ.

Mais il y a quelque chose de plus qui ressort de ce raisonnement basique, de cette logique réduite au quasi caricatural : « totalité » désigne dans ce cas l'ensemble des possibilités visuelles – visible, non-visible (car hors champ de la vision) et in-visible (par impossibilité essentielle)[2]. Cependant l'*eikôn* échappe à cette tripartition des possibilités visuelles, car elle joue dans tous ces cas de manière indifférente le rôle de "y" par rapport

1. Bien sûr cette distinction sera faite plus tard dans le débat entre Stoïciens et partisans de la tradition de l'Académie. Dans ce contexte la notion d'*aparallaktos* vient résoudre par la non-différence le rapport entre des choses distinctes substantiellement mais qui partagent des propriétés inhérentes communes (ἴδια ποιότης). Si pour les Stoïciens la connaissance des propriétés inhérentes pouvait être le fruit d'une impression cognitive (φαντασία καταληπτικός), qui n'est pas sans rappeler le rôle des « images conceptuelles » qui s'impriment dans la pensée (les ἐπίνοιαι), l'usage de l'image iconique en rapport avec la notion de non-différence est propre à la pensée chrétienne. Voir *supra*, p. 235-236, les références citées à ce sujet, en rapport avec la notion de ressemblance (*homoiôsis*).

2. Nous pouvons nous rappeler à cet égard la phrase bien connue d'Anaxagore rapportée par Sextus Empiricus et attribuée à Diotime citant Démocrite : « Diotime disait que, selon Démocrite, il existe trois critères. Premièrement celui de *la perception des choses non-visibles*, à savoir les phénomènes. En effet, les phénomènes sont *la vue des choses non-visibles*, ainsi que le dit Anaxagore – d'ailleurs Démocrite l'en félicite vivement », *Contre les mathématiciens*, VII, 140 (nous soulignons). Voir J.-P. Dumont, *Les écoles présocratiques*, Paris, Gallimard, 1991, p. 658.

à un "x" dont elle suggère temporairement, sans fixation, une vraisemblance conjoncturelle, à laquelle s'ajoute le témoignage par défaut, en creux, de la part irréductible de "x" à "y" – à savoir l'incirconscriptibilité de ce qui est ainsi montré à l'égard de l'enclos de cette monstration, ainsi qu'à l'égard de la signification rendue de cette manière accessible. À partir de là, tout ce que nous voyons peut nous servir d'*eikôn* pour conjecturer sur l'existence et sur le contenu de ce que nous ne voyons pas, soit a) en nous indiquant la voie de l'analogie, en particulier dans le cas du non-visible relatif, soit b) en nous mettant devant une forme de subsistance existentielle de l'invisible dans le visible, situation qui ne nous permet plus de considérer d'emblée l'objet visible en opposition réelle et donc en rupture avec un objet *inconditionnel*, invisible par nature. Autrement dit, du « fait » même de la relation indiquée par l'*eikôn*, résulte que l'*eikôn* n'est pas nécessairement dans une condition ontologique dégradée par rapport à l'autre terme de la relation. Elle se situe seulement dans la différence, *fait* la différence, et devient constitutive comme affirmation ou comme négation de celle-ci, y participe donc de manière forte, c'est-à-dire de manière à la fois substantielle (*eikôn ontôs*) et relative, catégorielle, comme relation déterminante (*pros ti*), relation à l'autre en tant que tout autre (*ad aliquid*).

Retour au miroir

Que vient faire le miroir dans ce processus ? Il joue précisément le rôle du « sophiste » par rapport au « philosophe », ou du « charlatan » par rapport au « médecin ». Il joue aussi la part de "y" par rapport à "x", ou la part de la négation relative, qui ne porte pas sur le fondement mais sur la possibilité d'inférence propre à la manifestation. Mais la charge symbolique de l'objet est si lourde que le rôle du miroir ne peut être qu'ambigu. D'où la diabolisation de l'objet comme instrument « magique », un rejet qui dépasse de loin la critique philosophique visant en lui le moyen d'une connaissance trompeuse. Par ailleurs, le rôle du miroir rejoint, dans le discours philosophique, le rôle de l'image et de la parole à l'égard de la pensée. C'est là, de notre point de vue, son rôle principal. Plus précisément il fait rejaillir sur la parole l'ambiguïté propre à l'image et ne la dénonce qu'en se dévoilant comme miroir, en l'occurrence comme principe de réflexivité propre à la logique de tout discours qui vise l'être, en l'occurrence de tout discours ontologique. Apparaissent et se déclinent à partir de là, une à une, les divines *mekhanai* du sophiste, le savant manipulateur du miroir – miroir qui tantôt dévoile dans le sophiste le pédagogue et le rhéteur à l'allure d'un philosophe manipulant avec ironie l'art de la contradiction, et tantôt laisse le sophiste se confondre avec un sage, bien sûr non avec un ami de la sagesse[1], mais avec un imitateur de celui qui prétend la posséder[2]. Ce dernier s'évertue à produire alors des opinions frappantes (*thaumata*), qui ne sont que des images trompeuses et des fictions (*eidôla*, *phantasmata*) par rapport à une inconditionnelle, mais pas inconnaissable pour autant, vérité de chaque chose en soi, vérité de l'être à laquelle le sophiste ne peut pas avoir accès par ses moyens, si tant est que ses moyens soient en exclusivité ceux d'un langage réduit à la pure fonction de communication. Quelles sont alors les « ruses » spécifiques du sophiste, les *mekhanai* qu'utilise son discours, à défaut d'utiliser une véritable *tekhnè* philosophique, propre au discernement dialectique du statut « vrai » d'un objet ? Principalement l'usage ambigu de *la négation*, usage engendré par les distinctions et les bifurcations de la méthode dialectique, et qui engendre à son tour le morcellement de tout ce qui est *autre* et de la science qui lui incombe, science soumise à la pluralité[3] ; cela est bien connu. Mais il utilise aussi une autre forme de « ruse » : le jeu de cache-cache entre *l'image* et *le support*. Nous insisterons plus spécialement sur ce dernier aspect, car, bien qu'il ne soit pas présenté comme tel dans le dialogue de Platon, il fera l'objet de la réflexion postérieure et sera promis à la longue histoire de la relation sophistique et ontologique entre la parole et l'image.

Nous avons constaté, et partiellement analysé, les usages multiples et subtils de la *négation* dans cette première partie du *Sophiste*. Nous les rappelons sans plus y revenir : a) la négation comme opposition ontologique, pour désigner le contraire « étrange » ou « absurde » de l'être : un « non-être » qui « ne serait pas » *absolument* ; b) la négation comme privation, pour tenir ou mettre à l'écart de… ; ou avec *alpha* privatif, pour sortir l'« objet » de sous le scellé, le secret, l'oubli, le libérer de l'enclos d'une définition ou d'une nomination arbitraire, ou encore distinguer la part de « vérité » essentielle de sa phénoménalité conjoncturelle, adossée à la sensation ; c) la négation relative comme moyen d'identifier l'altérité, l'autre ou l'étranger, pour déterminer la différence et installer une relation de complémentarité[4].

1. Le « philosophe » selon la définition du *Phèdre*, 278d.

2. Selon la définition du sophiste comme « imitateur du sage », μιμητὴς τοῦ σοφοῦ, à laquelle aboutit Théétète en fin de parcours (*Soph.*, 268c).

3. Voir explicitement *Soph.*, 257c.

4. Ces distinctions des formes de la négation sont reprises dans la seconde partie du dialogue ; voir *Soph.*, 256d *sq.*, tout spécialement 257b-c sur « négation » et « contrariété », « non » et « ne pas » etc., ainsi que 258a-b sur « le contraire » et « l'autre », distinction que Diès appelle la « différence positive » (*op. cit.*, p. 373, n. 1), en se référant à *Parménide*, 160e.

En revanche, nous avons laissé jusqu'à présent en suspens l'analyse des fonctions attribuées au *support* dans la détermination d'une image, puisque cet aspect implique une approche quasi exclusive du statut propre de celle-ci, sans application particulière à l'image engendrée par le langage. Il nous semble néanmoins nécessaire de préciser, en conclusion, les points d'articulation (à trois niveaux différents) entre le support de l'image et l'expression, eu égard à la perspective qui se dessine à partir de là pour l'usage de l'image-*eikôn* comme argument dans le discours philosophique et dans les premiers débats théologiques chrétiens sur la relation entre l'essence et les propriétés.

L'image est associée en premier lieu à un support qui la reçoit, la circonscrit et qu'elle habite « physiquement ». Exemples : panneau en bois pour un tableau ; un mur ou l'écran d'une paroi pour une ombre ; la surface plane, opaque et polie d'un objet en métal, en bronze par exemple, ou la surface de l'eau pour une image naturelle, un reflet donc, dans le miroir ou sur une eau peu agitée. Mais l'on fait appel aussi, si on regarde le contexte platonicien élargi, à des notions plus complexes comme *le corps* pour un vivant et *l'âme* comme « miroir » pour le divin ; ces notions, aussi bien le corps que l'âme, se constituent en supports ou en réceptacles pour une certaine image : le caractère ou l'expression à la fois comme propriété et comme forme de visibilité[1]. Quoi qu'il en soit de ces derniers types plus complexes d'exemples, il s'agit, à ce premier niveau de sens, d'un support qui correspond à la notion aristotélicienne de ὑποκείμενον, support de l'ordre de la φύσις par rapport à l'οὐσία de la chose, si tant que cette chose est un sensible et que, soumise au devenir et au régime du multiple, elle porte néanmoins la « marque », le caractère unique de son essence. Mais nous touchons ainsi à la limite de notre question proprement platonicienne – *comment dire l'image ? comment l'image habite-t-elle le langage ?* – et nous ouvrons à partir de là un autre champ de recherche.

En effet, le rapport à la visibilité est ici éclairé en prenant part de manière exclusive à la saisie sensible de la chose visée, sans qu'une participation du langage soit nécessairement associée à cet acte. Il s'agit de saisir dans la chose sa nature sensible qui permet de déceler, comme inscrits en elle, individués, les traits de son caractère fondamental, les traits de son essence unique, pendant qu'elle-même se dévoile ainsi, comme nature, dans la plénitude de son unité avec l'*ousia*. Le support physique (ou

1. C'est le thème que nous abordons dans un autre travail consacré à la définition du visible et de la relation entre l'image sensible et le langage – une analyse du rapport du discours avec le corps et l'âme, à travers une lecture commentée de certains passages du *Phèdre*.

psychique dans le cas de l'âme) est dans ce cas *naturellement* associé à l'image, même lorsqu'il s'agit d'une « image artificielle », et *a fortiori* pour l'« image naturelle » d'un vivant. Exemple pour ce dernier cas : le fils par rapport au père, le fils étant *naturellement à l'image* du père et constituant en même temps un *visage* dans lequel le père lui-même se reflète. On pourrait nommer ce type de support, indissociable de la nature de l'objet qu'il rend visible, le « lieu spécifique de l'image » (τόπος εἰκόνος) et la relation dans laquelle il se trouve par rapport à l'essence ou par rapport à la nature de l'objet, une relation « hypostatique » avec l'expression, avec l'ensemble des traits formels singuliers (nous reviendrons tout de suite là-dessus). Mais il est vrai que ces questions ne se posent pas telles quelles dans l'œuvre de Platon et qu'elles feront, bien distinctement, l'objet de l'ontologie aristotélicienne et de la philosophie théologique de Plotin.

Deuxièmement il faut situer l'image, en tant que reflet, *dans* un miroir ou *dans* l'eau. Selon l'optique grecque ancienne l'image-reflet est de l'ordre d'une présence quasi réelle dans le support miroitant, présence saisie comme *eidôlon* ou *phantasma* qui, tout en faisant corps commun avec le bronze ou avec l'eau, s'en distingue néanmoins[1]. Une sorte de « mise en abîme » caractérise en effet la perception dès lors qu'il s'agit non de deux entités (l'objet et son reflet) mais de trois entités traversées toutes les trois par une identité commune qui les habite mais qui ne s'identifie jamais à un seul de ces trois niveaux. Exemple : nous voyons dans le miroir

1. Voir pour cet aspect scientifique de l'optique et de la science antique des miroirs, G. Simon, *Le regard, l'être et l'apparence dans l'Optique de l'Antiquité*, *op. cit.*, p. 148-165. Bien que l'analyse de l'auteur soit ici consacrée plus particulièrement au livre III du traité d'Optique de Ptolémée, nous pouvons comprendre cette particularité propre à la pensée antique concernant le statut de l'image-reflet dans le miroir en citant G. Simon, p. 148-149 : « L'image spéculaire ne peut donc être comme dans notre optique tenue pour un *objet virtuel* d'où semblent diverger des rayons qui, eux, existent réellement; indépendamment du sujet qui voit, *elle n'est rien*. De même, la "chose vue" n'est pas notre objet réel, puisqu'elle n'est source effective d'aucun rayonnement, et qu'elle ne relève de l'optique que dans la mesure où elle est regardée. Pour le dire encore autrement, la *relation de réciprocité* qui fait d'un visible tantôt un objet, tantôt une image, est ici inconcevable. À sa place on trouve une *relation de discordance* entre ce qu'on voit dans le miroir et ce qui se donne à voir dans la chose même, le but de l'optique étant d'étudier géométriquement la régularité de cette discordance ». Nous comprendrons à partir de là deux aspects spécifiques : d'une part, le statut d'objet réel (ou présence substantielle) accordé à l'image-reflet; d'autre part, la distinction qui se dessine en toute clarté entre science optique et démarche philosophique, l'une qui perçoit une discordance dans la relation entre l'objet réel et l'objet reflété, et l'autre qui situe la connaissance dans la différence ontologique et dans la réciprocité psychologique propre à la connaissance de soi. Voir pour ce dernier aspect les analyses des textes antiques sur le miroitement, dans F. Frontisi-Ducroux et J.-P. Vernant, *Dans l'œil du miroir*, *op. cit.*

à la fois a) un être que nous identifions par ses traits (μόρφωσιν) à un individu précis (appelons-le *Socrate*), b) un être tout court, dans lequel nous reconnaissons une nature commune (*un homme*), et c) un être *reflété* comme figure de présence, *i.e.* le *visage* ou l'*expression reflétée* d'un vivant, un homme, dont l'acte de présence, capté comme tel par/dans une surface catoptrique, permet *à l'instant même* de saisir à la fois la communauté substantielle des trois « êtres » perçus et la différence qui les sépare à chaque niveau de l'entendement. Dans les trois cas il s'agit, en termes anciens, d'une « image » (une image naturelle, en l'occurrence) – or « image » désigne, ici précisément, la visibilité d'une « réalité substantielle » (réalité du visible, *res visionis*) à part entière située *dans* le miroir, localisée là où le modèle n'est pas, c'est-à-dire dans le support de bronze poli ou dans l'eau. Ce n'est pas l'instance de *l'homme* lui-même, et de *Socrate* en l'état, mais il s'agit d'une « réalité » significative de l'expression, par laquelle nous avons ainsi accès à une connaissance vraie puisque cette présence différée, rendue comme présence double, à la fois de la nature commune et de l'individu particulier, révèle dans le miroir quelque chose de constitutif concernant cet *homme* (que nous appelons ici *Socrate* de son nom), quelque chose qui participe à/de son identité et qui apparaît dans l'expression visible, et uniquement dans celle-ci. Ni le dialogue avec l'homme en question ni quelque autre expérience directe que ce soit ne peut faire remonter à la surface, ne peut rendre d'emblée évidente, explicitement, cette expression qui s'ouvre en revanche comme de soi, avec la réception de la présence différée par l'image. Mais, si le miroir se révèle être le dispositif de la transformation nécessaire à la révélation de cette visibilité, comme principe conditionnel de l'existence et d'accès à la connaissance de l'objet, il n'est cependant pas nécessaire que ce miroir soit l'objet que nous connaissons, ou quelque surface mi-opaque mi-transparente, bien polie et brillante. Le dispositif catoptrique est intégré à la langue et constitue son « œil natif », sa dimension visuelle intime, complémentaire à la puissance conceptuelle par laquelle le langage est censé traduire l'acte intellectuel.

À ce stade de l'analyse, le support de l'image, de l'ordre d'un ὑποκείμενον, n'est plus le réceptacle passif d'une apparence fugace mais révèle l'expression unique et singulière d'un sujet. Il nous renvoie vers ce que signifiera plus tard l'ὑπόστασις chez les néoplatoniciens et chez les philosophes chrétiens. Le dispositif du miroir – *ressemblant*, *réfléchissant* et *substantiellement subsistant* en même temps (ce dernier aspect provenant de la conception antique des miroirs pour laquelle le reflet fait en quelque sorte corps commun avec le support physique[1]) – devient ainsi un dispositif révélateur de l'hypostase : ce à partir de quoi se dresse quelque chose qu'on voit dans l'instant et qui est, en tant qu'expression, unique et propre à ce qui apparaît ainsi, mais qui déborde aussi ce qu'on voit puisqu'il ne s'agit pas d'une propriété caduque, d'un aspect, mais de la possibilité essentielle d'identifier l'être dans son acte d'apparition. Ce qui est ainsi saisi visuellement, et qui est en même temps débordé par la *subsistence* essentielle, rejoint ainsi cette part irréductible de l'être substantiel, irréductible à ce qui n'est que simplement vu, saisi comme aspect de manière purement visuelle. Car l'hypostase renvoie principalement vers une *existence* réelle (ὄντα) qui réside dans/sur ce support ou sur ce fondement à partir duquel un être indéterminé, ce quelque chose (τὶ) qui apparaît, se tient, se dresse, se montre naturellement dans son unicité, et actualise ainsi son individualité dans l'expression de sa singularité sans se dévoiler pour autant (pas plus que dans le cas où on apprend que l'homme qui se tient devant s'appelle Pierre ou Paul). L'hypostase donne ainsi à voir l'identité de l'être sans aucune mise en scène particulière et sans aucun signe de reconnaissance de cette identité. Elle la découvre au regard, mais sans la laisser s'épuiser de cette manière, visuelle, en lui substituant une identité arbitraire entre d'une part cette « chose » en elle-même, visible mais irréductible dans sa singularité malgré la connaissance possible de ses propriétés, et de l'autre, son support *hypostatique*, qui nous permet d'établir le lien entre la substance essentielle (*ousia*), le principe de l'être existant (son *archê*, son origine, « fils de... ») et l'image que nous voyons[2].

1. Voir *supra*, p. 277, note.

2. La définition du statut de l'hypostase en relation avec l'image et la ressemblance est particulièrement difficile à saisir et dépasse les cadres de cette recherche. Prenons toutefois, en guise d'éclaircissement et d'ouverture vers des travaux à venir, un exemple tardif, un commentaire néoplatonicien qui met l'accent sur la difficulté de cette question en la situant justement en regard avec le statut de l'image naturelle chez Platon. Proclus, dans la XIIe dissertation sur la *République*, cite le *Sophiste* 266b6 au sujet de la définition des reflets et des ombres en tant que « réalités substantielles de certains corps spectraux (ὑποστάσεις εἰδώλον) », en considérant, comme Platon, ces εἴδωλα comme le résultat d'une divine machination, d'un artifice du *daimon* (δαιμονίᾳ ... μηχανῇ) du sophiste. L'intérêt de Proclus se porte vers la détermination de la nature substantielle des ombres, des reflets et des images ou copies en général par rapport aux « visibles réels », afin de pouvoir établir un rapport semblable (ou une analogie) entre l'objet désigné de manière linguistique par le discours et l'objet intelligé à l'aide des *noêmata* et des *ennoiai* ou *epinoiai* comme produit de la pensée. Nous reviendrons là-dessus à propos du vocabulaire du regard et des images utilisé dans la description de la caverne (*République* VII, voir *infra*, Annexe, p. 338-339), mais nous

À ce stade, donc, le support sert à nous envoyer vers ce qui dépasse son entité de support, à savoir vers l'existence même de ce τὶ indéterminé dont le support *hypostatique* soutient l'étantité en tant qu'elle est manifestation *existentielle* et *présence*, ici et maintenant, de cette « chose »-là. La situation « hypostatique » permet, en d'autres termes, de concevoir la non-réductibilité entre ce qui est et ce qui se voit comme manifestation de cette étantité. Cette dernière renvoie à son tour, comme en miroir, son expression vers celui qui la voit et qui, de ce fait, reçoit en lui, ou du moins s'apprête à recevoir, cette entité purement visuelle, telle une impression de l'image inconsistante mais ressemblante de la visibilité réelle. Aussi le support hypostatique est-il pour cette raison toujours double : il sous-tend d'une part l'objet visible dans sa visibilité ici présente, et de l'autre sa réception sensible, devenue aussitôt une participation à la ressemblance et une ouverture à l'extension de la compréhension vers la connaissance substantielle. On pourrait dire qu'il s'agit, en fin de compte, d'une ouverture à la réciprocité désirée de la relation, une ouverture au miroitement qui caractérise le processus cognitif et qui suppose, dialectiquement, d'une part réception et de l'autre une sorte de retour, de rebondissement vers soi de l'image reçue, tel un mouvement de retrait, de rappel à soi de ce qui avait été au départ le « rayon visuel » projeté en avant. Les Grecs appellent ἀνακλητικός ce mouvement de recul ou de retrait.

Enfin, une troisième modalité d'envisager la relation de l'image à son support découle de la précédente et consiste à situer l'image non seulement en rapport avec le support mais aussi dans sa relation déterminante avec l'objet de référence. C'est le dédoublement entre une image qui ne serait que « référentielle », puisqu'on ne la verrait pas plus qu'on ne saisit la qualité sensible d'une trace, d'une impression, et l'image-support qui met

signalons d'ores et déjà l'usage licite, nous semble-t-il, du terme d'ὑπόστασις, pour parler du support en relation avec la définition de l'image, même si le terme est connoté par son usage néoplatonicien et par l'héritage chrétien qui associera l'ὑπόστασις à la condition de possibilité de l'image *iconique*, sous l'espèce de l'icône du Christ (Hypostase ou Personne présente, et d'ailleurs « présentée » ainsi dans le champ de l'image picturale dans sa non-séparation substantielle qui constitue l'originalité absolue de la conception trinitaire). Pour le texte cité, voir *Commentaire sur la République* de Proclus, trad. fr. A.J. Festugière, *Diss. XII*, 290, 9-14 et 23-30, Paris, Vrin, 1970, t. II, p. 98. Pour ce dernier aspect, l'image-icône et la condition « théologique » de l'hypostase dans les débats sur la Trinité au IVe siècle, voir M. DelCogliano, art. cit., ainsi que l'étude de X. Moralès, *La théologie trinitaire d'Athanase d'Alexandrie*, *op. cit.*, chap. 1 consacré à la notion d'*hupostasis*, p. 21-88. Pour la distinction entre l'hypostase néoplatonicienne et l'hypostase chrétienne voir *Hyparxis e Hypostasis nel Neoplatonismo*, F. Romano et D.P. Taormina (dir.), Firenze, Leo S. Olschki, 1994 et P. Aubin, *Plotin et le Christianisme. Triade plotinienne et Trinité chrétienne*, *op. cit.*

au contraire en avant l'expression et qui se présente précisément en tant qu'image, objet spécifique de la vision. Ce dédoublement et la relation de ressemblance qui caractérise chacune des images – parenté essentielle et ressemblance constitutive pour l'image référentielle, *mimêsis* et ressemblance hypostatique pour l'image-support qui présente l'expression – sont parmi les rapports les plus difficiles à saisir théoriquement. Ils impliquent la possibilité que l'objet de référence soit indéterminable (paradigme de l'objet hypothétiquement invisible), ou soit un objet « narcissique » ; nous aurons affaire dans ce dernier cas à l'image de celui qui entre lui-même dans une relation de miroitement avec soi-même, ou qui se projette dans tout visage et dans toute image qu'il voit. Et dans ce dernier cas encore, la référence ne peut avoir lieu que si elle s'assure d'une parfaite appropriation de la connaissance de soi par la relation de réciprocité et de ressemblance à l'égard de l'autre. La relation de type narcissique (définie ainsi par la pensée moderne mais néanmoins présente dans les définitions platoniciennes de la ressemblance et dans la critique spécifique du miroir et du mythe de Narcisse[1]) échoue précisément sur ce point, car elle oblitère la première partie de la relation, occulte la principale condition, la nécessité même qui a mis en acte la recherche du reflet, à savoir qu'il s'agit, quoi qu'il en soit, d'une relation à l'indéterminable pur dès lors que la relation demeure figée sur la frontalité. *Je suis ce que tu es* – n'affirme pas dans ce cas une détermination par l'attribution de propriétés communes, dans une ressemblance de type mimétique entre le « je » et un autre envisagé comme « tu », mais soulève le « secret » d'une ressemblance imparfaite, le « secret » commun d'une indétermination foncière partagée, une propriété commune à l'un et à l'autre, et ce indépendamment de leur distinction substantielle.

L'affirmation existentielle de l'être se doit d'acquiescer, selon les termes de Platon, au caractère imprononçable, ineffable, inexprimable, impensable de toute identité, caractère auquel sont acculées et la parole et l'image qui rendraient compte du visible dans les deux situations décrites plus haut (le support corporel qui sous-tend la visibilité et le support hypostatique permettant l'actualisation de l'expression et sa réception). À ce troisième stade de la relation, le support catoptrique devient un support « actif » comme par lui-même, un support qui se glisse, s'il n'est pas transféré sciemment, à l'intérieur du sujet en acte de réception, et s'y confond, étant intégré à ce qu'on pourrait appeler une sorte de conscience *avant la lettre* du « sujet » percevant et connaissant. Aussi le sujet (*subjectum*) se

1. Voir par exemple *Phèdre*, 255c-d.

définit-il à présent comme ce qui devient à la fois le lieu du croisement du reflet avec l'hypostase de celui qui s'y mire, ainsi que le lieu d'un possible retour *à soi*[1]. D'où, en effet, la possibilité, exploitable rhétoriquement et politiquement (ce fut le cas dès l'époque hellénistique), d'un échange imaginaire de support, d'une prise à son propre compte de l'image, du texte, du discours, *a fortiori* d'un récit – un glissement ou une substitution, assorti(e) d'une perte de la connaissance de soi comme *identité existante différente*. Cela a comme conséquence une perte de la distance mise en place par la définition de l'identité[2], perte qui se traduit le plus souvent par le désir « littéraire » de la fusion de l'*autre* dans le *même* à travers un *jeu de miroirs* et par une *projection de l'identité* hors de ce qui la constitue fondamentalement : une projection dans des sujets feints, des *phantasmata*, des *simulacra*, des *ficta*, qui n'ont rien à voir avec l'altérité du non-être.

Issue de la production : l'image sans parole?

On peut briser le miroir du sophiste en mille morceaux, il *dira* toujours la même chose du fond de chaque « œil de verre », comme à partir de chaque lamelle de lumière qui scintille sur la surface d'une eau brisée par un souffle. En réalité, le miroir du sophiste ne peut pas être brisé non en raison de sa constitution (en bronze ou en argent, les miroirs antiques sont petits et difficiles à casser), mais parce que l'instrument du sophiste est « un en soi » dès lors que le sophiste fait « un » de son être et de sa *tekhnè*. Cette unité constitue sa définition et son identité : il est l'expression d'un acte de présence traduit comme *acte d'être par la parole*. L'être, substantivé et réduit à faire unité effective avec l'acte, τὸ ὂν ... ἓν αὐτό ἐστιν[3] – c'est bien ce qui ne peut pas répondre à la question inaugurale de Socrate, et c'est bien la voie par laquelle l'Étranger échappe à la formulation d'une réponse claire et univoque à son égard, en déplaçant la question visant la connaissance limitée à l'identité (τὶ) vers le domaine de l'affirmation ontologique comme horizon absolu : affirmation de ce qui est et de ce qui n'est pas. Toute la série de distinctions emboîtées les unes dans les autres (suite à des

1. Nous verrons ceci plus loin dans le commentaire de quelques passages de la *République*, au début du livre VII (voir *infra*, Annexe, chap. II).

2. Voir par exemple le jeu habile sur la connaissance du monde et sur le perfectionnement de soi que propose Apulée pour défendre l'usage du miroir par un orateur (*Apologie*, chap. XIII-XVI, références bibliographiques et étude citées *supra*, p. 38-39, n. 3).

3. *Soph.*, 257a.

coupes effectuées en largeur et en longueur de la production[1], c'est-à-dire selon le produit et selon l'agent), distinctions par lesquelles l'Étranger dit serrer pour une dernière fois l'étau autour du sophiste, boucle en effet la boucle du dialogue et revient à la question de départ. On y revient d'ailleurs deux fois : en redéfinissant la production[2], et en en inférant le nom générique du produit et la nature de l'agent[3]. Mais ce rappel de la question de départ n'a pas pour but de conclure sur une réponse unique soigneusement évitée jusque là. Il signale que la question de départ doit être re-située en prenant appui sur la conquête d'un point de vue incontournable qui se dévoile en cette fin : les distinctions, menées à leur terme logique, sont réversibles par leur fin.

La production et l'acquisition, puis la production des choses et la production d'images (*eidôla*), qui est une *poiêtique de la mimêsis* (μίμησις ποίησίς τίς ἐστιν)[4], construisent un *analogon* dialectique de la division de la ligne proposée comme structure de la connaissance à la fin du livre VI de la *République*. La structure à la fois double et bipartite de l'expérience sensible et noétique est ainsi remplacée par une structure relationnelle de complémentarité, illustrée par les productions divines et humaines, *i.e.* naturelles et artificielles, qui sont chacune une production de choses doublée d'une production d'images. Dans cette structure, chaque chose qui *est* n'est que par un acte qui l'identifie à son unité d'existence (manifestée) et de possibilité (de *dunamis*) de réception et d'expression, possibilité qui ouvre l'accès au principe de la production, ou permet au moins de s'y référer. Mais cette reprise de la structure analogique des divisions n'offre qu'un parallélisme formel avec la théorie esquissée à l'aide d'une progression linéaire, schématique, depuis la vue des images ici-bas jusqu'à la contemplation des intelligibles. Les divisions proposées à la fin du *Sophiste* ne sont pas agencées dans une structure linéaire en vue d'une progression à sens unique. Elles sont articulées comme en miroir, rebondissant de l'une à l'autre par des oppositions et des ressemblances, ainsi qu'à travers des décalages successifs de support[5].

Si le sophiste peut « tout faire » (*panta poieîn*), ce qui est engendré par nature comme ce qui est fabriqué par les artisans spécialisés, il va de soi que

1. *Soph.*, 266a *sq.*
2. *Ibid.*, 265b.
3. *Ibid.*, 268c.
4. *Soph.*, 265a.
5. Voir, en guise d'exemple, l'analyse du « morcellement de la nature de l'autre » par une série de divisions et d'oppositions qui engendrent la pluralité, dans le passage 257c-258b.

cette totalité est une totalité d'images, et que jamais il n'a été question d'habiter réellement la description d'une cité ou de dormir pour de bon dans un lit de mots. *Cette production* n'est toutefois pas encore définie. L'antérieur (πρότερόν) et le postérieur (ὕστερον) sont les catégories qui déterminent l'objet de la production selon le modèle d'un « chemin » par lequel un objet est *amené* du non-être au stade d'être-produit (εἰς οὐσίαν ἄγῃ, τὸν μὲν ἄγοντα ποιεῖν, τὸ δὲ ἀγόμενον ποιεῖσθαί)[1]. Ce modèle convient pour parler de la fabrication des choses. Le processus se présente comme une sorte de chemin qui ouvre au non-être l'accès à l'être du point de vue d'un objet immanent à une temporalité qui est intrinsèque à la production : *ce qui n'était pas est.* La maîtrise de ce processus permet d'avoir une connaissance certaine de la nature de l'objet, mais ne définit pas pour autant l'être et le non-être, car elle les rejette dos à dos hors du produit, en en faisant les termes d'un acte étranger à celui par lequel le produit (nous) apparaît comme une identité singulière. Cette maîtrise logique du processus de production ouvre donc la possibilité d'une épistémologie, mais ne permet pas d'asseoir une ontologie, voire une métaphysique. Or, faut-il encore le rappeler, le but de la discussion, appelée *chasse au sophiste*, est de définir le non-être, donc de sortir du modèle immanent de la production, et de la situation mimétique qui met les objets en posture secondaire et en état de faiblesse ontologique par rapport à des paradigmes formels ou à des idées. À son terme, cette discussion arrive d'ailleurs à « démontrer » l'existence du non-être et à « montrer » aussi son *eidos*, à donner donc une définition conceptuelle du non-être par sa détermination comme nature de l'autre, comme altérité à part entière qui, divisée dans chaque être, s'oppose à l'être[2]. La production des objets ne semble pas

1. *Soph.*, 219b, repris à la fin en 265b.

2. *Soph.*, 258d-e (trad. Diès) : « Or nous ne nous sommes point contentés de montrer que les non-êtres sont (οὐ μόνον τὰ μὴ ὄντα ὡς ἔστιν ἀπεδείξαμεν), mais sur la forme même que constitue le non-être, nous avons fait pleine lumière (ἀλλὰ καὶ τὸ εἶδος ὃ τυγχάνει ὂν τοῦ μὴ ὄντος ἀπεφηνάμεθα). Une fois démontré, en effet, et qu'il y a une nature de l'autre (τὴν γὰρ θατέρου φύσιν ἀποδείξαντες οὖσάν τε) et qu'elle se détaille à tous les êtres en leurs relation mutuelles, de chaque fraction de l'autre qui s'oppose à l'être nous avons dit audacieusement : c'est ceci qu'est réellement le non-être (αὐτὸ τοῦτό ἐστιν ὄντως τὸ μὴ ὄν) ». Pour la fin de ce passage, N. Cordero propose une traduction différente : « … car une fois démontré que la nature de l'autre existe, et qu'elle se trouve divisée en parties dans tous les êtres lorsqu'ils ont des rapports mutuels, nous avons eu le courage de dire que le non-être est réellement ceci : la partie de la nature de l'autre qui est opposé à l'être de chaque chose ». Bien que cela soit marginal par rapport à notre sujet, notons que la définition du non-être qui se dégage dans ce passage clef dépend en partie de la lecture différente du mot *hekaston* au nominatif ou au génitif (*hekastou*) selon la tradition manuscrite suivie : le génitif apparaît

intéresser l'Étranger, tendu qu'il est vers un seul but, celui de faire sortir la démarche philosophique de l'impasse dans laquelle Parménide l'avait enfermée avec l'exclusion ontologique de la négation. Or, pour ce faire, il fallait désamorcer non seulement le modèle dominant de la production d'objets, mais aussi le modèle de la production des ressemblances. À cet égard la démarche était bien plus glissante.

Sur le plan de la production des images le processus devrait se dérouler de la même manière, sauf que le fruit de cette dernière production ne coïncide pas avec le terminus d'un chemin par lequel un objet, une copie en l'occurrence, accède à la lumière de l'existant comme fraîchement sorti(e) d'un four, d'un moulin ou d'un bloc de pierre. Il s'agit dans ce cas d'une production de la ressemblance, non d'une fabrication d'objets, or cette production n'obéit pas à la succession temporelle de la production des objets immanents. La ressemblance implique une topologie spécifique et une gestion différente des temps. L'ordre est alors inversé : *ce qui n'était pas ne vient pas à l'être puisque c'est bien l'être lui-même qui est et qui apparaît simultanément dans un tout autre, i.e. dans le non-être*. En réalité l'inversion n'est possible que si l'ordre chronologique est exclu du processus. L'être ne se résorbe pas dans le non-être par le même chemin par lequel il avait été amené au stade d'objet existant lors d'un acte de production ; si l'on admet que le non-être est, il va de soi qu'il est, dans cette condition, partie prenante et complémentaire, concomitante de l'être. En outre, les différents types d'images relevant de ce processus se situent dans un lieu déterminé comme « lieu des images » (les facultés noétiques et la langue), et appartiennent à un « passé indéterminé » pour les images, celui de la visibilité des choses qui sont apparues et qui apparaissent telles quelles chaque fois qu'une chose vient à exister. Ce « passé indéterminé » constitue la référence principale des images ; celles-ci se déterminent dans l'immédiat de l'expérience visuelle ponctuelle de chaque individu, mais dans la simultanéité de la réception et de la projection des images *en fonction de ce « passé indéterminé »* qui représente l'acte accompli de l'apparition de la chose.

L'acte de la manifestation de visibilité des choses est donc ouvert par l'accès de la vue aux images ; on devrait dire, l'accès du regard à l'image – à cette image à chaque fois unique qui détermine notre accès à la condition de visibilité des choses, et, en somme, l'accès à l'être, une possibilité ouverte à la connaissance essentielle. Or cette même image constitue, en même

dans les principaux manuscrits, le nominatif est cité par Simplicius et suivi par plusieurs éditeurs modernes, dont Diès. Voir pour ces précisions, N. Cordero, *op. cit.*, p. 270.

temps, le lieu de manifestation du non-être, le creux qui recueille, en trace, la part d'indéterminable de cette manifestation entière de chaque chose en soi, de chaque chose comme identité. Le référent principal de l'image n'est donc pas un modèle immuable, inconnaissable en soi, mais cet acte du « passé indéterminé », l'acte d'apparition, qui pourrait s'appeler « l'aoriste de l'image ». Platon n'en parle pas directement dans le *Sophiste*, mais il l'entend dans la description de l'acte de production mimétique et dans le rapport entre ressemblance et récit vraisemblable (*eikos muthos*)[1]. Il n'y a donc pas d'antériorité ni de postériorité dans la « fabrication » qui incombe au producteur de ressemblance. En considérant que le sophiste est un fabriquant d'images, l'acte de production mimétique doit subir une définition conforme, autant que faire se peut, aux particularités de cette situation. C'est comme si la production du sophiste était à la fois l'inverse et le complément nécessaire à l'égard d'une fabrication d'objet, était véritablement la production de l'être du non-être à partir d'un indicible et ineffable « être » tout court. Et on peut se demander, légitimement, si la connaissance de l'identité de chaque chose ne dépend pas de ce même processus, c'est-à-dire de cette production de ressemblances qui est propre à la démarche d'un sophiste. Quoi qu'il en soit, la *poiêsis* mimétique réclame davantage de précision qu'une simple inversion de la définition du processus productif; elle nécessite aussi une autre détermination de la relation qui subordonne l'image à l'objet dont elle est l'image. En admettant que le sophiste est celui qui ouvre la voie à la possibilité de connaître l'identité des choses dans leur apparition immanente, le modèle de la voie nécessaire par laquelle on « amène » une chose à l'être, convient-elle encore pour définir cet « acte productif » du sophiste, l'imitateur de la sagesse ?

L'Étranger reprend, en effet, la définition de la production et déplace l'accent depuis l'objet vers l'agent, puisqu'il s'agit de définir le sophiste lui-même et non (plus) son art à partir de ce qu'il produit, ou fait semblant de produire. « Nous avons appelé productrice (ποιητικήν ... πᾶσαν ἔφαμεν εἶναι) ... toute puissance qui devient cause (δύναμιν ἥτις ἂν αἰτία γίγνηται) ... »[2]. Le sophiste, en fabriquant des images, respecte le

1. C'est un thème que nous abordons dans une autre étude, consacrée à certains passages du *Phèdre* et du *Timée*.

2. *Soph.*, 265b. Voici le passage entier (trad. Diès) : « Est productrice, disions-nous, s'il nous souvient de notre début, toute puissance qui devient cause que ce qui, antérieurement, n'était point, ultérieurement commence d'être ». N. Cordero, *op. cit.*, p. 278, n. 391, remarque à juste titre l'intérêt de ce passage, les rapprochements possibles avec le *Timée*, et les interprétations auxquelles il a donné lieu, notamment celle de R. Brague, « La cosmologie finale du *Sophiste* (265b4-e6) », dans *Études sur le Sophiste de Platon*, *op. cit.*, qui y voit, à juste titre

principe de l'accès à la définition du réel existant par une distinction entre *être* et *apparaître*, ainsi que par un appel au paradigme qui structure la connaissance et la classe sous le genre universel. Mais il contourne l'impasse qui consiste à enfermer l'être dans une définition unilatérale formulée par recours au modèle et à une connaissance par l'antithèse déterminée et déterminante. La connaissance des objets, oui, doit passer par là, nécessairement, du moins pour un platonicien ; mais l'être non, même dans sa circonscription par le langage, car l'objet comme tel n'est pas obligé de référer au paradigme et au ciel des Idées pour exister (ou ne pas exister) ; son unicité, si elle se dévoile au regard et si elle peut aussi se dire comme unicité, ne représente pas une menace d'effondrement cosmologique par la multiplication des « mêmes » autant de fois que cette unicité est saisie par les yeux comme identité propre d'un objet. Mais l'écart se creuse, il est vrai, lorsque ce même processus est entamé par la langue. Dire l'unicité de chaque chose en soi et dire l'image de cette chose saisie comme visibilité conditionnelle de son existence, ce n'est certainement pas la même chose.

Le clivage final vient séparer dans le genre proche les deux domaines spécifiques de la mimétique discursive que sont d'une part l'art de la contradiction ironique (τῆς ἐναντιοποιολογικῆς εἰρωνικοῦ μέρους τῆς δοξαστικῆς μιμητικόν) et d'autre part l'art de la production par le discours de formes surprenantes (ἐν λόγοις τὸ θαυματοποιικὸν μόριον), les « prestiges » issus des représentations mentales et des images visuelles (τοῦ φανταστικοῦ γένους ἀπὸ τῆς εἰδωλοποιικῆς)[1] qui font la renommée et le malheur du sophiste. Ce dernier, imitateur du sage, à la différence du philosophe qui est, lui, un ami de la sagesse, se glisse sous les oripeaux de ces deux genres proches de la mimétique humaine, bien humaine, qui consiste à savoir tenir de longs discours et à savoir pratiquer en même temps la réfutation astucieuse par des arguments brefs et acérés qui contredisent et embarrassent une pensée non éduquée à la logique. Le sophiste est donc, tantôt orateur et tantôt réfutateur, avec un pied dans la politique et un autre dans la rhétorique, mais ne s'identifie à aucun de ces deux domaines-là, aussi proche soit-il d'eux, car le sophiste est, par nature, sophiste – quand il imite un philosophe ou quand il se fait passer pour un orateur professionnel, ou encore pour un politicien. La conséquence de cette identité trouvée, définie à l'aide d'une séparation en cascade des différents types de

nous semble-t-il, l'indice d'une mise en question possible de l'idée de création à partir de l'acte de production.

1. *Soph.*, 268c-d.

production, se révèle être l'astucieux, bien qu'à certains égards misérable, « miracle » du dialogue : la chasse « pénible et dangereuse »[1] arrive à terme et le gibier, traqué et défini sous tous ses aspects et toutes ses coutures, s'en va pratiquer son métier sans l'ombre d'une critique réelle, encore moins d'une quelconque condamnation et mise à mort pour offense à la vérité. Mais cette issue libératrice, « misérable » puisqu'elle ne libère pas l'esprit du supposé piège mimétique mais se contente de nommer et d'analyser les actes et les faits, ainsi que la classification des arts et des pratiques spécifiques du langage qui se dessine dans la trame de ces multiples distinctions, n'est pas pour nous d'un intérêt majeur dans cette étude. Le destin de l'image comme produit final de la production mensongère, mimétique, pratiquée par le sophiste, nous intéresse davantage. Aussi reviendrons-nous un pas en arrière, pour comprendre cette étonnante production dont le but n'est pas l'objet produit, le fruit du processus, ainsi que la multiplication sans nombre des images et le morcellement de la science qui s'ensuit, mais bien le processus lui-même, selon qu'il est sa propre cause ou qu'il est mû par une puissance productrice, révélatrice de cause extrinsèque au mécanisme déclenché.

Le sophiste entre dans le processus de fabrication comme une puissance qui devient la cause et l'agent du déclenchement. Cette puissance, la *dunamis* de la parole, amène vers la lumière du sens ce qui n'a pas de détermination préalable. On peut considérer ce processus comme une formalisation : quelque chose reçoit un nom, comme un tas d'argile reçoit la forme d'un vase par le geste efficace d'un homme de métier. Mais la comparaison, bien qu'usuelle, n'a pas une vie très longue dans l'esprit. La parole, même en nommant, ne formate rien, puisque l'objet est là, antérieur à la nécessité de le nommer et de le définir par les arts du logos. La réflexion sur la fonction exacte de la production d'une chose par le langage fait alors recours au non-être. Le non-être pourrait être *l'anonyme*, le degré zéro du langage ; l'Étranger l'avait suggéré d'ailleurs à Théétète, dans l'une de ses embuscades censées désocculter l'opposition ontologique de la simple contradiction des termes[2]. À partir du non-être, qui est un « autre », une altérité conçue comme la part d'ombre de chaque chose, le langage serait à même de produire ce qui lui incombe : à savoir, la science de la nature de

1. *Soph.*, 218d.

2. *Soph.* 257d (trad. Diès) : « L'Étranger : Au beau, y a-t-il quelque partie de l'autre qui s'oppose ? … La dirions-nous anonyme, ou dirons-nous qu'elle a un nom particulier ? Théétète : Elle en a un : car tout ce que nous appelons non-beau, cela n'est autre que par la nature du beau ».

chaque chose, ainsi que l'affirmation de son être comme moyen d'accès à la connaissance qui transcende le particulier, le transitoire, le singulier indicible et la présence envahissante de l'objet. Le non-être participerait par conséquent de la production d'un discours, afin que la pensée puisse se libérer de toute emprise ontologique et penser par elle-même, libre, comme le sophiste, de bifurquer chaque fois qu'une chose se présente de face et réclame un arrêt et une décision. Les catégories de l'antérieur et du postérieur, valides pour la définition du processus de fabrication des choses, n'ont pas de pertinence dans cette situation, et le non-être ne peut pas constituer une sorte d'« anti-matière » précédant comme le chaos la création. La puissance qui est cause du processus réside non dans le langage, mais dans le sophiste lui-même : il est en lui-même principe et force, cause et puissance (ou possibilité) de l'achèvement de la production mimétique discursive. C'est ce rapport à soi dans l'acte de la parole qui lui permet de produire son discours, et non un rôle d'acteur qui récite et mime des opinions. Rapport à soi qui est autant un rapport à une présence physique (et à la voix), qu'un rapport du langage à la pensée qui l'habite. Le recours à l'image, en contrepoint muet de la démonstration dialectique et de la définition de l'être et du non-être, est censé dévoiler dans le dialogue cette réalité propre, hypostatique, du langage comme métier assumé et comme l'art d'être « soi » du sophiste.

Au-delà de la possibilité conceptuelle d'acquérir la science d'un objet et la connaissance de l'identité d'un être, ce qu'il est en lui-même, son nom, son métier, son ascendance et son héritage, il faut avoir admis cette chose simple, à savoir que l'objet est présent sous les yeux et révèle au regard une certaine évidence qui est indicible comme telle : indicible puisqu'elle révèle justement l'indicibilité foncière et l'indéterminable absolu de ce qui nous apparaît – car ce qui nous apparaît est l'être entier, dans son identité essentielle et dans son unité indéfectible avec sa part propre de non-être, même si le langage ne peut pas tout dire à cet égard. Le sophiste vit de cela, et vit bien puisqu'il en tire profit comme d'un secret de métier. Un secret partagé cependant avec ceux qui ne disent rien, mais ont appris à regarder comment les choses se disent d'elles-mêmes lorsqu'on les voit.

Nous avons brossé, et redressé comme en miroir, un portrait double : sophiste et philosophe, tantôt confondus tantôt opposés, selon des lignes de partage qui se déplacent et se redessinent constamment. C'est évidement une « reconstitution ». Nous savons que ce n'est pas un tableau complet des usages institutionnalisés du langage dans la Grèce classique, et qu'elle ne comporte pas une référence à une œuvre particulière, qui ait mis en scène un tel Janus des usages du logos (à moins de nous référer à Aristophane, mais dans une perspective qui n'est nullement la nôtre), pour justifier la raison de ce « schéma d'école ». L'intérêt de saisir un mécanisme, une « ruse » de la pensée qui se sert de tous les moyens pour contraindre ce qui ne peut pas se dire à dire tout de même quelque chose, ne serait-ce qu'en le montrant et en se taisant à cet égard, constitue la seule justification de cette menue audace et de ce travail.

Le dialogue platonicien sur lequel nous nous sommes arrêtés ne porte pas, comme cela pourrait être entendu dans la question initiale de Socrate, sur l'exercice du pouvoir politique, lequel nécessite l'élaboration de lois justes ainsi qu'un art oratoire qui puisse servir de modes de transmission et de moyens d'application, une sorte d'économie entre savoir et persuasion, une gestion de la compréhension des discours et de la visibilité des signes à travers lesquels s'exercerait, moitié dévoilé moitié dissimulé, ce pouvoir. Ou, pour mieux dire, il ne porte pas sur ce pouvoir « séculier », temporel, celui exercé sur la Cité, mais bien sur une autre forme de pouvoir, celle que possèdent toujours certains esprits sur l'entendement des autres. Pouvoir envoûtant, persuasif, mortifère ? Pouvoir qui ne se dévoile pas en entier par une démonstration ni ne révèle ses moyens, mais – venant comme depuis les choses et les êtres – s'impose et ne peut pas être contesté, qu'il soit reconnu comme légitime ou non. Pouvoir d'une « drogue »[1] qui conforte autant qu'elle provoque la pensée, soigne sans guérir et séduit sans étourdir les esprits par les figures d'un perpétuel renversement, pouvoir qui, en un mot, maintient en éveil les esprits, les empêchant de confondre, par mégarde et jeu factice, les rôles différents des oppositions : l'être et le non-être, ou le bien et le mal. Quant au regard, acteur dans ce jeu périlleux entre le visible et les mots, est-ce alors un regard qui tue par le recours aux illusions ? Ou au contraire, un regard qui vivifie, parce qu'il ranime la pensée en lui offrant un retour toujours possible sur la terre ferme d'une présence à soi découverte et désentravée, désenclavée, désensablée finalement des mots, des projections de *phantasmata*, et libérée de cet inlassable désir du logos de toucher juste pour signifier, et pour actualiser ainsi la possession d'un savoir ?

L'art du sophiste a décidemment quelque chose en commun avec le domaine des révélations. Il s'apparente en tout cas au discours théologique dans son désir de maîtriser *par une référence constante aux principes, aux causes et à la possibilité* l'accès au réel. Quelles sont les raisons de cette

1. C'est bien la vertu ambivalente du *pharmakon* tel qu'il est dénoncé par J. Derrida dans son commentaire, *Phèdre : La pharmacie de Platon* (1968), rééd. dans *Phèdre* trad. fr. L. Brisson, Paris, GF-Flammarion, 1997 [2], p. 255-403.

parenté surprenante et quelle serait la part commune entre le domaine spéculatif de l'être et celui concernant les apparitions, voire les dieux ? Si la démonstration de Platon à l'encontre de Parménide ne se réduit pas à une démonstration de l'existence du non-être, mais indique à travers la preuve imaginale, dans son double jeu d'imitation et d'apparition, les moyens ou les chemins par lesquels le non-être se joint inextricablement à l'être – l'auteur se passant (du moins pour une fois) du détour par la théorie des Formes au profit d'une dialectique resserrée sur les moyens et les limites du langage –, en quoi ce déplacement de la question ontologique et ce recours à la mise à l'« épreuve imaginale » du logos nous permettent-ils de qualifier cette démonstration de « métaphysique » et non seulement de dialectique, voire de logique, comme l'indique son classement tardif sous ce « genre » ? Le fondement que cherche Platon est-il lui-même théologique, ou bien la voie que prend le discours serait-elle seule une « voie », une « méthode théologique », alors que l'objet de la recherche n'est à proprement parler que cet objet propre de toute la philosophie grecque, *l'être*, en tant que genre et objet spécifique de l'ontologie, *l'être* pour nommer et dépasser ainsi l'immanence épaisse et solitaire du *réel* ?

C'est ainsi que nous pouvons formuler, une fois de plus, les questions que nous nous sommes posées tout au long de ce travail, questions qui sont pour nous sans réponse unique. Car le *Sophiste* est, certes, un dialogue sur la possibilité de parler de l'être comme « vérité » universelle, mais non moins une réflexion sur le pouvoir et la limite des mots à définir et à montrer l'acte par lequel l'être se déploie comme « étant », comme un « réel » existant, et se reçoit dans l'expérience visuelle et dans la pensée comme la part invisible et ineffable de la condition même de cet existant, unique et singulier.

ANNEXE

LA PARABOLE DU REGARD

ἐν τῷ ὁρωμένῳ τόπῳ
République, 516b

parler du regard éveillé, l'on ne peut que par défaut
Cristina Campo, *Les Impardonnables* [1]

1. *Gli Imperdonabili*, Milan, Adelphi Edizioni S.P.A., 1987, trad. fr. Paris, Gallimard, 1992, p. 115.

CHAPITRE PREMIER

LE VOCABULAIRE PLATONICIEN DE LA VUE ET DU REGARD

LA VUE ET LA VIE : UNE DIALECTIQUE DU REGARD GREC

Voir est un acte qui témoigne de la vie pour un Grec. Plus précisément, sous l'espèce d'un témoignage, sous la bannière de ce qui ne demande pas à être démontré, *voir* signifie couramment *vivre*, c'est-à-dire « voir le jour » et en témoigner en tant qu'être visible à son tour. Mais *voir* signifie aussi *être pris*, et même *épris*, par/de l'objet dans la lumière qui lui est propre, comme si un rayonnement intime émanait de son « dedans », pourtant étranger et lointain, ou du moins situé à la distance nécessaire pour une bonne « prise de vue ». Maintes fois, dans la littérature ou dans la philosophie grecque ancienne, le lecteur moderne est confronté avec cette expérience sensorielle et noétique qui exprime une « réalité » pour le monde hellénique, une « réalité » à l'égard de laquelle nous, « modernes », nous n'avons pas de référent immédiat, à travers notre propre expérience empirique[1].

Pourquoi serions-nous, en effet, touchés, rendus sensibles *à fleur de peau*, comme les Anciens, par quelque chose d'aussi extérieur qu'enfermé dans son évidence muette d'objet visible ? Parce que, pour un Grec, nous sommes en train d'offrir nous-mêmes la visibilité – lire : *évidence*, *clarté*,

1. Une première version de cette étude sur le lexique et les enjeux gnoséologiques de la vision chez Platon et dans la postérité platonicienne de la fin de l'antiquité a fait l'objet d'une communication présentée au colloque « Lumière et vision dans les sciences et dans les arts, de l'Antiquité au XVIIe s. », juin 2005 (EPHE-INHA). Cette communication est en cours de publication dans le volume des *Actes*. Nous remercions M. Hochmann de nous avoir permis de publier ici la version retravaillée et complétée de cette communication.

brillance, et finalement *vérité* – à l'objet de notre vue. Nous donnons nous-mêmes ce que nous recevons, dans un échange dont l'acte compte au moins autant que l'objet échangé. L'acte de voir décline sa nature et constitue le principe directeur de la vision. L'homme exprime ainsi la possession d'un pouvoir irremplaçable : celui de rendre visible l'objet de sa vision, l'objet optique, et cette puissance se retourne sur lui et le rend en échange conscient de soi-même et de sa propre vie. Mais ce processus exige une condition : relier son être au monde, autrement dit, accepter de ne pas s'appartenir et de ne pas avoir avec soi une relation fermée sur l'acte et sur l'immanence de l'objet. – Nous sommes, bien évidemment, loin de la naissance du « sujet » métaphysique et du « subjectivisme » moderne.

Le Grec est donc *homme vivant* (*zoôn*) tant qu'il voit. Il est alors dans l'action, en même temps que dans une cohérence avec le monde, cohérence qui exprime son appartenance au monde par similitude (visible-visible) et par recherche d'un équilibre de forces (voire, à un stade « savant », par la recherche d'une harmonie structurelle commune). En aveugle, l'homme communique, en revanche, avec les dieux ou avec les Muses, brise la clôture naturelle de sa connaissance et sort du chemin battu par ses pas ; il devient alors « sage » (*sophos*), à la fois « connaisseur » et « visionnaire », considéré, par conséquent, comme un être de nature incertaine, entre l'humain et le divin. Car la voix, seule, fait voir, certes, mais autrement que le regard des yeux. Elle donne à voir aux autres, à ceux dont le regard est sans entraves, les significations de toutes les choses existantes ou supposées existantes, visibles ou invisibles, en montrant non les choses en elles-mêmes mais leurs significations, comme si celles-ci étaient les « êtres réels », ontologiquement parlant. Le champ de la connaissance s'élargit : les choses sont non seulement *visibles* mais *réelles* dès lors qu'elles « signifient », et qu'elles peuvent ainsi avoir un sens que ne montrent pas leur aspect et leur situation topologique normale et banale. Mais l'accès à cette réalité ouverte par la signification des choses ne peut que passer outre l'immanence des objets qui se voient. C'est un accès ouvert par la possession du logos, une possession concurrente à l'égard du pouvoir premier du regard. En aveugle, donc, la voix donne une signification aux choses que la vue directe empêche l'esprit de saisir lorsque les yeux baignent, sans écart possible, dans la lumière du jour. À l'instar d'un devin, ou de l'aède, le philosophe doit, lui aussi, devenir en quelque sorte aveugle, s'il veut tout savoir des principes, des causes et de la signification des choses du monde, en établissant dialectiquement l'équilibre entre l'existence et le savoir. Le sophiste, dit l'Étranger d'Élée, est un philosophe aveugle (ou du moins qui ferme les yeux) et sait tout, comme il se doit, mais parle en images[1].

Chez Aristote comme chez Platon, l'analyse de la vue et les usages précis d'un vocabulaire spécialisé du regard prennent une place privilégiée dans la réflexion philosophique sur la connaissance. Encore faut-il analyser dans le détail ce vocabulaire grec, particulièrement nuancé et spécialisé, qui exprime au sujet de la vision et du regard l'action, la direction, les qualités psychologiques, ainsi que la nature de l'objet et la nature du lien, de la relation qui s'établit. Nous connaissons la description immédiate du processus de la vision grecque[2]. Elle se formulerait ainsi : accepter de se situer en face d'une « irradiation » ou d'une émergence de visibilité et vouloir la contenir, mais sans décider d'emblée *qui* modèle *qui* dans l'acte de réception, qui opère comme vrai « modélisateur » (comme « fabricateur », comme *opifex*, ou simplement comme un « sceau » apposé) dans cette volonté de contenir le rayonnement de la visibilité et de se laisser simultanément contenir par l'acceptation en soi de l'apparition dont la réception est considérée comme un *tupos* imprimé dans l'organe de la faculté réceptive, sensorielle et noétique. Est-ce là un échange, un commerce ou un simple croisement de présences données et de présences reçues ? Ou sommes-nous plutôt devant une aporie, celle d'une relation univoque, et, par conséquent, devant l'impossibilité de séparer à l'aide du logos, par les moyens propres d'un discours, ce qui serait du ressort du récepteur par la vue de cet « objet » épiphanique, « objet » de l'acte d'apparition autant que de l'acte de la vision, et ce qui est modelage ou ajustement à l'égard de l'« objet-visible » lui-même, afin qu'il soit rendu recevable dans un corps étranger à son support d'origine ? Afin qu'il soit tout simplement apte à être perçu.

Précisons davantage ce point de départ qui peut paraître incongru pour une démarche scientifique. Il s'agit, d'une part, de distinguer entre deux actes proches, complémentaires et néanmoins spécifiquement déterminés : l'acte de *voir* et l'acte de *regarder* quelque chose. D'autre part, essayons d'analyser les moyens que le langage philosophique grec, et platonicien en l'occurrence, a mis en place pour rendre compte du phénomène visible. Essayons d'analyser donc le vocabulaire spécifique – dont nous sommes conscients qu'il ne peut que varier d'un auteur à l'autre puisque le sens des mots change sensiblement selon l'emploi, et cela même chez un auteur seul

1. Cf. *Soph.*, 239e-240a.

2. Voir *infra*, p. 302, n. 1, les références bibliographiques concernant le processus optique grec.

et même au long d'un texte unique –, mais aussi, et surtout, essayons de saisir à l'œuvre les moyens logiques (plus précisément sémantiques) dont le langage dispose et qu'il met à l'œuvre afin de transformer les données de la vue et du regard en « objet » spécifique pour l'acte de la connaissance. Autrement dit, essayons de voir à l'œuvre, dans les textes de Platon, les mécanismes mis en branle par le rapport immédiat entre l'expérience immanente confrontée à l'existence et à la présence d'un objet propre à la vision, et le processus cognitif qui cherche à déterminer l'identité de cet objet.

Par ailleurs, si le *regard*, pareil au *pas*, exprime le mouvement propice à l'acte spécifique de voir, et si on peut selon l'un comme selon l'autre – dans la façon de se mouvoir physiquement ou de tourner le regard en visant quelque chose et en se dévoilant en même temps – reconnaître l'identité d'un être particulier, la faculté de *voir* en revanche, est, elle, située différemment à l'égard de l'expression individuelle : elle semble à la fois donnée par nature, neutre et universelle. Car, autant *voir* est un acte qui témoigne en toute circonstance de la vie pour un Grec, autant *regarder* en est proprement l'expression dans sa plus particulière et singulière forme de manifestation en relation avec un objet ou un être précis. En d'autres termes, *voir* conduit non vers l'identité du voyant mais vers la connaissance de ce qui est ainsi saisi parce qu'il apparaît devant les yeux. *Voir* pourrait, par conséquent, être considéré comme la première condition de possibilité pour l'ouverture épistémologique qui s'opère d'emblée à l'égard de l'objet apparu. Condition réfutée par Platon, avec la critique de la valeur épistémologique du monde sensible, et soumise par Aristote à une définition de la perception qui implique l'existence du milieu propice à l'entéléchie de l'acte et de la puissance de la faculté spécifique. *Voir* exprimerait, néanmoins, l'intention ou la volonté de connaître, et serait pour cette raison *englobant* en même temps qu'*invisible* (*insaisissable*) comme acte, disséminé sur tout le champ visuel qui se présente, et même coextensif avec l'étendue de celui-ci. *Regarder*, en revanche, acte qu'Aristote ne nomme pas en tant que tel dans son analyse des facultés sensibles de l'âme, constitue pour Platon un acte *nominal*, *déictique* et *individuel*, adressé, focalisé et du coup plus restreint que la vue à l'égard du champ balayé. Le regard cherche en effet à réduire l'étendue, et cette réduction doit lui permettre de « correspondre » à l'être ou à l'objet visé, de s'« adapter » à la mesure exacte de celui-ci, afin de le déterminer dans sa réalité (ontologique) et dans sa signification.

Nous en donnerons plus loin quelques exemples platoniciens, mais retenons comme première différence entre la vue et le regard cette avancée propre au dernier, cette recherche d'adaptation à l'objet qui est comme une appropriation, ou du moins comme la recherche d'une ressemblance et d'une participation qui tente de décloisonner l'objet, de le sortir de son état d'altérité physique muette et de le rendre présent, vrai, réel et comme parlant dans et par le regard apposé. Ainsi le regard « prend » à soi l'objet ou l'être, se l'approprie en quelque sorte, établit une relation propre et le situe dans un intervalle – le milieu du regard, là où naissent aussi les couleurs, selon le *Timée*[1] –, un intervalle de visibilité hors champ du visuel, mais qui représente la condition *sine qua non* de la visibilité immédiate, c'est-à-dire de la rencontre entre le rayon visuel et l'émanation de visibilité propre de l'objet. Cependant, dans ce milieu, devenu propice à la saisie sensible, le regard s'invente presque son objet, et cet objet, que le regard se crée à partir de son adaptation à une certaine réalité du visible (un être, un objet, un lieu), n'est autre que l'*image* des choses appréhendées selon leur condition déterminante d'existence.

Par ailleurs, *regarder* est en outre un acte foncièrement réflexif, et en ceci visible, extérieurement parlant, « désignatif » du sujet (de la personne) qui regarde (un regard est toujours personnel), alors qu'il est, dans sa finalité de clarté, propre à une « vue de l'esprit », et donc propre à la pensée dianoétique plus qu'aux autres facultés de l'intellect (mémoire, imagination). Au fond le regard, tel qu'il se définit dans les usages clefs faits par Platon, tend à se détacher de la condition de visibilité, condition qui est pourtant déterminante au premier degré pour l'objet de la vision. En outre, le rapport dialectique entre *vue* et *regard* s'inverse si on se situe du côté exclusif de l'objet et non du côté de l'acte. On peut *tout* voir de ce qui est visible *a priori*, mais cette totalité est multiple et ne peut d'aucune manière se convertir en une connaissance de l'universel[2]. En revanche, le regard cherche, lui, un accès à l'universel dans la mesure où il le vise dans le principe et dans la cause de la visibilité – une cause saisie comme déterminante à l'égard de son objet et en même temps comme une *dunamis* à son propre égard, une *dunamis* du regard. En d'autres termes, le regard est noétique et de surcroît intentionnel, orienté à saisir potentiellement l'intel-

1. *Timée*, 67c *sq*. De même dans *Théétète*, 153d-154a.

2. Aussi, dans l'analyse des mélanges de couleurs par exemple, Platon précise-t-il, dans le *Timée* encore, que seul un dieu peut saisir comment le tout se mélange et tient en l'un pour se dissocier ensuite, tandis que l'homme, par la vue justement, ne peut saisir qu'une totalité qui est l'expression du multiple, du foisonnant, du bigarré, mais non de l'universel. « Car seul un dieu sait bien comme on peut mêler en un même tout, pour les dissocier ensuite, des éléments divers (τὰ πολλὰ εἰς ἓν συγκεραννύναι καὶ πάλιν ἐξ ἑνὸς εἰς πολλὰ διαλύειν), et seul il est aussi capable de le faire. Mais nul homme n'est actuellement capable de faire ni l'un ni l'autre, ni sans doute, ne le sera jamais à l'avenir », *Timée*, 68d, trad. fr. A. Rivaud, Paris, Les Belles Lettres, 2002.

ligible dans la clarté de ce qu'il saisit comme forme et comme signification de l'objet, dès lors que cet objet est simultanément vu en tant que présence, connu de manière singulière selon l'identité et pensé selon l'existence qui le situe en rapport avec son principe et son modèle.

On pourrait dire, en schématisant à outrance, que si pour Aristote la vue, telle qu'elle est définie dans le second livre du traité de *De l'âme* et dans le *De Sensu*, suppose une saisie globale du visible incluant l'invisible comme possibilité d'un hors champ de la vision et en supposant son existence à partir des données visibles, comme par analogie, pour Platon c'est au contraire la condition d'invisibilité principielle qui englobe le visible et qui le détermine jusque dans la saisie même de l'identité du réel comme chose existante. La dialectique du « regard platonicien » naît de cette conception et de cette perspective inversée par rapport à l'ordre que nous connaissons dans la pratique courante de la pensée scientifique et pragmatique. La signification des choses ne provient pas, pour le Maître de l'Académie, d'une « vue perçante » des raisons et d'une analyse des données sensibles. On voit le visible à travers l'invisible et grâce à lui, puisque ce dernier, accessible au *noûs* uniquement, est identifié comme l'expression adéquate du modèle intelligible qui conditionne la connaissance de chaque chose existante. L'invisible représente à ce titre la mesure de tout ce qui est et de ce qui n'est pas, et permet ainsi, par la signification conditionnelle qui lui est attribuée et par le lien établi grâce à la ressemblance, de voir réellement tout ce que le regard prend à soi et détermine comme « réel », « vrai » et « existant ». Et puisqu'il se situe structurellement dans cette relation et qu'il connaît de cette manière, l'homme (*homo platonicus*) peut enfin *voir* : *voir réellement* ce que son regard vise et saisit intellectuellement.

Le regard nous met donc en relation avec le monde et nous exprime en tant qu'individus, nous définissant à travers le rapport à l'objet ou à l'être regardé, rapport qui n'est jamais neutre, même si le regard reste muet, chargé qu'il est d'affect (de *pathos*) et à la recherche constante d'un jugement de valeur – du moins selon la construction vectorielle des verbes du regard propres à la langue grecque, avec cette valeur signifiante particulière accordée aux prépositions et cette charge « qualitative » du complément d'objet entrelacé à l'acte et à la puissance du sujet. Aussi voit-on ou regarde-t-on un objet placé à une certaine distance devant les yeux et de préférence de face (πρόσ-οψις, πρόσ-ωπον), selon l'intérêt porté, la nature de l'objet et sa position. En revanche, on regarde le visage d'un ami, un

« paysage »[1], un tableau ou encore son propre reflet dans l'eau ou dans un miroir, et dans ce cas, une relation se présente en même temps avec l'exercice de l'acte visuel et décide d'un rapport d'intériorité au *lieu du regard* (défini par le lien insécable : objet + scène + acteur ou actant) qui exclut la possibilité d'une pure altérité de l'objet, ou d'une relation de neutralité du « visible » par rapport à soi. On est, qu'on le veuille ou pas, « touchés » par ce que nous regardons et « intégrés » ainsi au phénomène du monde qui nous apparaît, que nous soyons conscients ou non de cela ..., c'est-à-dire conscients d'être immanents à la condition transcendante dans laquelle le monde trouve son origine, ou refusant d'emblée l'existence de ce qui ne tombe pas sous les sens.

VOIR ET REGARDER

> La vision se fait par le rayonnement vers les objets à percevoir, d'une lumière empruntée à un réservoir de feu subtil interne à l'œil... Pour cette raison les verbes βλεπεῖν, δέρκομαι-δέρκεσθαι, λεύσσω-λεύσσειν se construisent souvent avec un complément d'objet direct désignant non pas l'objet de la perception visuelle, mais la substance ignée transportée par les rayons sortant de l'œil. Mais à la substance ignée sont liées aussi les passions et les émotions. Regarder la colère, la peur... ce feu s'identifie alors à cet autre fluide qui est support des affections de l'âme... [2].

Βλεπεῖν est le verbe qui désigne le plus fréquemment dans la langue courante l'acte de regarder. Il distingue le regard de la vision, de la faculté visuelle, de l'acte de voir, désigné généralement par ὁράω. Le terme βλεπεῖν est absent du vocabulaire homérique mais fait son apparition chez les auteurs de la génération post-homérique et s'impose peu à peu comme un terme avec un contenu conceptuel bien déterminé : 1) apercevoir, saisir, considérer – avec une certaine qualité de la vision, du regard qui attache un poids sensible à ce qu'il voit (misère, maux, deuil, douleur, beauté, ravissement etc.) ; 2) voir en envisageant un plan intellectuel, viser, réaliser, tenir compte de..., considérer ; 3) voir la lumière du jour, c'est-à-dire *vivre* ; 4) une façon particulière de regarder : l'air, l'aspect, l'apparence, l'expres-

1. Le terme « paysage » est certes anachronique pour la période classique ; nous entendons simplement les données sensibles d'un cadre naturel, tel celui hors des murs d'Athènes où se promènent Socrate et Phèdre à la recherche d'un lieu propice pour leur dialogue sur le Beau et l'amour, en somme à la recherche du lieu propre de la philosophie (*cf.* début du *Phèdre*).

2. Ch. Mugler, « La lumière et la vision dans la poésie grecque », *Revue d'études grecques*, t. 73, 1960, p. 40-72.

sion d'un visage défini par le regard jeté ou par le regard reçu d'un autre et qui se reflète sur le visage comme dans un miroir, mais un « miroir vivant », capable de réciprocité. Le verbe du regard comporte toujours une détermination : regard vierge, œil méfiant, emprise puissante, amour, désir etc. Un sort philosophique particulier est réservé à ce verbe dans les dialogues platoniciens[1], comme plus tard dans les traités de Plotin. Malgré sa portée conceptuelle et sa connotation savante, l'usage de ce verbe se répand et s'affermit au dépends de ὁράω – *voir* en général tout ce qui se présente dans le champ de la vision. Βλεπεῖν finit d'ailleurs par supplanter ὁράω dans la langue moderne[2]. Il faut toutefois reconnaître que la technicité philosophique des verbes de la vision et du regard demeure assez faible. S'ils perdurent, changent de place entre eux et évoluent avec la langue, leur usage n'a cependant pas de valeur conceptuelle réelle ailleurs que dans le contexte particulier d'un système philosophique précis. Ce n'est donc pas sur l'« argument lexical » que l'on peut reconstituer un système ou un mode de penser. *A contrario*, les termes de la vision sont investis d'un rôle scientifique ou philosophique et d'une épaisseur sémantique conséquente dès lors qu'ils figurent dans un contexte conceptuel particulier. Ils étayent alors, par des formes linguistiques précises et par une certaine récurrence, la démonstration d'une idée ou l'image censée construire un modèle philosophique ou illustrer une théorie. Il n'en demeure pas moins que saisir à sa juste mesure la valeur conceptuelle ajoutée à cette terminologie de la vision n'est pas une démarche aisée, précisément en raison du sens commun de ces termes qui pèse de toute son inertie sur la pensée analytique d'un historien de la philosophie ancienne.

1. Voir nécessairement à ce sujet l'ouvrage de L. Paquet, *Platon. La médiation du regard*, Leiden, Brill, 1973. Cet ouvrage nous sert de guide pour l'analyse philologique et historique de la terminologie de la vue et du regard. Toutefois, les quelques pages qui suivent ne sont pas un résumé de ce livre, mais le fruit d'une lecture commentée et truffée de renvois à des textes et des commentaires qui nous appartiennent. Voir aussi Ch. Mugler, *Dictionnaire historique de la terminologie optique des Grecs. Douze siècles de dialogue avec la lumière*, Paris, Klincksieck, 1964 et les deux ouvrages de G. Simon consacrés à l'optique antique, *Le regard, l'être et l'apparence*, Paris, Seuil, 1988, et *Archéologie de la vision. L'optique, le corps, la peinture*, Paris, Seuil, 2003. Pour une étude ponctuelle des usages et des significations du verbe βλεπεῖν dans les *Épîtres* de Paul, voir M. Carrez, « La signification actuelle pour l'histoire du salut du visible et de l'invisible dans la pensée paulinienne », dans *Oikonomia. Heilsgeschichte als Thema der Theologie*, Mélanges en l'honneur de O. Cullmann, Hamburg-Bergstedt, Herbert Reich Evang. Verlag, 1967, p. 109-117. Tout l'article est consacré à l'explication des significations que prend l'usage appuyé de βλέπω au dépens de ὁράω dans les épîtres pauliniennes.

2. Voir P. Chantraine, *Dictionnaire étymologique de la langue grecque*, *op. cit.*, pour l'évolution moderne du terme de βλέπω.

Le verbe grec le plus courant qui exprime dans les textes de l'époque classique l'acte du regard – βλέπειν – traduit, en effet, le résultat d'une subtile alliance entre le *regard*, qui provient d'une donnée physiologique (la vue), et le *jugement* nécessaire. Nous entendons par ce dernier terme : intellection et considération réfléchie, *noêsis* et *phronêsis*[1], un jugement sur l'identité, sur la nature ou sur la raison de l'objet et de l'acte, non un jugement d'estimation, de valeur. Philosophiquement parlant, on pourrait dire que le *regard grec* ne détermine pas lui-même le jugement, mais engendre plutôt une inférence entre la recherche implicite des causes (modèle premier de ce qui apparaît, de ce qui se manifeste comme visible, puis détermination de la source de lumière comme condition physique) et la réception à la fois sensible et intellective de la visibilité comme effet des causes ainsi déterminées. La recherche du modèle et/ou de l'agent est donc aussitôt assortie d'une réflexion de l'objet visible dans l'invisibilité abstractive de la pensée – une sorte de projection d'images linguistiques, selon la métaphore de la projection d'ombres dans la « caverne », métaphore psychologique de la cognition[2] – laquelle (pensée) est simultanément réfléchie dans l'acte de connaissance de l'objet visé par l'intermédiaire du langage qui le désigne à travers le terme approprié. C'est sur cette base conceptuelle, inscrite dans la définition particulière du *regard grec* et dans les usages différents exprimés par le lexique riche consacré à la vision, que Platon construira l'articulation entre un modèle cosmologique et sa théorie des Formes dans le *Timée*, ainsi que la dialectique du processus de la connaissance, présentée du point de vue noétique dans la *République* (livres VI et VII) et du point de vue de la structure psychologique (la structure de l'âme) dans le *Phèdre*[3].

1. Cf. *Timée*, 29a7. Le monde créé par le regard du démiurge dirigé vers ce qui est éternel (ὡς πρὸς τὸ ἀίδιον ἔβλεπεν), est en conformité et identique avec ce qui est objet d'intellection et de réflexion (πρὸς τὸ λόγῳ καὶ φρονήσει περιληπτὸν καὶ κατὰ ταὐτὰ ...).

2. Voir *infra*, chap. II, l'analyse du rôle du vocabulaire de la vision dans le texte bien connu de la *République*, livre VII. Pour l'interprétation de la caverne comme métaphore psychologique de la cognition, voir S. Rosen, *La production platonicienne. Thème et variations*, Paris, PUF, 2005, p. 74, et chap. « Dans la caverne et en dehors », p. 77-101, avec une reprise critique de l'interprétation de Heidegger (*De l'essence de la vérité. Approche de l'« allégorie de la caverne » et du* Théétète *de Platon*, trad. fr. A. Boutot, Paris, Gallimard, 2001). Pour la signification de *eikos-eikôn* qui désigne autant l'image de la caverne que le mythe cosmogonique du *Timée*, M.F. Burnyeat, « ΕΙΚΟΣ ΜΥΘΟΣ », *Rhizai, A Journal for ancient Philosophy and Science*, II, 2, 2005, p. 143-165.

3. Pour les rapports entre le *Timée*, la *République* et le *Phèdre*, rapports internes au développement du « système » philosophique platonicien, voir L. Brisson, Introduction au *Phèdre*, Paris, GF-Flammarion, 1997, p. 13-68, en particulier 33 *sq*. Nous analysons plus loin le vocabulaire spécifique du regard dans quelques passages de ces dialogues.

Historiquement parlant, c'est peu à peu, et plus particulièrement à partir de Xénophon, que *la direction* supplante la détermination et donc la définition du *regard comme acte*. La connotation purement visuelle (sensible) du regard, qui saisit un objet visible afin de déterminer sa nature et de pouvoir définir son identité, est remplacée par *la visée*, par un accent fort mis sur la direction et par la valeur ajoutée à l'orientation du regard, au fait de tourner son attention vers… Sans être d'emblée l'expression d'une intention ou d'une volonté, l'acte de voir porte dorénavant la signification première de l'objet et le lui attribue, comme *a priori*, par l'établissement d'un modèle dont l'objet vu serait l'image. Cela permet de comprendre la situation particulière de l'objet de la vision : la condition de visibilité ne limite pas sa nature à l'horizon fermé du champ visuel, mais détermine l'existence comme phénomène ou comme phénoménalité propre à l'essence de l'objet visé. La phénoménalité ou la manifestation apparitionnelle constitue une possibilité, une puissance inscrite dans l'objet, mais ne recouvre pas la totalité ni l'identité fondamentale de celui-ci. L'objet devient accessible à l'entendement dans la mesure où on ne confond pas son identité réelle avec son aspect, avec son adéquation à la faculté visuelle, mais on le situe – *à même le regard porté sur lui* – dans son lien déterminant de ressemblance (éventuellement de parenté) avec le modèle intelligible dont il est l'image. Nécessairement, l'image suppose une sorte de dégradation par rapport au modèle. Pourtant, le passage par cette dégradation, par ce « creux » de l'image, est intellectuellement obligatoire. S'opère de cette manière le transfert qualitatif de l'objet physique de la vision en objet propre du discours, apte à être connu et d'autant plus « vrai » qu'il devient accessible *à la lettre*, étant mis comme tel à la disposition de l'intellection.

Ce processus, qui implique un statut particulier de l'image et un rapport double, à la fois à l'égard de l'aspect et à l'égard de la signification, ainsi que la dialectique conséquente – une dialectique du voir et du dire qui est mise en acte par Platon (dans le *Phèdre* pour l'élaboration d'un « discours vrai », dans le *Sophiste* en vue d'établir les possibilités de la connaissance de l'être en tant que « réel ») –, s'accomplissent comme processus et s'achèvent comme modalité en usage dans une démarche spécifiquement philosophique chez Aristote. Le *regard* perd alors complètement toute spécificité sensible et devient « point de vue », prélude ou prémisse épistémologique nécessaire à l'approche de tel ou tel sujet dans un traité. Le « regard » devient « visée de l'esprit » qui détermine à partir de l'observation la nature de l'objet vu, et, à terme, permet à ce dernier d'exister, presque de manière autonome, dans et par la pensée.

Au IVe siècle le processus de conceptualisation de tous les usages de βλέπειν semble s'accomplir : le terme désigne dorénavant un regard de l'esprit, une considération, une attention mentale et conceptuelle complètement détachée de la présence physique. Aristote utilise βλέπειν πρός pour parler de l'opération, de l'acte de l'œil mis en présence d'une image, d'une couleur ou du soleil[1]. Aussi prend-il garde à la nuance linguistique de la préposition qui désigne l'orientation[2]. Mais le plus souvent cette expression désigne chez lui l'acte mental de « considérer », de « tenir compte de », de « prendre en considération ». Βλέπειν εἰς présente en revanche une manière *autre* de regarder : l'on insiste alors sur la qualité effective de cet acte, en tant qu'il est différent des autres actes de la vue. Chez Aristote, comme chez Platon, cette expression oriente le lecteur à saisir le critère d'après lequel on juge ce que l'on voit (« regarder ceci *selon...* »), tandis que βλέπειν πρός pointe plutôt vers le but en vue duquel on regarde et on agit (« regarder sur/vers quelque chose pour y établir une relation »). Néanmoins ces expressions ont presque perdu les attaches sensibles d'origine, la nécessité d'un « objet visuel », et ont en revanche pu récupérer une certaine valeur discursive (viser un but politique, un idéal moral, une vertu, le Bien ou la Beauté). De surcroît, quand Aristote emploie l'une de ces formes du βλέπειν il faut presque toujours chercher une référence platonicienne.

Si ces observations sont justes, du moins chez les auteurs cités, nous pouvons inférer, à partir de ces quelques exemples choisis, qu'il y a sans doute eu une quasi lexicalisation de ces expressions chez Platon, à partir d'un fond archaïque particulièrement sensible à la relation imposée par la vue et friand de tout spectacle visuel[3]. Avant Platon ces deux prépositions (πρός et εἰς) associées au verbe du regard définissent : 1) la relation supérieur/inférieur – regard divin ou héroïque, force, menace, intimidation d'un côté, regard humain de l'autre, tourné avec espoir, prière, crainte, supplication, confiance, honte, respect, désir ; 2) l'enquête, le regard perçant, perspicace, possessif, scrutateur, pénétrant, dévoilant ; 3) la valeur assignée à l'objet par le regard qu'on y jette, le modèle normatif et le critère que l'on accorde par le regard adressé à quelque chose qui devient impressionnant, prestigieux, séduisant ou repoussant ; 4) la relation d'intimité, d'amitié, voire d'amour, en un mot, le *lien* psychologique puissant tissé par

1. *Météorologiques*, Γ, 4, 373b6, *De Insomniis*, 459b12-14.

2. *De Generatione Animalium* Δ, 2, 767a12.

3. Il va de soi que nous n'entendons pas construire un ensemble spéculatif sur la vision chez Platon à partir des différents usages de ce seul terme grec (malgré la littérature de spécialité relativement abondante à ce sujet, surtout dans le domaine des études anthropologiques), mais simplement tenter de comprendre la place occupée par le visible dans le processus cognitif d'un philosophe réputé pour son refus de tout apport sensible à la connaissance.

le regard et s'exprimant à travers lui. Avec Platon toute cette charge sémantique passe dans le discours philosophique et, quittant le plan psychologique et plus largement anthropologique, confère sa valeur significative au monde sensible et au rapport déterminant sensible-intelligible, rapport dialectique de complémentaires, non une relation d'exclusivité et d'opposition. En raison de la nature du lien visuel à la fois noétique et somatique, outre la qualité de ce lien d'être puissant et ténu en même temps, aussi fort qu'il est impalpable, le verbe du regard devient avant tout, et pour Platon en particulier, le moyen le plus adéquat pour exprimer le modèle fonctionnel du monde immanent en rapport avec la sphère des Formes ou Idées. Ce lien prendra tout son sens philosophique avec le regard du démiurge, qui devient le regard *fabricateur* du monde par sa double puissance réceptrice et unitive à l'égard d'un *tupos* éternel. C'est donc dans le *Timée* que ce lien trouvera, sous le signe du « regard détourné du démiurge », l'une des expressions les plus riches de significations[1].

Aristote emploie fréquemment l'expression ἀπο-βλέπειν πρός pour viser un objet de valeur, attirer l'attention sur quelque chose d'important, ou bien comme référence (déclarée, « signée » de cette manière) à Platon. De fait, plusieurs fois dans la *Métaphysique* Aristote semble utiliser l'expression ἀποβλέπειν πρός (ἐργαζόμενον πρὸς τὰς ἰδέας ἀποβλέπον)[2] comme s'il s'agissait de résumer ainsi l'essentiel de la théorie platonicienne des Idées en tant que paradigmes des choses sensibles – *travailler en fixant ses yeux sur les Idées* –, théorie qu'il conteste sur deux plans : les Idées ne sont pas immanentes aux choses participantes (et donc on ne peut pas les relier au monde par un acte immanent comme le regard), et, d'autre part, aucun « agent » ne travaille ainsi, les yeux tournés vers le modèle et détournés de l'objet en « fabrication ». Le passage auquel fait allusion Aristote se trouve en effet dans le *Timée* :

> Toutes les fois donc que l'ouvrier, les yeux sans cesse fixés sur ce qui est identique [ayant le regard tourné éternellement vers l'identique ; ou encore, ayant pour toujours établi à travers son regard une relation (*pros ti*) avec l'identique] (Ὅτου μὲν οὖν ἂν ὁ δημιουργὸς πρὸς τὸ κατὰ ταὐτὰ ἔχον βλέπων ἀεί), se sert d'un tel modèle (τοιούτῳ τινὶ προσχρώμενος παραδείγματι), toutes les fois qu'il s'efforce d'en réaliser dans son œuvre la forme et les propriétés (τὴν ἰδέαν καὶ δύναμιν αὐτοῦ ἀπεργάζηται), tout ce qu'il produit [ou achève] de cette façon est nécessairement beau (καλὸν ἐξ ἀνάγκης οὕτως ἀποτελεῖσθαι πᾶν). Au contraire, si ses yeux

1. *Timée*, 28a-b.
2. *Métaphysique*, A, 9, 991a23 et M, 5, 1079b25-27.

[son regard] se fixaient sur ce qui est né/engendré (οὗ δ' ἂν εἰς τὸ γεγονός), s'il utilisait un modèle sujet à la naissance (γεννητῷ παραδείγματι προσχρώμενος), ce qu'il réaliserait ne serait pas beau (οὐ καλόν)[1].

La critique aristotélicienne feint d'ignorer le rôle principiel de la ressemblance (qui justifie l'usage d'un vocabulaire si diversifié et précis de la vision chez Platon), ainsi que la théorie de la participation (développée dans le *Parménide*) qui en est tributaire. Il s'agit, en somme, d'une critique du fondement même de la pensée de son Maître, ou du moins de la critique du rôle des *paradeigmata* et du principe de la participation (*metexis*). Retenons de cette critique du Stagirite, en creux la *fonction référentielle* attribuée à tout objet visible et conséquemment le *rôle relationnel du regard* chez Platon, et en clair, à travers ce qui est indiqué par sa critique, une tentative propre à Aristote de séparer les domaines visés par le Philosophe : a) théories de la connaissance, logique et langage ; b) analyse des facultés propres de la pensée et de la perception ; c) théories physiques et cosmologiques (la nature, le monde). Chez Aristote, en effet, la vision prend place dans les *Traités naturels* comme objet d'analyse du fonctionnement des facultés et comme instrument pour définir les activités de l'intellection (mémoire, imagination, pensée « dianoétique »), tandis que l'image, objet de la vision, est reléguée au pouvoir exclusif du langage et trouve place soit dans les traités logiques (en relation avec les catégories du langage et avec la théorie de la signification), soit dans les traités de poétique et de rhétorique, comme moyen expressif par l'entremise des figures. Aussi l'unité platonicienne du regard est-elle rompue au profit d'une classification des sciences qui fournira dorénavant la norme de l'enseignement des arts (*tekhnai*) et du savoir (*epistêmê*).

Notons aussi, en passant, que le rôle relationnel du regard s'inscrit admirablement dans la structure même de la langue grecque, et s'appuie fortement sur la fonction des prépositions et des particules, comme si le pouvoir d'expression de la langue tenait plus particulièrement en la traduction des mouvements, des actes et des gestes, à travers les significations

1. *Timée*, 28a-b (trad. A. Rivaud). Nous nous sommes permis d'ajouter quelques variantes de traduction. Le commentaire comparé du vocabulaire spécialisé et du rôle du regard dans ce passage précis du *Timée* et dans sa traduction latine par Calcidius a fait l'objet d'une communication, « Note sur le vocabulaire gréco-latin de la vision », que nous avons présentée à la journée d'étude consacrée au *Timée* de Calcidius, Villejuif, CNRS, en mai 2004. Une partie de cette communication figure en guise de conclusion dans notre article « Vision noétique, contemplation ou vie dans l'esprit ? … » (*op. cit.*, *supra*, p. 236, note), où il s'agit d'une comparaison entre le vocabulaire de Calcidius et celui de Rufin dans la traduction latine de la terminologie grecque de la vision.

attribuées aux rapports établis entre les humains et à la nature de leurs relations au monde immanent. Paradoxalement, l'invariant semble assuré par la dynamique relationnelle telle qu'elle ressort des particules, tandis que la signification change avec l'usage des verbes de la vision selon le choix propre aux auteurs. On pourrait peut-être comprendre qu'il s'agit dans ce cas d'un niveau d'expressivité spécifique à une langue dont le dessein (non-avoué et non-réfléchi à l'époque de Platon, sauf peut-être dans le *Cratyle*, ou un peu avant chez un Simonide de Céos[1]) serait de produire ou de faciliter la vision de chaque chose « nommée » sans faire obligatoirement usage des « figures » : des images linguistiques et des expressions pré-établies qui véhiculent des opinions. La vision et son objet, l'image d'une chose existante, connaissable et signifiante, constitueraient alors justement le « point critique », ou une sorte de « tache aveugle » de la langue, sur lequel/laquelle se focalisent les Sophistes en particulier, puis les Stoïciens dans la réflexion autour du statut des *lekta* et la recherche des interprétations allégoriques des « figures ». Les uns comme les autres en font leur principal appui dans la définition du discours en marge de la philosophie comme recherche de la vérité, langage que Platon avait défini par l'expression : εἴδωλα λεγόμενα περὶ πάντων[2].

1. C'est du moins la thèse de M. Détienne, *Les Maîtres de Vérité dans la Grèce archaïque*, Paris, Livre de Poche, 2006[2], p. 184 *sq.* Nous rappelons qu'on attribue à Simonide de Céos (556-467), prédécesseur de Pindare, la formule « la parole est l'image (*eikôn*) de la réalité » (*apud* Michel Psellos), ou encore « la parole est l'image (*eikôn*) des actions » (fr. 190 B Bergk.). Cette assertion, associée à l'usage sophistique de la langue, marque un tournant dans l'attitude à l'égard du logos. Le changement consiste à abandonner la performativité au profit d'un mimétisme de circonstance – ici : la reproduction de l'orientation et de la vectorialité dans le rapport entre les humains ou dans le rapport au monde –, ce qui permet d'une part la dé-sacralisation séparatrice de la parole et de l'image, et de l'autre une libération du discours au profit de la spécificité quasi instrumentale de chaque type d'usage du langage (poétique, sophistique, juridique, politique, sotériologique etc.). Pour le contexte historique de Simonide de Céos, et plus largement pour la tradition de l'équivalence archaïque entre les mots et les images (partant du rapport entre les noms des dieux et leurs représentations « sacrées »), voir M. Trédé, *Histoire de la littérature grecque*, Paris, PUF, 2004[2], p. 96 pour Simonide, ainsi que les ouvrages de J. Svenbro, *La parole et le marbre*, Lund, Studentlitteratur, 1976 pour la tradition poétique, et de A. Rouveret, *Histoire et imaginaire de la peinture ancienne*, Rome, École Française de Rome, 1989, plus particulièrement, p. 145 et n. 41, pour la question évoquée.

2. *Sophiste*, 234c. Par ailleurs, sans nous étendre sur ce vaste sujet, la relation entre nomination et interprétation de la chose vue, thème platonicien, sophistique et stoïcien, nous citerons en guise de références bibliographiques qui nous ont servi ici de repères : A. Le Boulluec « L'allégorie chez les Stoïciens », *Poétique*, 23, 1975, p. 301-321, J.-B. Gourinat, « *Explicatio fabularum* : La place de l'allégorie dans l'interprétation stoïcienne de la mythologie », dans *Allégorie des poètes, allégorie des philosophes*, G. Dahan et R. Goulet (dir.),

Voyons maintenant de plus près les problèmes soulevés par le passage platonicien incriminé par la critique aristotélicienne, avant de reprendre l'esquisse philologique concernant la terminologie du regard.

Luc Brisson, dans les notes à la traduction de ce passage[1], considère d'une part que l'auteur demanderait ici à son lecteur de prendre en compte la nécessaire dimension éthique intervenant dans une cosmologie – ce qui n'est pas faux, nous semble-t-il, mais éloignerait Platon de la perspective plutôt métaphysique dans laquelle il envisage de construire sa cosmologie, perspective qui commande en tout cas la structure du discours. D'autre part, le même auteur précise qu'il faut accorder une signification très large aux termes d'*idéa* et de *dunamis* dans ce contexte : *idéa* serait ce que *manifeste* la nature de la chose ; *dunamis* désignerait ce qui *révèle* la nature (*phusis*) ou l'être (*ousia*) d'une chose, en étant aussi bien le principe d'activité que celui de passivité de cette chose (*poieîn* et *paskhein*). Or il importe, nous semble-t-il, de voir dans l'occurrence de ces termes dans ce contexte, un sens non pas commun mais plutôt précis (« technique » même), propre à la terminologie platonicienne. Il faudrait entendre alors, respectivement : a) ce que perçoit le regard du fabricateur, à savoir la forme/aspect intelligible, ainsi que le mode de fonctionnement spécifique, en puissance dans le modèle (*i.e.* la puissance même de l'archétype de se constituer en modèle) ; b) ce que le démiurge fixerait de ses yeux, viserait, grâce à un regard détourné de l'objet immanent et tourné explicitement vers *autre chose*, *i.e.* vers sa pensée habitée par les formes intelligibles et animée par leur puissance, la possibilité que ces dernières soient reproduites dans l'« objet second » (le monde) en cours de fabrication. Autrement dit, c'est seulement ainsi que l'on pourrait comprendre le sens et l'importance de l'enjeu contenu dans ce passage, à savoir que c'est *par* et *dans le regard* (et donc noétiquement), et *non par les mains* d'un démiurge-artisan, que naît le monde.

Paris, Vrin, 2005, p. 9-34, et pour une perspective plus large, P. Hadot, *Le Voile d'Isis. Essai sur l'histoire de l'idée de Nature*, Paris, Gallimard, 2004, plus particulièrement les remarques faites à propos de l'interprétation d'un fragment attribué à Héraclite, p. 56-57. Nous avons également abordé cette question, ainsi que travaillé sur l'usage particulier du vocabulaire platonicien du regard et de la « contemplation » à partir du passage du *Timée* cité *supra*, p. 306-307, dans « Vision noétique, contemplation ou vie dans l'esprit ?... », art. cit., ainsi que dans « Entre Muses et Logos : ambiguïté de l'allégorie et naissance de l'icône », dans *Allégorie des poètes, allégorie des philosophes*, *op. cit.*, p. 149-193, avec une approche plus théorique de l'accès à la signification à travers figures et interprétations allégoriques.

1. *Timée*, Paris, GF-Flammarion, 1992, p. 229.

Il apparaît clairement qu'il ne s'agit pas d'une modification de la perception elle-même mais d'une précision importante concernant l'attitude qui incombe au regard, l'orientation juste qu'il faut lui donner. C'est ainsi qu'on pourrait comprendre l'acte qui sera détaillé ou raconté ultérieurement : que ce regard du démiurge réaliserait le lien – par la contemplation – entre le monde engendré et son modèle, et que cette liaison active, condition de possibilité pour le fonctionnement du principe de la ressemblance, assurerait en commun entre l'engendré et son modèle, *et* l'aspect *et* l'état de puissance (*idéa* et *dunamis*) de cet objet fabriqué, *i.e.* le monde. On comprend alors mieux à la fois ce qui permet au modèle d'être réellement modèle et ce qui donne en même temps au monde la possibilité de se rapporter par sa forme et par sa puissance à ce modèle tant que celui-ci se manifeste comme modèle, c'est-à-dire éternellement. En clair, « idéalement » le monde serait lui-même éternel ; c'est d'ailleurs l'interprétation donnée à ce passage par le moyen platonisme[1]. Mais pour que cela soit « vrai », c'est-à-dire *juste* comme interprétation à travers ce que propose Platon lui-même dans le sillage de la distinction régulatrice entre image et modèle, *eikôn* et *paradigme*, distinction affirmée clairement dans le passage suivant[2] – car nous sommes encore dans la partie introductive théorique et « méthodologique » appelée *prooiemion* et la narration proprement dite, l'*eikos muthos*[3], n'a pas encore commencé –, pour que l'enjeu majeur de ce passage puisse être véritablement saisi, il faut tenir compte du rôle spécifique du « regard » platonicien, et ne pas se rapporter à lui selon une définition immanente de la vue, une définition purement optique et physiologique. Il faut également tenir compte, dans le sillage du rôle du regard chez Platon, des statuts de l'image et de la ressemblance, ainsi que de la valeur non-opératoire avant Aristote de la distinction entre valeur pratique (et morale) de l'action et valeur contemplative-spéculative de la fonction visuelle et de la pensée.

1. Voir par exemple Alcinoos, *Didaskalikos* 12, 1-2, selon l'interprétation de D.T. Runia, « Plato's Timaeus, first Principle(s), and Creation in Philo and Early Christian Thought », dans *Plato's Timaeus as Cultural Icon*, G.J. Reydams-Schils (ed.), Notre Dame (Ind.), University of Notre Dame Press, 2002, p. 133-151, en particulier p. 134 et 149. Le *topos* du « regard détourné » de l'immanent vers l'*eidos*, *topos* traditionnel de la démarche philosophique, est analysé aussi par G. Jeanmart, *Généalogie de la docilité*, *op. cit.*, p. 152-154, selon les changements engendrés par le passage du paradigme de l'éducation socratique au paradigme de l'enseignement des valeurs intellectuelles et morales chrétiennes.

2. *Timée*, 29b.

3. Notons que ce syntagme est traduit *probabilia* par Cicéron et *fabula* par Calcidius.

Un coup d'œil rapide sur la traduction latine de ce passage du *Timée*, celle de Calcidius en l'occurrence, car il n'y a pas, semble-t-il, de traduction conservée ni de glose particulière de la part de Cicéron à ce passage précis (bien que le passage fasse partie du fragment traduit par Cicéron[1]), nous permettra de mieux saisir, par distinction et écart, la spécificité grecque des termes choisis par Platon. Voici la traduction de Calcidius :

> *Operi porro fortunam dat opifex suus; quippe ad immortalis quidem et in statu genuino persistentis exempli similitudinem atque aemulationem formans operis effigiem honestum efficiat simulacrum necesse est, at uero ad natiuum respiciens generatumque contemplans minime decorum* [variante citée dans l'apparat critique pour la fin du passage dans certains manuscrits : *minime simulacrum efficit*][2].

Notons d'abord que le passage qui nous intéresse fait suite à l'affirmation de la nécessité absolue d'une cause pour toute chose qui est engendrée : « … tout ce qui naît, naît nécessairement par l'action d'une cause (Πᾶν δὲ αὖ τὸ γιγνόμενον ὑπ' αἰτίου τινὸς ἐξ ἀνάγκης γίγνεσθαι), car il est impossible que quoi que ce soit puisse naître sans cause (παντὶ γὰρ ἀδύνατον χωρὶς αἰτίου γένεσιν σχεῖν) », dit Platon. Et Calcidius traduit : « Omne autem quod gignitur ex causa aliqua necessario gignitur; nihil enim fit, cuius ortum non *legitima causa et ratio praecedat* ». Outre ce tout dernier passage sur la cause *légitime* (conforme aux lois de la naissance et donc immanente à celle-ci) qui *précède*, avec la *raison* de surcroît, la naissance de toute chose, passage qui est presque une

1. Cicéron n'a traduit, semble-t-il, du *Timée* qu'un fragment : 27d-47b.

2. *Timaeus a Calcidio translatus commentarioque instructus*, 24 B, J.H. Waszink (ed.), *Corpus Platonicum Medii Aevii*, IV, Londres-Leiden, Brill, 1962, p. 20-21. Nous proposons une traduction française et citons aussi une traduction italienne : « En outre l'*opifex* décide de la fortune (du destin, hasard ?) de son œuvre ; assurément, s'il forme (façonne ou pétrit [cette œuvre]) à la similitude et dans l'émulation de quelque chose d'immortel et qui persiste dans son statut originaire, alors c'est une effigie belle (honnête) de l'œuvre et elle sera nécessairement une image ressemblante (*simulacrum*) ; par contre, s'il regarde vers quelque chose de natif (d'engendré ou de "nascible" : *natiuum*) et contemple ce qui est généré, alors [l'œuvre] sera sans "beauté" (sans décor ou sans ressemblance, selon la variante rapportée dans l'apparat critique) » ; Calcidio, *Commentario al « Timeo » di Platone*, C. Moreschini (ed.), Milan, Bompiani, 2003, p. 37 : « Inoltre, tutto ciò che è generato è necessariamente generato da una qualche causa ; infatti, non viene all'essere nulla la cui nascita non sia preceduta da una causa e da una ragione legittima. Poi, all'opera conferisce la sorte il suo artifice ; in verità, se plasma la forma dell'opera a somiglianza e a imitazione di un modello immortale il quale permane nel suo stato originario, è necessario che produca un oggetto bello, mentre, se guarda a un modello nato e ne contempla uno generato, è necessario che il prodotto gli riesca nient'affatto bello ». Nous avons ajouté la phrase sur la nécessité de la cause qui précède le passage commenté, car nous allons aussitôt revenir sur cette phrase dans notre texte.

glose (néoplatonicienne, ou plutôt stoïcienne ?) de Calcidius au texte platonicien[1], nous avons dans cette affirmation de la cause nécessaire une indication précieuse sur la manière dont le démiurge se situe en rapport avec sa création : il est lui-même ou il possède *en lui* la cause, outre le modèle (paradigme) qu'il *est lui-même* et qui sert effectivement à l'acte de fabrication. Or la relation, aussitôt instituée par le regard, s'inscrit précisément dans le sillage de cette *intériorité* de la cause et du modèle au démiurge lui-même. Elle ne suppose, certes, aucune *procession* mais au contraire une *impression* (au sens de production d'une image comme « trace »), dont l'agissement est décrit à l'aide de la double orientation possible du regard. Comme le regard est pour Platon une forme de *pénétration immobile et immatérielle* à l'intérieur de la chose regardée (je « traduis » ainsi la *participation* qui sera dénoncée comme mot vide de sens ou comme métaphore par Aristote), il suffit d'orienter son regard dans la « bonne » direction pour que l'impression puisse constituer la réception du vrai modèle et non la répétition d'une copie de celle-ci. Nous avons un bel exemple de retournement de ce type, de ce mouvement de pivotement interne (στρέφειν) propre à la pensée et au regard noétique, dans la *République*[2], une sorte de mouvement de redressement de ce qui n'est pas droit (illustré aussi par l'usage du terme *dia-mêkhanasthai*) appliqué dans ce cas à l'éducation (*paideia*), mais pour lequel Platon se sert, une fois de plus, du *topos* du regard, de l'œil (l'organe) et de la vision (faculté, *dunamis* actualisée).

Cette relation instituée par le regard – plus précisément, sous le « mode du regard » – est celle qui va donner acte à la création. Elle suppose, par conséquent, d'une part que la cause soit intérieure à la volonté du démiurge et qu'elle soit de l'ordre d'une cause formelle ou imaginale (typologique) ; d'autre part, qu'il y ait comme condition de possibilité un rapport entre le modèle (paradigme) et le produit de l'acte sous l'espèce d'un rapport de similitude, comme s'il s'agissait de faire une image, de réaliser quelque chose dont seul le regard puisse témoigner, l'existence corporelle de ce « produit » étant attestée d'emblée par sa possible visibilité, et tangibilité au demeurant. La création serait dans ce contexte le produit réalisé de l'acte du regard, celui *du* démiurge en l'occurrence, qui s'auto-regarde en tant que modèle. La visibilité ainsi actualisée – de l'ordre d'une « impression » dans le « miroir » de l'objet créé, c'est-à-dire dans sa qualité de reflet en acte –, en assurerait la possibilité d'existence. Celle-ci est aussitôt traduite dans la

1. Platon ne mentionne en effet que la cause, *aitia* et, certes, sans l'ajout, inacceptable pour lui, d'une précession.

2. *République*, 518c-d ; voir commentaire *infra*, Annexe, chap. II.

constatation de présence ou de possession d'un corps dont la qualité de corps est attestée par sa visibilité et par sa tangibilité une fois que l'acte de production-engendrement est accompli – γέγονεν· ὁρατὸς γὰρ ἁπτός τέ ἐστιν καὶ σῶμα ἔχων … fin du passage cité, traduit par Calcidius : *factus est, utpote corporeus et qui videatur atque tangatur…*[1]. *Corporeus* pour σῶμα ἔχων, ce que Cicéron avait traduit par un hapax : *corporatus*[2], en cherchant à rendre simplement la constatation de la condition du corps sans qualifier par un jugement implicite cette condition comme étant moindre ou invalidante ou déficitaire par rapport à la condition du modèle. Surtout que ce dernier ne se manifeste qu'aux yeux du démiurge et ne dévoile donc aucune modalité de manifestation propre, qu'il soit ou non corporel et donc visible et tangible à son tour. Mais, quoi qu'il en soit de la suite du discours de Timée, nous remarquerons que les expressions employées dans le passage sur le regard « fondateur » du démiurge restent très sobres en ce qui concerne l'aspect visuel de la fabrication et du produit, et que ni l'image ni la similitude ne sont mentionnées explicitement dans ce contexte précis.

En revanche, les termes de la fabrication sont dans le contexte du paragraphe principal de notre étude particulièrement importants : ἀπεργάζηται et ἀποτελεῖσθαι, car dans les deux, ἀπ-εργάζομαι et ἀπο-τελέω, on retrouve l'idée d'un achèvement, d'un accomplissement de l'acte producteur et d'une perfection de l'objet produit, avec cette nuance propre du dernier terme qui peut impliquer la finalité d'un désir d'offrande. L'absence d'une mention concernant la nature purement « imaginale » de l'objet fabriqué par le regard du démiurge est ici suppléée, nous semble-t-il, par le balancement entre d'une part le verbe du regard avec ses deux prépositions (*pros* et *eis*) distinctives à la fois pour la nature de l'acte du regard et pour la qualité de l'objet regardé (parfait ou imparfait, éternel ou temporel-existentiel), et d'autre part, les verbes de la production, tous les deux construits avec *apo*, et qui supposent que la finalité de l'acte se trouve dans l'acte lui-même et qu'à partir de cette production, qui n'est pas précédée par une cause mais *est cause elle-même* de ce qui est produit, le résultat ne peut être à l'évidence qu'une image allant au bout de la perfection de l'acte même du regard comme acte *créateur* et non seulement *récepteur* et *relais* de la perfection du modèle-archétype.

Revenons maintenant à Calcidius tout en gardant en mémoire ces quelques remarques en marge des difficultés soulevées par ce passage du

1. *Timée*, 28b ; Calcidius, B 7-8 (Waszink, p. 21).

2. Voir C. Levy, « Cicero and the *Timaeus* », dans *Plato's Timaeus as Cultural Icon*, *op. cit.*, p. 103.

préambule (*prooimion*) du *Timée* que nous ne faisons, certes, qu'à peine effleurer. Plusieurs observations s'imposent, au-delà de cette constatation immédiate concernant l'écart assez important de la traduction de Calcidius par rapport au texte platonicien (si tant est que Calcidius ait disposé du même texte que celui que nous lisons aujourd'hui !). Nous ne nous attacherons qu'aux aspects spécifiques soulevés par le vocabulaire de l'image, de la similitude, de la vision ou du regard et du mode de fabrication qui en découle, laissant de côté des termes comme *opifex* qui sont employés tout au long du texte de la traduction et qui méritent, certes, une attention à part, mais qui nous entraîneraient trop loin du centre d'intérêt de cette étude.

1) L'intervention du regard dans l'acte cosmologique de l'*opifex* est reléguée à la fin du passage, pour fixer la distinction entre deux types de regards par l'emploi de deux verbes différents : *respiciens*/regarder (en arrière, derrière) et *contemplans*/contempler, fixer des yeux – deux verbes et non un seul avec deux prépositions différentes comme en grec (*blepô pros* et *blepô eis*). L'usage des deux verbes en latin ne souligne pas pour autant l'opposition qui est présente, ici même, dans l'usage du regard chez Platon.

2) Cette intervention du regard, sous le double aspect d'un regard jeté en arrière (ou d'un regard qui revient) sur ce qui est né et d'une contemplation fixée sur ce qui est soumis à la génération, cette introduction finale des verbes du regard (*respiciens* et *contemplans*) est censée raccorder la faculté visuelle au domaine strict du monde créé, et libérer ainsi l'*opifex* et son acte de toute connivence avec le domaine du sensible qui entacherait d'immanence le créateur.

3) Or la première partie de notre passage dans la version de Calcidius (au-delà de l'introduction quelque peu « incongrue » de la notion de *fortuna*, après la cause légitime et la raison, dans la décision productrice de l'*opifex*) concerne exclusivement l'objet de l'acte de fabrication, sans aucune mention d'une faculté sensible ou intellective qui prendrait part à cette production ou au moins à la réception de cet objet. Dans cette première partie, le monde est en train d'être formé-façonné-pétri comme dans un moule afin de garder la ressemblance, de conserver une relation de *similitudo* avec le modèle, l'*exemplum*, modèle dont le monde porte la trace ou est l'effigie – encore que l'*effigium* est plutôt de l'ordre d'une « image » ou d'une « statue » qui n'a pas de vie en soi ni ne peut recevoir le principe de sa propre vie en soi.

4) Selon cette similitude et dans l'émulation avec ce qui est immortel, l'œuvre est nécessairement « belle » (*honestum* en l'occurrence) en tant qu'elle est simulacre-image (*simulacrum*) de son modèle, modèle-exemplaire au sens presque moral du terme employé (*exemplum*). La forme intelligible et la puissance selon lesquelles le démiurge réalisait son œuvre

(τὴν ἰδέαν καὶ δύναμιν αὐτοῦ ἀπεργάζηται) deviennent chez Calcidius ressemblance (*similitudo*) et « élan » (*aemulatio*) qui tend à rivaliser ou du moins à approcher l'idéal du prototype immortel. Il ne s'agit pas à proprement parler de l'impulsion stoïcienne (ὁρμή), comme cela transparaît de manière beaucoup plus évidente dans la traduction de Cicéron (quelques lignes plus bas dans le texte platonicien, à propos de la causalité), mais nous n'en sommes pas loin. Il y a, en tout état de cause, une tendance qui vise à séparer le démiurge et la cause de l'acte de création ou production, conformément au principe (là encore d'origine peut-être stoïcienne ?) que la cause ne peut être intrinsèque ni à ce qu'elle produit ni à l'agent de cette production. L'horizon de cette traduction fait glisser le sujet traité depuis le plan cosmologique platonicien vers un plan plutôt éthique ou moral, ce qui pourrait éventuellement rejoindre le sens voulu par Platon dans ce contexte, selon le commentaire de Luc Brisson évoqué plus haut. Par ailleurs, la référence au stoïcisme dans le cas de Calcidius risque d'être une fausse piste d'interprétation. Les signes d'écart de sa part par rapport au texte du *Timée* peuvent indiquer plus simplement l'horizon d'une *koinè* de la philosophie de cette époque, dans laquelle nombre de thèmes et de concepts stoïciens avaient tout simplement imprégné les expressions les plus courantes de la pensée.

5) Les verbes *de la vision* sont choisis en fonction de l'objet du regard. Tous les deux visent en effet l'engendré, mais le premier, *respiciens*, est déterminé par une direction et par une insistance adéquates à ce qui dans l'engendré provient du modèle éternel, tandis que l'autre, *contemplans*, prend l'allure d'une fixation sur l'objet lui-même, mais exprime une sorte de regard fasciné et, en somme, un regard qui serait inapproprié s'il ne s'agissait que d'un objet purement matériel, d'une chose visible mais vouée à la corruption et qui plus est dangereuse pour le regard, « mortifère » si elle devenait un objet de fascination. Autrement dit, ce dernier terme, *contemplans*, indique que l'objet engendré pourrait être lui-même « digne » de contemplation puisqu'il est *comme* son modèle, même s'il n'est certes pas identique à ce modèle dans sa perfection et son éternité. Le choix d'utiliser deux verbes en latin souligne qu'il s'agit nécessairement d'une intention à chaque fois différente du regard, différente au point d'avoir besoin de deux types de regards, alors qu'en grec le regard reste le même, toujours identique comme acte, et seul l'objet visé change, tantôt modèle et tantôt copie du modèle, la relation étant elle aussi de nature différente, alors que le lien s'actualise dans un exercice (d'ordre visuel ou d'ordre noétique ?) qui reste, pour sa part, fondamentalement unique et comme « in-différent » à la nature de l'objet. Il revient par conséquent à la préposition d'indiquer, à tour de rôle, la situation différente imposée au regard

selon le statut de ce à quoi il s'adresse, ou de ce qu'il vise (à proprement parler) dans ce à quoi il s'adresse. Le regard est en effet référentiel et vectoriel en grec, et pour Platon en particulier le regard est de l'ordre d'un mouvement et semble, de surcroît, non réductible à l'immanence d'une perception sensible. Lorsqu'on change le verbe du regard en grec – par exemple, dans la « progression "initiatique" des regards » dans *République* VII, dont un beau commentaire surgit d'une manière presque inattendue sous la plume de Basile le Grand dans le *Traité sur le Saint-Esprit*[1], témoignant à peu près à la même époque que Calcidius de cette *koinè* philosophique platonicienne que nous évoquions plus haut –, cela signifie et signale, du moins chez Platon, un changement du plan de réalité, du « plan ontologique » dans lequel se trouve celui qui regarde (le « sujet ») et non l'objet regardé, lequel ne change ni de nature ni de sens. Autrement dit, le regard ne change pas en tant qu'acte mais peut changer de plan de référence du sujet par rapport à l'objet, ou déterminer différemment l'attitude du sujet à l'égard de l'objet. Cela se traduit aussitôt dans le type ou dans le mode de référence (droit ou faussé, « bon usage » ou « mauvais usage » de l'image, par exemple), mais sans influer nécessairement sur la nature même de la réception ou de la projection. Or ce mouvement particulier, dont témoigne le caractère vectoriel du regard chez Platon, a complètement disparu dans la version de Calcidius, au profit d'un choix « statique » effectué *a posteriori*, autrement dit, au profit d'une distinction opérée à l'égard du résultat seul de l'acte de production formelle, acte exprimé ici par l'exercice de la faculté visuelle.

6) Le passage est en outre construit sur le principe d'une opposition rhétorique mise en évidence par des verbes différents, donc par deux actes, deux regards de nature différente malgré le fond commun (la vision) et l'unicité de l'actant (l'*opifex*, lequel devient dans ce cas une sorte de Janus). Mais cette structure rhétorique *bi-frons* est également mise en évidence par la répétition du terme *simulacrum* : image, ressemblance, produit sensible ayant une existence quasi feinte, propre à toute image en tant qu'elle est un « produit sensible » exclusivement, bien qu'il s'agisse dans ce contexte de deux *simulacra* distinctes. Le *simulacrum* obtenu grâce au regard qui vise le modèle éternel est nécessairement un *simulacrum* immanent à ce regard, et il ne peut qu'être beau, alors que le regard qui contemple l'œuvre fabriquée produit un *minime simulacrum* ou un *minime decorum* (selon les variantes des manuscrits), une sorte de simulacre *a minima*, une

1. *Sur le Saint-Esprit*, XIV, 33, 128 A, éd. et trad. fr. B. Pruche, Paris, Le Cerf, 2002, p. 362-363.

œuvre « convenable » (comme dans la nuance introduite par *honestum*) mais non belle en soi. Or il nous semble important de préciser que *simulacrum* est ici censé « traduire » le terme *absent* de ce que Platon désigne comme étant beau ou pas beau (καλὸν/οὐ καλόν), et que l'apparition ici-même de ce terme de *simulacrum* (sans faire appel aux termes courants de *pulcher* ou *formosus*) représente un autre de ces écarts significatifs que prend la version de Calcidius par rapport au texte platonicien. La remarque nous semble d'autant plus nécessaire que Platon ne mentionne pas ici le « nom » de l'objet fabriqué par le démiurge, mais, à dessein, il le qualifie seulement de beau ou pas beau. Platon emploie pour cela l'attribut de la beauté, dont on connaît la résonance dans sa pensée, alors que pour Calcidius l'objet de l'activité du démiurge est d'emblée appelé *effigium* et qualifié de *simulacrum*, d'image ressemblante. Or Platon va seulement ensuite désigner cet *objet* non-encore-nommé de l'activité du démiurge, en prenant d'abord le soin de préciser que c'est un « mode » particulier de nommer ainsi le « ciel entier » (πᾶς οὐρανὸς), le « cosmos » ou encore autre chose ou être que l'on puisse tant bien que mal nommer ainsi (ἢ κόσμος ἢ καὶ ἄλλο ὅτι ποτὲ ὀνομαζόμενος μάλιστ᾽ ἂν δέχοιτο…), pour signifier ensuite qu'il s'agit du « créé » en tant que tout (περὶ παντὸς), « créé » c'est-à-dire « né », « accompli » parce qu'il possède un corps (γέγονεν·… σῶμα ἔχων), visible et tangible[1].

Nous bouclons ainsi la boucle de notre périple dans ce passage fameux de *Timée* (28a-b), en constatant encore l'un des nombreux glissements philosophiques subis par ce texte dans sa traduction latine – version qui a néanmoins rendu le *Timée* déterminant pour la pensée de l'antiquité finissante et de tout le haut moyen âge latin. Calcidius est sans aucun doute conscient de ces glissements de sens, ne serait-ce que sur le plan sémantique ou philologique sinon proprement philosophique, lorsqu'il précise, sans fausse modestie, dans sa propre préface (*Lettre à Osius*), que son texte (prend-il en compte aussi sa traduction ou seulement son commentaire ?) n'est à son tour qu'un « *simulacrum* », une image plus obscure que le modèle, lequel n'est pas non plus limpide et serait encore plus obscur sans l'aide d'un commentaire qui l'interprète, comme Calcidius le fait, ou prétend le faire. Le travail de Calcidius n'est donc qu'une « pâle image » de la pensée de Platon, passablement différente en raison d'une relation

1. Voir pour l'analyse du « mode » dans le *Timée*, plus particulièrement sous l'espèce de la « vraisemblance », A. Charles-Saget, « Les métamorphoses de l'*eikos* dans le *Timée* de Platon », dans *Cosmos et psychè. Mélanges offerts à Jean Frère*, E. Vegleris (éd.), Hildesheim-Zürich-New York, Georg Olms Verlag, 2005, p. 83-99.

de pure ressemblance avec le « modèle », mais un travail qui constitue néanmoins une passerelle nécessaire, jetée par-dessus l'abîme des langues et des temps[1].

Précisons encore que ce petit passage du *Timée*, auquel nous avons consacré la plupart de ces dernières remarques, a été passé sous silence par Cicéron, qui ne le traduit pas dans sa version latine fragmentaire du texte platonicien. Cicéron ne traduit en effet qu'un bref passage du *Timée*[2], utilisé en particulier par Augustin et largement méconnu ultérieurement, à l'exception de Jean Scot Érigène, tandis que Calcidius, qui fait lui aussi une traduction partielle[3] et ajoute un commentaire, est largement lu et exploité par tous les philosophes du moyen âge latin[4]. Parmi d'autres occurrences de la famille terminologique de la vision, extraites du *Timée*, ainsi que d'autres fragments platoniciens en circulation dans le monde de l'antiquité finissante et du moyen âge latin, citons encore, en passant, le cas du terme ὁρατόν (visible) qui devient *aspectabile* chez Cicéron, *visibilis* chez Calcidius, *visium patiens* chez Macrobe, *visius* chez Alfanus de Salerne et Burgundio de Pise[5]. Calcidius et Macrobe semblent marquer la césure avec le latin classique et sont, du moins dans ce cas, déjà proches du langage de la pensée « moderne » (médiévale, en l'occurrence), en même temps que plus « conceptuels », plus enclins à une transposition philosophique de la signification d'origine, en dépassant une certaine raideur rhétorique et

1. Nous citons P.E. Dutton, « Medieval Approaches to Calcidius », dans *Plato's Timaeus as Cultural Icon*, G.J. Reydams-Schils (ed.), Notre Dame (Ind.), University of Notre Dame Press, 2002, p. 189.

2. Cicéron traduit le passage 27d-47b du *Timée*, avec quelques lacunes; voir *supra*, p. 311, n. 1.

3. Calcidius traduit de manière suivie et complète la partie 17a-53c du *Timée*.

4. Nous rendons hommage, bien modestement et bien tardivement, hélas, à Michel Lemoine qui a été le premier à avoir attiré notre attention sur les particularités et la variété des traductions latines de la terminologie spécifiquement platonicienne (y compris celle du regard et du visible). Parmi ses études sur la « dissémination » ou la transmission indirecte du platonisme dans la pensée du moyen âge latin voir « Le *Timée* latin en dehors de Calcidius », dans *Langages et Philosophie. Hommage à Jean Jolivet*, A. de Libera, A. Elamrani-Jamal, A. Galonnier (éds.), Paris, Vrin, 1997, p. 61-78; « Du *Timée* de Platon à celui de Calcidius », dans *Unione et amicizia. Omaggio a Francesco Romano*, M. Barbanti, G. Giardina et P. Manganardo (eds.), Catane, Presses de l'Université de Catane, 2002, p. 441-450; « Citations de Platon chez Alfanus de Salerne et Burgundio de Pise », dans *Du copiste au collectionneur. Mélanges d'histoire des textes et des bibliothèques en l'honneur d'André Vernet*, *Bibliologia 18*, Turnhout, Brepols, 1998, p. 72-87; « Le corpus platonicien selon les médiévaux », *Miscellanea Mediaevalia*, Band 26, J.A. Aertsen et A. Speer (eds.), Berlin-New York, Walter de Gruyter, 1998, p. 275-280; « Une nouvelle citation du *Timée* chez Augustin », *Revue d'Études Augustiennes*, t. 40 (1994), p. 433-434.

5. Voir M. Lemoine, « Le *Timée* latin… », art. cit., p. 77.

philologique propre aux traducteurs et commentateurs latins de l'âge classique, même si, par ailleurs, ils font, consciemment ou non, glisser le sens dans une direction étrangère à la pensée du Maître[1].

Quoi qu'il en soit, avec Platon, et après lui dans toutes les écoles philosophiques grecques avec ou sans référence explicite à la philosophie de l'Académie, la simple vision corporelle (optique) exprimée par ces expressions (ἀποβλέπειν εἰς et ἀποβλέπειν πρός) signifie d'emblée une qualification non-physique et non-physiologique de la vue, de son objet et de la relation instituée (étonnement, admiration, désir, prière, condamnation, etc.). On comprend que l'acte de la vue est ainsi qualifié en tant que regard, qu'il *se mue* en regard avec et à travers le langage, et que, par conséquent, l'objet visé n'est pas, lui non plus, vu de manière visuelle, saisi comme un objet de la vision sensible, mais qu'il est – dès lors que l'on en parle – regardé comme une « image » (*eikôn*) qui re-produit, tel le reflet ou la copie, un objet; ou alors, comme une « représentation » (*phantasma*), telle l'illustration factice d'un acte ou d'une idée à travers le discours conçu à leur sujet. Seulement, ce passage par l'image, que celle-ci soit saisie comme naturelle (un reflet ou une ombre, par exemple) ou conçue comme mentale (comme la représentation analogique d'une chose), ne disqualifie pas l'accès que l'on peut avoir à la chose ou à l'objet ainsi envisagé. En tant qu'« image », l'objet récupère au contraire une double dimension : ontologique et sémantique. Il se trouve ainsi mis dans la perspective de recevoir une *valeur* en soi et de devenir une *norme* et une *condition* spécifique à la fois de son existence et de notre possibilité de saisir son apparition, sa manifestation visible. C'est ainsi que la chose extérieure à laquelle on se réfère en ayant dirigé le regard vers elle, trouve dans la parole qui tente de la désigner et de l'approcher sémantiquement soit son équivalent imparfait, soit un véritable partenaire, selon le discours (philosophique, *i.e.* scientifique, ou rhétorique) en vue duquel le regard a d'emblée opéré son choix et établi son lien particulier, préalable à l'expression. Ce faisant, cette chose, appelée par nous de manière réductrice du seul terme courant d'« image », alors que le sens assigné est bien différent selon que Platon emploie les

1. Voir aussi, pour l'analyse de la traduction fragmentaire du *Timée* par Cicéron, l'étude de C. Levy, « Cicero and the *Timaeus* », dans *Plato's Timaeus as Cultural Icon*, *op. cit.*, p. 95-110; pour la transmission médiévale du *Timée via* Calcidius, trad. fr. et commentaire de P.E. Dutton, « Medieval Approaches to Calcidius », art. cit., p. 182-205 et S. Gersh, « The Medieval Legacy from Ancient Platonism », dans *The Platonic Tradition in the Middle Ages. A Doxographis Approach*, S. Gersh et M.J.F.M. Hoenen (eds.), Berlin-New York, Walter de Gruyter, 2002, p. 3-30.

termes d'*eikôn*, d'*eidôlon* ou de *phantasma* (et bien d'autres comme *plasma*, *mimêma*, *agalma*, etc.), reçoit nécessairement des qualités autres que les attributs purement formels saisissables par la vue et assignés à l'objet ciblé par le regard. Une fois établie comme image-partenaire de la parole, la visibilité conditionnelle de l'objet se transforme alors en un réceptacle sémantique ou symbolique vidé (désapproprié en quelque sorte) de présence physique, de nature et de support matériel propre ; elle s'*éteint* comme visibilité immanente et devient un simple signe qui ne renvoie plus à la présence de l'objet visuel, mais reçoit en revanche un sens et se voit attribuer une identité, une cause et une finalité qui éclairent autrement la réception de sa visibilité principielle.

Ce que nous voyons à proprement parler serait donc dès le départ supplanté par ce que nous entendons ou comprenons comme fruit de notre acte de viser quelque chose à travers l'expérience visuelle. Nous ne voyons donc pas ce qui se donne à voir en premier. Nous ne voyons que si, et seulement si, le regard étant dirigé vers…, nous saisissons dans le visible une condition d'expression pour le contenu sémantique visé dans l'objet à voir, et qu'à travers l'acte même de regarder se dévoile, comme une conséquence (ou un effet), le rôle d'image-propre assigné en guise d'identité à l'être (nous) apparaissant. À partir de là, c'est le langage qui prend aussitôt la relève du regard et de son objet, *i.e.* l'image de la chose-vue ; et c'est donc le langage qui est censé à la fois ouvrir et infléchir l'accès à la connaissance de la « réalité » des choses, accès qui mène à une vérité ontologique, en occultant dans ce processus de la cognition la présence existentielle, supposée incomplète ici-bas, de l'objet visé.

Il nous semble que cette « thèse » de la dialectique des actes du regard et du langage, complémentaire à la théorie des Formes, est mise en application par Platon chaque fois qu'il fait un usage particulier du regard et qu'il définit implicitement le regard par les expressions citées plus haut. Elle se vérifie, en outre, lorsque Platon se sert non seulement du regard directement, mais aussi de l'image spécifique qui est pour lui un objet double : objet à caution ontologique du langage, et objet propre non de la faculté visuelle mais de ce regard, *lourd* de significations, regard qui traverse, pour ainsi dire, certains endroits stratégiques des *Dialogues*[1].

1. L'usage de βλέπειν est en effet récurrent chez Platon et signale soit un moment important (culminant) du discours, soit des seuils significatifs, des reprises, des jeux de regards entre les personnages dans la mise en scène des dialogues. C'est aussi à l'aide de ce verbe que Platon exprime son grand précepte politique et philosophique selon lequel on sort de l'anarchie du multiple par une vie organisée d'après l'image du regard fixé sur un principe ou sur un modèle formateur. Ce dernier regard viserait des réalités intelligibles, serait adressé

Cette « thèse » constitue, par ailleurs, un véritable tournant pour la pensée antique, mais un tournant dont les résultats ne se manifestent pas, nous semble-t-il, dans la postérité immédiate de l'Académie. Il faudra attendre plusieurs siècles pour la voir à nouveau à l'œuvre. Elle revient, en effet, dans la pensée de quelques théologiens chrétiens (nous faisons référence une fois de plus aux Cappadociens[1]) qui empruntent à Platon des arguments en faveur du rôle du visible et de l'apparition *phénoménale* dans la connaissance de l'existant et dans son expression par le logos.

Ainsi, le *regard* est appelé à déterminer *la visée d'un but précis* et à fixer en même temps l'agent, en choisissant, de surcroît, le meilleur qui soit, comme dans une compétition sportive. Mais aussi devient-il *un acte de l'âme* – plus précisément ce par quoi l'âme se donne à voir et se connaît elle-même –, car il revient au regard d'accomplir le passage du plan physique au plan « spirituel », du plan somatique au plan psychique, du registre sensoriel à celui de la pensée, de la *noêsis*. Toutefois, se connaître soi-même ne s'opère pas dans la contemplation muette mais dans le vif de la *praxis*, de l'agissement, dans le courant de l'acte, dans la visée du geste ou de la relation, et au long même de celle-ci. Autrement dit, le regard se définit pour Platon en perçant l'amalgame archaïque entre choses existantes et paradigmes selon lesquels les choses sont telles qu'elles nous apparaissent. Aussi passe-t-il outre l'indistinction (la non-différence dialectique) entre *viser le « meilleur »*, c'est-à-dire viser l'évidence, la clarté ou la

à la lumière comme agent du visible et non simple condition de visibilité diurne, serait prioritairement dirigé vers le haut et exigerait nécessairement une conversion. On peut encore assimiler ce dernier à une vision de type « synoptique » – Platon la mentionne souvent : *Lois* XII, *Phèdre*, *République* VII, *Gorgias*, *Banquet* –, selon laquelle on porte son regard depuis la diversité du multiple vers l'unité de la Forme. Une synthèse des aspects et des valeurs assigné(e)s par Platon au regard apparaît dans *Alcibiade*. Nous en dirons quelques mots plus loin, mais précisons d'ores et déjà que tout ce dialogue fait un large usage de l'« image du regard » et non seulement le passage 132b-135b sur la connaissance de soi et de l'âme, passage, peut-être apocryphe, que nous interprétons comme une démonstration de la possibilité d'une connaissance explicite et immanente de l'invisible sur le modèle catoptrique du regard plongé dans le regard de l'autre pour y découvrir à la fois le chemin vers soi et vers le divin, l'altérité en l'occurrence. Ce modèle de relation catoptrique d'un être avec soi-même comme avec un autre, pourrait être, effectivement, l'indice d'une interpolation médio- ou néoplatonicienne. Voir pour l'analyse des passages signalés l'ouvrage déjà cité de L. Paquet, ainsi que les travaux classiques de P.-M. Schuhl, *Études sur la fabulation platonicienne*, Paris, PUF, 1947 et *Platon et l'Art de son temps*, Paris, PUF, 1952. Pour une analyse du rapport entre ontologie et épistémologie selon le modèle cognitif platonicien, à partir de la perception de la présence, voir S. Rosen, *La production…*, *op. cit.*, p. 61 *sq.*

1. Voir *supra*, p. 236 et 316, quelques références citées dans cette annexe et dans la partie principale de cet ouvrage. Il va de soi : ce n'est là qu'une allusion à des travaux à venir.

brillance du visible, et *contempler ce en quoi le « meilleur » apparaît*, saisir dans la pensée une activité orientée exclusivement vers la connaissance de l'âme et vers l'accès aux Idées.

En d'autres termes, mettre l'accent sur le regard représente pour Platon une modalité d'exprimer la maîtrise possible du phénomène et de réduire ainsi à un processus dialectique l'impossibilité « archaïque » de séparer le « produit » comme tel de son « agent » et de l'« acte » en soi de son apparition; de maîtriser l'impossibilité ou du moins de réduire la difficulté de séparer l'événement du processus de fabrication quasi naturelle de l'image événementielle, ou tout simplement de la mise en présence d'une évidence (visuelle) et de son récepteur. Or, pour le Maître de l'Académie, la raison de cette impossibilité n'est pas physiologique ou noétique, elle est linguistique et logique. Une limite du langage se trouve ainsi reportée sur l'action elle-même : que ce soit l'acte de *voir* ou celui de *penser*. On trouve des résonances de cette théorie de l'indistinction et de la fonction cognitive qui revient dans ce contexte au regard dans nombre de textes platoniciens : dans *Charmide*, sur le rôle du regard intérieur nécessaire à la contemplation de la sagesse en soi-même[1]; dans plusieurs occurrences du quatrième livre de la *République* illustrant la nécessité de viser l'intérieur de la Cité-modèle, Cité où les yeux sont tous fixés à demeure sur le centre[2]; de même dans les livres VI et IX de la *République*[3]; dans deux passages-clef du *Phèdre*, où le regard est un miroir pour la connaissance amoureuse, ainsi qu'une preuve ou un témoignage pour la parenté entre l'âme et le divin[4]; dans un passage du *Banquet*, dans lequel Socrate insiste sur le caractère intérieur du regard[5]; enfin, dans le *Sophiste*, où le regard se fixe sur l'être, attiré par son caractère de clarté, orienté qu'il est par nature en direction du divin lumineux[6]. Citons aussi quelques repères pour la postérité romaine et tardo-antique : Sénèque reprendra ce thème du regard dans *De Vita Beata* II (l'âme connaît l'âme) et dans les *Quaestiones Naturales* I, 17 (l'âme-miroir); Apulée tourne en dérision rhétoricienne toute cette question au long d'un passage fort étendu sur le miroir dans son *Apologie*[7], en référence

1. *Charmide*, 167c-d.
2. *République*, 429a-b, 430d, 431b.
3. *Ibid.*, 484c et 591e-592a.
4. *Phèdre*, 255d et 253a.
5. *Le Banquet*, 215b.
6. *Soph.*, 254a.
7. Apulée, *Apologie* (XIII-XVI), Paris, Les Belles Lettres, 2001, p. 31-39. Nous nous permettons de renvoyer encore à notre étude du thème du regard, de l'image et du miroir dans

explicite à Platon et à la connaissance « socratique » (ontologisation « démonique » du précepte de Delphes); Philostrate re-brasse tous ces thèmes platoniciens dont le regard devient une sorte de passerelle ou de charnière entre le dévoilé/manifesté et le caché/présent-invisible dans les *Eikonès*, œuvre pédagogique, avec des références explicites à plusieurs dialogues : *Phèdre*, *Banquet*, *Alcibiade* et *Sophiste*. Pour ne pas citer la postérité de cette problématique et de son vocabulaire spécifique chez Plotin, ni chez les commentateurs néoplatoniciens de ces dialogues, chez qui les occurrences sont très nombreuses et l'usage plus fréquent que chez tous les autres philosophes et commentateurs.

Par conséquent, le « regard platonicien », défini comme une *alliance entre agir (percevoir, saisir) et connaître*, est effectivement indissociable du principe de la connaissance par le lien de la « semblance » qui appelle le semblable à s'unir au semblable : cercle fermé de l'identité, du même, du retour à une forme toujours parfaite et de la recherche de l'identité avec un modèle que l'on s'efforce à copier de plus près. Mais ce cercle de l'identité, parfait en soi, n'est pas envisageable ni exprimable de manière parfaite. Il est brisé chaque fois que l'on s'y réfère, brisé par le saisissement d'une différence dans le rapport de similitude recherchée, et défait par le saisissement d'un « plus » ou d'un « moins » ressemblant. On pourrait prendre comme exemple *Alcibiade* pour illustrer le « plus », le surcroît de ressemblance saisi lorsqu'on s'aperçoit d'une « étincelle divine », de quelque chose de plus divin (θειότερον) aperçu dans l'œil dans lequel on se voit et dans lequel on voit aussi l'âme et la pensée[1]. Un passage de la *Lettre VII* pourrait illustrer le contraire, le « moins », l'imperfection récurrente à laquelle se heurte toute tentative de maîtrise logique d'un objet, fût-il géométriquement simple et immanent en apparence aux facultés cognitives. Il s'agit du passage (lui aussi apocryphe, peut être) où, pour définir le cercle justement, on note qu'il manque toujours à la connaissance du cercle quelque chose, même lorsque nous connaissons son nom, sa constitution géométrique et son image (le tracé du cercle sur le sable)[2]. L'immanent engendre toujours une limite, la sienne, et la connaissance s'accomplit en touchant cette limite et en la définissant. La connaissance est donc toujours en retrait tant que nous n'avons pas retrouvé la ressemblance comme

ce texte d'Apulée, « *Habet speculum philosophus!* Du miroir sophistique à l'image intérieure », art. cit..

1. *Alcibiade*, 133c.

2. *Lettre VII*, 342b-344d.

« parenté » de l'âme (συγγενεία καὶ ὁμοιότητι) avec l'objet de la connaissance, avec le cercle en l'occurrence, en devenant soi-même cercle parfait[1].

Le but de la connaissance, dont le regard constitue pour Platon une sorte de paradigme, parfois explicite et parfois dissimulé sous les différentes déclinaisons du principe de la ressemblance, connaissance qui n'est rien de moins qu'un accomplissement de la démarche philosophique comme construction de soi, le but ultime donc de ce « modèle païdétique » serait d'arriver à se situer au centre d'un « espace » (d'un lieu politique, symbolique, religieux) d'où on peut tout contempler (où on peut avoir la vision parfaite, synoptique) et où on peut en même temps être soi-même le centre de la vision et donc être vu de partout (*periblepto*s/*periblepton*). Dans ce cas, ajouterions-nous à ces gloses déjà bien lointaines du platonisme classique, ainsi qu'à l'analyse minutieuse proposée jadis par Léonce Paquet, et avant lui par Pierre-Maxime Schuhl[2], on peut légitimement parler d'une

1. Cet exemple du cercle, choisi par Platon pour illustrer le « résumé » de sa théorie de la connaissance, a connu un long héritage dans le platonisme antique et médiéval. Le cercle est encore choisi pour illustrer l'opposition entre connaissance vraie et connaissance par l'image chez les platoniciens du XIIe siècle latin, notamment Thierry de Chartres et Clarembaud d'Arras, qui pourtant ne connaissaient pas ce texte platonicien. Le cercle apparaît chez Thierry dans un commentaire du *De Trinitate* de Boèce, que nous nous permettons de citer *in extenso* en raison de sa proximité frappante avec le passage platonicien de la *Lettre VII* évoqué plus haut : « *Si fiat circulus in aqua vel in pulvere ab aliquo nunquam potest ibi facere veritatem circuli propter fluxum materie. In materia enim nunquam potest esse veritas sed* imago *circuli. Similiter in aliis consimilibus nunquam potest eorum veritas in materia inveniri sed* imago *tantum; idem tamen circulus et in veritate et in* imagine *sed alio et alio modo, ibi veritas hic* imago », *Commentaries on Boethius by Thierry of Chartres and his School*, N.M. Häring (ed.), Toronto, The Pontifical Institute for Medieval Studies, 1971 (161, 34). « Si l'on fait un cercle dans l'eau ou dans la poussière, jamais on ne peut faire la vérité du cercle, à cause de l'écoulement de la matière. En effet, jamais la vérité du cercle ne peut être dans la matière, mais son image. De même dans les choses semblables, jamais leur vérité ne peut se trouver dans la matière, mais seulement leur image ; cependant c'est le même cercle, en vérité et en image, mais de façons différentes : là la vérité, ici l'image », voir J. Jolivet, « L'image selon les Chartrains », *Χώρα, Revue d'études anciennes et médiévales*, 3-4, 2005/2006, p. 71-90, p. 77 pour la traduction citée. On remarquera, par ailleurs, que l'argument de la connaissance « affaiblie » assurée par l'image provient pour Thierry de l'inscription du cercle dans la matière, et donc de la soumission par celle-ci au devenir, au principe aristotélicien de la nature, plutôt que d'une distinction due à la nécessité d'un support différent de celui du modèle ou de la forme idéale de cercle, selon la théorie platonicienne sous-jacente à l'exemple pris. Pour une étude générale récente des usages philosophiques et théologiques de la métaphore du cercle dans le contexte de l'antiquité tardive et de l'héritage médiéval de la philosophie platonicienne, voir l'article de J.-L. Solère, « Bien, cercles et hebdomades : formes et raisonnement chez Boèce et Proclus », dans *Boèce ou la chaîne des savoirs*, A. Galonnier (dir.), Louvain, Peeters, 2003, p. 55-110, en particulier 55-70.

2. Voir *supra*, p. 302 (n.) et 321 (n.), les références bibliographiques pour ces deux auteurs.

sorte d'« invention » du « sujet » comme *voyant-vu*, d'un « sujet réflexif » issu du rôle assigné au regard dans les textes platoniciens. Il s'agit d'un « nous » comme « point de vue » soit épistémologique soit métaphysique – même si la présence effective de ce « nous » reste encore discrète dans les dialogues les plus concernés (*Alcibiade*, *Théétète* ou *République*), et ne comporte aucun trait de « subjectivité » au sens moderne du terme.

Tous ces niveaux sémantiques associés à la vision et au regard, tous les plans qui s'ouvrent à l'acte de la vue et tous les exemples (parfois à valeur de paradigmes, parfois des simples métaphores) dont se sert Platon pour illustrer son usage philosophique du regard, apparaissent et se croisent dans *Alcibiade*, texte *princeps* dans l'enseignement antique et tardo-antique de la philosophie platonicienne : regard de l'œil (niveau optique de la connaissance sensible), miroir, fixation du regard (visée) sur un objet transcendant, activité du regard qui suppose la maîtrise d'un « art », d'une *tekhnè*. Nous n'allons pas analyser dans le détail ce texte mais rappeler seulement la conclusion : il importe avant tout de ne pas laisser son regard flotter vers de multiples buts, se disperser et se dissoudre dans le multiple, mais le ramener toujours à une visée unique et essentielle. Platon le dit d'ailleurs aussi dans les *Lois* et dans *Gorgias*[1]. Ceci est une première étape dans ce qui pourrait s'appeler une « pédagogie du regard ». Mais, une fois ramenée à un modèle unique, la *visée* du regard platonicien est encore double. Elle comporte deux aspects : d'une part le travail artistique, la *tekhnè* qui permet de réaliser un objet dans sa perfection en relation avec le modèle, d'autre part la contemplation, l'acquisition d'une vision *synoptique* qui est équivalente à une ascension de l'âme et à une initiation à la perception ou réception des intelligibles – processus qui sera confondu plus tard avec l'initiation mystique *par la vision*, avec l'époptie[2]. Il y a donc une *montée* et une *descente* simultanée de la vision et de l'action créatrice, une dialectique, autrement dit, du *regard* et de la *production* dans le processus de la connaissance. Cela apparaît clairement dans le *Banquet* et dans la *République* VII[3]. Nous

1. *Lois*, 962a-c, 963a8 ; *Gorgias*, 503e-504a.

2. C'est la tradition platonicienne qui est, à proprement parler, concernée par cette forme d'initiation à la vision – l'époptie –, et non Platon lui-même dans ses textes. Jamblique, les pratiques théurgiques décrites dans les *Oracles chaldaïques*, ou encore Plotin et la description des pratiques contemplatives de celui-ci par Porphyre, sont en quelque sorte plus proches que Platon des rites anciens d'initiation aux mystères d'Eleusis, comportant *non une pédagogie du regard* mais bien *une initiation par la vision*. Importante pour situer clairement notre démarche, cette distinction est sans ambiguïté en ce qui concerne l'étude des dialogues platoniciens.

3. *Le Banquet*, 210a-212a ; *République*, 514a-517a.

reviendrons justement là-dessus en proposant plus loin une analyse de ce dernier texte cité.

Le regard comporterait, par conséquent, au moins trois niveaux sémantiques qui s'entrelacent constamment dans les dialogues platoniciens : 1) *la visée* d'un démiurge ou d'un artisan en direction d'un but de « production » (le monde ou un lit) ; 2) *la vision* de l'objet transcendant dont jouit l'initié philosophe, ou *vision du paradigme* intelligible ; 3) *le regard* de l'artiste sur le modèle, regard composé de *visée* et de *vision*, regard qui lui permet de « produire » ou de « créer » parce que l'artiste est ainsi maître à la fois de l'acte et du but de son acte, c'est-à-dire de sa perfection. Ce qui sera l'« entéléchie » pour Aristote, perfection ou Beauté pour Platon, est d'ores et déjà comprise dans l'acte, selon cette « métaphysique de la production » propre à la pensée platonicienne.

C'est en raison de ce modèle philosophique que l'activité du démiurge, décrite dans le passage cité du *Timée*, doit passer obligatoirement par l'intermédiaire du regard. La définition du démiurge platonicien serait alors celle d'un « technicien » qui possède *intelligence* + *rationalité* + un *agir finalisé*, et qui ne laisse aucune part au hasard. Son « regard » est en réalité une *visée spécialisée*, une visée de l'esprit, à laquelle accède la fonction corporelle (la vue) éduquée et dirigée vers un but précis. Ἀπο-βλέπειν est devenu le terme spécifique pour désigner cette visée conceptuelle *technique* du démiurge et, partant de là, la visée spécialisée de l'homme « bien » : un orateur savant et qui prodigue la connaissance du vrai, ou encore le « gouvernant-philosophe » qui a le « coup d'œil » (si on nous permet l'expression) et qui maîtrise d'un seul tenant l'art du discours et l'art de gouverner. De là aussi la définition de l'art comme une forme de domination du savoir, et en même temps une production dominée par le savoir, une manière de viser un but précis et d'agir sous la dictée exclusive de l'intellect[1]. La raison de cette infaillibilité de la *tekhnè fondatrice* proviendrait d'une logique structurelle interne au fonctionnement des facultés sensibles, ainsi que de son identification avec la science (l'*epistêmè*), acquise par une pédagogie des facultés sous la forme d'une adéquation à leur propre structure par l'exercice du modèle païdétique décrit, voire actualisé, mis en acte à proprement parler dans le discours platonicien.

1. Plus particulièrement dans les *Lois*, 963a.

CHAPITRE II

VISION DANS LA CAVERNE DE PLATON

Partons du constat suivant : le visible étant indéterminable en soi, en raison de l'écart irréductible dans lequel il se trouve en tant qu'*objet sensible* par rapport à l'*être* intelligible et au *logos*, l'image et le langage en pâtissent conséquemment et communément. L'alternative platonicienne serait alors la possibilité de concevoir une image doublement adéquate : au regard et à l'expression linguistique. La conséquence à l'égard du rapport entre langage et perception visuelle est dans ce cas non un rapport vrai/faux (*alêtheia/pseudos*), mais la nécessité d'opérer un choix entre : a) *un rapport discursif image-logos* qui tient compte des différents régimes de visibilité (ou de non-visibilité) propres à la situation relationnelle de la ressemblance, régimes auxquels est soumise l'image grecque selon qu'elle apparaît comme *eikôn*, *eidôlon*, *phantasma*, *mimema*, etc. ; ou b) *une relation « ontologique » image-support*, qui prendrait en compte l'image en tant qu'elle est reçue dans un support différent de l'essence de la chose dont elle est image, support qui fait corps commun avec l'image, qui tend même à s'identifier à celle-ci, alors que la condition d'existence de l'image serait justement l'écart, la différence et presque l'autonomie de l'image à l'égard de tout support qui risquerait d'induire la confusion entre l'image et l'objet[1]. Serait sous-jacent à cette dernière situation, le cas mixte particulier

1. C'est précisément là-dessus que portera la critique de Plotin à l'encontre de toute forme de ressemblance « hypostasiée », individuée et inscrite dans un support, critique qui justifie le rejet de l'image dans le champ exclusif du sensible. Selon Plotin le portrait peint, par exemple, n'est pas l'image de celui qui est peint, car « il n'est pas possible de faire subsister une chose qui tient sa substance d'une autre en la séparant de celle-ci, puisqu'elle en est l'image (ἴνδαλμα) », *Traité 22*, VI 4, 9, 39-42 et 10, 5-15. Ce ne sont que les reflets dans l'eau ou dans les miroirs, ou encore les ombres qui peuvent constituer l'expression de la puissance

de l'« image dite » : celle-ci a comme support le logos lui-même de la même manière qu'un tableau a pour support une toile ou un panneau en bois. Nous (pro)posons la distinction ci-dessus en terme de « choix », mais il va de soi qu'il est peut-être tout aussi légitime de considérer ces deux perspectives non comme un *choix* mais, de manière dialectique, comme une *distinction opérante* à l'intérieur d'une démonstration. L'analyse qui suit, consacrée au début du livre VII de la *République*, se voudrait une illustration de cette distinction opérative de plusieurs régimes de visibilité dans l'intimité des actes complémentaires de connaissance et d'expression, des possibilités de connaître et d'en parler.

a) Dans le premier cas *l'image est déterminée par le langage*, et plus particulièrement par le nom (*onoma*) associé quasi automatiquement à l'image d'une chose. Pourtant l'image n'est pas un équivalent visuel du nom mais plutôt l'équivalent du discours, car, une fois déterminée par la désignation nominale d'une chose, c'est l'image qui permet au logos d'accéder à une vue éclairante en même temps qu'à une sorte de connaissance naturelle, à un premier degré de connaissance, avant la mise en place de la relation de ressemblance et de participation (*mimêsis*, *homoiosis*, *metekhein*). Il y aurait donc une subordination réciproque : *subordination de l'image au logos* tant qu'il s'agit d'un accès à la connaissance de la nature et de l'être; et en même temps, *subordination du logos à l'image* lorsqu'il s'agit de faire sortir le discours de l'aporie ou de la tautologie de la désignation, du déictique, lorsqu'il s'agit, en d'autres termes, de casser la fermeture inévitable du discours sur la redondance de l'identité, redondance dans laquelle l'entraîne, à la limite, une nomination des choses qui ne s'ouvre pas de soi à la signification de celles-ci. Car dans ce cas le langage ne serait plus l'expression de la pensée mais – retour à l'origine – il se réduirait à une liste sans fin de noms d'êtres et d'objets sans relation possible entre eux. Or l'image est alors le dispositif réflexif qui incite à la syntaxe, qui ouvre à la possibilité de la prédication et qui met justement la langue en situation de discours. Platon n'est en tout cas pas l'inventeur de cette tension réciproque entre la parole et l'image, mais il est peut-être le

de l'archétype, qui sont, autrement dit, les images – des « onto-images » de sa puissance d'être modèle –, un tableau n'ayant pour sa part que le statut d'un objet séparé, résultant d'une disposition particulière de couleurs. Voir pour ces questions A. Charles-Saget, « La pensée de l'obscur chez Plotin », dans *Du sensible à l'intelligible. Lumière et ténèbres de l'Antiquité à la Renaissance*, C. Trottmann et A. Vasiliu (dir.), Paris, H. Champion, 2004, p. 309-325, ainsi que R. Mortley « The Face and the Image in Plotinus », *Journal of Neoplatonic Studies*, 6, 1998, p. 3-21.

premier à avoir situé le paradoxe en le déplaçant du domaine éminemment « littéraire » jusqu'à son temps (propre aux poèmes et aux mythes), sur le terrain philosophique, et plus particulièrement dans le champ de la dialectique.

b) *Ou alors* – deuxième modalité d'accès à la définition du visible et du visuel – *l'image est déterminée de manière univoque par son support*, s'identifie partiellement (visuellement) à celui-ci et emprunte par conséquent la « réalité » ou le « corps » de ce qui la reçoit. La perception est dans ce cas rivée à la paroi aux ombres et, au mieux, à la saisie des *eidola* qui en sont responsables : statues et autres objets-simulacres portés sur le chemin imaginé au-delà du mur de séparation de la caverne de Platon, en deçà du feu illuminateur. Or nous n'avons pas affaire dans ce cas à l'*image* au sens strict du terme, mais seulement à des exemples particuliers de « représentations » et/ou de « figurations » – sorte de « marionnettes » séparé(e)s de tout rapport de ressemblance ontologique avec un quelconque modèle, et en outre désigné(e)s par des termes qui font appel exclusivement à la technique de fabrication ou de mise en scène et au substrat de réception (ombres projetées, statues sculptées ou modelées, vases peints, etc.)[1]. La relation au support est ici commune aux images et aux mots. Elle ne saurait être déterminante pour la définition de l'image tant que nous n'aurons pas encore défini la distinction entre les différents types de vision à même de séparer le support, l'image proprement dite, le modèle et les actes qui permettent la constitution de l'image et sa saisie sensible et intellective. Une véritable typologie de la vue et du regard est en effet amorcée et esquissée au long du trajet depuis l'intérieur de la caverne vers le monde extérieur, *i.e.* transcendant, puis dans le retour « transfiguré » et « transfigurant » à l'immanent. Mais en réalité, la véritable relation avec le support, déterminante pour la condition de l'image, ne s'éclaircira qu'avec la définition aristotélicienne de la nature et du rôle joué par l'*hupokeimenon*; avec la mise en place, toujours chez Aristote, de la relation *hulê-morphê-eidos* suivie par l'« inscription » de l'image dans le support sensible (en l'occurrence le « diaphane » de l'œil) et dans le support noétique (imagination et mémoire). Plus tard cette dernière relation, logique ou dialectique,

1. Sur le statut de ces différentes sortes d'images désignées par leur support, qui seraient des images de substitut pour signifier le statut des traitements ou des niveaux différents d'interprétation (typologique, symbolique, mythologique) de la parole dans ce passage de la *République* et dans le *Commentaire* de Proclus, voir S. Bonfiglioli, « Simboli o icône ? I segni *in limine* della tradizione platonica », *Versus*, Quaderni di studi semiotici, t. 102, Bologna, Bompiani, 2006, p. 27-64, en particulier p. 39 *sq*.

susceptible peut-être d'induire un certain dualisme, sera remplacée par la relation *hypostatique* que soutient l'image à l'encontre d'un rapport d'opposition entre l'être et le corps existentiel, l'essence et la manifestation dans un substrat ou sur un support. On trouve ce déplacement qui concerne le statut ontologique de l'image depuis le rapport au support vers la relation hypostatique, d'une part chez Plotin et, d'autre part, dans la pensée chrétienne. Les Cappadociens, par exemple, recourent à l'argument de l'image, à l'*iconique hypostatique*, aussi bien dans la définition de la relation trinitaire (chez Basile de Césarée) que dans la définition anthropologique de la relation homme-dieu (en particulier chez Grégoire de Nysse).

Dans aucun de ces deux cas de détermination – *par le langage* et/ou *par le support ontologique* – l'image n'est pourtant seulement l'« objet visuel » par excellence, et n'est donc réduite à la saisie par la *seule* vue sensitive. Quel serait alors, selon cette alternative, l'objet à proprement parler de la perception ? Ou, plus abruptement, qu'est-ce que « le visible » pour Platon ? – lui que l'on tient pour responsable de ce doute philosophique originaire sur la pertinence de la vision, autant que sur la vérité d'un discours qui ne ferait que dévoiler des apparences. Autrement dit, le rejet du sensible est-il imputable au seul modèle platonicien des Formes, ou serait-il la conséquence d'une prise de conscience des limites du langage face à la perception visuelle, dans une « querelle » universelle (avec Homère, avec les poètes, avec les rhéteurs, avec les sophistes, avec les orateurs politiciens) motivée par le désir de construire les remparts d'un chemin qui relie sans faille la pensée à la langue, à l'expression ?

Pour Platon, la seule manière de pallier la prise en défaut du discours à l'égard du visible, accusé tantôt de prendre pour argument l'opinion (fondée sur des conjectures et des impressions) et tantôt de construire des fabulations (des récits, des mythes) ou de mentir, tout simplement, en se fiant au pouvoir persuasif des pures apparences, la seule manière de pallier, en d'autres termes, la limite inhérente du langage, son inefficacité dans le rapport au visible et la nature ambiguë de l'image en relation avec l'objet visible, serait de mettre en jeu le pouvoir du regard lui-même : en somme, de tabler sur la possibilité d'une « éducation » du regard, en intégrant ce dernier dans le même « modèle païdétique » qui permet l'usage du logos et qui ouvre l'accès à la pensée dianoétique. En outre, le regard se prête naturellement à rendre à l'image ce qui lui manque dans son rapport au visible lorsqu'elle est réduite au plan unique d'un « objet visuel », à savoir *le mouvement* – plus précisément, le principe du mouvement en soi et par soi, le mouvement propre à la vie (ou l'auto-*kinêsis*) dont le regard est pour les Grecs anciens le témoin d'existence le plus fidèle. Aussi est-ce bien sur l'absence du mouvement vital que se focalisent les principales critiques platoniciennes à l'encontre des images-copies (inertes) et des paroles-imagées (fausses, mensongères, sophistiques), toujours en rupture par rapport au sens visé dans l'évidence qu'elles prétendent circonscrire par leur pouvoir d'expression. Or le mouvement, défini comme contraire à l'être et propre au non-être [1], devrait justement prendre part à la constitution des images, accusées par ailleurs d'être immobiles et muettes, comme des idoles. Par conséquent, à la fois l'hypothèse (a) de la détermination de l'image par le langage, et l'hypothèse (b) de la détermination par le support (physique, psychique, linguistique), doivent être soumises à un principe commun : la détermination d'un rapport de vérité ontologique entre l'image et le mouvement, en raccordant pour ce faire l'objet visible à la faculté visuelle et au regard réfléchi. Les deux, faculté visuelle et regard réfléchi, sont des expressions du lien – lien à soi et lien au monde –, et en même temps des expressions de l'existentiel et des témoins de présence en mouvement, de présence de vie.

Par ailleurs, la dimension noétique de l'ontologie, de cette philosophie de la connaissance centrée sur une vérité exclusive de l'être et partant d'une définition « archaïque » de la conscience, une conscience *perceptive* du monde immanent et de l'individu, pourrait à partir de là s'élargir et prendre aussi une dimension éthique, si tant est que l'on puisse interpréter sous cet angle la détermination ou connaissance de soi dans la rencontre du regard de l'autre, rencontre qui ouvre la possibilité de la connaissance dialectique de l'âme individuelle et du monde, rencontre évoquée et analysée de différentes manières dans *Alcibiade*, *Phèdre*, *République*, *Théétète*.

Le regard se définit, dans le contexte grec que nous avons esquissé à l'aide d'une brève analyse lexicale des formes verbales concernées, en fonction de la position du regardant et de la direction réclamée par le lieu symbolique de l'objet convoité ou par la place (la situation topologique) qui lui est impartie. *Regarder* constitue par conséquent un acte foncièrement référentiel et relationnel. Dans le cas d'un être, l'échange des regards

1. Cf. *Soph.*, 256d, avec une ambiguïté de plus sur la participation du mouvement à l'être : ἡ κίνησις ὄντως οὐκ ὄν ἐστι καὶ ὄν, ἐπείπερ τοῦ ὄντος μετέχει; « le mouvement est réellement non-être, encore qu'il soit être en ce qu'il participe à l'être ? » (trad. A. Diès). Apparaît, en outre, une certaine ressemblance entre la construction de la première partie de cette définition du mouvement et la construction catoptrique de la phrase qui définit l'*eikôn* (240b), toujours en rapport au non-être. Platon semble maintenir volontairement une ambiguïté du langage chaque fois que l'objet en question se définit par une affirmation radicale du non-être.

peut définir pour les Grecs l'essentiel de l'éros, du désir et de la relation amoureuse. Le regard est en tout cas l'expression d'un échange des passions, le canal par lequel celles-ci se manifestent et « colorent » de significations la communication. La position qui permet cet échange joue un rôle déterminant : ainsi la réciprocité et la réflexivité sont chargées de multiples significations psychologiques et intellectuelles[1]. L'objet visé se définit lui-même selon la position dans laquelle il se trouve et qui détermine la direction du regard qui le saisit, le cherche ou le convoite. Le rapport entre la position du regardant et la position de l'objet ou de l'être visé doit se comprendre, du point de vue anthropologique, comme une sorte de « rapport de forces ». Il s'ensuit que l'image soit dans ce cas un objet de la manifestation du pouvoir et un instrument pour l'exercice de celui-ci. Ce rapport révèle non seulement la nature du dialogue, de l'échange ou de la relation, mais aussi la nature de chaque partie. Le regard en face-à-face et le regard de biais ou de profil sont alors déterminants dans ce contexte. Nous avons affaire d'ailleurs, dans certains textes et dialogues, à tout le registre des significations anthropologiques et philosophiques liées aux différentes positions possibles : il est à l'œuvre aussi bien dans un mythe de fondation comme le *Timée*, que dans un récit pédagogique censé distinguer entre le caractère de vraisemblance du discours et la vérité de l'identité, ou la réalité du visible, à la lumière des intelligibles accessibles à la contemplation et aux capacités discursives du logos. Nous faisons ici référence, bien évidemment, à la première partie du livre VII de la *République*. Ailleurs, dans le *Phèdre* ou dans le *Sophiste*, le face-à-face et le profil – le passage par le « détour » d'un discours à face voilée, ou par la détermination d'un « tiers » qu'on cherche à définir sans le voir distinctement, comme si on poursuivait une « bête » à la chasse – indiquent de surcroît une plus profonde implication du regard dans la connaissance même de l'identité

1. Voir les analyses historiques et iconographiques de F. Frontisi-Ducroux sur le masque, le miroir, Narcisse, les associations hétérogènes et les métamorphoses dans ses ouvrages et articles : *Dans l'œil du miroir*, Paris, Odile Jacob, 1997 ; *Du masque au visage. Aspects de l'identité en Grèce ancienne*, Paris, Flammarion, 1995 ; *L'homme-cerf et la femme-araignée*, Paris, Gallimard, 2003 ; « La Gorgone et la flûte : un contrepoint », dans *La voix et le visage*, Colloque de Cerisy, Paris, In Press, 2004, p. 89-99. Voir aussi, sur le même sujet mais avec une approche philosophique moderne, M.-J. Mondzain, *Le commerce des regards*, Paris, Seuil, 2003. Le livre d'art de R. Tefnin, *Les regards de l'image. Des origines à Byzance*, Paris, La Martinière, 2003, tout entier consacré à l'étude des regards dans les images anciennes, présente une documentation artistique riche, mais propose des explications anthropologiques et esthétiques de la typologie des regards et des positions qui ne nous paraissent pas toujours convaincantes.

comme *indéterminable absolu*. Il s'agit dans ce cas de la connaissance du visible comme expression du vivant, *i.e.* du « sujet senti et sentant » et de la passion en acte pour le Bien et le Beau. C'est l'actualisation de cette *passion* qui permet de « sentir » par le discours et de « faire sentir » à l'autre (ne serait-ce que par l'*expérience* de son statut de récepteur de l'expression) le désir et la plénitude indescriptible de l'apparition phénoménale, en même temps que l'intelligibilité inhérente à la mise en présence entière de l'être, présence réalisée et saisie grâce au regard « instruit ».

Dans ce contexte *voir* pour un Grec n'a de valeur probante que si c'est le locuteur lui-même qui a vu *ce* qu'il raconte, en le faisant voir à son tour à son interlocuteur. Un discours ou un récit (*logos* et/ou *muthos*) est donc ponctué d'une redondance nécessaire « je vois cela (ὁρῶ, ἔφη) », « cela est évident (δῆλον ἔφη) », ou « il m'apparaît clairement » (φανερός et même « très clair », parfois σαφέστατά), ou encore « j'ai vu de mes propres yeux », surtout lorsqu'il s'agit de quelque chose hors du commun, quelque chose de merveilleux – θαῦμα – au point d'être aveuglant ou presque irregardable. Voir une image, voir quelque chose donné ou conçu comme chose potentiellement visible, signifie encore faire demeurer cette *chose* (en tant qu'elle est vue) « à hauteur d'homme », ou du moins la rabattre à la portée du regard. *Voir réellement* ce qui est regardé constitue à la limite le seul moyen donné spécifiquement aux humains de *connaître réellement* quelque chose qui excède les moyens, mais qui peut être néanmoins approché selon les capacités humaines, quelque chose qui se laisse donc circonscrire par les capacités noétiques, puisque cette chose a pu être aussi entrevue, entraperçue sensiblement[1]. De là, trois hypothèses nous incitent à continuer le chemin.

1. Le recours à une image dont la saisie constitue le court-circuit « humain » d'une impossibilité, sans que l'image épuise la connaissance ou s'identifie à l'objet impossible à connaître autrement, revient de manière récurrente dans les textes de Platon. Voir par exemple *Phèdre*, 246a : « … voila qui suffit sur la question de son immortalité [de l'âme]. Quant à ce qui est de sa nature, voici ce qu'il faut dire (λεκτέον) : la caractériser (οἷον μέν ἐστι), c'est l'affaire d'une exposition entièrement, absolument divine et fort étendue ; mais en donner une image, l'affaire d'un exposé humain et de moindre proportions (ᾧ δὲ ἔοικεν, ἀνθρωπίνης τε καὶ ἐλάττονος) ; en conséquence, c'est ainsi que nous devons parler ». Mais ce type de recours revient aussi dans la première définition de la science (*i.e.* la perception) dans *Théétète* 151e *sq.* et dans le *Sophiste*, 259a, à propos de la définition du non-être, possibilité dont la limite se situe cette fois-ci dans le registre du langage. Avec des variantes, cette « formule de recours » au substitut de l'image comme à un moyen par défaut, mais un moyen néanmoins légitime et valide, deviendra, dans les prolégomènes de l'enseignement néoplatonicien, une formule habituelle pour définir l'accès par la philosophie aux Mystères. Elle sera

TROIS HYPOTHESES DE TRAVAIL POUR L'ANALYSE DU ROLE ASSIGNE AU REGARD ET A L'IMAGE

Première hypothèse. – La *vue* (*opsis*) est la perception la plus aiguë qui nous vient par l'entremise du corps… ὄψις γὰρ ἡμῖν ὀξυτάτη τῶν διὰ τοῦ σώματος ἔρχεται αἰσθήσεων[1]. L'image (dans ce cas, les images d'ici-bas) rend visible non l'invisible, ce qui annulerait d'emblée toute possibilité, mais bien la clarté ou la visibilité « saturée » de son objet conditionnel, la réalité immanente dont elle est image, puisqu'il n'y a pas d'autre moyen contingent de déterminer le réel existant, malgré son existence et son ouverture conséquente à la connaissance. L'image permet donc à la faiblesse des organes humains d'apercevoir les traits généraux du modèle représenté ou conjecturé (εἰκασθέντος γένος), modèle considéré comme absent du réel existant, ou comme dissimulé, finalement comme indéterminable, et cependant comme responsable des « représentations » des différents objets ou « étantités » qui en proviennent et qui en participent de manière indubitable (τὰς εἰκόνας ἰόντες)[2]. Une fois de plus la vue serait ainsi la plus valorisée des facultés sensibles dans le monde grec.

La vision comporte en outre une possibilité de perfectionnement, dont les étapes peuvent être suivies : ces degrés sont signalés par le changement de nature de la lumière (sensible ou intelligible, phénoménale ou idéale) dans laquelle se déroule chaque étape du processus psycho-cognitif, et selon les effets de la luminosité reçue dans l'âme et dans le *noûs*, selon que cette luminosité est projetée, reflétée ou saisie comme la manifestation directe de sa source (feu, soleil). Une « pédagogie du regard » serait-elle alors envisageable, selon les étapes décrites dans la *République* sur le chemin hors de la caverne, une « pédagogie du regard » strictement calquée sur la *periagôgê* de l'âme et sur le modèle du processus de la connaissance que présente le « tableau » de la caverne, cette *eikôn* platonicienne bien connue? Une « pédagogie » qui ne soit pas soumise, par ailleurs, à un principe hiérarchique des degrés, car il n'est pas question, nous semble-t-il, d'une procession ni d'un *reditus* dans la description de la libération du

utilisée également par les théologiens chrétiens pour définir en quelque sorte, par défaut, l'étendue que l'on peut accorder au moyen de la ressemblance dans la connaissance de Dieu. Voir par exemple Basile de Césarée, *Sur l'origine de l'homme. Homélies X et XI de l'Hexaéméron*, I, 17, 27, Paris, Le Cerf, 1970 : « la ressemblance de Dieu autant qu'il est possible à la nature de l'homme (Θεοῦ ὁμοίωσις κατὰ τὸ ἐνδεχόμενον ἀνθρώπου φύσει) ».

1. *Phèdre*, 250d ; voir aussi le passage précédent, 250b.

2. *Ibid.*, 250b.

prisonnier de la caverne et de son retour. Le but de cette « pédagogie » ou de ce « modèle païdétique » serait de répondre *efficacement* à l'injonction du précepte de Delphes. Il s'agirait, en l'occurrence, d'établir les conditions qui permettent la réalisation d'une transformation ontologique, d'une conversion ouvrant à l'être la possibilité de se connaître soi-même réellement, intégralement, dans sa nature et dans son identité agissante. D'atteindre, autrement dit, la connaissance de son âme, en en ayant acquis les moyens adéquats et en sachant alors regarder le monde à même sa visibilité, dans la condition essentielle de sa présence, c'est-à-dire *où il est* et *à partir de quoi il s'extrait* – et cela même lorsque le regard n'est jeté que sur les ombres de la caverne, n'a affaire qu'à une image *des images* du monde des Idées.

Deuxième hypothèse. – *Voir*, et savoir conséquemment *regarder*, témoignerai(en)t alors d'une introduction soudaine du « sujet » dans la réflexion philosophique ancienne. *Voir* serait ainsi le premier indice de la découverte de soi en tant qu'être-visible dans le rapport à l'autre qui « nous » voit de la même manière que « nous » le voyons. C'est le stade d'une pré-conscience, ou d'une « conscience perceptive », mais d'ores et déjà réflexive[1]. La réflexivité récurrente dans certaines expressions de la vision et du visible (τοῦ ὁρᾶν τε καὶ ὁρᾶσθαι ou τῆς ὄψεως καὶ τοῦ ὁρατοῦ[2]) introduit ainsi le rapport ipséité-altérité sur le modèle dialectique actif/passif ou agent/patient. Une invention platonicienne du « sujet » deviendrait-elle, dans ce cas, une hypothèse légitime ? Et quelle serait dans ce cas la définition platonicienne de ce « sujet », outre la définition purement grammairienne ?

Troisième hypothèse. – *Voir*, pour avoir dirigé dans la bonne direction son regard et suivi toutes les étapes de son perfectionnement, met en outre en scène une *présence* et introduit comme sujet du récit le locuteur *en personne*, en tant qu'il est le garant, par la vue directe, de la véridicité à la fois de cette présence et du récit ou du témoignage censé nous ouvrir un accès vers celle-ci. Il y a donc un rapport inextricable entre d'une part le récit « performatif », et en ce sens fondateur de vérité, d'un *muthos* : celui qui raconte est censé avoir vu ce qu'il fait voir à son tour par son récit à son auditoire, c'est-à-dire l'*eikôn* des personnages et de la situation, ainsi que les *eikones* des actions ; et, d'autre part, la condition spécifique de la vue

1. Cela correspond au premier moment dans le scénario décrit par Platon dans le livre VII de la *République*. S. Rosen le qualifie comme « le niveau primordial de l'âme humaine » ou le stade « infra-naturel », *La production...*, *op. cit.*, p. 84.

2. Voir *République*, VI, 507c-d, mais aussi *Alcibiade*, 133a, *Théétète*, 154a, etc.

ainsi désignée : toute fiction et tout récit qui se sert d'images sur son parcours, s'inscrit nécessairement dans la vraisemblance et est créé avant tout pour être vu, saisi sensiblement, même si le but est de donner « matière à penser » et de transmettre quelque chose qui serait insaisissable ou irrecevable autrement. Mais la vision, même la plus aiguë, n'atteint pas, toutefois, la pensée pure… ᾗ φρόνησις οὐχ ὁρᾶται [1]. Il y a donc une *médiation* et une *ouverture* par le regard vers la pensée, vers l'intuition noétique et vers le raisonnement (*sunlogismos*), mais pas un accomplissement de la connaissance *dans* une « vision » *donnée à voir* (*epoptie*), comme dans les Mystères.

Jusqu'où ce regard, qui met en présence complète l'objet et le sujet, peut-il néanmoins déterminer, induire la pensée qui s'ouvre à la connaissance ? Pour quelle raison le philosophe envisage-t-il la nécessité d'une limite de la vision elle-même, alors que celle-ci est structurellement limitée par sa condition d'acte non-immanent (chez Platon du moins) au monde des Formes ? Ne serait-il pas question, plutôt, d'une limite non de la vision elle-même mais de ce que celle-ci peut produire dans un autre registre que celui de la noétique et du raisonnement ? Il s'agirait alors, en d'autres termes, d'une limite entre d'une part l'amour licite pour le visible et donc pour la clarté sensible de la lumière, finalement pour le Beau sous l'espèce de la beauté sensible, et d'autre part, la méfiance à l'égard de la fascination mortifère que le regard et la rencontre du visible engendrent ou peuvent engendrer par l'inscription de l'image dans l'âme et dans la pensée. La fascination est en effet mortifère, car elle laisse entendre que la vue aurait épuisé l'objet à partir de sa visibilité. Bloquée sur le regard, *médusée* au sens propre du terme, la pensée serait alors incapable d'aller plus loin dans le discernement et resterait sur cette immanence réductrice, pétrifiante, persuadée que l'être se réduit – tant qu'il est beau dans son évidence claire et brillante – à ce qui (lui) apparaît. À cet égard deux réponses sont envisagées par Platon : l'une dans le *Phèdre*, l'autre dans la *République*, au début du livre VII [2].

Une initiation est nécessaire pour accéder à la libre jouissance des facultés qui mènent à la connaissance et qui permettent en même temps l'expression. Les deux textes évoqués semblent à la fois décrire cette initiation et la mettre à l'épreuve : soit comme une sorte de pédagogie du regard, pour préparer l'âme (ouverte par le regard) à la rencontre réceptrice et

1. *Phèdre*, 250d.

2. Pour les rapports entre le *Phèdre* et la *République* (en particulier l'image de la caverne et le mythe d'Er, livres VII et X), voir L. Brisson, Introductive au *Phèdre*, *op. cit.*, p. 33.

transformante de la lumière des « transcendantaux », en l'occurrence du Beau et du Bien (*République*), soit comme une « initiation aux mystères des lettres », à une vraie « rhétorique philosophique », à même de rendre compte de la beauté sans faillir devant le désir de la posséder (*Phèdre*). Il faudrait alors prendre les images et les mythes de ces textes *à la lettre*, les regarder ou les entendre tels qu'ils sont, et non sous l'espèce d'une piètre ressemblance avec ce qui est essentiellement sans figure, ou sous l'espèce d'une analogie avec ce qui est radicalement sans mesure. Il faudrait ne pas les lire, donc, ni les voir comme des métaphores fuyantes, des chimères, des nymphes, des histoires de prisonniers et de gardiens, des troupeaux de figures tératologiques ou célestes qui sèment le trouble de l'équivoque et qui demandent la mise en place d'un art secondaire, bon pour les « sophistes » mais presque grossier pour un dialecticien, à savoir, l'art de l'interprétation[1]. Il faudrait plus simplement les considérer comme les expressions plus adéquates à l'expérience de l'existant, sous l'espèce d'une manifestation phénoménale transposée en termes de langage, en moyens spécifiques à l'entendement.

> La vue, en effet, est la plus aiguë des perceptions qui nous viennent par l'entremise du corps, mais elle n'atteint pas la pensée pure. Celle-ci susciterait d'incroyables amours (δεινοὺς ... ἔρωτας), si elle donnait d'elle-même une image aussi claire (ἑαυτῆς ἐναργὲς εἴδωλον) que celle de la Beauté, et qui touchât la vue (εἰς ὄψιν) – et il en serait de même de tous les objets dignes de notre amour (ὅσα ἐραστά). Car la Beauté a le privilège d'être ce qu'il y a de plus éclatant [de plus apparent ou évident] au regard et de plus digne d'être aimé (ἐκφανέστατον εἶναι καὶ ἐρασμιώτατον)[2].

LE TRAJET DU REGARD : EVASION OU CONVERSION ?

La caverne comme image de la connaissance

Rappelons, en abordant la première partie du livre VII de la *République*, que celle-ci ne constitue pas une « allégorie », ou du moins que l'auteur n'appelle pas « allégorie » le passage où il décrit la caverne et tout ce qui s'y

1. Voir au début du *Phèdre* (229d-e) le refus symptomatique de Socrate d'interpréter le « mythologème » d'Orithye et de Borée, et en général les Gorgones, Pégases, Hippocentaures et autres créatures mythologiques de ce genre. Nous abordons dans un autre ouvrage, à venir, ce dernier aspect, à savoir les raisons du refus de l'interprétation par Platon, en l'occurrence par Socrate au tout début du *Phèdre*.

2. *Phèdre*, 250d, trad. fr. Cl. Moreschini et P. Vicaire, Paris, Les Belles Lettres, 1998.

passe. Le terme est en effet absent du vocabulaire de Platon. La caverne décrite au début du livre VII de la *République* est en vérité une *eikôn* : entendons par là, en faisant appel à l'usage commun de ce terme dans les dialogues platoniciens, la présentation, plus précisément la mise en présence – par l'entremise d'une *image* de type *iconique* à même de rendre visible « quelque chose » *à fleur du langage* – d'une pensée à l'œuvre dans le discours, d'un processus en train d'accomplir son acte, de viser un but et de l'atteindre. Il nous semble important, capital même, de comprendre à quelle sorte d'image Platon fait ici appel, afin de pouvoir saisir la fonction exacte qui lui est assignée et de comprendre ainsi le processus auquel nous sommes nous-mêmes, lecteurs de la dernière heure, conviés.

Dans son commentaire Proclus, qui appelle lui aussi l'épisode de la caverne une *eikôn*, précise que cette *eikôn* est censée établir un rapport de ressemblance avec l'exemple de la ligne segmentée (fin du livre VI), illustration, de type géométrique et de genre analogique, de la théorie de la connaissance[1]. Mais, en insistant sur le principe de la ressemblance qui doit guider la lecture de l'*eikôn* de la caverne (… τῆς ὁμοιότητος … κατὰ τὸ σπήλαιον εἰκὼν)[2], Proclus ne prétend pas que les deux passages, situés dans une continuité thématique évidente, se réfèrent strictement au même problème, à savoir la définition du processus cognitif. Le commentateur néoplatonicien distingue la similitude, comme principe platonicien fondateur de la connaissance, de la ressemblance de type « iconique », celle que met en œuvre l'image-*eikôn* proprement dite de la caverne. Il distingue, en d'autres termes, l'analogie de la comparaison : d'une part la connaissance par une similitude portant sur les relations, connaissance structurée sur le modèle de la dialectique, de l'autre, la connaissance par l'image, connaissance qui intègre le sujet connaissant à l'objet de la connaissance (ici, par une intégration pronominale plus appuyée que dans le cas de l'usage des images par le sophiste, usage dénoncé dans le dialogue analysé plus haut).

Dans ce cas, l'*eikôn* de la caverne ne pouvait pas être remplacée par un meilleur *topos* de la littérature grecque. Pourquoi? Parce que depuis Homère la caverne est un lieu investi d'une double fonction symbolique : il est lieu du transit terrestre de l'âme et lieu de l'ouverture à la connaissance, lieu investi de significations à la fois eschatologiques et initiatiques, lieu intégrateur et transformateur en même temps. Dans l'*Odyssée* (chant XIII, v. 93-113 et 344-371) la grotte des Nymphes apparaît comme ce mysté-

1. Proclus, *Commentaire sur la République*, éd. Kroll, 1901, vol. I, p. 287-296; trad. fr. Festugière, Paris, Vrin, 1970, p. 101.

2. Proclus, *Commentaire sur la République*, 432, 23, *op. cit.*, p. 292.

rieux lieu du passage des âmes (la descente des humains du côté de Borée, le chemin des immortels du côté de Notos), lieu du culte qu'Ulysse rendait dans sa jeunesse. Mais en même temps, la grotte est présentée aussi comme le lieu choisi par Athéna pour dessiller les yeux de son protégé en lui faisant reconnaître ses terres (le port, l'olivier, le rivage, l'antre rempli de trésors, etc.) et lui certifier ainsi l'arrivée sur le sol rêvé d'Ithaque. Le passage est célèbre et les commentaires ne le seront pas moins dans l'histoire de la pensée ancienne[1]. Platon se sert de ce *topos* de la caverne dans trois endroits stratégiques de ses dialogues. Deux occurrences se trouvent dans la *République* : dans le livre VII la caverne est l'*eikôn* de la connaissance et donc le lieu de l'apprentissage de l'âme[2], tandis que dans le livre X, la caverne est suggérée à travers les béances qui apparaissent dans le mythe d'Er[3], et sert d'illustration pour la condition des âmes après la mort. Une troisième occurrence apparaît au début du *Phèdre*, où l'anabase-katabase du livre VII de la *République* est reprise, en renversant l'ordre (katabase-anabase), dans le trajet qui conduit au choix du lieu pour le dialogue hors des murs d'Athènes. Ce choix, qui doit correspondre à la lecture initiale du texte de Lysias, dévoile en effet le sujet du texte : le lieu se trouve près de la source des Nymphes, là où l'on raconte l'histoire de l'enlèvement de la jeune Orithye par Borée, le vent qui ravit les âmes jeunes pour les faire éclore à la vie[4].

Mais revenons à la figure classique de la caverne, image de la connaissance. Ainsi, dit Platon à la première ligne du livre VII (repris d'ailleurs au mot près dans le commentaire de Proclus), il convient, pour discourir sur notre nature (*phusis*), qu'elle soit éduquée ou non

1. Rappelons seulement le commentaire allégorisant de ce *topos* homérique écrit par Porphyre, texte dans lequel Porphyre cite aussi un commentaire de Numénius et, rappelant Empédocle, fait de cette grotte le centre de l'univers. Proclus dans son commentaire de la *République* de Platon cite également Numénius. Le commentaire porphyrien, connu sous le titre *L'antre des Nymphes*, est l'un des témoins de la postérité de ce thème eschatologique dans la littérature antique médio-platonicienne et néo-pythagoricienne. Le texte grec de Porphyre, édité par le séminaire de l'Université de Buffalo, est traduit en français par Y. Le Lay à partir de la traduction de P. Quillard, *L'Antre des Nymphes, dans l'Odyssée*, avec une préface de G. Lardreau qui retrace l'histoire et montre les enjeux de ce *topos* à travers la littérature et la philosophie grecque, Paris, Verdier, 1989, p. 7-63 pour la préface.

2. La suite de notre commentaire portera là-dessus.

3. *République*, 614c-615a.

4. *Phèdre*, 229c *sq.* Nous analysons en détail dans un autre ouvrage (faisant suite à celui-ci) ce trajet initiatique du début du *Phèdre* et les significations des éléments naturels qui composent le tableau bucolique représentant le lieu choisi pour le dialogue philosophique.

(παιδείας… καὶ ἀπαιδευσίας)[1], de faire venir à l'esprit une sorte d'« image » ou de « représentation », une conjecture, une similitude ou une comparaison – ἀπείκασον, dit le texte – et de travailler à partir de cette « approximation raisonnable », de cette « métaphore »[2] ou de cette sorte de « probabilité » (*probabilia* est la traduction cicéronienne du terme d'*eikos*)[3]. Aussi faudrait-il comprendre ce qu'est réellement un homme instruit, ou pas instruit, en regardant, en ayant sous les yeux (mais lesquels : l'organe de la vue ou la faculté imaginative de la pensée ?) l'« image d'une sorte de demeure de la forme d'une caverne » (οἰκήσει σπηλαιώδει), cette *eikos* ou cette *eikôn*, comme l'appelle Platon chaque fois qu'il doit se référer, nommer et définir ce qu'il est justement en train de brosser. La « caverne », en effet, est le plus souvent désignée comme une *eikôn* dans le texte platonicien lui-même[4]. Autrement dit, pour comprendre la définition d'un homme « instruit » Platon n'emprunte pas des exemples à son entourage ni au passé, ne donne pas des « modèles » immanents à suivre, et surtout ne parle ni de lui ni d'un autre homme connu. Pour comprendre *cela* – en somme : notre identité ou notre nature sur le parcours d'un processus de formation et/ou d'une procédure d'apprentissage – il faut nécessairement se mettre soi-même en cause en suivant les étapes du chemin proposé, passer donc par quelques lieux totalement étrangers à soi, faire des expériences aliénantes, se laisser modeler sur/par ce parcours et devenir par conséquent « instruit » non de ce qui est ainsi *dit*, *à la lettre*, mais par ce qui

1. *République*, 514a1-2. Nous utilisons l'édition de E. Chambry, Paris, Les Belles Lettres, 1967 pour le texte grec, mais préférons citer la traduction de P. Pachet, Paris, Gallimard, 1993. S. Rosen interprète ce début du livre VII comme correspondant au stade infra-naturel de la conscience perceptive ou « niveau primordial de l'âme humaine », *La production…*, *op. cit.*, p. 83-84, et précise en même temps que cette *eikôn* de la caverne n'est selon lui ni ontologique ni épistémologique, mais une image du processus de la cognition (p. 94).

2. Pour une analyse du terme ἀπεικάζω en relation avec *eikôn*, avec le sens de comparaison, illustration ou métaphore cognitive, voir E.E. Pender, *op. cit.*, p. 37-40. Pour des données récentes concernant la discussion autour du terme d'« allégorie » (*huponoia* dans le vocabulaire de Platon) et du sens « allégorique » assigné à l'*eikôn* de la caverne par Platon lui-même dans la lignée du *Cratyle*, et plus généralement dans une tradition pythagoricienne ravivée par la postérité tardive de l'Académie, voir S. Bonfiglioli, art. cit., p. 40 *sq.*

3. Il s'agit de la traduction par Cicéron du syntagme *eikos muthos* qui désigne le discours cosmologique du *Timée* ; voir à ce sujet M.F. Burnyeat, *op. cit.*, p. 144-145.

4. *République*, 514a, 515a, 517b, 517d, 519b. Voir pour la signification assignée par Platon au terme *eikos-eikôn*, outre l'article de M.F. Burnyeat déjà cité, une autre interprétation récente, celle de A. Charles-Saget, même si son analyse porte plus particulièrement sur l'usage de ce terme dans le *Timée* : « Les métamorphoses de l'*eikos* dans le *Timée* de Platon », dans *Cosmos et psychè. Mélanges offerts à Jean Frère*, E. Vegleris (éd.), Hildesheim-Zürich-New York, Georg Olms Verlag, 2005, p. 83-99.

se *produit* comme un changement ayant immanquablement lieu à l'intérieur de soi-même à l'heure même de cette « lecture performante », *anagogique*.

La formation est acquise dès lors que se produit – selon ce qui est promis par le « travail iconique » effectué dans le texte – le « réveil de la conscience », point de départ de la prise en compte du fait que l'on se trouve bel et bien sur le parcours de telle ou telle étape de la connaissance elle-même : ἐν τῷ ὁρωμένῳ τόπῳ ... εἰς τὸν νοητὸν τόπον[1]. Il ne faut pas en revanche s'attendre à la découverte, à l'extérieur de soi, d'une vision révélatrice de « vérité transcendante » donnée d'emblée, au terme d'un exercice d'ascension par exemple, ni à la possibilité d'accéder à un « art », à une *tekhnè* à même d'être apprise par cœur, tels les gestes d'un métier quelconque, ou encore les paroles d'une pièce de théâtre ou d'un discours politique que l'on apprend pour pouvoir le réciter à chaque occasion. L'*eikôn* de la caverne n'est donc rien d'autre que la *forme en acte* de l'instruction elle-même, telle qu'elle est proposée par le texte, et non le fruit d'une démonstration du principe de la connaissance, principe illustré juste avant à l'aide du schéma analogique de la ligne sectionnée. Encore autrement dit, l'*eikôn* n'est pas un *comme si*..., malgré le οἷον du début qui annonce l'image à venir, mais bien l'application pratique du moyen même qui rend visible (accessible) l'objet recherché et au long duquel l'instruction s'accomplit, chemin faisant.

Quelques précisions de l'ordre du « fonctionnement *textuel* » (non *principiel*) nous paraissent encore nécessaires à l'orée d'une analyse de la

1. *République*, 516b et 517b. Nous associons deux passages du texte que nous allons analyser, passages qui correspondent, pour le premier, au terme de l'« ascension » vers la lumière du jour, et pour le second, à la récapitulation du trajet effectué en vue du but qui est réellement visé, et stratégiquement au moment où se dessine la possibilité du retour. Précisons, par ailleurs, que nous appelons de manière anachronique « réveil de la conscience » le point de retournement sur soi, de « conversion » qui marque la naissance de la *réflexivité de la connaissance*. Nous n'avons pas la possibilité d'insister ici sur ce vaste sujet, mais retenons seulement que le terme de « conscience » ne se trouve pas chez Platon : *conscientia* apparaît pour la première fois chez Apulée (*De Deo Socratis*, XVI, 156), et ce terme, latin, désigne le fruit d'une recherche d'intériorité, de profondeur secrète de l'être, de fond de l'âme, recherche menée conjointement par l'instruction philosophique et par des expériences « spirituelles », religieuses ou théurgiques, ce qui n'a rien à voir avec le discours platonicien que nous analysons ici. Une fois de plus on peut mesurer l'écart entre la thématique structurelle mise en place par la pensée de Platon et la « doctrine platonicienne », telle qu'elle est professée dans les différentes écoles, à Athènes, à Alexandrie ou à Rome, plusieurs siècles après la mort du Maître de l'Académie. Rappelons qu'Apulée avait fait, lui, ses études à Athènes vers la moitié du IIe siècle ap. J.-C.

fonction directrice dévolue au regard dans ce contexte. Cette *eikôn* n'est pas quelque chose de premièrement *visible*, mais quelque chose que nous sommes censés *voir mieux à l'écoute* ou à la lecture d'une démonstration qui passe par les mots. Elle aurait la fonction d'une figure, d'un schéma dont l'explication se trouve dans le texte et non dans la figure elle-même – muette et presque insensée en dehors des paroles qui l'éclairent et l'interprètent, tel un acteur qui récite des vers. Arrachée au texte, dépourvue de son support de paroles qui lui donnent cohérence et donc réalité, même si ce n'est que la réalité d'une vraisemblance d'être et non celle d'une existence *ontologique*, réelle, cette *eikôn* n'aurait plus aucun sens. Hors du langage, elle serait réduite au même statut que celui, obscur et sans consistance, des ombres qu'elle-même dénonce. Mais si l'autonomie de l'*eikôn* par rapport au discours n'est pas envisageable (comme dans un texte « littéraire » ou mythologique, d'ailleurs), nous ne pouvons pas pour autant inférer un rapport de subordination de l'image au texte, et analogiquement un rapport qui réduit la connaissance sensible jusqu'à l'exclure du terrain de la vérité recherchée, au profit d'une intellection dominée par le seul logos. Ce serait aller trop vite en besogne et fausser la perspective du texte. La relation entre l'*eikôn* et le *logos*, entre la connaissance perceptive et l'intellection nous semble ici bien plus complexe. Pourquoi? Cela tient au statut double assigné par Platon aux images : il y a des « bonnes » images, des images qui aident au dévoilement du sens en travaillant, presque de connivence, avec le langage comme des expressions proches de la pensée[1]; et il y a des « mauvaises » images, qui ne sont dignes que pour la distraction des enfants ou pour la persuasion des êtres jeunes d'esprit aimant écouter des histoires avec la Chimère et les Nymphes, des images qui sont aliénantes pour la pensée et qui sont à bannir au titre du mensonge (du faux-semblant de vérité) qu'elles induisent dans l'esprit, dans la *dianoia*. Il y a donc des images qui dévoilent de manière démonstrative le « vrai » (*i.e.* la « réalité », ou l'évidence, la clarté phénoménale du monde) et d'autres qui le cachent sous des oripeaux et des travestis.

Dans le cas particulier de la « caverne », l'*eikôn* semble fonctionner comme un détour ou comme un regard de biais, un regard avec « prise de

1. Voir pour les « bonnes images » l'analyse de leur fonction logique chez Platon par Cl. Imbert, *Pour une histoire de la logique. Un héritage platonicien*, *op. cit.*, en particulier p. 11, 66-67, 82-83. Dans le sillage du *Commentaire* de Proclus à la *République* (I, 84, 22) S. Bonfiglioli parle, elle, de deux types de « mythes » : les « mythes paidétiques » et les « mythes initiatiques », ceux qui servent à l'éducation des jeunes et ceux qui sont « des évocations hiératiques et symboliques de la divinité », *op. cit.*, p. 39.

distance », comme une sorte d'approche critique, une vue de l'extérieur de l'affaire, comme si nous n'étions absolument pas concernés : point de vue d'un dieu, d'un étranger ou d'un philosophe qui raisonne mais ne se mêle pas aux affaires de la Cité. Mais ceci est une perspective feinte, l'illusion d'un moment, car, en effet, c'est constamment *nous* qui sommes au premier chef concernés et qui allons découvrir, grâce à la ressemblance dénoncée dans le texte, quelque chose *sur nous-mêmes*; quelque chose qui nous concerne et qui nous appartient *par nature*, quelque chose d'*universel*, mais qui ne se voit pas au demeurant, et ne peut se voir que par l'entremise d'une *eikôn* dressée comme un « miroir » à notre intention, ou comme une « image » brossée à dessein et levée à la portée de notre regard. C'est à *nous* que Platon s'adresse : *nous* devenons soudainement les interlocuteurs du texte, et plus précisément ses *habitants*, *i.e.* les habitants de la caverne et de ses alentours par l'image-discours interposé(e). Et c'est par conséquent *nous* qui sommes, par notre lecture et par notre entendement, le véritable support sur lequel s'inscrit l'*eikôn anagogique* brossée par Platon. À partir de là, peu importe à qui *nous* nous identifions selon telle ou telle interprétation : aux prisonniers à œillères de cheval, c'est-à-dire aux citoyens lambda de la Cité? aux montreurs de marionnettes, *i.e.* les sophistes, les enseignants, les orateurs? ou aux gardiens invisibles, peut-être philosophes, peut-être prêtres ou archontes? – ceux qui entretiennent le feu (feu sacré du temple?) et qui contrôlent le passage des porteurs d'objets (d'offrandes?), ainsi que la libération conditionnelle et exemplaire d'un prisonnier, à ses propres risques et périls, par ailleurs.

Ἰδὲ (de εἴδω : se représenter) est l'injonction de départ[1]. Se succèdent ensuite quatre verbes du regard : ὁράω, βλέπω (avec des prépositions de direction, ἀνα et κατα), puis σκοπέω et θεωρέω, dans cet ordre pour la sortie de la caverne, et dans l'ordre inverse au retour du prisonnier délivré dans la caverne. L'histoire est connue et nous n'en reprendrons pas ici le fil. En revanche, il n'est peut-être pas inutile d'analyser le vocabulaire utilisé pour détailler la rencontre entre la vue, le visible et la lumière, ainsi que le retour aux ténèbres, en analysant en l'occurrence l'usage du vocabulaire de la vision, du regard et de la contemplation, et en tenant compte à cet égard de deux acquis : 1) la complexité et la spécificité du vocabulaire platonicien du regard tel que nous l'avons esquissé plus haut; 2) l'usage particulier de l'image dans la théorie platonicienne de la connaissance, usage non-anecdotique si l'on tient compte du rapport de l'image avec le langage

1. *République*, 514a.

tel qu'il apparaît dans des dialogues ultérieurs à la *République*, comme *Phèdre*, *Timée* ou le *Sophiste*. Nous proposons donc deux axes de l'analyse du passage 514a – 519c de la *République* :

a) la terminologie du regard dans sa syntaxe spécifique et dans la taxonomie voulue par Platon pour illustrer sa théorie à même son déploiement. La terminologie du regard engage en outre une étude complémentaire des positions ou des relations entre le regardant et l'objet de son regard, et réclame conséquemment une attention particulière à la scénographie, au mouvement, au rôle de la lumière et à la détermination de la source et de la nature de celle-ci.

b) le rôle de l'image, et plus généralement, du visible, mis en parallèle constante avec le rôle du *logos*. À qui reviendrait en effet la préférence de Platon au sein de la théorie gnoséologique esquissée dans ce passage, le plus célèbre de toute la philosophie ? Autrement dit, sommes-nous plus proches de l'idée du Bien (ἀγαθοῦ ἰδέα) par l'entremise de la parole qui l'appelle de ce *nom* et qui nous permet de construire un « discours de vérité », ou simplement de formuler un raisonnement et une définition à son égard à même de (nous) la rendre intelligible ? Ou sommes-nous de fait proches seulement de l'image imprimée par l'idée du Bien dans le *noûs* (par l'*ennoia*) – sachant que le *noûs* se trouve éclairé par la réception de la lumière du Bien à travers la reconnaissance ou la distinction des actes, et qu'il peut *voir* ainsi (non sans peine, μόγις ὁρᾶσθαι) l'idée de Bien comme cause du « juste » et du « beau », tel le regard découvrant à la lumière du soleil l'unité conditionnelle du visible dans et à travers la multiplicité des *étants* ? L'image que saisit ainsi la vue est alors « agissante », rémanente, active et indélébile comme une trace. Elle est en outre attrayante (claire et belle le cas échéant), afin de guider ou orienter le *noûs* (le nôtre, bien évidemment) sur le parcours de son intellection et de sa pratique du Bien. S'il y a une complémentarité évidente, et finalement une dialectique de la vue et de l'intellection, on ne peut pas déduire à partir de là une analogie, ni en construire une au sens strict du terme, analogie entre un usage exclusif du logos en vue de l'intellection et le rôle que joue le regard à la saisie de la lumière du soleil – analogie qui nous permettrait alors d'interpréter ce passage, et toute l'*eikôn* de la caverne, comme une « simple » reprise de l'exemple de la ligne et non comme une véritable mise en pratique de la théorie ainsi décrite.

> Voilà donc comment m'apparaissent les choses (Τὰ δ' οὖν ἐμοὶ φαινόμενα οὕτω φαίνεται) : dans le connaissable [à la limite, ou au terme du connaissable] (ἐν τῷ γνωστῷ τελευταία) c'est l'idée du bien (ἡ τοῦ ἀγαθοῦ ἰδέα), et on a du mal à la voir (μόγις ὁρᾶσθαι), mais une fois

qu'on l'a vue (ὀφθεῖσα δὲ) on doit conclure (συλλογιστέα) que c'est elle, à coup sûr, qui est pour toutes choses la cause de tout ce qu'il y a de droit et de beau (εἶναι ὡς ἄρα πᾶσι πάντων αὕτη ὀρθῶν καὶ καλῶν αἰτία), elle qui dans le visible a donné naissance à la lumière et à celui qui en est le maître (ἔν τε ὁρατῷ φῶς καὶ τὸν τούτου κύριον τεκοῦσα), elle qui dans l'intelligible (ἔν τε νοητῷ), étant maîtresse elle-même (αὐτὴ κυρία), procure vérité et intelligence (ἀλήθειαν καὶ νοῦν παρασχομένη); et que c'est elle que doit voir (ὅτι δεῖ ταύτην ἰδεῖν) celui qui veut agir de manière sensée (ἐμφρόνως πράξειν), soit dans sa vie personnelle, soit dans la vie publique (ἢ ἰδίᾳ ἢ δημοσίᾳ)[1].

Il nous semble pouvoir affirmer que la position novatrice de Platon consiste à mettre en évidence les limites du langage à l'égard du visible et dans le témoignage de l'expérience de la vision en acte, et à définir, comme révélateur de ces limites, le statut ontologique, intermédiaire et opératoire, propre à l'image. L'image n'est donc pas seulement un moyen de saisir la condition de visibilité fondamentale de l'existence du monde et de l'être, mais aussi l'indicateur de possibilité pour l'intelligibilité de cette condition *sine qua non*. Cela peut avoir lieu grâce à l'intégration de l'image iconique comme moyen propre de la pensée, relevant ainsi d'un support commun avec le logos. Ce statut particulier de l'image rejaillit, à partir de cet exemple de l'*eikôn* de la caverne, sur le statut du logos lui-même, sur son hésitation permanente, et dialectique au fond, entre « signifier » et « montrer » quelque chose. Finalement c'est la vision elle-même qui met en place et oriente le choix : il s'agit de tendre vers..., d'orienter son regard, de viser une signification, d'apprendre dès l'exercice de la faculté perceptive le pouvoir de discernement (entre les « bonnes » et les « mauvaises » images, pour reprendre la distinction définie plus haut), et de se constituer dans une relation propre avec la vision reçue, de s'auto-situer dans un rapport « dynamique » qui permet de déterminer l'identité et la différence dans la définition même, universelle, de la ressemblance; si besoin est, dans la participation ou dans la parenté – même si la connaissance véritable de l'identité est finalement incirconscriptible à des noms, à des dessins ou à des concepts[2]. Cette connaissance reste pour Platon « ineffable », « indicible », « inexprimable », « aporétique », semblable en tout ceci au rapport imparfait du logos à l'être, selon la démonstration ontologique exposée

1. Nous citons ici ce passage clef de la *République* (517b-c) dans la traduction de P. Pachet, *op. cit.*, p. 362, avec une légère modification.

2. Voir encore une fois la « leçon du cercle » dans la *Lettre VII*, 342b-344d, *op. cit.*

dans le *Sophiste*[1]. D'où la nécessité pour Aristote de sortir le langage de cette « impasse » platonicienne, considérée comme « archaïque », fondée sur des mots qu'il qualifie comme vides de sens, comme des « métaphores », comme un traitement du langage impropre à la démarche philosophique. À cet égard, le Stagirite conçoit d'une part une noétique où les images sont reléguées à la faculté imaginative (à la *phantasia*), et de l'autre, une logique exempte du rapport à la vision, fondée exclusivement sur les catégories du langage et sur la raison significative incluse dans la prédication. Coupé de l'image, le langage est alors réduit à un statut basé, en somme, sur le *sens visé* et non sur la *nature signifiante* des mots. Mais la conséquence se reporte aussi sur l'image. Celle-ci est subordonnée au pouvoir de vérité attribué exclusivement au langage, situation qui sera maintenue jusqu'à l'époque moderne, ou presque, et qui laissera aux images un rôle éminemment pédagogique, et finalement mineur dans la transmission des savoirs et dans l'acquisition de la science. Seul le pouvoir de fascination des images, et donc leur rapport de connivence avec le pouvoir de domination, leur vaudra encore un usage « utilitaire », économique et politique, presque à hauteur de parole quand celle-ci se veut persuasive, démonstrative, ou purement et gratuitement rhétorique.

Étapes du trajet : seuil, appropriation de la ressemblance, l'amorce du retour

I. *Seuil.* – Au départ Platon doit donner une consistance à son *eikôn* de la caverne, une épaisseur dans laquelle les significations assignées puissent s'installer ultérieurement, voire construire leur discours sur l'accès à la connaissance du Bien. La « vraisemblance » d'une *eikôn* réclame, par définition, la circonscription d'un lieu spécifique. Cela consiste à fixer des limites et à distribuer de manière opérationnelle l'étendue d'un espace comme si des êtres vivants pouvaient s'y trouver. L'image *iconique* de la caverne n'est donc pas une projection bidimensionnelle. Elle ne peut pas être confondue avec une esquisse, avec un tableau ou avec un schéma exemplaire constitué de traits comme les mots-images ou les images-parlées d'un sophiste, mais doit s'envisager dans les trois dimensions. Nous avons affaire à l'*eikôn* d'une « scène » dont l'étendue dans l'espace

1. *Soph.*, 241a : « l'imprononçable », « l'ineffable », « l'inexprimable », « l'impensable » (ἄφθεγκτα καὶ ἄρρητα καὶ ἄλογα καὶ ἀδιανόητα). Les occurrences de ces négations, censées insister sur les limites du langage par rapport à l'être et à la vision, sont récurrentes dans le dialogue cité.

est indiquée par la distance ou l'éloignement (πόρρωθεν) nécessaire entre la paroi-écran des ombres (non nommées encore), le feu producteur de ces ombres (non-apparent, hors-champ pour l'instant) et un milieu qui correspond au positionnement des prisonniers enchaînés dans ce lieu exclusif d'une vision nécessairement orientée.

L'équivalent de cette *eikôn* serait la scène du théâtre, et le discours chercherait à produire par les moyens de la philosophie un effet équivalent à celui d'une tragédie. Le texte pourrait d'ailleurs constituer le décodage ou le décryptage, oserons-nous dire, du fonctionnement d'une tragédie (Platon en était bien capable), hors récits des faits, noms particuliers et présentation de traits « de genre » pour les personnages. Mais ce n'est pas cette possibilité d'interprétation, pas plus qu'une autre interprétation d'ailleurs, qui nous intéresse plus particulièrement dans cette étude. Nous n'insisterons donc pas là-dessus. La détermination d'un lieu (*topos*) coextensif à la vision, et ce qui s'y passe en prenant acte du fait de « se trouver dedans », dans le lieu spécifique de la vue (ἐν τῷ ὁρωμένῳ τόπῳ, dira Platon un peu plus loin dans le texte, en qualifiant ainsi la caverne[1]) – voilà ce qui nous apparaît comme une explication nécessaire à la compréhension de ce début de description.

Les prisonniers de la caverne voient uniquement devant eux (τὸ πρόσθεν μόνον ὁρᾶν), donc de face (*pros*), selon une position et un point de vue uniques. Ils voient ce qui se présente à leurs yeux de différentes manières. En effet, les ombres qui défilent, et qu'ils prennent pour des êtres réels, peuvent être de face ou de profil sans que leurs traits distinctifs soient indicatifs d'une identité exacte et d'une position précise. La connaissance est donc de tout point de vue imprécise. Bien qu'ils soient dans une relation visuelle *directe* avec l'objet de la vision, ce que les prisonniers voient est toutefois une médiation, est l'effet d'un jeu de marionnettistes, de faiseurs de tour de magie et de prestiges de foire; θαυματοποιὸν est le terme qui apparaît ici, et ce n'est pas sans rappeler le nom donné au sophiste, l'εἰδωλοποιὸν[2]. Le premier verbe employé pour exprimer la perception visuelle est celui de la vue, ὁράω, et les premiers objets visibles nommés comme tels sont des *apparitions* « miraculeuses ou effrayantes » (τὰ θαύματα), des images en quelque sorte absurdes puisque sans corps et sans rapport immédiat avec quelque modèle que ce soit. Pour l'heure les habitants enchaînés de la caverne n'ont à leur propre égard que l'image (l'expression ou l'idée) d'une identité de soi déterminée par l'exercice

1. *République*, 516b.
2. *Soph.*, 239d. Voir aussi 235a-b.

d'une vue directe sur la paroi, tandis que l'indéterminé, l'inconnu, se situe pour eux du côté de l'objet vu : ce « quelque chose » de mystérieux et d'attrayant qui apparaît soudainement, et qui disparaît pour ré-apparaître quelque temps après, sans identité, sans cause et sans effet secondaire à leur apparition.

Néanmoins, à ce stade perceptif primaire, réduit à la désignation purement indicative, au niveau simplement déictique de la saisie, le visible se décline déjà sur plusieurs registres ou dans plusieurs « régimes de visibilité ».

a) L'*eikon* de la caverne devient une sorte de scène de tragédie muette et un lieu scénique « étrange », un lieu sans lieu véritable (ἄτοπον... εἰκόνα)[1]. C'est un lieu structurellement semblable à la condition des prisonniers eux-mêmes, vivants mais privés de la possibilité de l'acte, du mouvement, ou encore semblable au statut des ombres qui défilent sans épaisseur corporelle et sans lien direct avec ce qui les produit et les fait bouger.

b) Vient ensuite la vraisemblance des « porteurs d'objets » (οἷον εἰκὸς), les « montreurs de marionnettes » – agents producteurs des ombres saisies sur la paroi, au fond de la caverne. Seul le lecteur du texte peut avoir l'intuition de leur existence, peut conjecturer sur leur vraisemblance, et non les prisonniers enchaînés à leur point de vue unique. À partir de là il (nous) apparaît clairement qu'à ce stade du processus le lecteur du texte n'est pas encore identifié par Platon à un habitant de la caverne.

c) Quant aux « objets portés », ils sont simplement désignés ou décrits comme formellement divers, anthropomorphiques ou zoomorphiques, et sont définis selon la nature de leur support : ils sont travaillés dans des matières différentes, pierre ou bois (ἀνδριάντας καὶ ἄλλα ζῷα λίθινά τε καὶ ξύλινα καὶ παντοῖα εἰργασμένα)[2]. On peut seulement conjecturer qu'ils se trouvent à des degrés plus ou moins parfaits de similitude formelle à l'égard des êtres ou des objets *vrais* qu'ils sont censés représenter, puisque ces objets sont en pierre ou en bois alors qu'ils sont censés « être » des simili-humains ou des simili-vivants. En outre, tantôt ils parlent, à travers la voix des marionnettistes, comme par ventriloquie, et tantôt ils se montrent seulement, et leur aspect ou le son de leur voix suffit comme identifiant à la seule vue ou à l'ouïe.

d) Enfin, comme un dernier effet de cette visibilité soumise, de manière récapitulative, à toutes les conditions nécessaires à la perception naturelle, apparaissent les productions de l'acte présumé de porter des objets dans la

1. *République*, 515a.
2. *République*, 515a.

proximité d'un feu : à savoir les *thaûmata* (τὰ θαύματα), les figures « artificielles » des ombres projetées, à distance des objets producteurs et non à la traîne de leurs corps comme les choses vues en plein jour, avec des ombres portées dues à l'intensité du soleil. Il s'agit d'une sorte d'effet secondaire à la mise en service de leur existence en tant qu'objets purement visibles et en réalité inexistants, pour illustrer la médiation qui détermine le processus de la perception, indépendamment de la recherche réfléchie de la connaissance par la détermination précise de la nature et de l'identité de chaque chose à travers le raisonnement et l'expression.

La perception spécifique – de cette multiplicité d'objets et de régimes variés de visibilité – est soit de l'ordre de la vue (exercice de la faculté sensorielle), soit de l'ordre d'une représentation mentale : les formes verbales de ἰδέ - ἰδέω et de ὅρα - ὁράω alternent à plusieurs reprises dans le passage que nous venons d'analyser[1]. Il s'agit, avec cette première étape du trajet, de la mise en place d'une *description*, stade primaire du logos, qui doit pouvoir *constituer* en même temps que *performer*, et actualiser ainsi pour le lecteur, *le premier temps* du processus cognitif dans l'engrenage duquel se trouve tout entrant sur la voie de la connaissance. C'est, autrement dit, la mise en place du cadre approprié, l'établissement des moyens et la désignation des instruments au service de l'acte en cours. Mais cette *eikôn*, cette description, ce « tableau » à la fois montré et présenté en paroles est pour l'instant seulement « vu » par le lecteur, saisi depuis l'extérieur, selon les éléments visuels qui lui sont à dessein « montrés ». *Nous* sommes placés devant la scène, sur le seuil de la caverne, mais *nous* sommes, pour l'heure, décidément hors jeu.

II. *Appropriation de la ressemblance.* – Arrive ensuite le terme de la ressemblance (ὁμοίους) qui amorce *le second temps*. Aussitôt prononcé, le terme de la ressemblance appelle son complément, ἡμῖν, qui devient dans le contexte une sorte de « sujet » philosophique de la démonstration : « nous », ἡμεῖς, avec un effet inévitable de réciprocité – soit à qui « ils » (*ceux-là*, les prisonniers) ressemblent, soit à qui nous-mêmes nous ressemblons. C'est une mise en cause qui n'a sans doute rien d'innocent. « Nous », comme eux, comme les autres, ceux de la caverne, nous ne voyons rien d'autre (τι … ἄλλο) – et le verbe employé est encore celui de la vue sensible, *horaô* – que des ombres (τὰς σκιὰς) qui sont devant nous, en face, par la projection envoyée (visée, *eis*) sur/contre/devant (*pros*) la

1. *République*, 514a-515a.

paroi-écran par le feu allumé dans une proximité encore indéterminable. Nous voyons donc de face et droit en face : κατ-αντικρύ.

Notons au passage que le choix (ou la contrainte, en l'occurrence) de la vue de face est dénoncé(e) par Socrate comme étant ce qui justement ne permet pas une vraie connaissance de celui dont on saisit ainsi le visage : οὐ πρὸς τὸ σὸν πρόσωπον…, « ce n'est pas à ton visage que je m'adresse mais à toi-même; c'est à ton âme que je parle et non à ce que j'ai devant les yeux », dit Socrate à Alcibiade, non sans un subtil jeu phonétique (comme un effet d'écho produit inévitablement par la relation de face, par l'envisagement direct : πρὸς τὸ… πρόσωπον), dans le dialogue qui précède le fameux passage sur la connaissance de soi par le regard plongé dans le regard d'un autre[1]. Aussi la vue de face engendre-t-elle une saturation du phénomène visible et obture la possibilité d'un dépassement du figuratif et du visuel[2].

La ressemblance dévoile maintenant le but du discours : elle nous intègre, nous prend dans ses rets, assure la réciprocité-réflexivité nécessaire à la démonstration et dévoile la nature de l'objet visible (une ombre, *skia*) selon la qualité de la saisie (vue sensible) et la direction de celle-ci, en l'occurrence la position de face, dans la réciprocité (provocatrice) du vis-à-vis. Si dans le premier temps nous pouvions encore parler avec nos propres termes d'une sorte d'« allégorie » qui ne se déclarerait pas comme telle mais montrerait tous les éléments spécifiques de celle-ci (image verbale, mise en place d'une perspective spatiale, effet assuré d'étonnement ou d'effroi – ce sont les attributs de l'allégorie indiqués plus tard par les auteurs de manuels des figures de la rhétorique[3]), à ce stade nous ne sommes plus, nous semble-t-il, devant la possibilité d'une lecture du passage sous l'espèce d'une allégorie, fût-ce sous le terme d'*huponoia*, et encore moins sous celle d'un mythe (comme dans le cas du *Timée* par exemple)[4]. La « narration » qui s'ensuit a un tout autre caractère que celui

1. *Alcibiade*, 130e.

2. C'est l'un des cas de « phénomène saturé », analysé par J.-L. Marion dans « Le phénomène saturé », dans *Phénoménologie et théologie*, Paris, Criterion, 1992, et repris dans plusieurs de ses derniers ouvrages, dont récemment *Le visible et le révélé*, Paris, Le Cerf, 2005, p. 35-74.

3. Voir par exemple l'une des premières définitions explicites de l'allégorie, celle de Démétrios (Pseudo-Démétrios de Phalère) dans son traité Περὶ ἑρμηνείας, *Du Style*, éd. et trad. fr. P. Chiron, Paris, Les Belles Lettres, 1993, p. 32 pour la définition de l'allégorie.

4. Pour une interprétation du terme *huponoia* comme désignant l'« allégorie » *avant la lettre*, selon quelques occurrences platoniciennes dont celle du livre II de la *République* (378d), voir S. Bonfiglioli, *op. cit.*, mais avec une interprétation fondée plutôt sur la lecture

d'un récit, d'une « histoire ». Par ailleurs, nous ne sommes plus, comme au départ, sur une plateforme extérieure à la scène, dans la situation « confortable » d'un tiers qui a la possibilité d'un point de vue détaché, mais nous participons effectivement à la scène, nous sommes comme engloutis, comme aspirés par la pénombre fascinante de la caverne où quelque chose semble se passer.

Le *second temps* du discours de la caverne n'est toutefois pas encore achevé avec la simple détermination d'un processus actif de ressemblance comme relation de réciprocité (voire d'identification psychologique à l'objet vu, ou simplement de tautologie linguistique). Plus précisément, pour que la ressemblance, qui annonce ce second temps du processus de la connaissance, soit complète (*i.e.* parfaite et véridique) il ne suffit pas de montrer le « miroir » des êtres que nous sommes, pour engager une relation et donner le coup d'envoi à une recherche d'identité et au processus de connaissance. Il faut aussi faire entendre ce que nous-mêmes nous faisons; en l'occurrence, il faut que les prisonniers de la caverne puissent faire comme nous, *i.e.* non seulement regarder mais parler entre eux, comme s'ils « dialoguaient » (διαλέγεσθαι), en témoignant ainsi de leur vraisemblance par leur propre acte, avant, certes, qu'ils ne prennent conscience de leur condition d'habitants d'un monde souterrain. L'image *iconique* que nous avons maintenant devant nos yeux est donc non seulement une image spatiale mais en outre une image audible et animée. Et puisqu'elle est animée, elle peut désormais changer de place; peut ne plus être *devant* mais bien *en nous*, nous intégrant ainsi à son animation, aussi factice soit-elle.

médio- et néoplatonicienne (Plutarque, Proclus, Pseudo-Denys) et en référant aux ouvrages de J. Pépin, *Mythe et allégorie*, Paris, Aubier, 1958, et de R. Mortley, *Connaissance religieuse et herméneutique chez Clément d'Alexandrie*, Leiden, Brill, 1973. Remarquons toutefois que le terme d'*huponoia* implique l'intellection d'un sens caché sous la lettre et sous l'image, tandis que dans le cas précis de cette étape du processus cognitif, nous sommes dans la situation d'envisager une image frappante, situation propre à une figure du langage et donc à un traitement plutôt rhétorique qu'herméneutique du rapport au texte. C'est pourquoi nous pensons que Platon emploie ici *eikôn* pour désigner une image frappante par sa similitude et non une « allégorie » nécessitant un travail d'interprétation. Le refus de l'interprétation des mythes par Socrate dans la mise en scène du début du *Phèdre* (229c-230a) nous permet d'opérer cette distinction dans les traitements différents de l'image par le langage. Nous voyons dans ce refus d'interprétation du mythologème d'Orithye et de Borée du début du *Phèdre* le coup d'envoi pour la distinction qui sera faite sur le parcours du dialogue entre un usage rhétorique et un usage dialectique du langage dans la philosophie. C'est ce même traitement différencié du langage qu'il faut respecter à l'égard de l'image dans l'analyse des deux étapes signifiées dans le livre VII de la *République* par l'*anabase* et la *katabase*, la libération du prisonnier et le retour dans la caverne.

Pourquoi faut-il la voir s'animer ainsi ? Parce que la vue, qui est dans ce cas fixée sans alternative sur les ombres, ne se constitue comme saisie véritable de quelque chose qu'à une condition près : celui qui voit, doit en outre se constituer lui-même comme visible et nommer ce qu'il voit – ὀνομάζειν ... τὰ ὄντα <ὀνομάζοντας> ὁρῷεν ... (nous avons partiellement inversé pour la clarté de l'interprétation l'ordre des mots du texte grec)[1].

Remarquons qu'il ne s'agit pas encore, à ce stade de la connaissance, d'identifier les ombres en tant qu'ombres, mais de désigner l'équivalence entre l'*objet visible* et l'*objet nommable* (dicible), cet *objet* n'étant pour l'instant qu'un simple pluriel générique du réel : *i.e.* des *realia*, des « choses existantes » (ou « ce qui est réellement », selon la variante retenue par d'autres versions[2]). Cependant, l'introduction de la nomination comme répondant à la saisie visuelle, assure et renforce même la condition de réciprocité ou de réflexivité dans/par l'image, selon le principe de ressemblance (ὁμοίους) qui avait annoncé l'ouverture de ce *second temps* du discours de la caverne. La nature de toute image, comme de toute chose créée, fabriquée, produite, réside dans ce principe, mais ce principe (de la ressemblance) doit ici fonctionner sur tous les registres de la perception et non seulement sur le principe du miroitement qui définit la saisie des choses visibles. Aussi est-ce la raison pour laquelle l'évocation de la nomination, et donc de la parole complémentaire des choses vues (des ombres, en l'occurrence), est aussitôt suivie du double dans la qualité sonore de la parole, à savoir de l'écho.

Les êtres animés de la caverne parlent, en effet, mais les ombres qu'ils regardent sans autre position alternative que celle *de face*, pourraient aussi parler à leur tour s'il y avait l'écho (τί δ' εἰ καὶ ἠχὼ) des paroles prononcées par ceux qui portent les objets dont les prisonniers voient sur leur paroi-écran les ombres. Et à nouveau la direction et la situation du rapport entre le « réel » et son double, sonore cette fois-ci, est, comme plus haut à l'égard des ombres, de l'ordre d'une opposition « crue », frontale et exemplaire : la position de vis-à-vis ou de face-à-face (κατ-αντικρύ). La qualité sonore de la prononciation prend le pas sur le sens du mot : dans ce *second temps* de notre scène « iconique » le déterminant visuel – c'est-à-dire la faculté de voir ὁράω et l'objet visible qui n'est qu'une ombre, ἡ σκιά – s'associe quasi automatiquement à la voix et à la faculté de l'ouïe. Le verbe φθέγγομαι apparaît deux fois dans la même phrase, comme pour souligner

1. *République*, 515b.

2. Voir les notes à ce passage dans l'édition Les Belles Lettres, *op. cit.*, et les notes de la traduction proposée par P. Pachet, *op. cit.*, p. 358.

la qualité vocale de la langue qui se prononce, se scande même, dans le cas d'un discours ou d'un poème. Nommer dans ce cas n'est rien d'autre que faire entendre le son de sa propre voix ; on ne s'engage pas encore à trouver le mot ou le nom juste (le *kurios onoma*) de ce que l'on voit, dès lors que l'on ne voit pas le « vrai » ou le « réel », et que peut-être on ne voit même pas *vraiment*, puisqu'on ne voit ici que ce qui nous apparaît, sans avoir la possibilité de saisir le principe (ou la cause) et les conditions de la visibilité. Autrement dit – et c'est bien la conclusion de ce *second temps* [1] – l'identité en tant que l'être « vrai » (τὸ ἀληθὲς) de la chose, n'apparaît pas *avec* et *dans* ce qui se donne à voir (ou à entendre comme l'écho), tant que ce qui se donne à voir est vu uniquement de manière frontale, sur l'horizontale d'une relation d'affrontement. La connaissance qui résulte d'un rapport immobile et de l'obligation d'un face-à-face, la connaissance qui ne provient pas, en outre, d'une décision propre de celui qui regarde de viser l'objet qui se présente de cette manière ou d'une autre, n'est pas une connaissance vraie ni une connaissance parfaite. Cela engage aussitôt une relation d'opposition avec l'animé, et met donc en cause, réciproquement, le récepteur et l'objet ou l'être de sa réception. Remarquons aussi que l'animé suppose le mouvement, mais que la saisie de l'animé ne peut avoir lieu que par l'entremise d'un double du mouvement, d'une « icône » du mouvement qui est dans ce cas l'ombre qui défile, ombre aussitôt associée à l'écho [2]. Par rapport à une ombre portée, l'ombre qui défile devant les yeux des prisonniers est détachée de tout corps portant et se présente associée à un support de fortune, une paroi, de même que l'écho est détaché de l'organe sonore et flotte dans l'espace, signifie par le simple fait qu'il s'entend, mais n'apporte pour autant ni identité ni signification précise à son acte et à cette sonorité détachée de tout sens [3].

1. *République*, 515c.

2. *République*, 515b.

3. Il y aurait encore des précisions à faire sur ce statut particulier des ombres de la caverne platonicienne, notamment en ce qui concerne le rapport de l'ombre avec le corps actant et/ou avec un support « étranger », en comparaison avec le statut du reflet dans l'eau ou dans un miroir. Nous nous bornons à citer seulement les remarques préliminaires de S. Rosen, *La production...*, *op. cit.*, p. 72-73, sur l'impossibilité d'une construction analogique concernant le régime lumineux et donc le régime de la visibilité à l'extérieur et à l'intérieur de la caverne, en raison même de la distinction entre les ombres autonomes de la caverne et les « ombres portées » qui apparaissent dans la lumière du jour. Rappelons aussi la distinction bien nette entre le régime des ombres et celui des reflets (eaux ou miroirs) chez Platon (*République*, 510a ou 516a), distinction absente chez Aristote (*De anima*, 419b) ; cet aspect est analysé par F. Frontisi-Ducroux, *Dans l'œil du miroir*, *op. cit.*, p. 171-172. Pour l'usage du « motif » de

III. *L'amorce du retour*. – C'est ainsi que tout se passe de *toute nécessité* : πολλὴ ἀνάγκη – la formule, habituelle, clôt ce second temps, le temps de notre mise en cause comme « sujet(s) » dans la caverne, temps aussi de la précision nécessaire concernant les conditions (distance, position, direction), la nature de l'acte et l'identité de l'objet de cet acte : « ombre » pour la vue, « sonorité appuyée », mais sans déchiffrement du sens, pour l'ouïe. Le *troisième temps* est annoncé par le changement du verbe de la saisie visuelle : σκόπει. Plus précisément, à partir de ce troisième moment dans le déroulement du discours, trois verbes de la vision vont déterminer chacun leur champ spécifique ; ὁράω, βλέπω (avec des prépositions de direction, ἀνα et κατα) et σκοπέω. Le changement de régime visuel intervient à la suite de la libération d'un des humains enchaînés dans la caverne. La libération est d'ailleurs double, car elle permet d'une part de sortir de la position fixe de la vue de face, libère donc le mouvement du regard, et implique, d'autre part, avec la sortie de la caverne, la possibilité de connaître la condition et l'agent même de la visibilité, à savoir la lumière. Or cette double mise en mouvement, qui implique à la fois l'acte de sortir de la relation frontale et le fait de rechercher la lumière (*i.e.* la source de la luminosité qui avait été jusque là la condition invisible de la saisie visuelle), est transposée de manière très précise dans le choix des verbes. Βλεπεῖν sera le verbe utilisé pour la recherche de la lumière (πρὸς τὸ φῶς ἀναβλέπειν), *regarder en haut vers la lumière*, viser et se projeter de cette manière soi-même en sa direction, tandis que ὁράω est le verbe destiné à exprimer l'acte d'un coup d'œil jeté, comme par dessus l'épaule (tel le regard malheureux d'Orphée), vers ce qui est resté en bas, à savoir la paroi des ombres (καθορᾶν ἐκεῖνα ὧν τότε τὰς σκιὰς ἑώρα), ombres dont l'être libéré devrait pouvoir voir maintenant un premier « modèle » dans les objets-portés sur le chemin emprunté par les (anciens) « marionnettistes » [1].

Plusieurs points, qui nous semblent avoir plus qu'une importance de détail, méritent quelques remarques.

a) Les prépositions *ana* et *kata*, indiquant la direction du regard, fonctionnent encore sur un partage qualitatif (archaïque) dans le choix des verbes : ainsi βλεπεῖν vise le haut (ἀναβλέπειν), la rectitude en relation avec la recherche de la lumière, tandis que ὁράω indique la direction vers le bas (καθ-οράω), la vue étant dirigée depuis la hauteur qui est maintenant

l'ombre dans la pensée artistique européenne, voir V.I. Stoichita, *A Short History of the Shadow*, London, Reaktion Books, 1997, p. 20-29, au sujet des textes platoniciens concernés.

1. *République*, 515c-d.

celle de son actant vers la recherche des choses visibles, qu'il s'agisse des objets eux-mêmes ou de leurs ombres.

b) Cependant, ces prépositions indiquent aussi un changement de position et non seulement une mutation concernant la direction du regard : *l'horizontale* sur laquelle se déroulait la scène à l'intérieur de la caverne bascule dorénavant et se redresse. La relation visuelle se produit maintenant sur *la verticale* : le regard *se lève*, la vue *plonge*.

c) En outre, le choix des verbes de la faculté visuelle indique dans ce contexte non seulement la position et la direction, ainsi que la nature de l'objet convoité – soit la lumière comme *condition*, soit l'objet comme *produit* par la réception de son existence en tant que visibilité –, mais indique aussi la qualité de la vision déterminante. Aussi l'emploi de βλεπεῖν entraîne-t-il un autre changement, celui du régime de la distance (πόρρωθεν) : la distance nécessaire à la saisie frontale des ombres dans la caverne se transforme d'emblée en proximité renforcée (ἐγγυτέρω), spécifique à l'exercice du regard dans la lumière et dans le mouvement du prisonnier libéré. Il va de soi qu'il s'agit désormais d'une « qualité » de proximité et non seulement d'une situation purement spatiale. Cela sera éclairci plus loin dans le texte, lorsque la paire des termes indiquant l'éloignement ou la proximité dans l'espace sera doublée d'une autre opposition concernant la qualité d'acuité ou la faiblesse de la vue, des yeux : ἀμβλύς ou ἀμβλυωπία faiblesse de yeux, caractère émoussé de la vue, ou encore plus loin φαύλη … ὄψις, tout ceci opposé à une vue pénétrante, pointue ὀξύς-ὀξύτατα-ὀξύτερον βλέπος [1].

d) Avec la distance, la lumière (τὸ φῶς), condition de la visibilité, entre elle aussi dans le jeu des oppositions et des précisions concernant la nature et l'angle de réception. Parce que nous n'allons pas y revenir, notons simplement qu'elle est soit nommée comme telle (τὸ φῶς), lorsqu'elle est totalement détachée des objets et de la faculté visuelle, soit désignée en tant que clarté ou rayon, selon qu'elle doit illuminer un objet (le rendre clair, *saphès* – τῷ ὄντι σαφέστερα [2]), ou selon qu'elle est perçue par les yeux comme un rayon ou un éclat (αὐγῆς ἂν ἔχοντα τὰ ὄμματα [3]).

e) Enfin, le verbe de l'analyse ou de la distinction visuelle, σκοπεῖν, celui qui ouvre ce troisième temps avec l'épisode de la sortie de l'un des habitants de la caverne, est encore un verbe qui concerne le lecteur, qui *nous concerne*, et qui suppose la recherche de « ce que c'est ». Il s'agit

1. *République*, 516c-d, 517a et 519a.
2. *République*, 515e.
3. *République*, 516a.

maintenant de la recherche distinctive du *ti* (τι ἔστιν)[1], de la mise en acte de la pensée dialectique à même de distinguer entre l'identité vraie et la nature de ce que le regard, *le nôtre*, saisit, peut bien saisir à partir du discours qui raconte la libération et la montée vers la lumière d'un prisonnier de la caverne, ainsi que la rencontre de la lumière et des « vrais » objets dont le prisonnier connaissait les ombres seulement. Ce verbe, σκοπεῖν, aura son accomplissement dans le basculement vers θεωρέω – *théôrein*, le verbe de la contemplation ou saisie spéculative, noétique, expression de l'intellection des intelligibles. Ce dernier terme du *trajet du regard* constitue le verbe de l'adéquation au nouvel objet de la vision (ici le soleil), verbe qui fait son apparition dans le paragraphe conclusif de ce troisième temps, le paragraphe le plus ouvertement « pédagogique » du discours[2]. Dans ce paragraphe « pédagogique », enfin explicite à l'égard de l'acte que nous sommes en train d'effectuer en parcourant le texte, tous les termes qui nous intéressent dans cette analyse refont leur apparition et agissent. Ils deviennent l'expression de nos propres actes, nous impliquent comme « sujets » du discours et nous intègrent ainsi à la scène, comme si nous étions pris dans le mouvement « parabolique » du regard, mais sans nous arrêter cette fois-ci à quelque mise en scène ou à quelque élément du décor que ce soit. Aussi l'acte perceptif est-il devenu, au long du trajet, un acte métaphysique. La possibilité d'une ouverture vers un objet qui transcende l'immanence de l'organe et de la faculté, est assurée par l'entremise d'une sorte de « conversion » (διαμηχανήσασθαι) qui suppose le passage d'une conscience perceptive, naturelle, à une conscience conditionnelle de son propre savoir. Nous appelons de cette manière la réflexivité du processus cognitif, et désignons en même temps le point de retournement qui permet d'accomplir ce processus par son but – qu'un retour s'effectue ensuite avec le corps entier vers la caverne (στρέφειν), ou qu'il s'agisse seulement d'une

1. *République*, 515d.

2. *République*, 516a-b. Voir le bref commentaire de Basile de Césarée glissé dans son traité *Sur le Saint-Esprit*, XIV, 33, D, comme exemple non seulement pour l'usage pédagogique de ce passage dans la transmission de la culture philosophique classique, mais aussi pour le respect de la terminologie spécifique de la vision et de l'image qui nous intéresse dans ce contexte. Voir aussi la présence de ce « thème d'école » chez Grégoire de Nysse, J. Daniélou, « Le symbole de la caverne chez Grégoire de Nysse », dans *Mullus, Festschrift Th. Klauser*, A. Stuiber et A. Hermann (eds.), Münster, Aschendorff, 1964, p. 43-51, et toujours dans un esprit pédagogique le commentaire d'Alfarabi par Ph. Vallat, *Farabi et l'École d'Alexandrie. Des prémisses de la connaissance à la philosophie politique*, Paris, Vrin, 2004, plus particulièrement « L'*Organon*, le mythe de la Caverne et l'épistémologie platonicienne », p. 189 *sq.*, pour la classification des sciences.

circonscription en soi-même (τῆς περιαγωγῆς) du lieu spécifique des images et du dispositif païdétique qui les anime[1].

Ainsi : la vue-vision (ὄψις), le regard (βλεπεῖν-βλέμμα), les ombres (σκιὰς), les reflets dans l'eau (ἐν ὕδασιν), les images extérieures portées par des mains invisibles (εἴδωλα) et celles que nous nous donnons à l'intérieur de nous-mêmes, qu'elles soient de l'ordre de la parole vraisemblable, du concept ou de la représentation (εἰκών, ἔννοια ou φάντασμα) – toute cette récapitulation synthétique des étapes nécessaires et des vrais objets de la vision a pour but d'arriver à l'accomplissement de l'acte de « formation », de « constitution » interne qui avait réuni un à un tous ces aspects et qui décline maintenant son articulation rendue *apte*, comme par conversion, à la connaissance. L'être, ainsi formé ou converti à la connaissance, est pourvu : 1) d'orientation, suite à la libération de la vue de son enchaînement à la frontalité mortifère du visuel pur, détaché de son principe et de son agent; 2) de regard aigu, puissant et éduqué, défini comme a) visée, b) puissance distinctive rendue active par la ressemblance et c) saisie intellective du principe de la vision (clarté ou lumière) et de son objet spécifique, à savoir la visibilité comme condition existentielle fondatrice de l'être ou du monde immanent. Et, enfin, il est pourvu de 3) contemplation en acte à l'égard de « chaque chose telle quelle est en elle-même » *selon* elle-même et *en son propre lieu* saisi ou vu idéalement (ἀλλ' αὐτὸν καθ' αὑτὸν ἐν τῇ αὑτοῦ χώρᾳ ... κατιδεῖν καὶ θεάσασθαι οἷος ἐστιν)[2], le soleil, source de la lumière, et le Bien lui-même, compris. La connaissance est désormais complète et le retour peut être amorcé, afin que l'être sorti de lui-même puisse y revenir et qu'il soit ainsi, à son tour, accompli dans sa perfection, ou dans sa vérité, d'être.

1. *République*, 518c-d.
2. *République*, 516b5.

OUVRAGES CITES

SUR LE *SOPHISTE*

AMBUEL D., *Image and Paradigme in Plato's* Sophist, Las Vegas-Zürich-Athens, Parmenides, 2007.

AUBENQUE P. et NARCY M. (éds.), *Études sur le* Sophiste *de Platon*, Naples, Bibliopolis, 1991 (en particulier pour la question de l'image dans ce volume : R. Brague « La cosmologie finale du *Sophiste*, 265b4-e6 » ; M. Lassègue, « L'imitation dans le *Sophiste* de Platon » ; M. Villela-Petit, « La question de l'image artistique dans le *Sophiste* »).

CORDERO N.-L., *Le Sophiste*, introduction, traduction et notes, Paris, GF-Flammarion, 1993.

DE RIJK L.-M., *Plato's* Sophist. *A Philosophical Commentary*, Amsterdam-Oxford-New York, North-Holland Publishing Company, 1986.

HEIDEGGER M., *Sur le* Sophiste, *cours de Marbourg, 1924-1925*, I. Schüssler (éd.), Francfort am Main, 1992 ; trad. fr. J.-F. Courtine et P. David, Paris, Gallimard, 2001.

LAFRANCE Y., « Sur une lecture analytique des arguments concernant le non-être (*Sophiste*, 237b10-239a12) », *Revue de philosophie ancienne*, 2 (1984).

LEE E.N., « Plato on negation and not-being in the *Sophist* », *Philosophical Review*, 71 (1972), p. 267-304.

NOTOMI N., *The Unity of Plato's* Sophist. *Between the Sophist and the Philosopher*, Cambridge, Cambridge UP, 1999.

O'BRIEN D., *Le Non-Être. Deux études sur le* Sophiste *de Platon*, Sankt Augustin, Academia Verlag, 1995.

ROSEN S., *Plato's* Sophist. *The Drama of Original and Image*, Yale, Yale UP, 1983.

VASILIU A., « Dire l'image ou la parole visible chez Platon (sur le *Sophiste*, 216a-241e) », *Dionysius*, vol. XIX, 2001, p. 75-112.

Sur la pensee de Platon, sur la philosophie grecque classique et sur la sophistique

AUBENQUE P., *Le problème de l'être chez Aristote*, Paris, PUF, 1991[2].

BRISSON L., « L'intelligible comme source ultime d'évidence chez Platon », dans *Dire l'évidence. Philosophie et rhétoriques antiques*, C. Lévy et L. Pernot (éds.), Paris, L'Harmattan, 1997, p. 95-111.

– « Le discours comme univers et l'univers comme discours. Platon et ses interprètes néo-platoniciens », dans *Le texte et ses représentations*, Paris, PENS, 1987, p. 121-128.

BURNYEAT M.F., « ΕΙΚΟΣ ΜΥΘΟΣ », *Rhizai, A Journal for ancient Philosophy and Science*, II, 2 (2005), p. 143-165.

CASSIN B. (éd.), *Le plaisir de parler. Études de sophistique comparée*, Paris, Minuit, 1986.

– *Positions de la sophistique* (Colloque de Cerisy), Paris, Vrin, 1986.

– « Parle, si tu es un homme », dans B. Cassin et M. Narcy (éds.), *La décision du sens. Le livre* Gamma *de la* Métaphysique *d'Aristote*, Paris, Vrin, 1998[2].

CHARLES-SAGET A., « Les métamorphoses de l'*eikos* dans le *Timée* de Platon », dans *Cosmos et psychè. Mélanges offerts à Jean Frère*, E. Vegleris (éd.), Hildesheim-Zürich-New York, Georg Olms Verlag, 2005, p. 83-99.

DERRIDA J., *La pharmacie de Platon* (1968), rééd. dans *Phèdre*, trad. fr. L. Brisson, Paris, GF-Flammarion, 1997[2], p. 255-403.

DETIENNE M., *Les Maîtres de la Vérité dans la Grèce archaïque* (1967), rééd. avec une nouvelle introduction, « Retour sur la bouche de la *Vérité* », p. 7-35, Paris, Livre de Poche, 2006.

DIXSAUT M., *Platon et la question de la pensée. Études platoniciennes I*, Paris, Vrin, 2000.

– *Métamorphoses de la dialectique dans les dialogues de Platon*, Paris, Vrin, 2001.

FOLLON J., « La notion de *phantasia* chez Platon », dans *De la* phantasia *à l'imagination*, D. Lories et L. Rizzerio (dir.), Louvain, Peeters, 2003, p. 1-14.

HADOT P., *Le Voile d'Isis. Essai sur l'histoire de l'idée de Nature*, Paris, Gallimard, 2004.

HEIDEGGER M., *De l'essence de la vérité. Approche de l'« allégorie de la caverne » et du* Théétète *de Platon*, trad. fr. A. Boutot, Paris, Gallimard, 2001.

IMBERT C., *Pour une histoire de la logique. Un héritage platonicien*, Paris, PUF, 1999.

JOLY H., « Platon et la question des étrangers », dans *Études platoniciennes. La question des étrangers*, Paris, Vrin, 1992.

– *Le renversement platonicien. Logos, épistémè, polis*, Paris, Vrin, 2001[4].

KEULS E., *Plato and the Greek painting*, Leyde, Columbia Studies in the Classical Tradition, 1978.

MCCALL M.H., *Ancient Rhetorical Theories of Simile and Comparison*, Cambridge (Mass.), Cambridge UP, 1969.

MORTLEY R., *Désir et différence dans la tradition platonicienne*, Paris, Vrin, 1988.

PAQUET L., *Platon. La médiation du regard*, Leiden, Brill, 1973.

PENDER E.E., *Images of Persons unseen. Plato's metaphors for the Gods and the soul*, Sankt Augustin, Academia Verlag, 2000.

ROSEN S., *La production platonicienne. Thèmes et variations*, Paris, PUF, 2005.

SCHUHL P.-M., *Platon et l'art de son temps*, Paris, PUF, 1933.

– *Études sur la fabulation platonicienne*, Paris, PUF, 1947.

TREDE M., *Histoire de la littérature grecque*, Paris, PUF, 2004[2].

VASILIU A., « Racines platoniciennes pour une philosophie de l'image », *Χώρα, Revue d'études anciennes et médiévales de philosophie, théologie et sciences*, 3-4 (2006), p. 23-45.

– *Du diaphane. Image, milieu, lumière dans la pensée antique et médiévale*, Paris, Vrin, 1997.

VERNANT J.-P., *Religions, histoires, raisons*, Paris, Maspero, 1979, chapitre « Images et Apparence dans la théorie platonicienne de la "Mimêsis" », p. 105-137.

VUILLEMIN J., « La section de la ligne de la *République* (VI, 509d26-28) », dans *Mathématiques et philosophie de l'Antiquité à l'Âge classique*, R. Rashed (dir.), Paris, Éditions du CNRS, 1991.

SUR LA POSTERITE PLATONICIENNE DANS L'ANTIQUITE TARDIVE, DANS LA PATRISTIQUE ET DANS LA PHILOSOPHIE MEDIEVALE

AUBIN P., *Plotin et le Christianisme. Triade plotinienne et Trinité chrétienne*, Paris, Beauchesne, 1992.

BONFIGLIOLI S., « Simboli o icône ? I segni *in limine* della tradizione platonica », *Versus, Quaderni di studi semiotici*, t. 102, Bologna, Bompiani, 2006.

CERQUILINI-TOULET J., Guillaume de Machaut, *« Le Livre du Voir Dit ». Un art d'aimer, un art d'écrire*, Paris, Sedes, 2001.

CHARLES-SAGET A., « Lire Proclus, lecteur du Sophiste », dans *Études sur le* Sophiste *de Platon*, *op. cit.*, p. 477-494.

– « Un esempio di ermeneutica neoplatonica : il Sofista-Demiurgo », dans *Questioni Neoplatonici*, F. Romano et A. Tiné (dir.), Catania, Éditions de l'Università di Catania, 1988, p. 29-44.

– « La pensée de l'obscur chez Plotin », dans *Du sensible à l'intelligible. Lumière et ténèbres de l'Antiquité à la Renaissance*, C. Trottmann et A. Vasiliu (dir.), Paris, H. Champion, 2004, p. 309-325.

COULOUBARITSIS L., « Ontologies et hénologies contemporaines », dans *Y a-t-il une histoire de la métaphysique ?*, Paris, PUF, 2005, p. 302-341.

DANIELOU J., « Le symbole de la caverne chez Grégoire de Nysse », dans *Mullus*, Festschrift Th. Klauser, A. Stuiber et A. Hermann (eds.), Münster, Aschendorff (Jahrbuch für Antike und Christenteum, Bd. 1), 1964, p. 43-51.

DELCOGLIANO M., « Eusebian Theologies of the Son as the Image of God before 341 », *Journal of Early Christian Studies*, 14, 4 (2006), p. 459-484.

DUTTON P.E., « Medieval Approaches to Calcidius », dans *Plato's* Timaeus *as Cultural Icon*, G.J. Reydams-Schils (ed.), Notre Dame (Ind.), University of Notre Dame Press, 2002, p. 182-205.

GERSH S.E., *ΚΙΝΗΣΙΣ ΑΚΙΝΗΤΟΣ. A Study of Spiritual Motion in the Philosophy of Proclus*, Leiden, Brill, 1973.

– « The Medieval Legacy from Ancient Platonism », dans *The Platonic Tradition in the Middle Ages. A Doxographis Approach*, S. Gersh et M.J.F.M. Hoenen (eds.), Berlin-New York, Walter de Gruyter, 2002, p. 3-30.

GOURINAT J.-B., « *Explicatio fabularum* : La place de l'allégorie dans l'interprétation stoïcienne de la mythologie », dans *Allégorie des poètes, allégorie des philosophes*, G. Dahan et R. Goulet (dir.), Paris, Vrin, 2005, p. 9-34.

JEANMART G., *Généalogie de la docilité dans l'Antiquité et le Haut Moyen Âge*, Paris, Vrin, 2007.

JOLIVET J., « Quelques cas de "platonisme grammatical" du VIIe au XIIe siècles », dans *Mélanges offerts à René Crozet* (1966), repris dans *Aspects de la pensée médiévale : Abélard, doctrines du langage*, Paris, Vrin, 1987.

– « Éléments pour une étude des rapports entre la grammaire et l'ontologie au Moyen Âge », dans *Miscellanea Medievalia*, Band 13/1, *Sprache und Erkenntnis im Mittelalter*, A. Zimmermann (ed.), Berlin-New York, Walter de Gruyter, 1981, p. 135-164, repris dans J. Jolivet, *Aspects de la pensée médiévale : Abélard, doctrines du langage*, *op. cit.*

– « L'image selon les Chartrains », dans *Χώρα. Revue d'études anciennes et médiévales*, 3-4 (2005/2006), p. 71-90.

LE BOULLUEC A., « L'allégorie chez les Stoïciens », *Poétique*, 23 (1975), p. 301-321.

LEMOINE M., « Le *Timée* latin en dehors de Calcidius », dans *Langages et Philosophie. Hommage à Jean Jolivet*, A. de Libera, A. Elamrani-Jamal, A. Galonnier (éds.), Paris, Vrin, 1997, p. 61-78.

– « Du *Timée* de Platon à celui de Calcidius », dans *Unione et amicizia. Omaggio a Francesco Romano*, M. Barbanti, G. Giardina et P. Manganardo (eds.), Catane, Presses de l'Université de Catane, 2002, p. 441-450.

– « Citations de Platon chez Alfanus de Salerne et Burgundio de Pise », dans *Du copiste au collectionneur. Mélanges d'histoire des textes et des bibliothèques en l'honneur d'André Vernet*, Turnhout, Brepols, 1998, p. 72-87.

– « Le corpus platonicien selon les médiévaux », *Miscellanea Mediaevalia*, Band 26, J.A. Aertsen et A. Speer (eds.), Berlin-New York, Walter de Gruyter, 1998, p. 275-280.

– « Une nouvelle citation du *Timée* chez Augustin », *Revue d'Études Augustiennes*, t. 40 (1994), p. 433-434.

LEVY C., « Cicero and the Timaeus », dans *Plato's* Timaeus *as Cultural Icon*, *op. cit.*, p. 95-110.

MARIAUX P.-A. et HICKS E. (éds.), « *Verba vel imagines* », *Études de lettres*, Revue de la Faculté des Lettres de Lausanne, juillet-décembre 1994.

MORALES X., *La théologie trinitaire d'Athanase d'Alexandrie*, Paris, Études Augustiniennes, 2006.

MORESCHINI Cl., *Storia della filosofia patristica*, Brescia, Morcelliana, 2004.

MORTLEY R., *Connaissance religieuse et herméneutique chez Clément d'Alexandrie*, Leiden, Brill, 1973.

– « The Face and the Image in Plotinus », *The Journal of Neoplatonic Studies*, VI, 2 (1998), p. 3-21.

NATIVEL C., « De Platon à Junius. Cicéron, Boèce et Dante », dans *Rhétorique et Poétique au Moyen Âge*, A. Michel (dir.), Turnhout, Brepols, 2002, p. 29-45.

PEPIN J., *Mythe et allégorie*, Paris, Aubier, 1958.

– *Théologie cosmique et théologie chrétienne*, Paris, PUF, 1964.

RIST J.M., *Platonism and its Christian Heritage*, London, Variorum Reprints, 1985.

– « Basile's "Neoplatonism": its Background and Nature », dans *Basile of Caesarea: Christian, Humanist, Ascetic. A Sixteen-Hundredth Anniversary Symposium*, I, P.J. Fedwick (ed.), Toronto, Pontifical Institute of Medieval Studies, 1981, p. 137-220.

ROMANO F. et TAORMINA D.P. (eds.), *Hyparxis e Hypostasis nel Neoplatonismo*, Firenze, Leo S. Olschki, 1994.

ROSIER-CATACH I., *La grammaire spéculative des Modistes*, Lille, Presses Universitaires, 1983.

– *La parole comme acte. Sur la grammaire et la sémantique au XIIIe siècle*, Paris, Vrin, 1994.

– *La parole efficace. Signe, rituel, sacré*, Paris, Seuil, 2004.

RUNIA D.T., « Plato's *Timaeus*, first Principle(s), and Creation in Philo and Early Christian Thought », dans Plato's *Timaeus* as Cultural Icon, *op. cit.*, p. 133-151.

SOLERE J.-L., « Bien, cercles et hebdomades : formes et raisonnement chez Boèce et Proclus », dans *Boèce ou la chaîne des savoirs*, A. Galonnier (dir.), Louvain, Peeters, 2003, p. 55-110.

STEAD C., *Substance and Illusion in the Christian Fathers*, Aldershot-Burlington (USA)-Singapore-Sydney, Ashgate Variorum, 1995.

– *Doctrine and Philosophy in early Christianity : Arius, Athanasius, Augustine*, Aldershot, Ashgate, 2000.

STEEL C., « Le *Sophiste* comme texte théologique dans l'interprétation de Proclus », dans *Proclus et la théologie platonicienne. Actes du colloque de Louvain en honneur de H.D. Saffrey et L.G. Westering*, A.-Ph. Segonds et C. Steel (éds.), Leuven, Leuven UP, 2000, p. 51-64.

VALLAT Ph., *Farabi et l'École d'Alexandrie. Des prémisses de la connaissance à la philosophie politique*, Paris, Vrin, 2004.

VASILIU A., « Habet speculum philosophus ! (Apulée, Apologie). Du miroir sophistique à l'image intérieure », dans *Miroir et Savoir. La transmission d'un thème platonicien des Alexandrins à la philosophie arabo-musulmane*, D. de Smet, M. Sebti, G. de Callataÿ (éds.), Louvain, Peeters, 2007, p. 49-78.

– « Le mythe fondateur et l'image du monde (narration et a-narrativité d'une fondation) », dans *Weltbild-Bildwelt*, W. Schweidler (dir.), Sankt Augustin, Academia Verlag, 2007, p. 347-379.

ZACHHUBER J., « Basil and the Three Hypostases Tradition. Reconsidering the origins of Cappadocian theology », *Zeitschrift für Antikes Christentum*, 5 (2001), p. 65-85.

SUR L'IMAGE ET LA VISION DANS LA PENSEE ANTIQUE ET MEDIEVALE

AUVRAY-ASSAYAS C., « Images mentales et représentations figurées : penser les dieux au Ier siècle av. n. è. », dans *Images romaines*, Paris, PENS, 1998, p. 299-310.

BØRTNES J. et HÄGG T. (eds.), *Gregory of Nazianzus. Images and Reflections*, Copenhagen, Museum Tusculanum Press, 2006.

CARREZ M., « La signification actuelle pour l'histoire du salut du visible et de l'invisible dans la pensée paulinienne », dans *Oikonomia. Heilsgeschichte als Thema der Theologie, Mélanges en l'honneur de O. Cullmann*, Hamburg-Bergstedt, Herbert Reich Evang. Verlag, 1967, p. 109-117.

FRONTISI-DUCROUX F., *Du masque au visage. Aspects de l'identité en Grèce ancienne*, Paris, Flammarion, 1995.

– *L'homme-cerf et la femme-araignée*, Paris, Gallimard, 2003.

– « La Gorgone et la flûte : un contrepoint », dans *La voix et le visage*, Colloque de Cerisy, A. Gutmann et P. Sullivan (éds.), Paris, In Press, 2004, p. 89-99.

MINAZZOLI A., « "Imago"/"Icona" : esquisse d'une problématique », dans *Nicée II, 787-1987. Douze siècles d'images religieuses*, Paris, Le Cerf, 1987, p. 313-316.

MITALAÏTE K., « Les Latins faces aux icônes. Autour des *Libri Carolini* », *Χώρα, Revue d'Études anciennes et médiévales*, 2 (2004), p. 59-80.

MONDZAIN M.-J., *Le commerce des regards*, Paris, Seuil, 2003.

MUGLER Ch., *Dictionnaire historique de la terminologie optique des Grecs. Douze siècles de dialogue avec la lumière*, Paris, Klincksieck, 1964.

– « La lumière et la vision dans la poésie grecque », *Revue d'études grecques*, t. 73 (1960), p. 40-72.

NARKEVICS E., « *Skiagraphia* : Outlining the Conception of God », dans *Gregory of Nazianzus. Images and Reflections*, *op. cit.*

NIE G. de, MORRISON K.F. et MOSTERT M. (eds.), *Seeing the Invisible in the Late Antiquity and Early Middle Ages*, Turnhout, Brepols, 2005.

ROUVERET A., *Histoire et imaginaire de la peinture ancienne*, Rome, École Française de Rome, 1989.

SIMON G., *Le regard, l'être et l'apparence*, Paris, Seuil, 1988.

– *Archéologie de la vision. L'optique, le corps, la peinture*, Paris, Seuil, 2003.

STOICHITA V.I., *A Short History of the Shadow*, London, Reaktion Books, 1997.

SVENBRO J., *La parole et le marbre*, Lund, Studentlitteratur, 1976; éd. revue et corrigée, traduite en italien : *La parole e il marmo : Alle origini della poetica greca*, Turin, Boringhieri, 1984.

TEFNIN R., *Les regards de l'image. Des origines à Byzance*, Paris, La Martinière, 2003.

VASILIU A., « *Eikôn præter imaginem.* Notes sur le vocabulaire de l'image à la fin de l'Antiquité », dans *De Zénon d'Élée à Poincaré. Recueil d'études en hommage à Roshdi Rashed*, Louvain, Peeters, 2004, p. 779-817.

– « L'économie de l'image dans la sphère intelligible (sur un Sermon d'Alain de Lille) », *Cahiers de civilisation médiévale*, t. 41 (1998), p. 257-279.

– « L'icône et le regard de Narcisse », *Χώρα, Revue d'études anciennes de philosophie, théologie et sciences*, 1 (2003), p. 9-38.

– « Vision noétique, contemplation ou vie dans l'esprit ? La lettre et l'image selon le Grand Basile », *Mélanges de l'École Française de Rome. Moyen Âge*, t. 117 (2005-1), p. 27-51.

VERNANT J.-P. et FRONTISI-DUCROUX F., *Dans l'œil du miroir*, Paris, Odile Jacob, 1997.

OUVRAGES GENERAUX ET INSTRUMENTS DE TRAVAIL

CASSIN B. (dir.), *Vocabulaire européen des philosophies*, Paris, Seuil-Le Robert, 2004.

CHANTRAINE P., *Dictionnaire étymologique de la langue grecque*, Paris, Klincksieck, 1999.

DENNISTON J.D., *The Greek Particles*, Oxford, Clarendon Press, 1975 [2].

HENRY M., *Voir l'invisible*, Paris, François Bourin, 1989.

LEVINAS E., *Autrement qu'être ou au-delà de l'essence* (1974), Paris, Livre de Poche, 1990.

MARION J.-L., *L'Idole et la distance*, Paris, Grasset, 1977.

– *Le visible et le révélé*, Paris, Le Cerf, 2005.

RICŒUR P., *Temps et récit*. III. *Le temps raconté*, Paris, Seuil, 1985.

ÉDITIONS ET TRADUCTIONS DES AUTEURS ANCIENS[1]

ALCINOOS, *Enseignement des doctrines de Platon*, J. Whittaker (éd.), Paris, Les Belles Lettres, 1990.

1. Nous ne reprenons pas ici les œuvres d'Aristote et de Platon éditées par Les Belles Lettres.

ANONYME, *Prolégomènes à la philosophie de Platon*, L.G. Westering (éd.), trad. fr. et introd. J. Trouillard et A.-Ph. Segonds, Paris, Les Belles Lettres, 2003[2].

APULEE, *Apologie*, Paris, Les Belles Lettres, 2001.

ARISTOTE, *Catégories*, Paris, Seuil, 2002.

BASILE DE CESAREE, *Sur le Saint-Esprit*, édition et trad. fr. B. Pruche, Paris, Le Cerf, 2002.

– *Sur l'origine de l'homme. Homélies X et XI de l'Hexaéméron*, édition et trad. fr. A. Smets et M. Van Esbroeck, Paris, Le Cerf, 1970.

CALCIDIUS, *Timaeus a Calcidio translatus commentarioque instructus*, J.H. Waszink (ed.), *Corpus Platonicum Medii Aevii*, IV, Londres-Leiden, Brill, 1962.

– *Commentario al « Timeo » di Platone*, édition et trad. C. Moreschini, Milan, Bompiani, 2003.

DEMETRIOS (Pseudo-Démétrios de Phalère), Περὶ ἑρμηνείας (*Du Style*), édition et trad. fr. P. Chiron, Paris, Les Belles Lettres, 1993.

DIOGENE LAËRCE, *Vies et doctrines des philosophes illustres*, trad. fr. M.-O. Goulet-Cazé (dir.), Paris, Pochotèque, 1999.

EURIPIDE, *Hélène*, texte grec, Paris, Les Belles Lettres, 1961 ; trad. fr. M. Delcourt-Curvers, Paris, Gallimard, 1962.

GUILLAUME DE MACHAUT, *Le livre du* Voir Dit (*« Le Dit véridique »*), J. Cerquilini-Toulet (éd.), « Lettres gothiques », Paris, Livre de Poche, 1999.

HOMERE, *Iliade*, édition et trad. fr. P. Mazon, Paris, Les Belles Lettres, 1949.

– *L'Odyssée*, trad. fr. Ph. Jaccottet, Paris, La Découverte, 2000[2].

JAMBLIQUE, *Jamblichi Chalcidiensis in Platonis Dialogos commentariorum fragmenta*, J.M. Dillon (ed.), Leiden, Brill, 1973.

Les écoles présocratiques, trad. fr. J.-P. Dumont, Paris, Gallimard, 1991.

MAITRE ECKHART, *Sermon 5b*, trad. fr. A. de Libera, Paris, GF-Flammarion, 1993.

NICOLAS DE CUES, *Directio speculantis seu De li non-aliud. Du non-autre. Le guide du penseur*, trad. fr. H. Pasqua, Paris, Le Cerf, 2002.

PARMENIDE, *Sur la nature de l'étant. La langue de l'être ?*, édition et trad. fr. B. Cassin, Paris, Seuil, 1998.

PLOTIN, *Traité* 27, trad. fr. L. Brisson, Paris, GF-Flammarion, 2005.

PORPHYRE, *L'Antre des Nymphes*, dans *L'Odyssée*, Séminaire de l'Université de Buffalo (éd.), trad. fr. Y. Le Lay, préface G. Lardreau, Paris, Verdier, 1989.

PROCLUS, *Commentaire sur la République*, t. II, trad. fr. A.J. Festugière, Paris, Vrin, 1970.

PSEUDO-ARISTOTE, *Rhétorique à Alexandre*, édition et trad. fr. P. Chiron, Paris, Les Belles Lettres, 2002.

THIERRY DE CHARTRES, *Commentaries on Boethius by Thierry of Chartres and his School*, N.M. Häring (ed.), Toronto, Pontifical Institute of Medieval Studies, 1971.

INDEX DES AUTEURS ANCIENS

INDEX DES AUTEURS MODERNES[1]

1. Cette liste n'inclut pas les noms des éditeurs des textes anciens ou des ouvrages collectifs cités.

INDEX DES ŒUVRES ANCIENNES

TABLE DES MATIÈRES

ANNEXE
LA PARABOLE DU REGARD

Achevé d'imprimer par Dupli-Print
à Domont (95) en juillet 2012
N° d'impression : 204783